凝煉知識品味閱讀

警察情境實務案例研究

許福生、蕭惠珠／著

五南圖書出版公司 印行

許序

2011年警察特考採取雙軌分流制度，其中針對已接受完整警察專業養成教育者，加考問題解決導向「警察情境實務」，以增進其實務應用能力。「警察情境實務」是一門綜合性應用學科，以警察法規爲體，實務操作標準作業程序爲用，在警察面臨行政、防治、保安、刑事、交通類等勤業務規劃與執行時，能依人權保障及正當法律程序與執法倫理原則，兼顧執勤安全及執法效能，而爲適切作爲。

「警察情境實務」，不僅強調如何知（how to know）各類警察勤業務規劃與執行，更加重視如何作（how to do）。爲了研析實務，每月於警光雜誌撰寫一篇實務案例，每篇體例大致依循案例事實與爭點、相關規範與實務作爲、實務判決與研析，以增進實務應用能力。就這樣連續在警光雜誌寫了四十篇，特別是在長期間寫作過程時，透過陸幽延學妹牽成，與實務經驗豐富新北市政府警察局訓練科蕭惠珠科長合作，在警光雜誌共同發表一年；這一年來蕭科長補足我案例實務作爲之不足，再加上蕭科長先生吳敬田總隊長實務經驗更加豐富，過程不斷的激盪指導，讓每篇文章更符合實務需求。警光雜誌連載，受到各界肯定並來電詢問，爲與讀者共享，與蕭科長討論後，重新檢視每篇文章，彙集成書，名爲《警察情境實務案例研究》，並承五南圖書出版社慨然付梓出版。

本書共分爲五編三十章，分別爲第一編警察勤業務行政類，包含隨機盤查路人、違法盤查搜索、盤查人車後轉爲刑事搜索、處理社區噪音、散布假訊息裁罰、2對2相互鬥毆法律適用等六章案例。第二編警察勤業務防治類，包含處理家庭暴力、處理性騷擾、處理跟蹤騷擾、處理強制猥褻等四章案例。第三編警察勤業務保安類，包含處理以集會遊行爭取政策性議題、1223集會遊行判決與調查、處理1223集會遊行勤務 、辨識異常行爲與執法危機應處等四章案例。第四編警察勤業務刑事類，包含同意搜索、盤查查獲毒品犯罪、網路釣魚抓販毒、處理聚眾鬥毆、行車糾紛聚眾鬥毆、「M化車」蒐證、處理觸法兒少、處理曝險少年、處理偏差少年、使用警械致死、處理犯罪組織聚集不解散、維護校園安全等十二章案例。第五編警察勤業務交通類，包含攔停實施酒測、處理酒駕、不依指示停車接受稽查 、執勤追緝車輛等四章案例。

本書的完成與出版，要感謝的人很多，特別是警光雜誌提供發表園地、中華警政研究學會林德華榮譽理事長、鄭善印理事長、內政部警政署保安警察第六總隊吳敬田總隊長及五南圖書公司劉靜芬副總編輯，大力支持本書出版。書中所述，或有不周，或有謬誤，尚請各界先進及讀者不吝指正，作者今後也將爲本書之完善持續努力，希望本書的出版，能對國內「警察情境實務案例研究」有所助益。最後，謹以本書獻給最摯愛的母校——中央警察大學，因爲有母校的孕育，本書才得以完成。

中央警察大學警察政策所教授兼所長
中華警政研究學會副理事長
許福生 謹誌
2023.08.15於警大

蕭序

人生的際遇一直都難以逆料。

我以爲2021年1月出版了散文遊記式的「走馬～督察長的馬祖人生筆記」一書，一直在外勤工作遊盪飄浮的我，此後不會再有靜下來面對書冊與電腦的耐性。警察實務與時俱進，超過十年以上我所耗下心力投入研究諸多員警問我的實務問題像是：「盤查可疑」、「員警安全駕駛與追蹤稽查」、「行政檢查轉刑事搜索」、「社區噪音應處」、「集會遊行探討」、「大富翁式繞路執法要領」、「聚眾鬥毆應處」等，我曾經一頁一頁將它們寫成簡報與教材，不斷更新教案，沿途跟著我到過的每一處地方灑下種子，想起在馬祖上警察實務課，台下聽講的同仁，常只有三五位，我笑說好像在開家教班。但我感謝每一處我們曾經共事的員警們，他們問出許多眞正困擾的實務困境與細節，我得以細想、摸索、研究、實證，回頭與他們匯聚觀點，找出對策，一同解決了一些實務問題，這十餘年來的「實務操作→發現問題→尋找方法→共同分享」的歷程，確實顚簸，但長成的自己的骨血，踏實平靜。

謝謝鐵路警察局我的姐妹淘陸幽延秘書極力促成美事，幽延將我在寫實務個案並且教學的事傳達給警大許福生教授，幾番討論，開啓了許老師和我共筆一個月寫一篇警察情境實務的合作，「慢慢地寫」~終於也完成了既定的目標，期盼此書留下雪泥鴻爪，幫助實務場域上的警察伙伴。寫作過程，感謝許老師給予極其豐富的學理指導，幫助我在實務操作撰擬過程更爲聚焦順利，當然外子敬田實務經驗豐富我數倍，過程中似是嚴師也父兄的激盪探討，甚至是鞭策，也是這段寫作過程中的極大鼓勵。

人生際遇難料，正因無法預見，但因有日常埋首，所以轉角忽而抬頭，竟見驚喜繁花，是爲序。

新北市政府警察局訓練科科長

蕭惠珠 謹誌

2023.08.15於新北

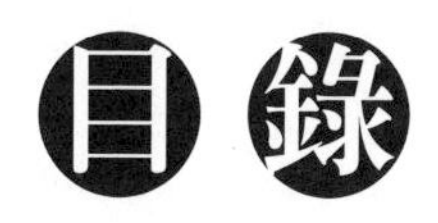

第一編　警察勤業務行政類

第三編 警察勤業務保安類

表目錄

圖目錄

第一編

警察勤業務行政類

第一章
隨機盤查路人案例

壹 案例事實與爭點

警員甲於某日上午8時47分許，執行巡邏勤務行經某路前，見乙女獨自行走在公共道路的路邊，員警甲在無符合警察職權行使法（本章稱警職法或本法）可發動身分查證之要件，要求乙女告知姓名、身分證字號等資料，並佯稱：「怕妳有沒有被報失蹤」云云，經乙女以員警甲依法無據爲由，拒絕提供上開個人資料，並要求離去後，員警甲即以身體阻擋乙女離去，令乙女需配合返回派出所查驗身分。嗣因乙女多次向員警甲詢問其遭臨檢、盤查之原因及依據，員警甲均未明確告知合法攔檢、盤查之依據，乙女遂對員警甲濫行執法過程心有不滿，並評論道：「眞的很蠢」、「你做的事情違反你的工作」等語，而員警甲以乙女於其依法執行職務時當場侮辱，係犯妨害公務罪嫌之現行犯爲由，而進行逮捕，乙女當下拒絕並加以抵抗，員警甲爲逮捕乙女而發生拉扯，並將乙女摔倒於道路，又將乙女壓制在地，造成乙女受有右側前臂手肘擦傷、左側腕部擦傷、右側膝部擦傷等傷害，嗣員警甲將乙女逮捕並上銬，並帶回派出所接受調查。

本案爭點：第一，員警實施查證身分之要件爲何？第二，本案員警之行爲是否爲依法攔查及臨檢之執行職務？第三，本案員警可否依妨害公務執行之現行犯逕行逮捕？第四，本案員警有無涉犯強制罪與剝奪他人行動自由罪之主觀犯意？

貳 警察職權行使法相關規定

依據警職法規定，警察盤查應遵守主要程序爲：1.表明身分並告知事由（本法第4條）：警察行使職權時，應著制服或出示證件表明身分，並應告知事由。警察未依前項規定行使職權者，人民得拒絕之；2.考量比例原則（本法第3條第1項）：警察行使職權，不得逾越所欲達成執行目的之必要限度，且應以對人民權益侵害最少之適當方法爲之；3.遵守適時結束原則（本法第3條第2項）：警察行使職權已達成其目的，或依當時情形，認爲目的無法達成時，應依職權或因義務人、利害關係人之申請終止執行；4.考量誠信原則（本法第3條第3項）：警察行使職權，不得以引誘、教唆人民犯罪或其他違法之手段爲之；5.履行救助義務（本法第5條）：警察行使職權致人受傷者，應予必要之救助或送醫救護；6.履行救濟義務（本法第29條）：義務人或利害關係人對警察依本法行使職權之方法、應遵守之程序或其他侵害利益之情事，得於警察行使職權時，當場陳述理由，表示異議。前項異議，警察認爲有理由者，應立即停止或更正執行行爲；認爲無理由者，得繼續執行，經義務人或利害關係人請求時，應將異議之理由製作紀錄交付之。義務人或利害關係人因警察行使職權有違法或不當情事，致損害其權益者，得依法提起訴願及行政訴訟。至於警職法對於警察盤查各種干預性職權之措施與其要件，主要係規定於第6條至第8條[1]。

警職法第6條係以「查證身分」名之，其係屬於警察攔檢以蒐集資料之集合性名詞，內含第7條的五種職權措施（攔停、詢問、令出示證件、檢查身體或攜帶物件及帶往勤務處所等）及第8條交通攔檢的六種措施（攔停交通工具、查證駕駛及乘客身分、查證車分、酒測檢定、強制離車及檢查交通工具等）之授權。依據警職法第7條及第8條有關攔停之不同規定，可區分爲第7條「治安攔停」與第8條之「交通攔停」，而治安攔停又

[1] 許福生，員警執行巡邏勤務中盤查人車及取締酒駕案例之評析，警大法學論集，第42期，2022年4月，頁80。

可區分為「刑事攔停」與「行政攔停」[2]。

參 本案之判決

本案發生於2021年4月22日，警方以乙女涉犯刑法第140條侮辱公務員之妨害公務罪嫌移送地檢署；乙女則於2021年4月25日提告員警甲涉犯刑法第134條、第304條第1項、第277條第1項及第302條第1項之公務員假借職務上之機會故意犯強制、傷害、妨害自由等罪嫌。

桃園地檢署於2021年10月25日針對甲、乙等妨害公務等案件，業經偵查終結，認為應該不起訴處分。其最主要理由認為：本件經調查之結果，被告甲為警員，其攔檢、盤查告訴人乙女之執法作為，與警職法第6條第1項第1款之規定未合，以致告訴人乙女之相關權利遭受侵害固有不當之處，然其主觀上應係誤認本件已符合上開法律所定「合理懷疑」之門檻，實無以強暴或脅迫之方式迫使告訴人乙女行無義務之事或妨害其行使權利之強制故意。又被告員警甲之攔檢、盤查行為既有違法失當之處，則乙女雖有出言辱罵員警甲之舉措，亦難以妨害公務罪責相繩。再者，員警甲主觀上因認告訴人乙女已涉犯侮辱公務員罪嫌，係犯妨害公務罪之現行犯，依法得對告訴人乙女進行逮捕，然遭告訴人乙女抗拒，故以強制力逮捕之，然因員警甲違法攔檢在先，以致本件事實上並無阻卻違法事由之存在，惟員警甲主觀上既對阻卻違法事由有認知錯誤，且執行逮捕行為之過程，尚符合比例原則，自難令其擔負妨害自由、傷害及過失傷害等刑事罪責。此外，復查無其他積極證據足認員警甲、乙女有何告訴暨報告意旨所載之犯行，揆諸首揭法條及判例意旨，應認其等犯罪嫌疑均有未足。故依刑事訴訟法（本章稱刑訴法）第252條第10款規定，為不起訴之處分[3]。

---

2 參照蔡庭榕，員警實施治安攔檢案例研析，許福生主編，警察情境實務執法案例研析，五南出版，2021年2月，頁44。

3 參照臺灣桃園地方檢察署檢察官110年度偵字第15747號、110年度偵字第35111號不起訴處分書。

告訴人乙女因不服員警甲因妨害自由案件前經不起訴處分，於2021年12月2日聲請再議，經臺灣高等檢察署檢察長命令發回續行偵查，業經桃園地檢署於2022年7月6日偵查終結，認應提起公訴，其最主要理由認爲：本案依上開客觀情形，自難認員警甲所爲攔檢行爲，符合警職法第6條第1項各款所定要件；且依客觀情形並無使員警甲誤認得對告訴人乙女攔檢之情事，員警甲所爲係屬違法攔檢。故所爲係犯刑法第134條、第304條第1項之公務員假借職務上之機會故意犯強制罪嫌；以及犯刑法第134條、第302條第1項之公務員假借職務上之機會故意犯剝奪他人行動自由罪嫌。員警甲所犯各罪，犯意各別，行爲互殊，請予分論併罰。至於乙女雖於遭員警甲逮捕過程中受傷，惟員警甲以乙女爲涉犯妨害公務罪嫌現行犯爲由而逮捕乙女，堪認員警甲係基於妨害自由之犯意，而對乙女施以強暴行爲，難認員警甲另有傷害之故意，自不另論以傷害犯行[4]。

本案2023年1月31日臺灣桃園地方法院111年度矚訴字第3號刑事判決，判處員警甲犯公務員假借職務上之機會強制罪，處有期徒刑四月，如易科罰金，以新臺幣1,000元折算一日；又犯公務員假借職務上之機會剝奪他人行動自由罪，處有期徒刑六月。前者可易科罰金，但後者因依刑法第134條規定，加重其刑至二分之一，致最重本刑爲七年六個月之有期徒刑，不符合刑法41條得易科罰金之要件。最後，員警甲放棄上訴全案定讞；至於一審桃園地院之判決主要觀點，本文分析如下[5]。

一、難認符合警職法第6條第1項任一款之要件

警職法第6條第1項第1款所稱「合理懷疑」，需有客觀之事實作爲判斷基礎，而非警察主觀上單純之臆測或第六感，必須是根據當時之事實，警察依據其執法經驗所作合理推論或推理，方可構成「合理懷疑」。

依據法院當庭勘驗員警甲值勤時配戴之密錄器錄影檔案內容，乙女當時獨自行走在公共道路外側，外表整潔、神色正常，並無濫用毒品後精神異常、泥醉或其他生命、身體將發生具體危害之跡象，亦沒有公然攜帶違

4 參照臺灣桃園地方檢察署110年度偵續字第455號刑事起訴書。

5 參照臺灣桃園地方法院111年度矚訴字第3號刑事判決。

禁物、武器、易燃物、爆裂物或顯爲贓物之物品或有其他參與犯罪或即將犯罪之徵兆，更無與有上述行爲、徵兆之第三人有互動關係，乙女亦非由犯罪現場步行而出，且員警甲攔檢乙女時，乙女除質疑員警甲盤查之法律依據外，亦無攻擊、衝撞警察或加速逃逸之行爲，難認員警甲符合警職法第6條第1項任一款之發動查證要件。

又縱認員警甲依其擔任轄區員警之經驗，認爲案發地點附近有許多旅館、遊藝場所等，故爲治安重點區域，常有毒品及相關衍生案件，然乙女於白日在公共道路上行走，顯與上開有治安疑慮之場所無直接關係，員警甲僅因乙女經過上開場所外部，即率然對其發動身分查證，自顯無理由。換言之，倘若一般人僅因行經值勤員警認爲常有治安疑慮之旅館、遊藝場所外部，即可構成「合理懷疑其有犯罪之嫌疑或有犯罪之虞者」之盤查要件，則一般人都將難逃警方任意盤檢之強制措施，並將使警職法第6條第1項第6款：「行經指定公共場所、路段及管制站者。」第2項：「前項第六款之指定，以防止犯罪，或處理重大公共安全或社會秩序事件而有必要者爲限。其指定應由警察機關主管長官爲之。」之嚴格的查證發動要件澈底遭到架空，形同具文。

二、係屬違法攔檢自非「依法執行職務」

參之員警甲供稱「伊當時婉轉向乙女表示怕乙女被報失蹤，是因爲若直接表明懷疑乙女是毒品人口，可能會引起人民反感、反抗」等語，則客觀上，員警甲並非對乙女援引警職法第6條第1項任一款之查證依據，則乙女認爲員警甲盤問其姓名、身分證字號缺乏法律依據，自屬合情合理，乙女要求直接離開現場去上課，員警甲自無攔阻乙女之合理依據，詎員警甲仍以身體阻擋乙女離去，並要求其等待支援警力到場並到派出所查驗身分，自已構成以強暴方式妨害乙女之行動自由權利。

本案案發當時，依前述分析之客觀情形，並無使員警甲發動對乙女身分查證之要件，員警甲所爲係屬違法攔檢，並已先行觸犯刑法之強制罪，自非「依法執行職務」。

三、「真的很蠢」等語屬合理評論公務員違法行為之言論

刑法第140條規定：「於公務員依法執行職務時，當場侮辱或對於其依法執行之職務公然侮辱者，處一年以下有期徒刑、拘役或十萬元以下罰金。」由客觀的文義解釋，該條之構成要件之一，須行爲時爲該公務員「依法執行職務時」；而「侮辱」係以使人難堪爲目的，用言語、文字、圖畫或動作，表示不屑、輕蔑或攻擊之意思，而足以對於個人在社會上所保持之人格及地位，達貶損其評價之程度。

在此事件脈絡發展之下，乙女於行動自由權利遭到員警甲不法侵害之時，對員警甲之違法行爲評論道：「真的很蠢」、「你做的事情違反你的工作」等語，自屬於捍衛自己權利並合理評論公務員違法行爲之言論，並非意在貶損員警甲個人在社會上所保持之人格及地位。

四、以現行犯逮捕難認係合法執行職務無從阻卻犯罪故意及違法性

乙女之上開言論並無構成刑法第140條之妨害公務罪之虞，員警甲自無從依據刑訴法第88條第1項之規定，以現行犯逮捕乙女，是員警甲將乙女壓制在地進而逮捕乙女，並對乙女上銬，嗣將乙女帶返派出所，均難認係合法執行職務之行爲，無從阻卻其犯罪之故意及違法性（如表1-1所示）。

表1-1 本案例判決分析一覽表

案例事實	警員甲於8時許執行巡邏勤務，行經某治安要點前見乙女獨自行走在公共道路的路邊，見其行跡可疑便發動身分查證，要求乙告知姓名等資料，並佯稱：「怕妳有沒有被報失蹤」云云，經乙以甲依法無據拒絕提供個資並要求離去，甲即以身體阻擋乙離去並令乙需配合返回派出所查驗身分。嗣乙多次詢問其遭盤查原因及依據，但甲均未明確告知，乙遂對甲濫行執法過程心有不滿並評論道：「眞的很蠢」等語，甲便認乙於其依法執行職務時當場侮辱，而以犯妨害公務罪嫌現行犯逮捕，乙女當下拒絕並加以抵抗，造成乙女多處擦傷，乙女被逮捕上銬後帶回派出所接受調查。
本案爭點	1. 員警實施查證身分之合法要件爲何？ 2. 本案員警之行爲是否爲依法攔查及臨檢之執行職務？ 3. 本案員警可否依妨害公務執行之現行犯逕行逮捕？ 4. 本案員警有無涉犯強制罪與剝奪他人行動自由罪之主觀犯意？
法院觀點	1. 難認符合警職法第6條第1項任一款之要件 2. 係屬違法攔檢自非「依法執行職務」 3. 「眞的很蠢」等語屬合理評論公務員違法行爲之言論 4. 以現行犯逮捕難認係合法執行職務無從阻卻犯罪故意及違法性
判決結果	犯公務員假借職務上之機會強制罪，以及犯公務員假借職務上之機會剝奪他人行動自由罪，犯意各別，行爲互殊，應予分論併罰。

資料來源：作者自製。

肆 本案之評析

一、臨檢盤查之正當法律程序

（一）依法行政原則

身爲執法者的警察，首要之務爲依法行政。依法行政原則，乃指行政權力行使必須依據法律規範爲之，倘若行政行爲有法律上依據，再進一步審查該行政行爲是否合乎法律上的規定，而其合法性審查基本上可分爲形式審查與實質審查兩個層面：形式審查包括法定管轄、法定程式要件及正當程序三端；實質審查除法定構成要件該當外，尚包括行政行爲之合理、適度、公平[6]。

（二）合法性之程序

檢驗員警臨檢盤查之正當程序，依據司法院釋字第535號解釋意旨及警職法之相關規定：第一，表明警察身分，即警察行使職權時，應著制服或出示證件表明身分，以符合程序正當。第二，符合警職法第6條、第8條要件並告知事由，以符合程序正當與實質正當。第三，手段符合比例原則、適時結束原則及誠信原則，以符合實質正當程序。上述三者需依序檢驗，全部符合始爲合法之臨檢盤查，通過第一個程序始能進入第二個程序，且人民在每個檢驗程序都可以當場陳述理由，提出異議救濟，警察認爲異議有理由者，應立即停止執行或更正執行行爲；認爲無理由者，得繼續執行，若經義務人或利害關係人請求時，應將異議之理由製作紀錄交付之。義務人或利害關係人因警察行使職權有違法或不當情事，致損害其權益者，得依法提起訴願及行政訴訟[7]。

（三）合法性之要件

在符合警職法第6條、第8條要件並告知事由的判斷上，應基於「事出有因」（如深夜戴墨鏡形跡可疑）、「師出有名」（如警察分局長以上長官指定之公共場所、路段及管制站者），而依據員警經驗，現場狀況，其他相關異常或可疑現象作爲「合理性」綜合判斷基礎。換言之，警職法第6條第1項第1款規定「合理懷疑其有犯罪之嫌疑或有犯罪之虞者」，其「合理懷疑」（Reasonable Suspicion）乃「職權要件」，而「其有犯罪之嫌疑或有犯罪之虞」乃是「違法要件」，員警在執行盤查並進行查證身分時，應以五官六覺對於受檢人的行爲、物的狀況或整體環境考量，當有「合理懷疑」受檢人有何違法要件該當時，始得以依法採取攔檢措施並明確告知事由。故員警在受檢人拒絕配合身分查證時，應有信心告知其臨檢盤查之正當合理性（Justification），並於執行中即配合蒐集其違法「證

6 李建良，行政法基本十講，元照出版，2013年9月，頁6。

7 內政部警政署，員警盤查之正當法律程序探討講習簡報檔，1100521刑督字第1100050673號，2021年5月。

據」（Evidence），若已達「相當理由」符合刑訴法得以進行犯罪偵查時，即得轉而適用該法逮捕、搜索及扣押等司法程序[8]。

是以警察進行盤查，應有合於警職法第6條第1項之事由始得爲查證人民身分，而所謂「合理懷疑」係指以合理性爲前提，本於當時現場狀況等客觀事實，依據警察個人執法經驗，綜合所爲邏輯推論，而懷疑有犯罪之情事，除必須斟酌當時客觀之證據外，必須考慮警察專業觀察及直覺反應，亦即應尊重現場執法警察個人之合理性判斷[9]。如此可知員警對於受檢人有犯罪之嫌疑或犯罪之虞有合理懷疑時，始得對受檢人進行身分查證，且此合理懷疑應不包括受檢人僅具「有犯罪前科」之情形，因「犯罪前科」係過去之犯罪及執行之紀錄，與受檢人當下客觀顯現在外之行爲無涉，若以前科紀錄作爲查證身分依據，將使得員警得以憑「直覺」盤查「具有犯罪前科」之人，而不當擴大警察職權，故警職法第6條第1項第1款所定「合理懷疑其有犯罪之嫌疑或有犯罪之虞者」，必須限於員警依照盤查當時之客觀情狀，綜合推斷認定受檢人有犯罪之嫌疑或犯罪之虞，始得對其進行身分查證[10]。如同內政部警政署訂頒的「執行巡邏勤務中盤查盤檢人車作業程序」注意事項（八）所言：「合理懷疑」係指必須有客觀之事實作爲判斷基礎，根據當時的事實，依據專業（警察執法）經驗，所作成的合理推論或推理，而非單純的臆測。合理懷疑之事實基礎有：1.情報判斷之合理懷疑；2.由現場觀察之合理懷疑；3.由環境與其他狀況綜合研判之合理懷疑；4.由可疑行爲判斷之合理懷疑。亦如本判決所言：所稱「合理懷疑」，需有客觀之事實作爲判斷基礎，而非警察主觀上單純之臆測或第六感，必須是根據當時之事實，警察依據其執法經驗所作合理推論或推理，方可構成「合理懷疑」。

又警職法上「個別盤查」與「集體盤查」之性質、要件與程序上均有不同。前者係依據警職法第6條第1項第1款至第5款之要件，以五官六覺對於盤查現場之人的行爲、物的狀況或整體環境考量，如執法員警有「合理

8 蔡庭榕，同註2，頁69-79。
9 蔡震榮，警察職權行使法概論，自版，2012年11月，頁142。
10 臺灣高等法院105年度原上易字第8號刑事判決。

懷疑」受檢人有犯罪之嫌疑或有犯罪之虞，始得依法採取「個別盤查」措施；後者係依據同條項第6款「行經指定公共場所、路段及管制站者」之情形，此時盤查之判斷事由已非由現場個別員警判斷，而是依據本條第2項規定：「前項第六款之指定，以防止犯罪，或處理重大公共安全或社會秩序事件而有必要者爲限。其指定應由警察機關主管長官爲之。」此時，其爲全面「集體盤查」之合理性程度已經大幅提高如本項要件，執法員警並得因此對經過之人、車進行盤查[11]。況且警察分局長以上長官所核定之「指定公共場所、路段及管制站者」，係依據轄區全般治安狀況、過去犯罪紀錄、經常發生刑案之地點及「治安斑點圖」等綜合研判分析所得，但仍應遵守司法院釋字第535號解釋及比例原則，不得不顧時間、地點及對象任意臨檢、取締或隨機檢查、盤查，以兼顧治安與人權[12]。兩者之區別，如表1-2所示。

表1-2　個別盤查與集體盤查之區別

	個別盤查	集體盤查
依據	警職法第6條第1款至第5款	警職法第6條第6款
要件	以現場員警五官六覺對於盤查現場之人的行爲、物的狀況或整體環境考量。	以防止犯罪，或處理重大公共安全或社會秩序事件而有必要者爲限，其指定應由警察機關主管長官爲之。
程序	執法員警有「合理懷疑」受檢人有犯罪之嫌疑或有犯罪之虞，始得依法採取。	依勤務表所規劃之指定路段路檢點，係經分局長以上長官核定後規劃實施且所核定者，係依據轄區全般治安狀況、過去犯罪紀錄、經常發生刑案之地點及「治安斑點圖」等綜合研判分析所得；仍應注意必要性與比例原則之遵守。

資料來源：作者自製。

11 參照蔡庭榕，同註2，頁69。
12 同註7。

（四）必須先有合法臨檢才有後續行政檢查與刑事搜索

員警固屬行政人員（特種行政人員），亦係實施刑事訴訟程序公務員，衡諸犯罪發覺，通常隨證據浮現而逐步演變，可能原先不知有犯罪，卻因行政檢查，偶然發現刑事犯罪，若硬將此二種不同程序截然劃分，恐不切實際。員警依警職法或警察勤務條例等法律規定執行臨檢、盤查勤務工作時，若發覺受檢人員行為怪異或可疑，有相當理由認為可能涉及犯罪，自得進一步依據刑訴法相關規定執行搜索[13]。換言之，警察職權行使各項高權措施，會隨著證據發現、開展，銜接刑事犯罪偵查作為，在外觀上差異不大，只是所施強制力強度不同、發動門檻要件有別而已；具體而言，警察行政高權發動門檻，係出於警察人員對於犯罪嫌疑之「合理懷疑」，逮捕、搜索及扣押刑事（司法）之強制處分，則須達於「相當理由」始得為之；而判斷警察所為行政處分是否合理，法院應依「合理性」標準判斷警察行為之「合法性」，亦即應考慮警察執法現場的「專業」觀察、直覺反應，受檢人員是否有緊張、逃避行為以及其他異常行為表徵，有無民眾報案或根據線報，並綜合當時客觀環境（諸如深夜時分、人員出入複雜之場所、治安重點及高犯罪發生率之地區等），是否足以產生前述合理懷疑，而為必要攔阻、盤詰及查驗身分，甚至身體、物件表面拍（搜）觸（非屬翻找的搜索行為），以維護執法人員安全及避免急迫危害發生，苟因此發現具體違法犯罪情事，進而具有「相當理由」認為受檢人員涉嫌犯罪，即得依刑訴法逮捕、搜索及扣押等相關規定為司法強制處分[14]。

是以，員警實施路檢而攔停車輛盤查，後因車窗搖下車內散發濃厚愷他命味道，經警一嗅即足有相當理由判斷其等有施用愷他命犯嫌，即得依刑訴法執行逮捕、搜索及扣押等司法強制處分[15]。然而，必須先有合法臨檢才有後續行政檢查與刑事搜索等強制處分；若係屬違法攔檢，自非「依

---

13 參照最高法院99年度台上字第2269號刑事判決意旨。

14 參照臺灣新北地方法院109年度簡上字第942號刑事判決。

15 參照據臺灣高等法院106年度上訴字第1526號刑事判決；許福生、蕭惠珠，員警盤查人車後轉為刑事搜索案例之研析，警光雜誌，第792期，2022年7月，頁66。

法執行職務」。

（五）本案例不符盤查合法性要件

就本案例而言，縱認甲依其擔任轄區員警之經驗，認為案發地點附近有許多旅館、遊藝場所等，故為治安重點區域，常有毒品及相關衍生案件，現乙女白日在此公共道路上行走，顯與上開有治安疑慮之場所無直接關係，不能僅因乙女經過上開場所外部，即率然對其發動身分查證。況且縱使「該處為治安重點區域」，但依據警察勤務條例第18條規定：「勤務執行機構應依勤務基準表，就治安狀況及所掌握之警力，按日排定勤務分配表執行之，並陳報上級備查；變更時亦同。」因本案未事先依勤務表所規劃之指定路段路檢點經分局長以上長官核定後規劃實施者，便不能作為全面「集體盤查」依據，仍應回到「個別盤查」法律適用。

現員警甲實施盤查，如僅憑該路段屬於治安較複雜之區域，見乙女攜帶多件行李，逆向獨自行走經過旅館前，加上面容較為消瘦，眼神看似疲倦，便認為乙女形跡可疑，合法懷疑可能係犯罪或失蹤人口，故對乙女實施個別臨檢、盤查，且乙女一直不配合提供姓名及年籍資料供查證，便跟乙女說如果再不配合，依法可以帶回派出所查驗身分，率然對其發動身分查證，自顯無理由。因警職法第6條第1項第1款所定「合理懷疑其有犯罪之嫌疑或有犯罪之虞者」，需有客觀之事實作為判斷基礎，而非警察主觀上單純之臆測或第六感，必須是根據現場之事實，警察依據其執法經驗所作的合理推論或推理，始得對其進行身分查證。況且當事人要求解釋其究竟何處形跡可疑，員警亦未主動告知事由，僅要求其提供證件，並說該處為治安顧慮要點，即將要離開之乙女攔下，僅一再表示如果再不配合，依法可以帶回派出所查驗身分，確實不符合盤查合法性要件。

如此，乙女認為員警甲盤問其姓名、身分證字號係屬違法攔檢，自非「依法執行職務」，要求直接離開現場，自屬合情合理，詎員警甲仍以身體阻擋告訴人離去，並要求其等待支援警力到場並到派出所查驗身分，自已構成以強暴方式妨害告訴人之行動自由權利，論知有罪，誠屬合理。

二、本案成為扭轉警察違法執法之契機

（一）以往相類似案例以容許構成要件錯誤適之

相較於本案判決對員警甲違法盤查乙女認定「非依法執行職務」，因此無從阻卻妨害自由犯罪故意及違法性而判決有罪；早期類似案例，法院見解多採用「限縮法律效果罪責理論」，認爲員警雖具備法律構成要件故意，但欠缺罪責故意，違反注意義務，僅成立過失犯罪，學理上稱爲「容許構成要件錯誤」。

就以號稱「新店戰神」之員警涉違法盤查搜索案例爲例，縱此案員警因涉妨害自由案件經檢察官提起公訴（臺灣臺北地方檢察署107年度偵字第11540號），然於臺灣臺北地方法院107年度易字第1066號刑事判決判定無罪，其主要理由爲縱認本案搜索並不符合警職法第6條至第8條及刑訴法搜索程序之規定，然因本案搜索行爲因欠缺違法性認識阻卻犯罪之故意，故基於「罪證有疑利於員警」原則諭知員警無罪[16]。

換言之，該案判決認爲：員警丙確係一再徵求受檢人丁之同意，於丁口頭表示同意後方進行搜索，雖丁之同意並非「自願性同意」，仍可認丙係誤認符合警職法第6條至第8條及刑訴法第131條之1之規定而爲法律所容許，始基於警職法第1條維持公共秩序及保護社會安全之意思進行搜索，否則丙大可不必再三徵求丁之同意，而直接對丁進行搜索，是丙於行爲時，係誤信有上開阻卻違法事由之存在，此種所謂阻卻違法事由之錯誤，學說稱之爲「容許構成要件錯誤」，在採限縮法律效果之罪責理論者，認爲容許構成要件錯誤並不影響行止型態之故意，而只影響罪責型態之故意，亦即行爲人仍具構成要件故意，但欠缺罪責故意，至於行爲人之錯誤若係出於注意上之瑕疵，則可能成立過失犯罪。本案丙之搜索行爲因欠缺違法性認識，阻卻犯罪之故意；惟丙對上開阻卻違法事由之前提事實是否存在，有一定之注意義務，丙違反該注意義務，仍應負過失責任，然刑法第307條違法搜索罪並無處罰過失犯之規定，依罪刑法定原則，自不得以

16 有關本案之評析，可參照許福生、蕭惠珠，從員警涉違法盤查搜索案例談盤查之發動，警光雜誌，第798期，2023年1月，頁35-45。

刑章相繩[17]。

這樣的觀點，如同本案當初桃園地檢署不起訴處分所持理由一樣，認爲警員甲誤認本件已符合警職法所規定「合理懷疑」要件，核屬容許構成要件錯誤之情形，阻卻罪責故意，僅負過失之責任。如此，以往員警盤查民眾時涉妨害自由，若在盤查時以爲自己具備阻卻違法事由（例如對方形跡可疑、有犯罪跡象）、主觀上不認爲自己違法，就不會涉及故意犯罪，但仍要負過失責任；不過由於妨害自由不罰過失犯，最後往往不會定罪。

（二）本案以非依法執行職務無從阻卻犯罪故意及違法性

本案判決認爲案發當時，依當時客觀情形，並無使員警甲發動對乙女身分查證之要件，員警甲所爲係屬違法攔檢，並已先行觸犯刑法之強制罪，自非「依法執行職務」。而在此事件脈絡發展之下，乙女於行動自由權利遭到員警甲不法侵害之時，對員警甲之違法行爲評論道：「眞的很蠢」、「你做的事情違反你的工作」等語，並無構成刑法第140條之妨害公務罪之虞，員警甲自無從依現行犯逮捕乙女，是員警甲將乙女壓制在地進而逮捕乙女等行爲，均難認係合法執行職務之行爲，無從阻卻其犯罪之故意及違法性，故而以妨害自由等「故意」犯論罪。如此本案可能成爲扭轉警察違法執法之契機，也爲警職法施行二十週年以來，可能成爲改變違法執法之經典案例，深値重視。

陸 結語

1998年1月15日臺北市保大員警隨機攔停強行搜索案，促使大法官於2001年12月14日作成釋字第535號解釋，並促成立法院於2003年6月5日三讀通過警職法，而於同年12月1日施行。縱使警職法公布至今已邁入二十週年，然就以2021年4月22日發生於桃園市中壢分局員警盤查詹女事件而

17 參照臺灣臺北地方法院107年度易字第1066號刑事判決。

言，似乎又重演當初釋字第535號解釋的案由，員警自認身處治安熱點，即具有隨機盤查路人之權。然而，自警職法公布施行以來，司法實務對警職法第6條第1項第1款所規定「查證身分」之「合理懷疑其有犯罪之嫌疑或有犯罪之虞者」，一直均主張「需有客觀之事實作爲判斷基礎，而非警察主觀上單純之臆測或第六感，必須是根據現場之事實，警察依據其執法經驗所作的合理推論或推理，始得對其進行身分查證」；唯一不同的是，以往遇到相類似案例之違法搜索或妨害自由案件，司法實務常以容許構成要件錯誤適之，即認爲員警誤認已符合警職法所規定「合理懷疑」要件，核屬容許構成要件錯誤之情形，阻卻罪責故意，僅負過失之責任。如此，以往員警盤查民眾時涉妨害自由，若其在盤查時以爲自己具備阻卻違法事由（例如對方形跡可疑、有犯罪跡象）、主觀上不認爲自己違法，就不會涉及故意犯罪，但仍要負過失責任；然因妨害自由不罰過失犯，最後往往不會定罪。惟本件員警盤查詹女案，法院一改以往見解，以員警所爲均難認係合法執行職務之行爲，無從阻卻其犯罪之故意及違法性，故而以妨害自由等「故意」犯論罪，可能成爲扭轉警察違法執法之契機，也爲警職法施行二十週年以來，可能成爲改變違法執法之經典案例。

因此，未來員警在執行臨檢盤查時，若受檢人拒絕配合身分查證時，警察應有信心想好盤查事由並明確告知其臨檢盤查之正當合理性依據，是經其「主觀經驗」感受並輔以「客觀環境」而形成「綜合判斷」，「講清楚、說明白」告知受檢人，「憑著警察自身的專業經驗，觀之現場人、事、時、地、物等客觀環境，覺得您（受檢人）因何『怪怪地』，而引發我（警察）的注意，這時候才會找上您」，而非只是說「我是警察」、「我沒看過妳」、「這裡是公眾得出入之場所」、「妳一直看我，我憑我的經驗」等主觀直覺而要進行盤查。如此的盤查當被質疑後才答覆「因爲你（受檢人）神色看起來很緊張或形跡可疑（只單純員警主觀直覺）所以盤查你」，但畢竟這樣的主觀經驗未輔以客觀事實而綜合判斷便去盤查，是不當擴大警察職權，不符臨檢盤查之正當法定程序。要以「具象化異常行爲表徵」來說明，如「我觀察你剛剛見警轉身逃避，顯有異常」、「我剛才目睹你把身上包包快速交給旁人，顯有異常」。當事人有異議時，接受民眾非善意聲明異議權利，該停止就停止，否則成爲不合法執行職務時，若受檢人拒絕盤查辱罵警察或有其他作爲，不必然會構成妨害公務，因妨害公務之成立是以依法執行職務爲前提，甚且還有後續妨害自由或違法搜索罪之法律責任。

是以，爲達到精緻執法，保障執法安全與威信，充分了解臨檢盤查之正當法定程序是必要的，員警執法上應依照警政署訂定「執行巡邏勤務中盤查盤檢人車作業程序」規定執行，特別是注意從觀察受檢人異常舉動及其他周遭現場環境情事，經綜合判斷符合警職法第6條第1項第1款合理懷疑之盤查要件，如受檢人無法查證身分且有抗拒攔停或逃逸之虞時，可告知「得依警職法第7條規定將其帶往勤務處所查證，如遇抗拒時，將使用必要之強制力限制其離去（如按住其肩膀或拉住手腕）。」除非受檢人有進一步犯罪事實（如當場辱罵員警或持械抗拒等違反刑事法令行爲），不應率以上銬限制其人身自由。相關做法爲身分查證之干預措施，應符合比例原則，不得逾越必要程度。實務上更要不斷地檢視「警察情境實務執法案例研析」，建立「動態執法」思維，讓法令規範能落實到具體個案上，以達成警職法乃爲規範警察依法行使職權，以保障人民權益，維持公共秩序，保護社會安全，特制定本法之立法目的。

（本文初稿曾發表於警光雜誌，第805期，2023年8月）

執行巡邏勤務中盤查盤檢人車作業程序

（第一頁，共七頁）

一、依據：

（一）警察職權行使法第三條、第四條、第六條至第八條及第二十九條。
（二）警察勤務條例第十一條第二款。
（三）司法院釋字第五三五號解釋。
（四）提審法第二條及第十一條。
（五）身心障礙者權利公約施行法。
（六）警械使用條例。
（七）內政部警政署使用國民身分證相片影像資料管理要點。
（八）警察人員使用拋射式電擊器規範。
（九）警察機關執行勤務之警力數編配及應勤裝備攜行規定。

二、分駐（派出）所流程：

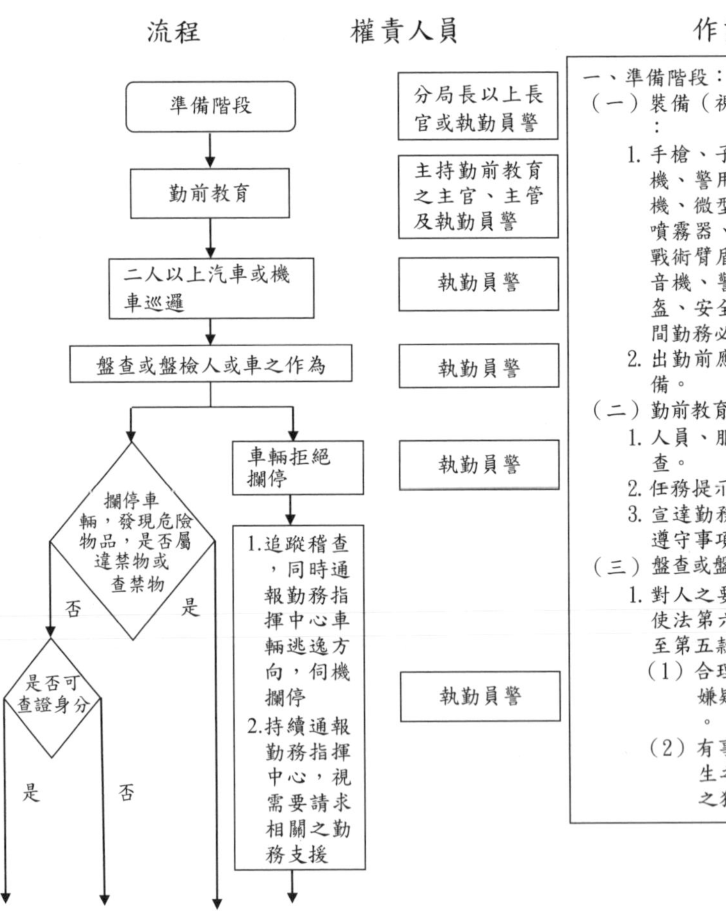

一、準備階段：

（一）裝備（視勤務需要增減）：
1. 手槍、子彈、無線電手攜機、警用行動電腦、照相機、微型攝影機、防護型噴霧器、拋射式電擊器、戰術臂盾、防割手套、錄音機、警銬、防彈衣、頭盔、安全帽及警棍等，夜間勤務必須攜帶手電筒。
2. 出勤前應相互檢查應勤裝備。

（二）勤前教育：所長親自主持。
1. 人員、服儀及攜行裝具檢查。
2. 任務提示。
3. 宣達勤務紀律與要求及應遵守事項。

（三）盤查或盤檢人或車之要件：
1. 對人之要件（警察職權行使法第六條第一項第一款至第五款）：
（1）合理懷疑其有犯罪之嫌疑或有犯罪之虞者。
（2）有事實足認其對已發生之犯罪或即將發生之犯罪知情者。

（續下頁）

（續）執行巡邏勤務中盤查盤檢人車作業程序

（第二頁，共七頁）

流程	權責人員	作業內容

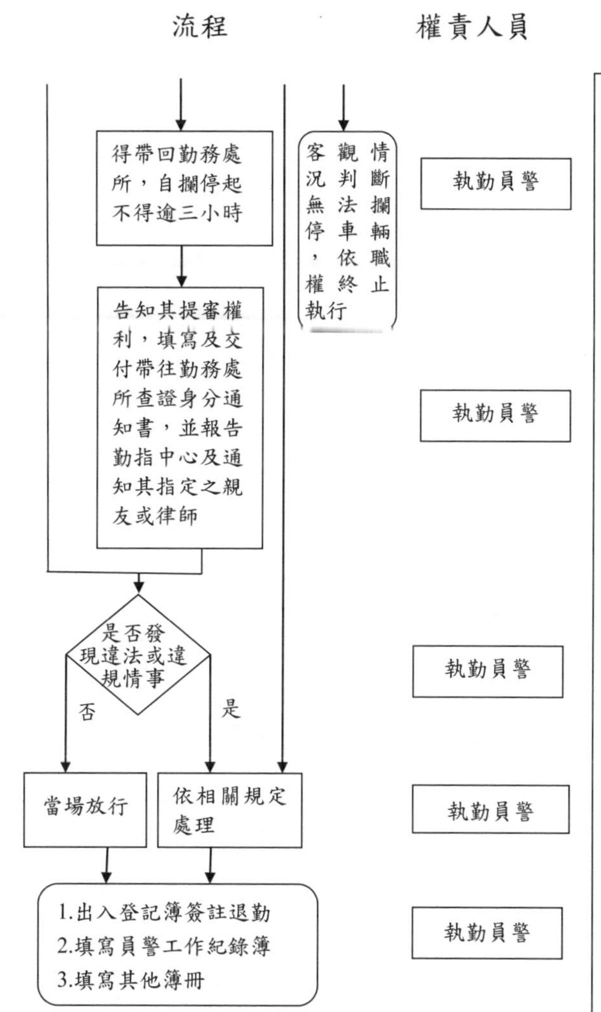

（3）有事實足認為防止其本人或他人生命、身體之具體危害，有查證其身分之必要者。

（4）滯留於有事實足認有陰謀、預備、著手實施重大犯罪或有人犯藏匿之處所者

（5）滯留於應有停（居）留許可之處所，而無停（居）留許可者。

2. 行經指定公共場所、路段及管制站之要件（警察職權行使法第六條第一項第六款）：依據轄內治安狀況、過去犯罪紀錄、經常發生刑案地點、交通路線，布線蒐報情資及民眾報案、投訴等資料，綜合研判分析，由分局長以上長官指定地點或路段後，據以實施。

3. 對交通工具之要件（警察職權行使法第八條）：

（1）已發生危害。

（2）依客觀、合理判斷易生危害。

（3）有事實足認駕駛人或乘客有犯罪之虞者。

二、執行階段：

（一）巡邏中應隨時注意勤務中各警網通訊代號，並瞭解其實際位置，必要時，呼叫請求支援。

（二）處理事故或接獲通報抵達現場時，遇被盤查人有瘋狂、酒醉、暴力傾向、精神疾病或有犯罪之虞者，員警應具備敵情觀念，將巡邏車停放適當位置，提高警覺，掌握周邊狀況，

（續）執行巡邏勤務中盤查盤檢人車作業程序

（第三頁，共七頁）

落實警戒、監視分工，與被盤查人、車保持安全距離，備妥應勤裝備，預防遭被盤查人攻擊或駕車衝撞；裝備或警力不足以應付危險狀況時，應立即請求支援，切勿貿然接近。

（三）遇可疑人或車，應於盤查盤檢前，先報告勤務指揮中心登記實施地點、被盤查人外顯行為、衣著及車輛顏色、號牌等相關特徵資料；實施盤查時，得採取必要措施予以攔停，告知事由，並詢問基本資料或令出示證明文件；有明顯事實足認有攜帶傷害生命身體之物，得檢查身體及所攜帶之物；盤查結束後，應報告勤務指揮中心，以利管制。

（四）受盤查人未攜帶身分證件或拒絕出示身分證件或出示之身分證件顯與事實不符，而無從確定受檢人身分時，得使用 M-Police 查詢國民身分證相片影像資料予以查證。

（五）從觀察受檢人異常舉動及其他周遭現場環境情事，經綜合判斷符合警察職權行使法第六條第一項第一款合理懷疑之盤查要件，如受檢人無法查證身分且有抗拒攔停或逃逸之虞時，即可告知：「得依警職法第七條規定將其帶往勤務處所查證，如遇抗拒時，將使用必要之強制力限制其離去（如按住其肩膀或拉住手腕）。」除非受檢人有進一步犯罪事實（如當場辱罵員警或持械抗拒等違反刑事法令行為），不應率以上銬限制其人身自由。相關作法為身分查證之干預措施，應符合比例原則，不得逾越必要程度。

（續）執行巡邏勤務中盤查盤檢人車業程序

（第四頁，共七頁）

（六）帶往勤務處所查證身分時，非遇抗拒不得使用強制力，且其時間自攔停起，不得逾三小時，並應即報告勤務指揮中心。
（七）告知其提審權利，填寫及交付帶往勤務處所查證身分通知書，並通知受盤查人及其指定之親友或律師。
（八）受盤查人當場陳述理由，表示異議：
1. 異議有理由：立即停止，當場放行；或更正執行行為。
2. 異議無理由：繼續執行。
3. 受盤查人請求時，填寫警察行使職權民眾異議紀錄表一式三聯，第一聯由受盤查人收執、第二聯由執行單位留存、第三聯送上級機關。
（九）遇攔停車輛駕駛人拒絕停車受檢時，經員警以口頭、手勢、哨音或開啟警鳴器方式攔阻，仍未停車者，得以追蹤稽查方式，俟機攔停；必要時，通報勤務指揮中心請求支援，避免強行攔檢，以確保自身安全。
（十）客觀情況判斷無法攔停車輛時，依警察職權行使法第三條第二項終止執行，並依車牌號碼等特徵通知車輛所有人到場說明。
（十一）檢查證件時，檢查人員應以眼睛餘光監控受檢查人。發現受檢人係通緝犯或現行犯，應依刑事訴訟法規定拘提或逮捕之。

（續）執行巡邏勤務中盤查盤檢人車作業程序

（第五頁，共七頁）

（十二）遇有衝突或危險情況升高時，應手護槍套；必要時，拔出槍枝，槍口向下警戒，使用槍械應符合警械使用條例、警察人員使用槍械規範之規定及用槍比例原則：

1. 為能掌握機先，維護警察人員之安全，警械使用條例第四條第一項第五款及第六款規定，警察人員執行職務時，遇有下列情形，得使用槍械：「警察人員之生命、身體、自由、裝備遭受強暴或脅迫，或有事實足認為有受危害之虞時」、「持有兇器有滋事之虞者，已受警察人員告誡拋棄，仍不聽從時。」
2. 為避免突遭襲擊，同條例第五條規定，警察人員依法令執行取締、盤查等勤務時，如有必要得命其停止舉動或高舉雙手，並檢查是否持有兇器。如遭抗拒，而有受到突擊之虞時，得依規定使用警械。

（十三）逮捕現行犯，遇有抗拒時，先上手銬後附帶搜索其身體、隨身攜帶之物件、所使用之交通工具及其立即可觸及之處所。查獲違禁物或查禁物時，應分別依刑法、刑事訴訟法或社會秩序維護法等相關規定處理。

（十四）緝獲犯罪嫌疑人，應回報勤務指揮中心請求支援，禁止以機車載送犯罪嫌疑人，以保障執勤員警安全。

（續）執行巡邏勤務中盤查盤檢人車作業程序

（第六頁，共七頁）

三、分局流程：無。

四、使用表單：

（一）巡邏簽章表。

（二）員警出入登記簿。

（三）員警工作紀錄簿。

（四）警察行使職權民眾異議紀錄表。

（五）帶往勤務處所查證身分通知書。

五、注意事項：

（一）執行巡邏勤務應勤裝備攜行，以及著防彈衣、戴防彈頭盔時機，依內政部警政署（以下簡稱本署）「警察機關執行勤務之警力數編配及應勤裝備攜行規定」辦理。

（二）依據警察職權行使法第四條規定：警察行使職權時，應著制服或出示證件表明身分，並應告知事由。警察未依前項規定行使職權者，人民得拒絕之。

（三）警察依據警察職權行使法第六條規定攔檢民眾查證身分時，民眾未攜帶證件或拒不配合表明身分，執行員警得透過查詢車牌號碼、警用電腦或訪談週邊人士等方法查證該民眾身分，仍無法查證時，或於現場繼續執行恐有不利影響或有妨礙交通、安寧者，得依據同法第七條第二項規定帶往勤務處所查證身分，帶往時非遇抗拒不得使用強制力，其時間自攔停起不得逾三小時，並應即向勤務指揮中心報告及通知其指定親友或律師。

（四）警察執行帶往勤務處所查證身分措施適用提審法之規定，乃在踐行提審法第二條所定之法律告知事項，其未告知者，依提審法第十一條第一項規定，得科新臺幣十萬元以下罰金。

（五）依據警察職權行使法第七條及第八條規定，對於已發生危害或依客觀合理判斷易生危害之交通工具，得予以攔停並檢查引擎、車身號碼或其他足資識別之特徵，遇駕駛人或乘客有異常舉動，警察合理懷疑其將有危害行為時，得強制其離車。因此，為維護執勤員警及公眾安全，要求駕駛人熄火離車，符合警察職權行使法第三條之比例原則。

（六）警察為落實身心障礙者權利公約及人權保障，執行盤查或盤檢時，應注意下列事項：

1. 發現受盤查人為身心障礙者時，應使用其可以理解之用語詢問及溝通，應對指南及行為建議可參考本署一百零九年十一月二十六日警署行字第一〇九〇一五九八九九號函發「警察人員執行盤查或盤檢時，對各種精神或心智障礙病症認知及對自閉症患者應對資料」，如對前述疑似患者之辨識或溝通窒礙難行時，得請求衛生或醫療主管機關協助。
2. 得主動告知法律服務等團體提供之協助；如有必要，可轉介社政機關或社會福利機構，以提供社會救助。

（七）依據本署一百十年七月二日警署資字第一一〇〇一〇六九六四號函規定，使用 M-Police 查詢國民身分證相片影像資料，應注意下列事項：

1. 限於警察機關所屬人員為執行勤務或維護治安之目的內，得使用 M-Police 查證人民身分。
2. M-Police 相片比對功能係輔助驗證身分之最後手段，蒐集當事人影像以使

（續）執行巡邏勤務中盤查盤檢人車作業程序

（第七頁，共七頁）

用 M-Police 相片比對系統前，須告知當事人事由，並經當事人同意。但為執行法定職務之必要範圍者，不在此限。

（八）參照本署「警察職權行使法逐條釋義」，有關警察職權行使法第六條第一項各款易發生疑義要件，釋義如下：

1.「合理懷疑」係指必須有客觀之事實作為判斷基礎，根據當時的事實，依據專業（警察執法）經驗，所做成的合理推論或推理，而非單純的臆測。合理懷疑之事實基礎有：

(1)情報判斷之合理懷疑：例如由勤務指揮中心通報，歹徒習慣開（騎乘）某款式車輛作案，因而對其實施攔檢盤查。

(2)由現場觀察之合理懷疑：例如警察於剛發生犯罪現場附近，發現某人逗留徘徊，其衣著有泥土、血跡特徵，而懷疑其可能從事犯罪。

(3)由環境與其他狀況綜合研判之合理懷疑：例如警察於濱海公路執行夜間巡邏，發現某車內滿座有非本地口音之乘客，其駕駛人見警巡邏有企圖逃避或不正常之駕駛行為，且該車輛顯現超載或車內有人企圖藏匿；又當時濱海地區的海象狀況正適合船隻接駁靠岸，因而懷疑該車內可能載有偷渡人民。

(4)由可疑行為判斷之合理懷疑：例如警察發現行為人明顯攜帶武器、棍棒或刀械，與其合法使用之處所，顯不相當。

2.「合法進入之場所」係指警察依刑事訴訟法、行政執行法、社會秩序維護法等相關法律規定進入之場所，或其他「已發生危害或依客觀合理判斷易生危害」之場所。至於私人居住之空間，應受住宅相同之保障，警察非依法不得以臨檢手段任意為之。

3.「滯留於應有停（居）留許可之處所，而無停（居）留許可者」係指未經主管機關許可而進入停留、居留之處所，例如大陸地區人民、外國人未經許可來臺停留或居留，及外勞停留或居留於未經申請許可之工作處所等。

（九）警察為落實兒童權利公約保障，盤查或盤檢少年時，應考量其處於成長過程，未臻成熟階段之特殊性，防制少年犯罪應以預防少年偏差行為為主，偵處相牽連犯罪為輔，以尊重和促進少年的人格尊嚴及身心健全為出發點，注意勤務紀律、執勤技巧及服務態度。特重平時勸導、輔導及深切關懷，並以懇切之態度，使用淺顯易懂之口語為原則。

（十）警察人員依據警察職權行使法「發現犯罪徵候或危害事實進行身分查證盤查」，以及依刑事訴訟法「追緝現行犯或拘捕犯罪嫌疑人」而進入宗教場所執法方式，注意事項如下：

1.警察人員發現犯罪徵候或危害事實進行相關盤查（身分查證）應遵循警察職權行使法第六條要件與程序，對於宗教場所之進入應視其是否為對外開放時段（屬公共場所狀態），或另取得該場域管理人同意進入，否則自不得任意為之。

2.如屬追緝現行犯或執行逮捕、拘提被告或犯罪嫌疑人等，而有進入住宅或其他場所之急迫情形，得依刑事訴訟法一百三十一條規定，進入緊急搜索。並遵循該法第十一章「搜索及扣押」所訂執行時之注意與限制事項，及執行後報告該管檢察官及法院程序。

第二章
違法盤查搜索案例

壹 案例事實與爭點

員警甲於某日執行巡邏勤務之際，發覺因假釋受保護管束乙站立在違規停放於紅線自用小客車（本章稱本案汽車）旁，旋上前盤查，因乙未承認該車係其所有，且爲有毒品前科假釋人口，未經乙自願性同意下，以拍搜之方式檢查其身體及所攜帶香煙紙盒、包包，復未發現任何違禁或危險物品後，要求檢查本案汽車，經乙明示拒絕後，仍數次要求檢查車輛，嗣經乙向甲回稱：「我現在同意啊，如果車上沒有東西，我就告你們啦」等語，甲旋對乙陳稱：「你恐嚇我，是不是？那我要逮捕你，依刑法第135條規定，你在強迫、脅迫公務員是不是？」「我跟你講喔，我看完一定要辦你喔，我讓你假釋撤銷！」等語，致乙聞後不得已方口頭同意搜索本案汽車，於是甲便詳細搜索本案汽車，終因未查獲任何違禁物品，始離去現場。本案後經檢舉及乙告訴，而啓動司法程序。

本案爭點：第一，警察職權行使法（本章稱警職法或本法）所規定之「檢查」與刑事訴訟法（本章稱刑訴法）所規定之「搜索」有何不同？第二，合法搜索之要件爲何？第三，甲是否該當犯刑法第134條、第307條之公務員假借職務上之權力、機會故意犯違法搜索罪？

貳 本案之判決

本案甲因涉妨害自由案件，經檢察官提起公訴[1]，臺灣臺北地方法院107年度易字第1066號刑事判決無罪，重點說明如下：

一、違法搜索罪之構成要件

按不依法令搜索他人身體、住宅、建築物、舟、車或航空機者，處二年以下有期徒刑、拘役或300元以下罰金，刑法第307條定有明文。所謂「搜索」係泛指一切對人之身體、物品或處所，所實施之搜查行爲；而「不依法令」搜索則指行爲人無法令上權限卻實行搜索行爲，或行爲人雖有法令上權限，卻不依法定要件與程序加以搜索。行爲人除對本罪之行爲客體即他人身體、住宅、建築物、舟、車或航空器，須具有認識外，並須認識其係實行搜索行爲而決意爲之，始能成罪，至於「不依法令」並非本罪構成要件故意之內涵，而屬違法性上之認識。又違法搜索罪之行爲客體，已明定限於他人身體、住宅、建築物、舟、車或航空器，基於罪刑法定主義，行爲人對前揭客體以外之物進行搜索，自不構成本罪。故本案員警甲對受檢人乙所攜帶之香煙紙盒及包包進行搜索，與刑法第307條違法搜索罪之構成要件不合，自不得以該罪對甲相繩。

二、本案搜索並不符合警職法第6條至第8條之規定

本案汽車於紅線路段違規停車，員警甲對受檢人乙及其汽車進行臨檢。又甲於2017年11月就曾經盤查過乙，在本案案發前已認識乙，足以確認乙之身分，而依當時情況，乙及其友人係在本案汽車旁聊天，雖乙及友人均有毒品前科，且乙對警方臨檢的態度奇怪、情緒很激動，惟尚無明顯事實足認乙有攜帶足以自殺、自傷或傷害他人生命或身體之物，且甲亦自承僅係懷疑乙有攜帶毒品或違禁物，是甲對乙之身體及所攜帶之物進行「檢查」措施，並不符合警職法第6條、第7條得檢查被臨檢人身體及所攜帶之物之規定。

1 臺灣臺北地方法院檢察署107年度偵字第11540號起訴書。

又依警職法第8條第2項之規定，於有事實足認其有犯罪之虞者，得檢查交通工具，本案乙雖違規停車，並有毒品前科，且對警方臨檢態度奇怪、情緒很激動，惟僅以前揭事實，是否已足認乙有犯罪之虞，尚非無疑；縱認乙確實有犯罪之虞，依前揭規定亦僅得以目視方式檢查本案汽車，惟甲係打開其車門，並對縫隙、置物空間、腳踏墊等處進行物理上翻搜行為，已逾越僅得行政「檢查」之限制，是甲對本案汽車進行實質搜索之「檢查」行為，亦不符合上述得檢查交通工具之規定。

三、本案不符合刑訴法搜索程序之規定

本案原先係因汽車違規停車而進行臨檢，轉換成因判斷乙可能持有毒品或其他違禁品之刑事犯罪嫌疑，為發現或蒐集其犯罪證據而實施之對人之搜索及對物之搜索，自應遵守刑訴法第十一章所定之搜索程序，方屬適法。然員警甲並未聲請搜索票，且本案亦無現行犯逮捕受檢人乙而得附帶搜索或符合刑訴法第131條第1項得逕行搜索之情事，是本件搜索並不符合刑訴法第128條第1項、第130條、第131第1項之規定。又謂「同意搜索」，搜索人員應於詢問受搜索人同意與否前，先行告知其有權拒絕搜索，且於執行搜索過程中受搜索人可隨時撤回同意而拒絕繼續搜索，即受搜索人擁有不同選擇的權利。另執行搜索之書面只能在搜索之前或當時完成，不能於事後補正，否則其搜索難認合法[2]。審酌本案案發時，乙已多次明確拒絕搜索，甲仍重複不斷徵求乙同意，且本案發生時，乙雖有友人陪同在場，惟在場員警有甲等共5人，又乙係於甲表示要拖吊本案汽車及逮捕乙後，方同意接受甲對其身體或本案汽車之搜索，縱甲主張本案汽車確有違規停車，而乙亦確為假釋人口，僅係告知可能之法律效果，然綜觀前揭過程，堪認乙之自主意識已受影響，復參酌甲亦未遵循刑訴法第131條之1之規定將乙同意之意旨記載於筆錄由乙簽名或出具書面表明同意之旨，堪認乙同意本案之搜索並非出於自願性同意，故本件搜索並不符合刑訴法第131條之1同意搜索之規定。

2 參照最高法院108年度台上字第839號刑事判決。

四、本案搜索行為因欠缺違法性認識阻卻犯罪之故意

本案員警甲確係一再徵求受檢人乙之同意，於乙口頭表示同意後方進行搜索，雖乙之同意並非「自願性同意」，仍可認甲係誤認符合警職法第6條至第8條及刑訴法第131條之1之規定而爲法律所容許，始基於警職法第1條維持公共秩序及保護社會安全之意思進行搜索，否則甲大可不必再三徵求乙之同意，而直接對乙進行搜索，是甲於行爲時，係誤信有上開阻卻違法事由之存在，此種所謂阻卻違法事由之錯誤，學說稱之爲「容許構成要件錯誤」。在採限縮法律效果之罪責理論者，認爲容許構成要件錯誤並不影響行止型態之故意，而只影響罪責型態之故意，亦即行爲人仍具構成要件故意，但欠缺罪責故意，至於行爲人之錯誤若係出於注意上之瑕疵，則可能成立過失犯罪[3]。是以，甲本案搜索行爲因欠缺違法性認識，阻卻犯罪之故意；惟甲對上開阻卻違法事由之前提事實是否存在，有一定之注意義務，甲違反該注意義務，仍應負過失責任，然刑法第307條違法搜索罪並無處罰過失犯之規定，依罪刑法定原則，自不得以刑章相繩。

五、本案基於「罪證有疑利於甲」原則諭知甲無罪

法院審酌檢察官所舉事證，認並未達於通常一般之人均不致有所懷疑，而得確信甲確有刑法第134條公務員假借職務上之權力、機會，故意犯違法搜索犯行之程度，即尚有合理之懷疑存在，依前開規定與判例意旨及「罪證有疑，利於甲」原則，應爲有利於甲之認定，而認員警甲被訴公務員假借職務上之權力、機會，故意犯違法搜索罪之犯行尚屬無法證明。本件既不能證明甲確有公訴意旨所指罪行，自應爲甲無罪之諭知。

3 參照最高法院102年度台上字第3895號刑事判決。

參 員警發動盤查易生誤解之觀念及做法

一、行跡可疑不等於「合理懷疑其有犯罪之嫌疑或有犯罪之虞者」

本案員警對曾遭查獲毒品案的民眾，站立在停放紅線自小客車旁，以主觀臆測代替合理懷疑的條件，開啓臨檢盤查動作。類似案例如2021年中壢分局葉姓警員攔查民眾詹女，引發輿論譁然。依據監察院2022年3月16日111內調0013號調查報告意旨，警職法第6條第1項第1款所定之「合理懷疑」，須根據當時客觀事實作爲判斷基礎，不得僅憑員警單純的主觀臆測；同法第6條第1項第3款，則需「有事實足認」受臨檢人或他人之生命、身體有具體之危害，始得行之，經勘驗員警執勤密錄器顯示，詹女當時獨自行走於中壢區新興路段人行道上，外表、舉止並無異常情形，面對警員攔檢之初，亦無顯露出緊張或逃避之跡象，客觀上無任何情狀或事實足認已達合理懷疑其有犯罪嫌疑或犯罪之虞的程度，亦無任何足以令人懷疑其爲失蹤人口的事實。員警所提之執法經驗判斷「詹女神情緊張、有毒品犯罪、通緝犯」，對照密錄器中顯示「外表、舉止並無異常情形，面對警員攔檢之初，亦無顯露緊張或逃避之跡象」，推翻桃園市政府警察局之論理式辯解。

參照「警察職權行使法逐條釋義」[4]、「執行巡邏勤務中盤查盤檢人車作業程序」及「執行路檢攔檢身分查證作業」，有關警職法第6條第1項各款易發生疑義要件歸納如下：

（一）「合理懷疑」係指必須有客觀之事實作爲判斷基礎，根據當時的事實，依據專業（警察執法）經驗，所作成的合理推論或推理，而非單純的臆測。合理懷疑之事實基礎如下：

1. 情報判斷之合理懷疑：線民提供情報，例如由勤務指揮中心通報，歹徒習慣駕駛（騎乘）某款式車輛作案，因而對其實施攔檢盤查。

4　內政部警政署92年8月編印發行。

2. 由現場觀察之合理懷疑：深夜時段，有不合情理的民眾異常舉動，例如警察於剛發生犯罪現場附近，發現某人逗留徘徊，其衣著有泥土、血跡特徵，而懷疑其可能從事犯罪。

3. 由環境與其他狀況綜合研判之合理懷疑：某處沿海海邊出現整車特殊口音之民眾，疑有走私情事等，例如警察於濱海公路執行夜間巡邏，發現某車內滿座有非本地口音之乘客，其駕駛人見警巡邏企圖逃避或有不正常之駕駛行為，且該車輛顯現超載或車內有人企圖藏匿；又當時濱海地區的海象狀況正適合船隻接駁靠岸，因而懷疑該車內可能載有偷渡人民。

4. 由可疑行為判斷之合理懷疑：在犯罪熱點地區實施巡邏，見有行為人規避逃逸或緊張藏匿物品，例如警察發現行為人明顯攜帶武器、棍棒或刀械，與其合法使用之處所，顯不相當。

（二）「合法進入之場所」係指警察依刑事訴訟法、行政執行法、社會秩序維護法等相關法律規定進入之場所，或其他「已發生危害或依客觀合理判斷易生危害」之場所。至於私人居住之空間，應受住宅相同之保障，警察非依法不得以臨檢手段任意為之。

（三）「滯留於應有停（居）留許可之處所，而無停（居）留許可者」係指未經主管機關許可而進入停留、居留之處所，例如大陸地區人民、外國人未經許可來臺停留或居留，外勞停留或居留於未經申請許可之工作處所等。

再參照司法實務見解，警察行政高權之發動門檻，係出於警察人員對於犯罪嫌疑之合理懷疑，逮捕、搜索及扣押之刑事（司法）強制處分，則需達於「相當理由」始得為之；而判斷警察所為行政處分是否合理，法院應依「合理性」之標準判斷警察行為之「合法性」，亦即應考慮警察執法現場的「專業」觀察、直覺反應，受檢人員是否有緊張、逃避行為以及其他異常之行為表徵，有無民眾報案、根據線報，並綜合當時的客觀環境（諸如深夜時分、人員出入複雜之場所、治安重點及高犯罪發生率之地區等），是否足以產生前述之合理懷疑，而為必要之攔阻、盤詰及查驗身分」[5]。依上開司法實務見解，倘未有民眾報案或提供線報下，第一時間

5 參照臺灣高等法院109年度上更一字第84號、110年度上更二字第126號刑事判決。

觀察行爲人有「緊張、逃避行爲以及其他異常之行爲表徵」顯爲「合理懷疑」最重要徵候。

二、必須先有合法臨檢才有後續行政檢查與刑事搜索

按照憲法預設的價值，人民本是自由的，並沒有「無端」（無緣無故）接受臨檢盤查的義務。因此，警職法所謂「合法臨檢盤查」必然指「依正當程序、具備正當事由實施的攔停、身分查證、詢問、檢查」而言。依照警職法第4條第2項規定，非法實施的臨檢盤查，人民得拒絕之，不生後續行政檢查或轉換依刑訴法逮捕、搜索的問題，而違法臨檢盤查所發現之證據，必須由法官依法益權衡原則爲客觀之判斷，以決定證據是否排除或採用。實務上，因爲「臨檢盤查」與「合法檢查」未必是基於相同要件、合理事由，所以「拒絕檢查」並不即是「拒絕臨檢」，不能因拒絕「檢查」而認定人民刁鑽、不配合，致引發臨檢不必要之執勤爭議，不合要件的臨檢或檢查，警察得依警職法第3條第2項依職權終止執行，民眾也可以依警職法第29條聲明異議並由警方依法准駁。此外，合法的行政檢查與搜索也完全不同，雖然是相同的警察身兼行政及司法身分，在實施合法檢查後發現違禁品，密接著於一瞬之間得以現行犯逮捕、進一步附帶搜索，員警必須立即轉換身分依不同的法律、執行程序及方式執行。過去戒嚴時期，臨檢即搜索，但現今基於人權保障，臨檢是臨檢，搜索是搜索，是完全不同的兩回事，這部分第一線員警經常混淆不清，以致發生如本案之違法情節。

三、員警需熟悉保障人民權益的執法方式

當前員警常依警職法第6條、第7條對人及第8條對交通工具之規定實施臨檢盤查，配合本法第1條「保障人民權益，維持公共秩序，保護社會安全」之目的，以臨檢攔停人車之方式預防犯罪，進一步配合相關的「檢查」措施偵防犯罪及保障執勤安全。臨檢、檢查的方式，其實施之措施、方式、程序、限制，尤其是保障人民權益部分，體現在警職法第一章總則，包括第3條比例原則、禁止誘捕偵查、第4條行使職權表明身分並告知事由。此外，第29條異議之表示及處理，亦爲警察執行臨檢盤查的自我省

察，架構警職法整體對人民權益之保障。警察依照警職法執行職權，人民對合法、合理的臨檢盤查有配合的義務，但畢竟是拘束人民行動自由的干預措施，實施過程必須遵守正當程序及以符合比例原則的方式執行，警職法的比例原則雖未將行政執行法第3條「應依公平合理之原則，兼顧公共利益與人民權益之維護，以適當方法爲之」的文字納入，也未見公務員服務法第7條「公務員不得假借權力，以圖本身或他人之利益，並不得利用職務上之機會加損害於人」的規定，但這兩個法律規範應列爲警察執行臨檢盤查時應注意遵守的事項，亦即對警察以不適當的方式、言詞強迫配合臨檢，人民有拒絕的權利，得不予配合，尤其是第7條檢查物品及第8條第2項「駕駛人或乘客有事實足認其有犯罪之虞得檢查交通工具」的部分，爲更侵入性的干預措施，若不依法條文義及要件執行，容易產生違法臨檢的爭議，不得不愼。

四、破除以有前科資料即有合理懷疑要件的思維

本案員警甲係發覺因毒品假釋之乙站立在違規停放於紅線之本案汽車旁，在客觀條件只是交通違規停車的條件下旋上前盤查，因乙未承認該車係其所有，甲即因「有毒品前科」主觀臆測車內藏有毒品。從現場狀況觀之，此時之交通違規攔查，若能透過耐心、平和的對話，觀察一連串動態執法過程雙方交手的「異常」狀態，可能就可以提升或發現得依警職法第6條第1項盤查詢問的條件，但員警甲卻在交通攔查後，直接跳脫以不妥當的言論對告訴人乙形成心理壓迫，造成其以情緒激動的言行回應，但也恰恰就是這個情緒性言論，又加深員警甲以高權的姿態「威脅」乙要配合，在未經乙自願性同意下，以拍搜之方式檢查其身體及所攜帶香煙紙盒，而於未查得任何足以自殺、自傷或傷害他人生命或身體之物及違禁物情況下，又要求「檢查」告訴人所攜帶之包包，經其明示拒絕後，再次對乙稱要拖吊本案汽車或開立違規舉發單，使其不得已而自行拿出包包供檢視，隨後數次要求檢查車輛，乙被迫再度同意。從以上之過程、對話觀察，甲實質假檢查之名行搜索本案汽車之實，引發後續被檢察官以違法搜索罪起訴。

實務上員警依警職法第6條第1項第1款或第8條第1項攔查人車時，在現場客觀環境的條件當下，雖沒有合理懷疑或有犯罪事實之虞，但通常攔查後查知該人曾遭查獲毒品或係轄區治安顧慮人口時，習慣性「看到他就會想要查一下」、「瞭解被告有毒品前科，認爲其再犯毒品機率比較高云云」[6]，因這個執法慣性普遍存在，警政署曾通令規定「刑案資料爲偵防犯罪資料所需，有刑案資料僅代表曾經觸犯法律，正接受法律追訴程序或已完成法律之裁處，不必然有犯罪之虞，不得以此理由盤查」[7]，用意在戒除導正外勤員警不當臨檢的陋習。不過，本案例是發生在警政署通令之後，顯見警察機關在精緻執法的面向，仍有精進訓練的努力空間。

肆 發動盤查之做法

一、建立步驟式執法思維

（一）想好盤查事由

在發動臨檢盤查之前，依現場環境及觀察受檢人車之狀況，形成警職法或道路交通管理處罰條例的攔查要件，不管是以關懷詢問、合理懷疑或交通稽查理由發動盤查，都要先想好如何應對民眾的異議與質疑，以本案爲例，即以交通稽查爲由攔查人車。警察如何根據前述「合理性」的事由，乃是依過去盤查實例持續累積經驗而來，許多警察都以先攔查再找合理懷疑的事由，當下通常說不出合理性攔查的法律性專業對話，經常引發違法臨檢的結果。

（二）接近對象前打開密錄器先錄下現場狀況及臨檢盤查要件的觀察

現場是否產生合理懷疑、有犯罪之虞，爲最重要的觀察參考條件，這樣的條件必須能符合常理的經驗，並能說出道理告知臨檢事由，例如受檢人的行止、外觀、見警後的「異常行爲表徵」，員警先從容如實唸出記錄

6 參照臺灣高等法院108年度上易字第2422號刑事判決。

7 內政部警政署105年10月4日警署刑紀字第1050006532號函。

在密錄器，切勿急躁見人立即攔查要求出示證件，這種方式在事後有人檢舉、投訴時，經過調查可能被認定爲無差別的任意性攔停。如前客委會主委穿輕便運動服、夾腳拖在臺北轉運站1樓大廳，當他快速經過員警身旁時轉頭瞄了一眼，巡邏員警認爲可疑，將他攔下並要求出示證件，引發圍觀民眾不滿，不知如何應對善後[8]。

（三）建立「動態執法」思維

民眾形色匆忙不一定是在規避警察，員警攔查後以關心是否需要警方協助的立場，通常會降低行爲人對警察莫名干預攔查的不友善態度，對話過程持續觀察行爲人的手部、眼神、態度、言詞是否合理，再繼續查明身分事宜，步驟式提升執法強度，當然也要保有危機意識建立行爲人隨時會有脫逃或突襲之虞。

（四）接受民眾非善意聲明異議權利

民眾對臨檢程序隨時都可以提出異議，民眾提出異議的態度並非都是合宜有禮的，質疑或高聲嗆聲的表達意見常有所見，員警對異議能否在現場充分說明，並臨機應變予以准駁方爲執勤重點，如民眾對於員警說明異議無理由將繼續實施盤查的立場仍不被接受時，主動提供異議理由書予行爲人，是解決現場持續爭執的有效做法。

二、接觸時應對用語參考

（一）以警職法之「合理懷疑」為例

- 警：先生您好，因爲這一帶最近發生幾件竊案（合理），您的穿著與步行態樣跟我們所調閱的對象神似（懷疑），且您見警規避，所以依警職法第6條規定詢問您的姓名及年籍。（告知事由）
- 民：爲什麼？你不能隨便懷疑我。（提出異議）
- 警：我盤查並非因爲您是犯嫌，而是依法例行性臨檢以排除嫌疑，以M-Police查證，最多是5分鐘的時間，執行完畢後就會讓您離開，不會耽誤您的行程。（行爲人配合法律效果的作爲）

8 參考自由時報，穿拖鞋遭攔查　李永得：北市變警察國家，2017年3月20日，https://news.ltn.com.tw/news/focus/paper/1087329。

再者，因您手持不透明紙袋，根據警方過去在附近查緝毒品專業經驗，販毒者多半以紙袋包裝毒品，而且您剛剛瞄了警察數眼，也許您是想跟我們打招呼，不過根據以往執勤經驗，會觀察警察的人或是眼神飄忽、神情緊張、見警規避的人確實顯有異常，爲了保障社會安寧秩序，請您配合查證。（說明警方「合理懷疑」的判斷）

．民：我是現行犯嗎？還是我比較好欺負？

．警：先生，剛剛已經跟您說明警方臨檢的判斷及事由，您是一般民眾並不是現行犯，警方秉持專業經驗依法攔查，等我查證您之後，我也會繼續巡邏並依現場狀況依序查證其他民眾身分，而且從0點起我執行勤務，爲了預防犯罪及早日偵破案件，已經查證過好幾位民眾身分，其他民眾都能依法配合，大家遵守法規也是保障社會秩序安寧一環。（繼續回應民眾異議，說明警方執法程序）

．民：我還是不想告訴你我個人資料啊～

．警：先生，警方是依法查證您身分也一再說明警方的專業判斷，並沒有針對您查證，還是請您配合，否則就得請您跟我們回派出所查證3小時，如果您抗拒，我們會依法使用強制力帶回，如果您仍然拒絕警方查證身分，警方將會繼續依社會秩序維護法第67條第1項第2款辦理，依法得處三日以下拘留或新臺幣1萬2,000元以下罰鍰。

如果您對於警方請您配合查證身分的程序認爲不當或違法，經您請求，我們將會開具異議理由書給您，您認爲有損害權益，也可以依法提起訴願或行政訴訟救濟，以保障您及警方雙方的權益。（告知不配合查證身分的法律效果）

（二）以警職法之「行經指定公共場所、路段及管制站」為例

．警：先生，派出所近日在此社區查獲多起毒品或搶案等案件，這個路段已依法列入指定盤查的治安熱點，請您配合身分查證，請告知身分證號。

民眾續質疑盤查理由時，接續告知執法個別經驗判斷，例如臉上有痘疤、皮膚多處潰爛且見警眼神閃躲、見警快步離開等，進入回應「合理懷疑」的階段。

・警：先生，本路段因爲近日發生數起交通事故，屬於交通事故衝要地點，依法列入指定防止車禍路段，必須加強路檢以提醒民眾減速，請配合身分查證。

民眾續質疑臨檢事由時，接續告知執法個別經驗判斷，例如車輛噪音特別大疑有改裝排氣管、剛剛行車不穩，忽然煞停等。

三、依據警政署臨檢盤查SOP執行

警政署訂定的「執行巡邏勤務中盤查盤檢人車作業程序」及「執行路檢攔檢身分查證作業程序」，內容包括準備階段、執行階段及注意事項，詳細律定作業內容，也經常依據警察外勤機關的意見修訂內容，例如COVID-19期間增訂攔查到確診者的作爲。員警執行身分查證的主要工具爲M-Police，依上述作業程序規定，已列爲員警執行各項勤務必要的裝備，幾乎人手一機，但使用M-Police查詢國民身分證相片影像資料，應注意下列事項：

（一）限於警察機關所屬人員爲執行勤務或維護治安之目的內，得使用M-Police查證人民身分。

（二）M-Police相片比對功能係輔助驗證身分之最後手段，蒐集當事人影像以使用M-Police相片比對系統前，須告知當事人事由，並經當事人同意。但爲執行法定職務之必要範圍者，不在此限[9]。

四、實務上經驗判斷

警察如何將前述法律分析見解結合應用於實務，乃是合法適當執法的基礎，警察執法現場的專業觀察、直覺反應來自於日常反覆驗證所得，員警之所以能「歸納異常行爲表徵」來自於「豐富的觀察正常反應」，累積足夠的民眾正常行爲模式便能對照出「異常」，而與之交談詢問進而深入盤查。

如「正常」的駕駛人不會在轉彎處遇見警察路檢點而緊急迴轉、「正常」的民眾不會攜帶5張提款卡在提款機前反覆提領並且滑手機觀看

9 參考內政部警政署110年7月2日警署資字第110010696號函。

訊息、「正常」的民眾不會看到前方有路檢點就急煞車或從車內丟東西出來、「正常」的民眾也不會在車站置物箱前徘徊多時，邊找置物櫃號碼又以耳機與人對話等，員警只要能從反覆的執勤經驗中了解「正常反應」，便能從容地於動態性執法過程中透過對方的回答是否緊張、手部是否一直不安搓揉、顧左右而言他地規避員警詢問、態度過於卑躬曲膝或與員警套交情等而得「異常行爲表徵」之心證，進行下一步詢問身分證號、命令出示證件等措施。

當然民眾的「異常緊張行爲表徵」，也有可能因爲趕時間上班或至某處（例如上案詹女係非當地人且因趕往上課遭員警攔查）、尿急想找洗手間而東張西望、路況不熟而迴轉、較無公德心而將吃完東西的包裝紙往車窗外扔、可能看看員警是否爲舊識而一直盯著員警看等，故員警於攔查告知事由後並於詢問年籍各階段，都應有接受民眾依警職法第29條提出異議予充分說明及對員警盤查事由爭執一一釐清之準備，並非民眾異議過程口氣不佳或顯有輕蔑即屬妨害公務。有些民眾原本對警察臨檢存在抗拒不服、不滿的心態，遇警察臨檢即會有情緒性反應及過激言行，亦屬言論自由的表現，只要不違反刑事法律，警察應儘量容忍、降溫，以維刑法最後手段性及警職法謙抑性原則。

伍 結語

本案員警甲所實施之搜索不符合警職法第6條至第8條、刑訴法第128條第1項、第130條、第131第1項、第131條之1之規定，客觀行爲不爲法律所容許，自無法阻卻其違法性；惟法官審理後以「本案搜索行爲因欠缺違法性認識，阻卻犯罪之故意」判斷違法搜索成立，但因刑法第307條不處罰過失犯，故對甲判決無罪，可謂用心良苦。但前述中壢員警盤查詹女案法院已改變見解，認爲無從阻卻犯罪之故意及違法性，如此告知我們不能僅以被盤查人有前科晝下臨檢箭靶，且不能假檢查之名行搜索之實，告知臨檢事由及異議爲必要正當程序，深值借鏡。

（本文初稿曾發表於警光雜誌，第798期，2023年1月）

第三章 盤查人車後轉為刑事搜索案例

壹 案例事實與爭點

甲駕車搭載乙、丙行經某路口時，因員警實施路檢而攔停該車輛盤查，後因車窗搖下車內散發濃厚愷他命味道，經警一嗅即足有相當理由判斷其等有施用愷他命嫌疑，且又瞄到乙手有往下塞的動作，經警喝令其自動交付三級毒品愷他命後，進而對所乘坐之車輛發動搜索，於副駕駛座後方置物袋查獲持槍。

本案爭論：第一，行政調查轉爲刑事搜索之發動門檻爲何？第二，搜索之合法性界限爲何？

貳 相關執法情境轉換法令依據及實務做法

本案例適用的相關法令主要爲警察職權行使法（本章稱警職法）第3條至第8條、道路交通管理處罰條例（本章稱道交條例）第7條、第35條、刑事訴訟法（本章稱刑訴法）第88條、第130條、第131條、第131條之1、第158條之4、第230條至第231條、毒品危害防制條例第11條第5項等。以下針對執法情境轉換較常用之警職法及道交條例，警察實務做法說明如下。

一、警職法

警職法第6條規範查證身分發動要件，其中第1項第1款規定「合理懷疑其有犯罪之嫌疑或有犯罪之虞者」，目的在使警察能事先預防犯罪發生及防止危害產生，其依客觀情況或專業經驗，經合理判斷後認有犯罪嫌疑或有犯罪之虞，得查證身分；同法第7條規定查證身分及檢查交通工具方式、程序，第8條對於交通工具得攔停並採行相關措施。如此，警察在指定區域巡邏或於公共場所臨檢盤查，犯罪可能已存在或瀕臨發生邊緣，常會於查證身分後發動調查，可能隨時形成相當理由或有足認事實而發現犯罪嫌疑人、違禁品或其他不法事證，立即轉爲犯罪偵查，因而警察出勤執行任務即同時兼具雙重身分及功能，但在公共場所或合法進入之場所，仍以查明受檢人身分爲原則，偏向行政作用預防犯罪目的。

（一）身分查證

身分查證爲行政警察轉換司法警察媒介的重要措施，其執行方式主要爲警察就有關身分查證事項以詢問方式執行，執行要件在警職法第6條第1項第1款至第5款規範爲「合理懷疑及有事實足認」，進一步執行路檢、臨檢措施規範在警職法第7條第1項。

詢問解釋上亦是執行的方式，警職法僅在第7條第1項第2款出現「詢問姓名、出生年月日、出生地、國籍、住居所及身分證統一編號等」用語，依文義來看，似爲附屬在身分查證之作爲。警察實務上，詢問與身分查證之功能相較，經驗豐富的警察更能透過「詢問」在受檢人接受「身分查證」時察言觀色，經常於過程中發現犯罪嫌疑或事證而查獲刑案。

（二）攔停

攔停爲行政警察轉換爲司法警察另一措施，亦爲警察實務上經常使用勤務手段。警職法第8條規定，警察執行職務時，對於已可認定爲「已發生危害或依客觀合理判斷易生危害」交通工具，除得予以「攔停」身分查證外，亦得「要求駕駛人接受酒精濃度測試之檢定」，且此等要求駕駛人接受酒測權限，依條文體例而言，自不以警方執行「攔停」爲其前提；易言之，第8條乃係賦予警察得以「攔停」交通工具之權限，符合要件即爲已足，並不以該駕駛人之車輛仍在行駛中爲必要，若沒有符合本條「攔停」權限或車輛本即停駛狀態，自不必有「攔停」動作，例如民眾發現警察在100公尺前緊縮車道執行擴大臨檢，乃將車輛停放於路旁緊閉車窗休息，執勤警察發現後合理懷疑民眾酒駕或持有違禁物，乃可依警職法第6

條第1項之「合理懷疑」立即趨前身分查證，這個現場已無依警職法第8條權限之「攔停」，因車輛本身就是停止狀態，若需要採取進一步措施，宜依警職法第7條第1項「攔停人、車、船及其他交通工具」處理，此時攔停目標在於「人」是否有第6條之盤查要件，而非第8條指涉之車輛。再如已發生車禍交通工具可認定爲「已生危害」之要件，警察受理報案後始到達現場處理，此時交通工具已爲停止狀態，但按作業程序處理車禍對肇事雙方駕駛人均酒測，以了解車禍發生原因是否爲酒駕，依酒測結果決定處理方式爲行政告發或轉換身分爲司法警察偵辦公共危險罪。是以警察依警職法第7條第1項及第8條第1項均可實施「攔停」，但因這二條之適用要件不同，不管攔停或不攔停交通工具，警職法第6條至第8條可以依狀況交互適用。

（三）檢查

警職法之臨檢盤查以身分查證爲目的，爲免假臨檢之名行搜索之實，警職法第7條及第8條所規範「檢查」，因侵犯人權程度較高，在要件上有比較嚴謹限制，避免員警誤用。檢查雖亦爲行政警察轉換爲司法警察關鍵措施，但在警察實務執行時，若產生合理懷疑有犯罪之嫌疑，宜以刑事訴訟程序「同意搜索」執行爲適當。行政警察攔停受檢人及其交通工具後，警職法第7條第1項第4款規範得「檢查」之對象以人爲主，第8條第2項後段得「檢查」客體爲交通工具。警察勤務過程中，這二條規範的「檢查」經常以徵得受檢人「自願」方式執行，類似同意搜索之概念，當場詢問「口頭同意」後執行檢查[1]。

「檢查」與「搜索」之區別，在於警察僅得以目視之方式檢查交通工具，不得爲物理上之翻搜，例如僅得目視車內有無犯罪之物品、自小客車車牌是否有僞造、變造。「檢查」之方式，可概分爲下列三項[2]：1.由受檢人身體外部及所攜帶物品外部觀察，並對其內容進行盤問，即一目瞭然法則之「目視檢查」，僅能就目視所及範圍加以檢視；2.要求受檢人出於

---

1 參照最高法院106年度台上字第3908號刑事判決。

2 警察職權行使法逐條釋義，內政部警政署編印，2003年8月，頁30。

自願提示其所攜帶之物品，並對其所提示物品進行詢問，執行方式同「目視檢查」；3.未得當事人同意，即得以手觸摸其身體衣物及所攜帶物品外部，此相當於美國警察實務上所稱「拍搜」（frisk），以防止執勤人員受到突襲式攻擊爲目的。其中受檢人自願提示受檢物品供警察檢查，即「同意檢查」實務上可參照刑訴法第131條之1「自願性搜索」規定說明，但僅需現場錄音錄影「口頭同意」即可實施。

（四）管制站

警職法第6條指定管制站爲攔停交通工具的手段，亦是執行酒測勤務重要方式。因其能發揮強大的預防及偵查犯罪功能，爲行政警察及司法警察身分轉換之重要措施。管制站勤務方式並未要求執勤員警對行經該處之交通工具進行全面攔檢及進行酒精測試，而係以目視判斷車輛因車道縮減而減速慢行後，對於前方車輛行進動態掌握、起步操作及速度是否流暢，並靠「短暫攔阻」，請汽車駕駛人車窗搖下後，以秒見情境就駕駛人及乘客是否吸食毒品、酒駕，警察依經驗法則通常不難判斷。若有吸食毒品、酒駕或發現可疑違禁品，得進一步「攔停」至停止狀態盤檢、查證身分或進行酒精測試。

二、道交條例

（一）交通稽查

道交條例第7條第1項就道路交通管理之稽查，違規紀錄，由交通勤務警察，或依法令執行交通稽查任務人員執行之。警職法第2條第2項所稱警察職權，係指警察爲達成其法定任務，於執行職務時，依法採取查證身分、鑑識身分、蒐集資料或其他必要之公權力之具體措施。故道路交通管理之稽查（本章稱交通稽查），亦爲警察法定職權，亦是警察勤務方式，經常與臨檢盤查交叉運用，開啓行政警察轉換爲司法警察前階段措施。

（二）酒測方式

道交條例第35條爲酒駕酒測的法源規定，交通稽查之重要項目，警察機關對於汽車駕駛人駕駛汽車，其酒精濃度有無超過規定標準，固得設測試檢定之處所實施酒測，惟除依該條例得設置檢測之處所外，警員得否不論任何路段、場所爲何而對駕駛人實施酒測，則未規定。依道交條例第2條「道路交通管理、處罰，依本條例規定；本條例未規定者，依其他法律規定」，並參酌司法院釋字第535號解釋「不得不顧時間、地點及對象，任意臨檢、取締或隨機檢查、盤查」意旨，警察除交通稽查、交通事故處理及依警職法第6條外，其餘按警職法第8條規定執行酒測，依個案具體實際情狀，判斷審查臨檢、盤查交通工具是否確有「已發生危害」情形，例如已駕車肇事；或有「依客觀合理判斷易生危害」，例如車輛蛇行、猛然煞車、車速異常等。因此，警察機關執行酒測勤務依據，除道交條例第35條外，應回歸屬於一般性規定之警職法加以檢視，實施酒測「攔停」區分爲「行經管制站集體攔停（警職法第6條第1項第6款、第7條第1項第1款）」及「隨機攔停（警職法第8條第1項）」。警察對於行經「管制站」之人、車，爲查證身分無須合理懷疑即得攔停，與「隨機攔停」必須「合理懷疑」始得攔停要件不同，管制站必須符合警職法第6條第2項要件，始能由分局長以上主管長官指定；惟攔停交通工具後警察對駕駛人「實施酒測」，無論係因集體攔停或隨機攔停，須以「合理懷疑」駕駛人有酒駕嫌疑，或交通工具「已發生具體危害」或「依客觀合理判斷易生危害」，始得爲之。警職法第6條第1項第1款之「合理懷疑」、第6款之「管制站」與第8條第1項之「已發生危害或依客觀合理判斷易生危害」及道交條例第35條，即產生相互援引適用「酒測路檢作業程序」，依法令程序執行路檢盤查，民眾始有依據釋字第699號解釋之忍受、接受酒測之義務。

（三）酒測轉換刑事罰

酒後駕車依道交條例第35條及刑法第185條之3規定有行政罰及刑事罰，警察依執勤個案狀況針對涉及刑法公共危險罪處理，實有必要且迫切由行政警察轉換爲司法警察。巡邏過程中發現有交通違規情事，而於取締過程中，依客觀情況或專業經驗產生合理懷疑，得查證身分，若發現該駕駛人處於酒後狀態，該交通工具若繼續行駛則易生危害，即得要求駕駛人接受酒測，因此時犯罪已存在或瀕臨發生之邊緣，經常會依酒測結果發動刑事調查，此時警察行政階段轉爲刑事調查階段，應遵守刑訴法所定正當程序、手段偵查處理。

（四）交通稽查與警職法之交叉適用

依警職法第7條第1項、第8條第1項及道交條例交通稽查均可實施交通工具攔停，但因規範要件、目的不同，實務操作下攔停發現觸犯公共危險罪或其他刑事法律，後續法律轉換適用程序稍有不同，員警若能在實務上妥適加以區辨，有助於員警至法院作證、詰問[3]或繕寫個案職務報告時提出合理適法論述。警職法第7條爲預防犯罪目的之治安攔查，道交條例則是確保交通安全目的之違規舉發，交通稽查方式爲民眾駕駛車輛行爲已有違規而攔停交通工具。若有刑事法律之犯罪非由道交條例直接轉換爲刑事訴訟程序，其後續轉換程序如下：

1. 攔停後當下合理懷疑駕駛人及乘客涉嫌犯罪，先依警職法第6條第1項各款及第7條第1項身分查證、詢問。

2. 接續若符合警職法第7條第1項第4款保護受檢人及他人生命、身體安全，得檢查、拍搜其身體或所攜帶之物品，發現違禁品轉換爲司法警察依刑訴法逮捕、附帶搜索、同意搜索等程序處理。因實施要件限制明確，行政警察就此程序處理容易產生概念認識不清，以致誤用，經常被質疑爲「假臨檢眞搜索」之情況。

3. 查證、詢問（警職法第7條）後接續發現符合警職法第8條第1項要件，得執行酒測措施，依酒測結果爲行政罰或刑事罰處理，若涉嫌公共危險罪轉換爲司法警察依刑訴法逮捕程序處理。

4. 綜合受檢人當下行爲、車輛內部狀況產生足認有具體犯罪之虞，得依警職法第8條第2項規定目視檢查車內有無犯罪物品，不得爲物理上之翻搜，發現違禁品轉換爲司法警察依刑訴法逮捕、附帶搜索、同意搜索等程序處理[4]。本案例，便是此種警察情境之轉換。

---

3 參照臺灣高等法院110年度上易字第543號刑事判決。

4 參照臺灣高等法院108年度上訴字第1706號刑事判決。

參 本案對其程序之判決

本案例事實，依據臺灣新北地方法院105年度訴字第431號刑事判決，對於相關程序認定如下：1.依警職法檢查交通工具不包含物理上之翻搜；2.扣案槍枝係由員警發動搜索程序所扣得；3.不符附帶搜索及同意搜索屬違法搜索；4.依比例原則及法益權衡原則應認扣案槍枝仍有證據能力。但本案上訴後，依據臺灣高等法院106年度上訴字第1526號刑事判決，撤銷原地院一審判決，並對於相關程序認定如下。

一、「已發生危害」或「依客觀合理判斷易生危害」判斷基準

警職法第8條第1項所稱「已發生危害」係指已生肇事事實；而所謂「依客觀合理判斷易生危害」則指危害尚未發生，但評估具體個案現場狀況，認有可能發生危害者即屬之，例如就有酒駕合理懷疑，即車輛有蛇行、忽快忽慢、驟踩煞車等駕車不穩情事，或有明顯違反道路交通安全規則事實，可合理懷疑有發生危害之可能性者始屬之。

二、「附帶搜索」立法目的

「附帶搜索」立法目的，係在防止執法人員遭受武器攻擊，及防止被逮捕人湮滅隨身證據。解釋上，司法警察（官）爲確保自身生命、身體安全，對於受搜索人所得「立即控制」範圍及場所，均得搜索，尤其逮捕被告當時，被告所使用交通工具，因汽、機車所具有之「機動性」，隨時可以輕易快速駛離現場，因而司法警察在具有合理根據（相當理由）時，得逕爲無票搜索，惟須注意者，實施附帶搜索前提，必須是「合法」拘提、逮捕或羈押，如係「非法」拘捕或羈押，自不得進而行附帶搜索。又對於汽車搜索，只要有相當理由（合理根據）發動，於搜索過程中發現放置於汽車內之其他包裝物等容器，此時不論係對「汽車」或「容器」有相當理由，對汽車內容器均得一併搜索，此亦爲美國聯邦最高法院於1982年起所建立的所謂「Ross法則」（United States v. Ross, 456 U.S.798），1991年於Acevedo案（California v. Acevedo, 500 U.S.565），更確立只要對於汽車

或汽車內容器，有其一有相當理由得發動無票搜索，即得於搜索汽車時，一併搜索車內容器，反之亦然。

三、處於現行犯地位得逮捕並實施附帶搜索

本案員警雖非單純目視車內而發現扣案槍枝，惟被告3人當時業經警察發現（一嗅即知）有施用及持有第三級毒品愷他命之行政罰違規行爲（毒品危害防制條例第11條之1），甚且所持有的數量若達純質淨重20公克以上者（2019年7月15日修正公布前當時規定，現改爲5公克），即有可能轉變爲刑事處罰（參見同條例第11條第5項），是其等此時已處於現行犯或準現行犯地位，司法警察本得進行合法逮捕，進而實施附帶搜索其等身體與所使用交通工具。此時命車內3人下車警戒並執行汽車內搜索，本即合乎刑訴法第130條附帶搜索規定，而執行汽車內搜索目的就在發現尚有無其他毒品愷他命，自得對於車內任何可能藏放毒品的包裝容器爲搜索，包括翻找的合法搜索行爲，更遑論扣案槍枝藏放在副駕駛座置物袋，雖以不透明塑膠帶包裝，惟任何得分辨手槍形狀之人，自外觀上一經觸摸即足合理懷疑塑膠袋內爲手槍一把，依據刑事訴訟法第152條：「實施搜索或扣押時，發見另案應扣押之物亦得扣押之，分別送交該管法院或檢察官」規定，從附帶或另案扣押所依據的「一目瞭然法則」，自應承認「一觸即知」法則，是所爲的搜索及扣押均合法。

四、不符同意搜索但符合附帶搜索致所扣案槍枝有證據能力

本件固有被告等3人所簽署的「自願受搜索同意書」，但是否同意，並非僅以有無將同意意旨記載於筆錄由受搜索人簽名或出具書面表明同意之旨，正如最高法院曾提出的判斷標準：「並應綜合一切情狀包括徵求同意之地點、徵求同意之方式是否自然而非具威脅性、警察所展現之武力是否暗示不得拒絕同意、拒絕警察之請求後警察是否仍重複不斷徵求同意、同意者主觀意識之強弱、年齡、種族、性別、教育水準、智商、自主之意志是否已爲執行搜索之人所屈服等加以審酌[5]。本案被告3人業經員警認定

---

[5] 參照最高法院99年度台上字第4117號刑事判決。

有持有及施用第三級毒品愷他命情形，縱即令尚未達刑事犯罪嫌疑留置，性質上均屬人身自由經警拘束狀態，此時詢問其等是否同意搜索，至多僅係被動同意，非出於自願性，而係迫於無奈配合之非法搜索，當不能憑藉一紙同意書即遽認屬合法同意搜索。再查司法警察於本案搜索之前至搜索完成期間，均未提出該自願搜索同意書供被告簽署，不符刑訴法第131條之1但書所定「但執行人員應出示證件，並將其同意之意旨記載於筆錄」程序要件，蓋此處所稱記載於筆錄之同意意旨，當然是指事前，或至遲必須於搜索完成前的同意意旨筆錄，否則如業經搜索完畢始要求受搜索人簽署同意書，豈能妄稱爲「自願性」同意搜索。是司法警察所爲搜索，並非合法同意搜索。然縱使本件對系爭汽車所爲搜索，雖不符同意搜索之規定，惟符合附帶搜索之規定，本件搜索仍屬合法，扣案槍枝有證據能力。

肆 本案之評析

一、行政調查轉為刑事搜索之發動門檻

按員警固屬行政人員（特種行政人員），亦係實施刑事訴訟程序公務員，衡諸犯罪發覺，通常隨證據浮現而逐步演變，可能原先不知有犯罪，卻因行政檢查，偶然發現刑事犯罪，是欲硬將此二種不同程序截然劃分，即不切實際。從而員警依警職法或警察勤務條例等法律規定執行臨檢、盤查勤務工作時，若發覺受檢人員行爲怪異或可疑，有相當理由認爲可能涉及犯罪，自得進一步依據刑訴法相關規定執行搜索[6]。

換言之，警察職權行使各項高權措施，會隨著證據發現、開展，銜接刑事犯罪偵查作爲，在外觀上差異不大，只是所施強制力強度不同、發動門檻要件有別而已；具體而言，警察行政高權發動門檻，係出於警察人員對於犯罪嫌疑之「合理懷疑」，逮捕、搜索及扣押刑事（司法）之強制處分，則需達於「相當理由」始得爲之；而判斷警察所爲行政處分是否合

6 參照最高法院99年度台上字第2269號刑事判決。

理，法院應依「合理性」標準判斷警察行爲之「合法性」，亦即應考慮警察執法現場的「專業」觀察、直覺反應，受檢人員是否有緊張、逃避行爲以及其他異常行爲表徵，有無民眾報案、根據線報，並綜合當時客觀環境（諸如深夜時分、人員出入複雜之場所、治安重點及高犯罪發生率之地區等等），是否足以產生前述合理懷疑，而爲必要攔阻、盤詰及查驗身分，甚至身體、物件表面拍（搜）觸（非屬翻找的搜索行爲），以維護執法人員安全及避免急迫危害發生，苟因此發現具體違法犯罪情事，進而具有「相當理由」認爲受檢人員涉嫌犯罪，即得依刑訴法逮捕、搜索及扣押等相關規定爲司法強制處分[7]。

是以，本案員警實施路檢而攔停車輛盤查，後因車窗搖下車內散發濃厚愷他命味道，經警一嗅即足有相當理由判斷其等有施用愷他命犯嫌，即得依刑訴法逮捕、搜索及扣押等相關規定爲司法強制處分。

二、搜索之合法性界限

搜索，以有無搜索票爲基準，可分爲「有令狀搜索」與「無令狀搜索」。有「有令狀搜索」，應用搜索票。由於本案係經員警一嗅即足有相當理由判斷其等有施用愷他命犯嫌，且又瞄到被告手有往下塞的動作，才會將放置於副駕駛座後方置物袋內之塑膠袋拿起，因而發現塑膠袋內有槍枝一把，又觀諸該塑膠袋並非透明可自外目視內容物，而是必須將塑膠袋打開始得看見袋內存放物品，故應屬「搜索」而非「檢查交通工具」所查扣槍枝。因而本案爭執重點是員警「無令狀搜索」是否符合「同意搜索」或「附帶搜索」之合法性要件，而屬合法搜索或違法搜索。

依照刑訴法第131條之1同意搜索正當性基礎是建立在受搜索人有效同意上，所以「同意權限」、「自願性同意」及「同意表示」，成爲判斷搜索合法性關鍵所在。由於本案被告3人業經警認定有持有及施用第三級毒品愷他命情形，縱令尚未達刑事犯罪嫌疑之留置，性質上均屬人身自由經警拘束之狀態，此時詢問其等是否同意搜索，至多僅係被動的同意，非

7 參照臺灣新北地方法院109年度簡上字第942號刑事判決。

出於「自願性同意」。再者，本條但書明定「執行人員應出示證件，並將其同意之意旨記載於筆錄」，屬於同意表示程序規範，目前實務認爲執行搜索書面只能在搜索之前或當時完成，不能於事後補正[8]。本案員警於搜索之前至搜索完成期間，均未提出該自願搜索同意書供被告簽署，不符「同意表示」程序要件，是以員警在本案所爲搜索，並非合法「同意搜索」。

至於附帶搜索本條立法目的乃在維護人身安全及避免被告湮滅隨身證據，故其要件須有合法的拘提或逮捕並限於即時實施，搜索範圍也限於身體、隨身物件、使用之交通工具及立即可觸及之處所，且應受比例原則限制，不可漫無目的搜索，亦即必須是合理懷疑被告或犯罪嫌疑人可能會隨身攜帶犯罪證據及其他違禁物或可能傷害他人之物品，爲保護執法人員或現場第三人之安全，並避免被告湮滅證據，才得搜索[9]。

然而，因執法人員安全維護與逮捕實施的過程，實環環相扣，若必須先爲逮捕後方得爲附帶搜索，不無囿於形式而置執法人員安全於不顧之嫌，故執法人員於拍（搜）觸行爲後，若有「相當理由」認受檢人員有犯罪嫌疑，應容許在密接逮捕行爲前，先爲人身附帶搜索，不僅不會額外對嫌犯造成安全與隱私侵害，更符合偵查實務所需，亦未悖於立法本旨，執法人員於此情狀所爲之附帶搜索，即無違法之可言[10]。

三、符合附帶搜索致所扣案槍枝有證據能力

就本案而言，員警實施擴大路檢勤務，攔停該車輛盤查，後因車窗搖下車內散發濃厚愷他命味道，經警一嗅即足有相當理由判斷其等有施用愷他命嫌疑，經警喝令自動交付三級毒品愷他命後，亦瞄到車內有人手有往下塞動作，根據員警其執法經驗、客觀所現情況綜合判斷後，有相當理由懷疑被告持有一定數量毒品，即有可能轉變爲刑事處罰而處於現行犯或準

8 參照最高法院108年度台上字第839號刑事判決。

9 許福生，員警執行搜索扣押案例研析，許福生主編，警察情境實務執法案例研析，五南出版，2021年2月，頁469。

10 參照臺灣新北地方法院109年度簡上字第942號刑事判決。

現行犯地位，應容許在密接逮捕行爲前，發動附帶搜索其等身體與所使用之交通工具，是合乎刑訴法第130條附帶搜索規定。而在實施搜索時，發見另案應扣押之槍枝亦得扣押之，而在發現未經許可持有槍枝下加以逮捕之，其所爲搜索、扣押及逮捕均屬合法。

故本案一審判決以扣案槍枝係由員警發動搜索程序所扣得，惟其程序不符附帶搜索及同意搜索屬違法搜索，但依比例原則及法益權衡原則縱使是違法搜索所扣案槍枝，仍有證據能力，其忽略若有「相當理由」認受檢人員有犯罪嫌疑，應容許在密接逮捕行爲前，先爲人身附帶搜索，不足可採。相對地，二審判決認爲縱使本案不符同意搜索，但符合附帶搜索至所扣案槍枝有證據能力，相當可採。

伍 結語

警員執行臨檢、盤查勤務工作時，若發覺受檢人員行爲怪異或可疑，有相當理由認爲可能涉及犯罪，自得進一步依據刑訴法之相關規定執行逮捕、搜索及扣押等司法強制處分。「逮捕」係使用強制力，限制被逮捕人短暫之行動自由，並即解送至有權偵查或審判犯罪職務之輔助偵查機關、偵查機關或司法審判機關之對人的強制處分，爲不要式的、無預警的行爲。又因搜索本質帶有急迫性、突襲性之處分，有時稍縱即逝，若均必待聲請搜索票之後始得行之，則時過境遷，勢難達其搜索目的，故員警盤查人車後轉爲刑事搜索之一般案例，在此所稱的「搜索」，係指「無令狀搜索」或「無票搜索」，依刑訴法之規定，可分爲第130條附帶搜索、第131條第1項逕行搜索、第131條第2項緊急搜索及第131條之1同意搜索等共四種。扣押係指爲保全可爲證據或得沒收或得追徵之物，而對其暫時占有之強制處分，與搜索係在尋找犯罪證據或人有所不同。又相關之司法強制處分，畢竟屬強制處分，牽涉到基本權之干涉，故乃應遵守其法定程序，且在執行過程中，亦須符合比例原則，不得逾越必要程度。

由於行政檢查過程轉換爲刑事搜索，本質帶有急迫性、突襲性之處分，時機幾爲稍縱即逝的秒數間，均必待聲請搜索票或請示檢察官實務緊急搜索始得行之，則經常時過境遷，勢難達其搜索目的，又在人身自由經警拘束狀態，此時詢問其等「眞摯性同意」亦有一定難度。但本案員警根據其執法經驗、客觀所現情況綜合判斷後，有相當理由懷疑被告持有一定數量毒品，即有可能轉變爲刑事處罰而處於現行犯或準現行犯地位，應容許在密接逮捕行爲前，發動附帶搜索其等身體與所使用之交通工具，是合乎刑訴法第130條附帶搜索規定，致所扣案槍枝有證據能力。

（本文初稿曾發表於警光雜誌，第792期，2022年7月）

第四章 處理社區噪音案例

壹 案例事實與爭點

甲係A社區住戶，分別於2021年2月23日9時許（本章稱第一時間）、同年月25日21時許（本章稱第二時間）及同年3月3日21時許（本章稱第三時間）在A社區住宅內，以吹奏樂器方式製造非持續性噪音，妨害公眾安寧。原處分警察機關依檢舉人提供之錄影（含聲音）光碟影片，於未經查證或有其他資料佐證比對此情爲眞正情況下，據此認定甲在第一、二、三時間有違反社會秩序維護法（本章稱社維法）第72條第3款規定之行爲，處以新臺幣2,000元之罰鍰。甲不服警察機關之處分，經原處分之警察機關向該管簡易庭聲明異議。

本案爭點：第一，社區規約之效力爲何？第二，噪音管制相關處理實務作爲爲何？第三，有無製造噪音妨害公眾安寧調查之正當法律程序爲何？

貳 相關處理實務作爲

社區集合式住宅或開設於距離社區周邊的營業場所製造的各式非屬機械固定式噪音，例如小孩跑跳、樂器演奏、搬動物品、飼養動物之叫聲、防盜器產生的噪音、小吃店客人喧嘩或唱歌聲等如何處理，爲警察實務上甚感困擾的問題，究其因乃噪音處理分列於不同行政法規，目的主管機關各有不同，實務上員警較常應用向檢舉人或被檢舉人說明之相關法規最主要包含噪音管制法（本章稱噪音法）第6條、第9條；公寓大廈管理條例（本章稱公寓條例）第16條、第22條；社維法第72條及其處理辦法第11條；民法第195條；刑法第277條傷害罪或第304條強制罪。

噪音法第3條所稱噪音，指超過管制標準之聲音，第9條第2項規定噪音管制之音量及測定之標準，由中央主管機關定之。但同法第9條第1項噪音管制區內之場所、工程及設施以外之處所，不管音量是否超過標準，只要有同法第6條之製造不具持續性或不易量測而足以妨害他人生活安寧之聲音者，即不屬於環保機關應處理之噪音，而由警察機關依有關法規處理之。社維法第72條第3款所處罰之「噪音」，與噪音法第3條所規定「本法所稱噪音，指超過管制標準之聲音」所指噪音之規定內涵不同，社維法並不以超過管制標準之聲音為限，而係以足以妨害他人生活安寧為要件；而所謂公眾，係指不特定或特定多數人而言，故如所製造之噪音，妨害不特定人或特定多數人之安寧，且難以忍受者，即可認為係妨害公眾安寧。亦即噪音法處理的是其第3條之「噪音」，社維法處理的是噪音法以外之噪音——妨害他人生活安寧之聲音，兩法之立法目的、處理程序及方式都不同，但是妨害他人安寧之聲音，屬感受的問題，不像噪音法有音量及測定之明確標準，警察人員在處理程序及蒐證認定上兩面不討好，尤其是比較難以得到違序人認同。

如此，員警較常處理噪音事件法規，在行政機關即有分屬於環保機關職掌之「噪音法」、建築工務機關職掌之「公寓條例」及警察機關所職掌之「社維法」。雖內政部警政署曾以110年11月2日警署刑字第100151174號函文各警察機關就對於妨害人民生活安寧之聲音，已特別訂有「噪音法」及「公寓條例」等法律加以管制及處罰，須優先適用該等特別法律，個案事實（陳情人夜晚因隔壁及樓上住戶所製造之噪音影響生活安寧，經管委會發文告知行為人改善而未改善）若已達違反公寓條例第16條，應由主管機關依同法第47條裁罰，並得令其限改善或履行義務、職務，不應由警察機關依社維法第72條處罰等意旨。惟依噪音法第6條、社維法第72條第3款及其處理辦法第11條規定，上開警政署頒函文係行政命令，能否拘束法律規定仍有疑義，又實務上不管是噪音法主管機關環保人員，或公寓條例第16條主管機關建管工務人員，均非24小時輪班受理，並到場處理民眾檢舉是類家宅或營業場所噪音事件，亦非所有家宅噪音均位於設有社區管理委員會之大廈，有管理員得先行勸導，且即使設有社區管理委員會，管理員受理個別住戶製造噪音前往勸導行爲人時，迭有遭行爲人置之不理甚或嗆聲等情事，仍需報請轄區員警前往排除，或要求員警依社維法處理。故目前員警受理家宅或非噪音管制區內之營業場所，製造不具連續性或不易量測而足以妨害他人生活安寧之「生活噪音」，雖然不易處理，仍多本於「爲民服務」及「避免遭投訴推諉」立場依法調查處理。

一、對檢舉人

由於社維法第72條第3款規定「製造噪音或深夜喧嘩，妨害公眾安寧者」，始得處罰6,000元以下罰鍰，檢舉人大多僅執著於鄰人「製造噪音或深夜喧嘩」即撥打110報案，要求員警勸導或依法處罰，噪音事件亦常有員警一到場並未發現，離開現場旋又接到檢舉人報案，往返奔波同一處所情形。故建議員警接到檢舉噪音擾鄰事件，依行政程序法第165條：「……行政機關在其職權或所掌事務範圍內，爲實現一定之行政目的，以輔導、協助、勸告、建議或其他不具法律上強制力之方法，促請特定人爲一定作爲或不作爲之行爲。」規定，對被檢舉之住戶實施行政指導或依法調查裁罰。

（一）告知社維法製造噪音需有妨害公眾安寧事實

依司法院刑事廳81年3月27日（81）廳行一字第329號函示：「妨害安寧通常都爲鄰居報警，處理警員身歷其境瞭解，噪音確實傳於戶外，又經鄰居證實，難以忍受者，始可認其妨害公眾安寧。公眾係指不特定或特定多數人而言，上開條款之適用，須所製造之噪音，已妨害不特定人或特定多數人之安寧，且難以忍受者，始足當之。」上開函示意旨普遍爲地方法院簡易庭法官援引於判決[1]，故員警即得依上開函釋或法院判決，指導檢舉人詢問其他緊鄰住戶是否有遭受噪音妨害安寧之情形。另在社維法處理程序上，除警方到場仍能於戶外聽到相關噪音加以蒐證外，警方仍需調

1 內湖簡易庭111年度湖秩聲字第2號刑事裁定。

查是否有2戶或以上住戶作證確認該噪音確已影響安寧且難以忍受，警方始得依法處罰，如僅單一住戶檢舉即遭警方裁罰，被裁罰人亦得依法提起救濟。

（二）指導先向社區管理委員會或地方自治機關（村里鄰長）反映並作成紀錄

由於是類家宅社區噪音多為集合式社區大廈，設有社區管理員，住戶反映噪音事件如屬偶發性，多能由管理員張貼勸導單或口頭勸導改善，會報警處理者多屬屢勸不聽或雙方已交惡者，員警就是類案件得指導檢舉人先請管委員派人勸導並由管理員作成紀錄備查。未設有管委會者，則得請村里鄰長先行勸導行為人並作紀錄，相關紀錄警方均得作為日後行為人持續製造噪音妨害公眾安寧事件，警方據以調查裁罰參考之依據。是類住戶曾請社區管委會先行協調，多次協調及勸導無效方至分駐派出所檢舉，經警察機關依法裁罰，雖行為人提起救濟，地方法院參採已有社區管理員會勸導紀錄仍未改善，顯有長期製造噪音已達於令人不堪長時間忍受程度，較能維持原處分[2]，達到裁罰嚇阻作用。

同一檢舉人倘持續製造噪音經裁罰並提起救濟程序，經地方法院維持原處分，仍未能改善，則日後警方再持續加重裁罰，或提請社區管委會報請建築工務主管機關依公寓條例續處，因其裁罰金額大幅增加，將更能有效改善社區鄰里噪音事件。

（三）指導檢舉人提供曾受噪音干擾之鄰居有助於警方調查

鄰里噪音事件由於具有不易量測且不持續特性，常有警方到場後未發現、行為人拒不開門、否認製造噪音情事，為利警方詳實訪查是否有「妨害公眾安寧」情事，請檢舉人提供周邊同有受噪音之苦的住戶供警方調查，將能有效勸導檢舉人或依法裁罰，如「證人（3人）一致選擇報警處理者，足見聲明異議人長期製造噪音，影響周邊住戶之安寧達於令人不堪忍受之程度」、「證人（2人）就異議人所居住之系爭房屋於凌晨發出鋼

2 參照士林簡易庭100年度士秩聲字第1號刑事裁定。

琴演奏聲，證人報警到場處理，及警察到場後協助錄影保存證據等節，均證述明確、具體」[3]。依我國之民情，如非行爲人製造噪音已超越合理之限度，鄰居常採息事寧人之態度，多不致於向警察或主管機關檢舉或出面作證，如檢舉人能主動提供願意作證之鄰人自能加速警方依法處理。

（四）如警方調查未有妨害公眾安寧事證檢舉人得自行蒐證提民刑事侵權訴訟

由於是類檢舉案件肇因於檢舉人個人對聲音敏感度較高，稍有異常即報警處理者甚多，不僅消耗警力，員警訪查過程亦常遭被檢舉人或周邊住戶抱怨擾民，如「一般生活場域本難期全然闃寂無聲，而社會活動之聲響，是否已致妨害公眾安寧，仍應衡酌當地環境、建築物之情況，是否超越一般人社會生活所能容忍之客觀標準決定，非單憑當事人主觀喜惡或感受爲據」[4]。又於他人居住區域發出超越一般人社會生活所能容忍之噪音，應屬不法侵害他人居住安寧之人格利益，如其情節重大，被害人非不得依民法第195條第1項規定請求賠償相當之金額，惟居住安寧之人格法益旨在維護符合人格尊嚴的生活環境，且噪音係主觀性感覺，感受程度因個人身心理狀況而異，故聲響是否屬噪音，是否已達侵害他人居住安寧，其要件上須超越一般人社會生活所能忍受之程度，且情節重大，始能賦予被害人請求賠償非財產上損害之權利，非單憑當事人主觀喜惡或感受爲認定[5]。故員警得向檢舉人說明如已因噪音干擾致生權益受到侵害，得自行蒐證並取得醫療證明向行爲人提起刑事傷害告訴或民事侵權行爲訴訟。「被告106年2月間某日起至108年3月間，長期於深夜至凌晨時分，甚或整日不特定期間，接續在居所內以不詳方式敲打鐵門或不詳物品等發出噪音強暴方式，妨害鄰近住戶睡眠及居住安寧權利等……，犯強制罪與傷害罪，從重依傷害罪論處，判處有期徒刑六個月，得易科罰金」；「原告主張被告於深夜趁人熟眠之際大聲砸毀他人之車，已對人身及心理安全產生

---

3 參照三重簡易庭109年度重秩聲字第9號裁定、內湖簡易庭111年度湖秩聲字第3號刑事裁定。
4 參照桃園簡易庭109年度桃秩聲字第20號刑事裁定。
5 參照臺灣高等法院109年度上易字第669號民事判決。

嚴重威脅，於他人居住區域發出超越一般人社會生活所能容忍之噪音，應屬不法侵害他人居住安寧之人格利益……，被告應給付車輛毀損之賠償金額20萬8,466元及精神慰撫金20萬元」[6]。員警舉法院判決實例向民眾解釋並指導相關提起民刑事之做法，有助於降低鄰里噪音事件反覆向分駐派出所報案之情形。

二、對製造噪音之行為人

（一）告知妥善做好敦親睦鄰工作

警方受理噪音擾鄰事件常有反覆與持續特性，單一住戶遭檢舉者居多，員警受理及調查過程宜先勸導被檢舉人敦親睦鄰，並完整告知如符合妨害公眾安寧要件警方將依法裁罰。警方也需告知被檢舉人，將指導公寓大廈管理委員會實施勸導作成紀錄，以作爲警方裁罰參考，如製造噪音未有妨害公眾安寧情事，鄰人仍感受有權益、健康受到損害情事，警方亦告知被檢舉人，將個別指導鄰人住戶自行蒐證、舉證提起民刑事訴訟相關做法。以上，依警察勤務區訪查辦法第3條第2款爲民服務「發現、諮詢及妥適處理社區居民治安需求，並依其他法規執行有關行政協助事項」之規定處理，常能有效減少是類案件。

（二）提供管委會得向法院訴請強制搬遷個案

多數製造噪音行爲人以「不過是彈個鋼琴有那麼嚴重嗎？」、「檢舉人太小題大作」、「小孩子拍球又不是故意的」、「是報案人神經太敏感了」、「我有按照住戶規約律定的時間作息啊」、「在我自己家唱歌不行嗎」等說法質疑警察，認爲警察勸導降低音量或改善設備等建議爲不適當之做法、不符合比例原則。因此，員警除能熟稔處理噪音作業流程外，且了解「民眾站在自己的立場想事情且不懂法規內涵」的心態係屬正常反應，但無論如何，警察主動提供是類案件曾有住戶長期製造噪音經勸導未果，經管委會依「公寓條例」的「惡鄰條款」提出強制遷離訴訟，法院判

6 參照臺灣高等法院109年度上訴字第2305號刑事判決、彰化地方法院107年度訴字第818號民事判決。

決勝訴案例[7]。以同理心對待被檢舉人，並以類似案例勸導行為人遵守社區規約及管委會勸導，方能有效處理解決噪音擾鄰，維護個人權益。

參 本案之判決

本案甲聲明異議主要理由為：1.依A社區之規約內容，吹奏樂器之行為，只要符合該社區規約、臨時會決議及第十七屆區權會宣導公告即可；2.處分書所認定吹奏樂器行為之違序時間（即第一、二、三時間），員警並未明確告知，且僅就他人之主觀指述，未詳實確認甲上開違序時間，有無製造噪音妨害公眾安寧情事，顯見原處分機關未查核，其調查程序不符正當法律程序。最後臺中簡易庭110年度中秩聲字第6號刑事裁定，原處分撤銷，甲不罰，其裁定重點說明如下。

一、法院審理違序案件仍應依證據認定之

社維法第72條第3款明定：製造噪音或深夜喧嘩，妨害公眾安寧者，處6,000元以下罰鍰。而此所稱噪音，係指噪音法令規定之管制標準以外，不具持續性或不易量測而足以妨害他人生活安寧之聲音，違反社維法案件處理辦法第11條定有明文，亦即社維法第72條第3款所指「噪音」，與噪音法第3條規定：「本法所稱噪音，指超過管制標準之聲音。」並不相同，且依噪音法第6條規定：「製造不具持續性或不易量測而足以妨害他人生活安寧之聲音者，由警察機關依有關法規處理之。」是以，雖製造未超過管制標準之聲音，然足以妨害他人生活及公眾安寧者，警察機關仍自得依社維法第72條第3款規定處罰鍰。再按法院受理違反社維法案件，準用刑事訴訟法之規定，社維法第92條定有明文，是刑事訴訟法第154條第2項犯罪事實應依證據認定之，無證據不得認定犯罪事實之規定，及最高法院40年台上字第86號刑事裁判所揭示事實之認定，應憑證據，如未能

7 參照臺中地方法院111年度訴字第1710號民事判決。

發現相當證據，或證據不足以證明，自不能以推測或擬制之方法，爲裁判基礎之意旨，於法院審理行爲人違反社維法案件時，均有其適用。

二、並非只要符合社區規約規定時間之吹奏行為即可一律不受限制

A社區所訂之社區規約，係基於私法自治及契約自由原則，規約內容於不違背公共秩序及善良風俗、不違反強制、禁止規定之情況下，A社區之區分所有權人所自行訂定之規約內容，原則上該社區住戶均有遵守的義務。甲固提出該社區規約、臨時會決議及第十七屆區權會宣導公告等資料，進而主張其在符合A社區規約所規定之時間內於住處內吹奏樂器，即無違序情事。惟A社區係集合住宅，住戶緊鄰，彼此日常生活難免相互影響，依公寓條例第16條第1項規定：「住戶不得任意……發生喧囂、振動及其他與此相類之行爲。」及該社區規約以「住戶不得發生喧囂、振動，如音響、卡拉OK歌唱等，或其他類似之行爲」爲準則觀之，仍是以是否影響住戶安寧爲當初規範之意旨。於第十七屆區權會宣導公告所規範之時間內，雖甲依上開規約所約定之時間，在其住家吹奏樂器，然左右鄰舍之居家安寧權利亦應受到一併之保障，並非甲僅需符合一定之時間吹奏，即可毫無限制地製造聲響，而完全無需考量是否有危害居家安寧之虞甚明。法院審酌甲吹奏樂器之行爲、次數、音量及時間，本屬不定，且未必持續吹奏達相當之時間，進而足以供測定分貝聲量，故其音量是否已達噪音管制之上限，雖於舉證上有所困難、猶有疑義未明；然若其吹奏樂器時，疏未搭配相關隔音設備，導致巨大聲響傳於屋外，且該聲音之狀態足以使一般人於相同環境下，超越一般社會生活所能容忍之範圍，甚而妨礙左右鄰居之生活安寧，則縱使符合上開規定之時間，其行爲仍會該當社維法第72條第3款之處罰要件。準此，甲主張只要符合社區規約規定之時間，其吹奏樂器之行爲即可一律不受限制、而阻卻違法等語，並無理由。

三、本案調查有瑕疵故撤銷原處分裁定不罰

原處分書依檢舉人提供之錄影（含聲音）光碟影片，並以該光碟中有第一、二、三時間之檔案，據此認定甲在第一、二、三時間有違序之行

爲，惟依原處分機關於2021年3月6日之15時1分至26分許，在B派出所對甲進行調查所製作之警詢筆錄可知，甲固坦承有在其住處吹奏樂器，然是否係在第一、二、三時間有吹奏樂器之行爲，原處分機關並未詢問及調查；另依原處分機關員警於同年3月4日之18時42分至19時18分許，到A社區對證人乙、丙、丁等人進行訪談之紀錄可知，上開證人等僅指述甲確有因吹奏樂器而妨礙住居生活安寧，惟關於第一、二、三時間，證人等有無聽聞甲吹奏樂器而有妨害公眾安寧情事，則未調查；再者，法院勘驗檢舉人所提錄影檔案結果，該檔案固可聽聞檢舉人所蒐證地點有吹奏樂器之聲響，惟原處分機關就檢舉人提供之錄影檔案其時間是否爲原處分書所載之第一、二、三時間部分，於未經查證或有其他資料佐證比對此情爲眞正之情況下，據此爲甲不利之認定，顯有疏漏，是甲指摘原處分機關就此部分調查有瑕疵，尚非無據。準此，自難憑上開警詢筆錄或錄影檔案，即認甲於原處分書所載之第一、二、三時間，有爲製造噪音妨害公眾安寧之行爲。從而，撤銷原處分，裁定不罰。

肆 本案之評析

一、違序裁罰仍應依證據認定

依社維法之相關規定，警察機關因民眾舉報而知有違反社維法第72條第3款行爲之嫌疑者，應即開始調查，其調查必依其調查結果，認爲確有違反該法之行爲時，始應依法作成裁罰處分。警察機關是否作成裁罰處分，端視其調查證據之結果，民眾舉報僅係促使警察機關調查職權之啓動，社維法並未授予舉報民眾有向警察機關爲一定作爲（對被舉報人作成裁罰處分）之請求權。另專處罰鍰案件雖屬警察機關之裁罰權，惟當民眾依社維法第55條採取聲明異議救濟時，案件便會由法院簡易庭審理裁定，依同法第92條規定，法院受理違反本法案件，除本法有規定者外，準用刑事訴訟法之規定，此時，簡易庭即會依刑事訴訟法第154條第2項犯罪事實應依證據認定之，無證據不得認定犯罪事實之規定判斷是否維持原處分或撤銷原處分。因此，警察機關在調查噪音妨害安寧時，應一開始即應完整蒐證，並視證據認定裁罰。

二、員警調查應更嚴謹確實

以本案為例，警方處分異議人製造噪音，僅就檢舉人主觀指述調查，未詳實確認異議人違序時間、有無製造噪音妨害公眾安寧情事（員警訪查證人僅指述異議人確有吹奏樂器妨礙安寧，違序時間及證人有無聽聞則未調查），係本案經撤銷處分主因。另「本件僅檢舉人及證人筆錄，尚無法證明聲明異議人確有為製造噪音，亦無法證明所檢舉噪音聲響程度，依處分機關之報告單所載『經職當日前往現場途中時（確實有聽到敲擊聲）』等語，並未明確指出由何處、為何人所發出，且亦無法證明該聲響已達妨礙不特定多數人之居家安寧之程度，是難遽認檢舉人所為異議人製造噪音之檢舉果為眞實，亦難認定本件音響已達妨害公眾安寧之程度，而符合裁罰條件，原處分撤銷」[8]。是類鄰里噪音事件，常有檢舉人與行為人「各執一詞」對立立場，雙方期待警方能中立客觀調查事屬必然，而員警常有「有調查就趕快移送」的心態結案，疏於緊扣構成要件各個環節，如實呈現調查過程細節，致處分遭致撤銷，不僅未能解決民眾問題，亦影響警方執法公信力。

三、行為人行止符合社區規約不必然符合法規與社會通念

員警受理此類案件，常遇製造噪音之行為人對員警或社區管理員勸導降低音量反彈，認為已經按照社區規約時間彈奏樂器或唱歌，員警不應因少數人報案動輒勸導擾民，部分受噪音干擾之被害人亦會囿於鄰人並未違反社區規約，即使長期受到噪音干擾亦選擇隱忍及息事寧人；然如本案所言「該聲音之狀態足以使一般人於相同環境下，超越一般社會生活所能容忍範圍，甚而妨礙左右鄰居之生活安寧，則縱使符合規約時間，仍該當社維法第72條第3款處罰要件」，可作為實務現場員警用為處理噪音擾鄰事件參據，提醒行為人除需遵行社區規約外，在「社會通念下不影響鄰人生

8　參照新北地方法院108年度重秩聲字第7號刑事裁定。

活安寧」方爲適法行爲。

又部分行爲人以雖有製造噪音情事，但警方未曾實施勸導爲由認不應處罰，經查社維法第72條第3款並未有需踐行勸導或禁止不從始得處罰之要件，警方多先採勸導並作成紀錄係提供行爲人自主管理機會，並參採行政罰法第19條：「違反行政法上義務應受法定最高額新臺幣三千元以下罰鍰之處罰，其情節輕微，認以不處罰爲適當者，得免予處罰。前項情形，得對違反行政法上義務者施以糾正或勸導，並作成紀錄，命其簽名。」精神，對事屬鄰里生活事件輕微違序事件先行勸導並予指導，以求周全並兼顧社會觀感，惟勸導程序亦不必然應實施，「所製造之噪音，妨害不特定人或特定多數人之安寧，且難以忍受者，即可認爲妨害公眾安寧，且不以處理之警察機關應先開勸導單作爲處罰之要件」[9]，員警到場能善盡調查步驟，詳實訪查紀錄，確認符合處罰構成要件，依法裁罰當能受到法院支持。

四、檢舉人自行蒐錄之製造噪音證據證據力有限

本案雖有檢舉人自行蒐錄之證據，惟係單方面作爲，證據採集過程是否因錄製之機器蓄意擴音、所稱噪音是否確爲行爲人住居所傳出、是否確有妨害公眾安寧事實等常爲行爲人抗辯，亦多爲實務上裁罰後，行爲人提出異議經法院撤銷處分原因「勘驗光碟固偶有錄得疑似行走、跑動造成之撞擊聲，惟該等檔案均爲檢舉人自行使用器械攝錄……，則其錄得內容是否因設備功能差異、所在位置之收音效果而受影響，已有疑問」、「聲音係透過介質傳遞，而於經建物內部傳遞之過程中，因建築結構、建材等因素影響，致傳遞至不同位置時將有不同聲響效果，堪認縱檢舉人主觀感受此等聲音係正上方之系爭房屋發出，亦不能排除爲自其他樓層或住戶傳遞而來」[10]、「檢視告發人提供之錄音檔，其發出聲音甚小，又無法辨識聲音之來源及錄音者之位置，尚難僅憑該錄音檔即遽認聲明異議人之音樂

9 參照三重簡易庭109年度重秩聲字第9號刑事裁定。
10 參照桃園簡易庭109年度桃秩聲字第20號刑事裁定。

教室有妨礙他人生活安寧」[11]、「原告自行測錄時所處之環境、位置均會影響測得之數值，且錄得之聲音，需透過喇叭播放，於調整喇叭聲音之大小，所得之音量即隨之改變，故原告提出之隨身碟之錄音成效與現場音量是否相符，即屬可疑，不論原告錄製之結果如何，均無從藉此判定現場實際分貝大小，自難作爲判斷原告主張事實眞否之證據」[12]。故員警受理檢舉人自行採證之證據，應詳實說明是類個案法官採認證據或不予採認之見解，以利檢舉人自行採證過程更加具體明確，有利警方調查裁罰，縱未有妨害公眾安寧情事，日後行爲人用爲提起民刑事訴訟之證據，當較爲法官採信，以維個人權益。

五、處理噪音妨害安寧事件宜修法回歸各目的事業主管機關

按社維法處理噪音妨害生活安寧之規定，乃延續過去違警罰法而來，噪音法之立法目的既然是維護國民健康及環境安寧，提高國民生活品質，所有危害國民健康之噪音，都應在該法的規範範圍之內，而非找到社維法有處理不具持續性噪音而妨害安寧之規定，即將之納入立法，將噪音處理由環保機關一分爲二，部分由警察機關處理[13]。另公寓條例亦將社區大廈妨害安寧得經社區之區分所有權人自行訂定之規約內容處理，本於社區自治原則宜由目的事業之建管機關處理。警察機關依大法官釋字第785號解釋規定，自2023年1月1日開始實施新勤務制度，在警力沒有增加的情況下，維持核心的治安及交通工作已捉襟見肘，因而由具廣義警察權之環保及建管公務人員處理噪音、妨害社區住戶安寧問題，在法理上是適切可行。近年來警察機關就協辦業務均秉持去警察化原則與其他行政機關協調，另警察機關處理噪音裁罰必需持續多次始能見效，噪音法或公寓條例之噪音裁罰、處理相較較能一針見效。是以，回歸各目的事業主管機關統一處理，噪音法宜修正第3條噪音定義，並刪除第6條，以及刪除社維法第72條第3款。

11 參照臺北簡易庭111年度北秩聲字第34號刑事裁定。

12 參照士林地方法院103年度訴字第953號民事判決。

13 參考內政部警政署106年5月8日警署行字第1060090338號函修正之「取締噪音案件查處作業程序」辦理。

伍 結語

鄰里噪音事件係員警受理民眾報案常有之事，且需反覆到但又不容易處理妥當的態樣，蓋因日常生活中一般推拉、移動、大聲交談或彈奏樂器等行爲，均是合理生活起居行爲，故造成之聲響，即使檢舉人可於屋內聽聞，仍需足夠證據證明上開聲響已達一般人無法容忍程度且超越一般人社會生活所能容忍噪音，情節重大，且製造噪音或深夜喧嘩，達到妨害公眾安寧程度，亦需不特定之人所期望安寧生活之心理狀態遭受干擾損害，並併應考量住宅性質、房屋狀況及鄰居容忍程度而決之，實非檢舉人報稱噪音，警方即可恣意裁罰。故在未修法前，員警充實是類案例判決意旨，落實調查程序外，有賴警察機關主管從優獎勵處理困難重重的噪音違序案件，鼓勵員警參照刑事偵查程序緊扣證據要件，以「專案性管理」思維調查噪音損鄰事件，將有助提升警民互動，眞正改善民眾困擾，達成「社區警政」目的。然正本清源，員警處理噪音妨害安寧事件，宜修法回歸各目的事業主管機關統一處理，始爲良策。

（本文初稿曾發表於警光雜誌，第800期，2023年3月）

取締噪音案件查處作業程序

（第一頁，共二頁）

一、依據：

（一）噪音管制法第六條、第八條、第九條及第二十一條。

（二）社會秩序維護法第四十三條及第七十二條。

（三）違反社會秩序維護法案件處理辦法第十一條。

（四）公寓大廈管理條例第十六條。

（五）行政罰法第三十四條。

（六）行政程序法第十九條。

（七）警察人員執勤中遇有民眾違反行政法規事件處理原則。

二、分駐(派出)所流程：

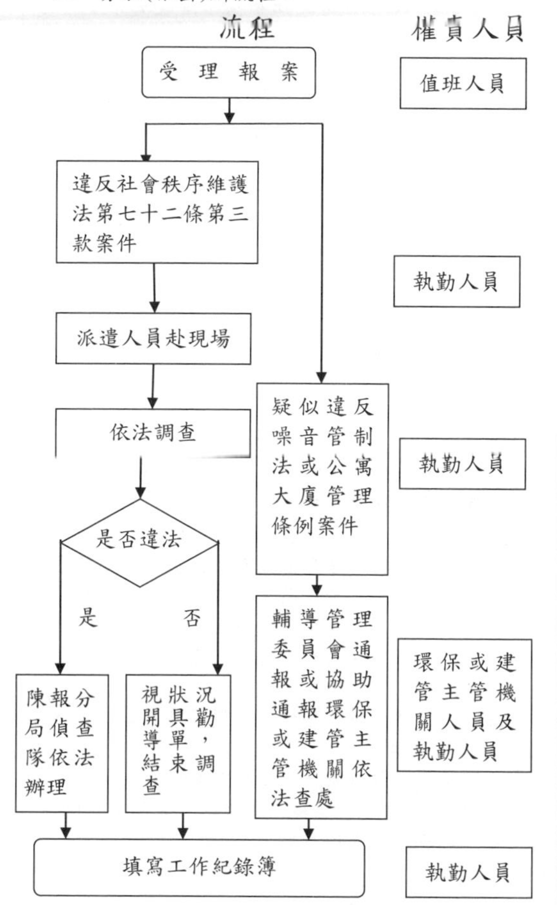

作業內容

一、準備階段：

（一）值班人員：

1. 填寫受理各類案件紀錄表。
2. 受理報案後，依下列規定辦理：
   (1)違反社會秩序維護法第七十二條第三款之案件，通知巡邏或派遣備勤人員至現場處理。
   (2)疑似違反噪音管制法第八條及第九條或公寓大廈管理條例第十六條案件，應輔導管理委員會通報或協助通報直轄市、縣(市)環保或建管主管機關處理。

（二）執勤人員：

1. 裝備（視需要增減）：手槍、無線電、子彈、照相機、錄音機、手銬及防彈衣。
2. 執行人員接獲值班人員或一一〇通報後，應立即回報並赴現場，到達現場後，回報值班或勤務指揮中心，並報告案件現場情形。

二、執行階段：

（一）違反社會秩序維護法第七十二條第三款規定，由警察機關依本作業程序五、注意事項（二）處理。

（續下頁）

(續)取締噪音案件查處作業程序

(第二頁,共二頁)

流程	權責人員	作業內容
		(二)疑似違反噪音管制法第八條及第九條案件,立即通報直轄市、縣(市)環保主管機關處理。 (三)違反公寓大廈管理條例第十六條規定,輔導管理委員會通報或協助通報直轄市、縣(市)建管主管機關處理。 三、結果處置: (一)違反社會秩序維護法部分,將行為人與證人筆錄及勸導單等資料陳報分局偵查隊辦理。 (二)登記處理情形於工作紀錄簿。

三、分局流程:無。

四、使用表單:

(一)受理各類案件紀錄表。

(二)筆錄。

(三)陳報單。

(四)工作紀錄簿。

(五)勸導單。

五、注意事項:

(一)依公寓大廈管理條例第十六條第一項規定,住戶不得任意棄置垃圾、排放各種污染物、惡臭物質或發生喧囂、振動及其他與此相類之行為。同條第五項規定,住戶違反前四項規定時,管理負責人或管理委員會應予制止或按規約處理,經制止而不遵從者,得報請直轄市、縣(市)主管機關處理。噪音屬上開類型時,應請報案人向該公寓大廈負責人或管理委員會反映,並依上開條例第十六條第五項之規定處理。

(二)取締違反社會秩序維護法噪音案件參考標準:

司法院刑事廳八十一年三月二十七日(八一)廳行一字第三二九號函復臺灣高等法院表示:妨害安寧常為鄰居報警,處理員警身歷其境,噪音確實傳於戶外,又經鄰居證實難以忍受者,始可認其為妨害公眾安寧。「公眾」,係指不特定或特定多數人而言,上開條款之適用,須所製造之噪音,已妨害不特定人或特定多數人之安寧,且難以忍受者,始足當之。

(三)有關噪音管制法第八條及第九條公告內容,請參閱行政院環境保護署噪音管制資訊網(http://ivy1.epa.gov.tw/noise/CC/C-01.htm)。

(四)有關噪音案件簡易裁判案例,可至司法院法學資料檢索系統之簡易案件查詢(http://jirs.judicial.gov.tw/Index.htm)或行政院環境保護署噪音管制資訊網噪音案件判決案例,並請參照該署訂定之「近鄰噪音處理手冊」。

第五章
散布謠言裁罰案例

壹 案例事實與爭點

甲以其手機連結網路於臉書轉貼「這是小英政府開部長級會議中午吃的便當～山珍海味。剛才上網查詢一下，這是北市手工台菜餐廳的山海珍寶盒三層便當，一份有17樣菜色、可供4-6人吃，一份訂價8,880，特價6,980，即一人吃得花費1,745」、「此超豪華餐廳爲米其林一星，蔡政府花錢不手軟」等語於網路造謠（本章稱系爭訊息），警方以甲涉有散布謠言，足以影響公共之安寧者行爲，移請院方依法裁處。

本案爭點：社會秩序維護法第63條第1項第5款規定：「散布謠言，足以影響公共之安寧者，處三日以下拘留或新臺幣三萬元以下罰鍰。」所謂謠言，乃指無事實根據憑空捏造、無的放矢之行爲，散布之方式，不問出於口頭或文字，不以發生實害爲必要（參照該款立法理由）。是以，散布系爭訊息，是否構成該款之要件，而應依該款之規定予以處罰？其與言論自由之保障如何調和？

貳 警方之處理流程

依據汪子錫教授於中華警政研究學會警政與警察法相關圓桌論壇（三十九）之引言稿，所整理依社會秩序維護法第63條第1項第5款查辦案件數量統計如表5-1，可發現2016年以前案件量很少，且審畢不罰率100%。但2019年以後相對於2018年暴增七倍左右，2020年短短五個月更暴增近十倍，可見與政府2018年後逐漸重視假消息有密切關係。且2017年以後不罰率日漸降低，2018年不罰率僅47.6%，但2019年及2020年1至5月又升至七成多，可見暴增後法院在處罰散布謠言又較慎重。此外，2019年後警察主動偵辦件數已在上升中，2020年以後警察主動偵辦件數更高於與政府機關合辦件數，可見警察可能已發動績效制度[1]。

表5-1　社會秩序維護法第63條第1項第5款查辦案件數量統計

年分	警政署統計移送件數	司法院統計		法院審畢不罰比例
		審理件數	不罰件數	
2011	0	2	2	100%
2012	3	7	7	100%
2013	11	3	3	100%
2014	6	8	8	100%
2015	12	8	8	100%
2016	7	8	8	100%
2017	12	11	8	72.7%
2018	21	21	10	47.6%
2019	151/77*	146	109	74.6%
2020（1至5月）	233/203**	224	174	77.6%

註：*係警察主動偵辦件數；**係政府機關與警方主動偵辦合計件數。
資料來源：汪子錫教授於中華警政研究學會警政與警察法相關圓桌論壇（三十九）之彙整。

又依「刑罰優先」原則（行政罰法第26條及社會秩序維護法第38條參照），警察機關受理或發現疑似假訊息案件，應先行檢視是否觸犯處罰不實言論、訊息或資訊之刑罰法律或特別法律，應優先適用之。如：1.刑法第140條（侮辱公務員罪）、第151條（恐嚇公眾罪）、第153條（煽惑

1 鄭善印，從社會秩序到媒體素養—論警察對假消息的處理，中華警政研究學會警政與警察法相關圓桌論壇（三十九）會議紀錄，2021年10月29日，http://www.acpr.org.tw/PDF/Panel_20211029_Disinformation.pdf。

他人犯罪或違背法令罪）、第305條（恐嚇危害安全罪）、第309條（公然侮辱罪，屬告訴乃論罪）、第310條（誹謗罪，屬告訴乃論罪）、第399條之4第1項第3款（電信詐欺）等；2.選舉秩序：總統副總統選舉罷免法第90條（散布謠言或傳播不實之事）、公職人員選舉罷免法第104條（散布謠言或傳播不實之事）等；3.災害防救：災害防救法第41條第2項至第4項（2019年5月22日增訂）；4.軍事安全：陸海空軍刑法第72條等；5.傳染病流行疫情：傳染病防治法第63條、動物傳染病防治條例第43條第1款等。個案之行爲或事實，如未涉嫌觸犯或明顯符合刑事或特別法律之事後處罰規定，且行爲人係將明知爲不實且可供查證之言論、訊息或資訊，以謠言形式散布或傳播，讓社會大眾閱聽後，都會誤信爲眞而感到畏懼或恐慌（此即「影響公共安寧」），而有涉嫌違反社會秩序維護法第63條第1項第5款者，先由警察機關爲行政調查相關事證後，再移送地方法院（簡易庭）審理裁罰[2]。

至於警方處理假訊息案件判斷流程及注意事項，如圖5-1所示。

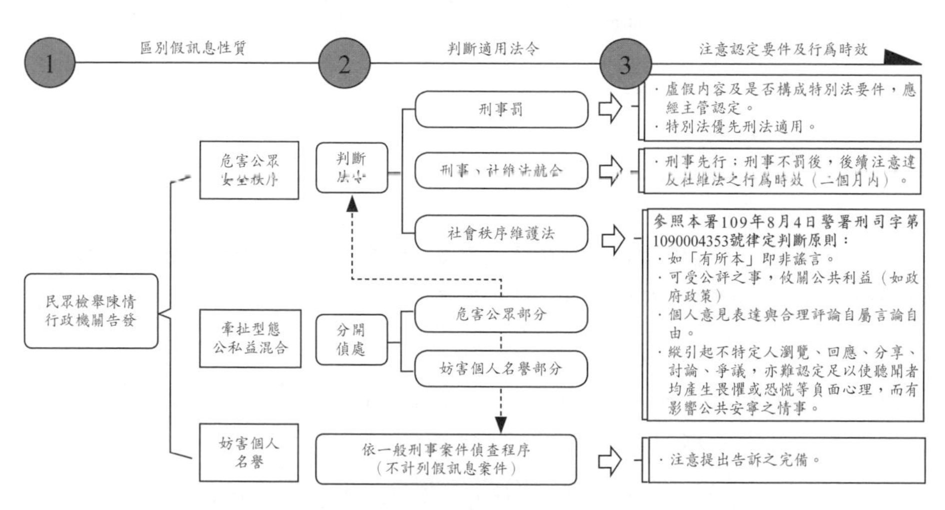

圖5-1　警方處理假訊息案件判斷流程及注意事項

資料來源：內政部警政署刑事警察局。

2　鄭慶泰，從社會秩序到媒體素養－論警察對假消息的處理，中華警政研究學會警政與警察法相關圓桌論壇（三十九）會議紀錄，2021年10月29日，http://www.acpr.org.tw/PDF/Panel_20211029_Disinformation.pdf。

偵辦網路爭議（假）訊息案件流程，如圖5-2所示。

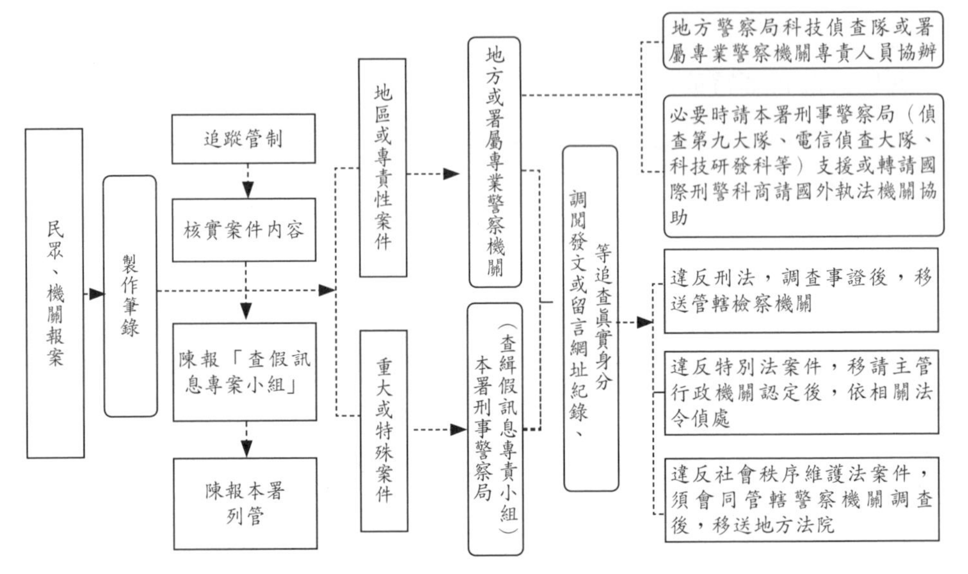

圖5-2　警方偵辦網路爭議（假）訊息案件流程

資料來源：內政部警政署刑事警察局。

參　本案之裁定

本系爭訊息於2020年9月初於社群網站廣為流傳，因而遭受各地警方移送法院審理之案件不少，惟分別經臺北地方法院109年度店秩字第110號、臺北地方法院109年度店秩字第107號、臺中地方法院109年度中秩字第184號、新北地方法院109年度重秩字第246號、臺北地方法院109年度北秩字第794號、高雄地方法院109年度鳳秩字第128號、桃園地方法院109年度壢秩字第305號等裁定，均為「不罰」，主要理由說明如下。

一、違序行為應依證據認定之

按犯罪事實應依證據認定之，無證據不得推定其犯罪事實，刑事訴訟法第154條第2項定有明文。法院受理違反社會秩序維護法案件，上開規定亦準用之，社會秩序維護法第92條亦有明定。次按事實之認定，應憑證據，如未能發現相當證據，或證據不足以證明，自不能以推測或擬制之方法，以爲裁判基礎。又認定不利於被告之事實，須依積極證據，苟積極證據不足爲不利於被告事實之認定時，即應爲有利於被告之認定。

二、該款要件需明知不實事實且內容足使產生畏懼或恐慌

所謂散布者，乃散發傳播於公眾之意，是該款之行爲，行爲人主觀上須有將明知爲不實事實散布於公眾之目的，並於客觀上先以語言或文字等意思表示將該不實事實捏造以謠言呈現，再以語言或文字等傳播方式將謠言散布於公眾，且該散布謠言之內容足以使聽聞者心生畏懼與恐慌，而有影響公共安寧之情形，始構成該款之行爲。

三、言論自由應予最大限度保障

憲法第11條規定，人民之言論自由應予保障，鑒於言論自由有實現自我、溝通意見、追求眞理、滿足人民知的權利，形成公意，促進各種合理的政治及社會活動之功能，乃維持民主多元社會正常發展不可或缺之機制，國家應給予最大限度之保障。惟爲保護個人名譽、隱私等法益及維護公共利益，國家對言論自由尙非不得依其傳播方式爲適當限制（司法院大法官會議釋字第509號解釋理由書參照）。是以行爲人散布無事實根據、憑空捏造、無的放矢之內容，須足以使聽聞者心生畏懼與恐慌，有影響公共安寧之情形，始足當之。

四、證據不足故不罰

甲固坦承於臉書發布系爭訊息，惟甲稱因在網路上看到系爭訊息及照片中的便當豪華，便轉傳給大家欣賞一下，其看到網路上有很多人轉傳，也就順手跟著轉傳，至其來源已記不起來了，並無惡意等語。觀以系爭訊息之文字及照片內容，係針對政府部長級之會議便當之評論，雖易使人對政府部長級會議便當產生負面觀感，然被移送人於網路發現系爭訊息時，未經查證判斷即隨意轉貼，固屬不當，惟依卷內資料，並無證據證明被移送人於轉貼時係明知爲不實事實而故意散發傳布於公眾，且被移送人轉貼

之系爭訊息，並非涉及恐怖或攻擊，核其內容實無足使聽聞者因而產生畏懼或恐慌，致有影響公共安寧之情事。甲所爲與該款之構成要件不符，復無其他證據足以證明被移送人有移送機關所指之行爲，應爲不罰之論知。

肆 本案之評析

一、言論自由應予最大限度保障

我國憲法第11條規定：「人民有言論、講學、著作及出版之自由。」目前在比較憲法學上已有以「表現自由」（freedom of expression）代之的趨向。亦即借言論、出版及其他方法，將其思想、信念表達於外，同時也接受他人思想、信念表達之自由，且不受非法之侵害。依據現代憲法學通說，在整個基本人權體系中，「表現自由」正與包含思想、良知、信仰、學術自由等之「信仰自由」（freedom of belief）共同構成「精神自由權」，而與「身體自由權」和「經濟自由權」，並稱「個人權的基本人權」。與此相對地，則包含生存權和勞動權在內之「社會權的基本人權」。「表現自由」在整個人權體系中，有如艾默生（Thomas I. Emerson）教授所言，是居於最根本的地位，其保障應居最優越的順位。此乃艾默生教授認爲「表現自由」具有下列特殊意義：1.乃是個人在發展自我、實現自我時，所不可或缺者；2.自由討論乃是追求眞理、探究事實的社會過程；3.最重要是基於國民主權原理，居於國政主人地位的人民，必須確保其決定政治之必要資料；4.唯有保障社會過程與政治過程之「言論自由」，社會秩序之安定性才能維持[3]。隨後艾默生教授又補充說明，這四種價值彼此之間互相依存不可缺少[4]。

此外美國最高法院大法官Louis Brandeis在1927年Whitney v. California乙案中的協同意見書，即闡述了言論自由的價值。Bork法官將其歸納成

---

3 參照李鴻禧，性、秩序與人權，憲法與人權，1985年，頁440-441，頁372。
4 參照林子儀，言論自由與新聞自由，1993年，頁15。

下列四種價值：1.幫助個人發展自我的天賦；2.因能自由表達所帶來的快樂；3.助成社會和諧與安全；4.發現並傳布政治的眞實。而Nimmer教授則將之歸納爲三種價值：1.啓迪開導之功能，包括有助於追求一般之眞實及政治眞實之功能；2.實現自我之功能；3.維持社會安全之功能[5]。

國內憲法學者林子儀教授，論述憲法爲什麼要保護言論自由或言論自由究有如何的價值，總結比較廣爲一般人接受的理論，有下列三種理論：1.追求眞理說；2.健全民主程序說；3.表現自由說或稱爲實現自我說。且從基本權利保障的觀點出發，主張「表現自我說」的理論比較可取[6]。

至於日本憲法學者蘆部信喜教授則指出，表現自由的基本價值，乃一爲個人透過言論等活動，來發展自己個人人格的價值，即自我實現的價值；另一爲透過言論等活動，對國民參與政治意思，有決定的、助成民主政治價值，即自我統治的價值。換言之，表現自由不僅著眼於保障私人言論出版的自由，並進展著眼於民主憲政的意義，而成爲促動自我實現及民主主義社會的最重要性權利。

本文則認爲這些價值彼此之間互相依存不可缺少，惟解釋時可著重於「自我實現說」，如同美國判例理論所發展出來，表現自由應比經濟自由更具有「優越的地位」。因而其合憲性的判斷，須設立更具體且嚴格的準則方可，這亦是一般所稱之「雙重基準（double standard）理論」[7]。如同新北地方法院三重簡易庭109年度重秩字第149號刑事裁定便指出：「言論自由既攸關人性尊嚴此項憲法核心價值的實現，在多元社會的法秩序理解下，國家原則上理應儘量確保人民能在開放的規範環境中，發表言論，不得對其內容設置價值標準而加以監督，應儘量讓言論市場自行節制，俾維持社會價值層出不窮的活力。而在爲保護個人名譽、隱私等法益及維護公共利益，國家對言論自由爲適當限制時，也必須在法律所規定之可罰範圍

---

5 引自林子儀，同註4，頁16。

6 林子儀，同註4，頁7。

7 亦即精神自由在立憲民主政治的政治過程中，應比經濟自由居於優越的地位，從而在實施違憲審查之時，有關限制經濟自由的立法所適用的「合理性」基準，對於限制精神自由的立法，應認爲是不妥當且不能適用。參照蘆部信喜著、李鴻禧譯，憲法，1995年，頁116。

內作嚴格之認定，始符合憲法保障言論自由之基本精神」。便係基於言論自由之「優越地位」與「雙重基準理論」，認爲憲法保障之言論自由應受最嚴密保護，而政府欲對之實施規制措施時，亦應在法律規定之可罰範圍內作嚴格之認定[8]。如此，對於言論自由，應予最大限度保障。

二、言論自由的限制基準

言論自由必然伴有對外言行舉止，如被濫用將會危害社會公共利益，因此言論自由並非全無界限，只是對言論自由之限制，需符合憲法第23條「爲『防止妨礙他人自由、避免緊急危難、維持社會秩序或增進公共利益』所『必要』者」之規定。且此一對於基本權限制之再限制規定，不僅拘束立法者，亦拘束法院；另爲防止因公共利益等曖昧不明、內容廣泛且缺乏客觀具體標準的方式，而來輕易地作爲限制言論自由依據，對於限制外部精神自由立法與司法審查，可使用下述嚴格基準，以保障言論自由免於遭受恣肆專擅的剝奪[9]。

（一）雙重標準的理論：表現自由在立憲民主政治的政治過程中，應比經濟自由居於優越的地位，從而在實施違憲審查之時，應較經濟自由的規制基準更加嚴格。亦即有關限制經濟自由的立法所適用的「合理性」基準，對於限制精神自由的立法，應認爲是不妥當且不能適用。支持這樣的看法，最主要著眼於形成統治機構基礎之民主政治過程，以及法院之審查能力等的關係。

（二）禁止事前抑制的理論：此乃指在表現行爲尚未完成的階段，不允許國家權力使用任何方式予以抑制（如要求檢閱、申請、核准等）。而且這種事前抑制的方式，可說是扼殺表現自由最致命的手段，所以先進民主國家必然予以絕對禁止。如同日本憲法第21條第2項前段所言「禁止事前檢查」，亦即意見表達活動，不許在事前加以抑制。此外美國大法官J.

8 陳景發，社維法散布謠言之處罰與言論自由之界線——新北地方法院三重簡易庭109年度重秩字第149號刑事裁定評析，警大法學論集，第41期，2021年10月，頁176。

9 蘆部信喜著、李鴻禧譯，同註7，頁185-197；許慶雄，憲法入門，1994年，頁101-104；林世宗，美國憲法言論自由之理論與闡釋，1996年，頁14。

Holmes指出美國憲法第一修正條文對言論自由保障之主要目的爲：「防止政府對公開發表之事前限制，但並不禁止對被認爲違背公共福祉之事後懲罰。」

（三）法律的明確性理論：所謂明確性是指「有普通判斷力之任何人，都能夠在具體情況下，對適用與否做正確判斷[10]」。法律條文若漠然不明確，會對意見表達行爲產生萎縮的效果，亦即讓本來可以合憲爲之的意見表達行爲，產生使之自我節制的效果，因而原則上應爲無效。所以法律條文的具體適用判斷標準，仍然必須合乎法治國家之「明確性理論」的要件，以避免對於意見表達之行爲，產生自我抑制的「寒蟬作用」（chilling effect）。

（四）「明顯而立即的危險」（clear and present danger）基準：在違憲審查基準中最著名的，乃是美國憲法判例上所採用的「明顯而立即的危險」基準。依此基準，認爲只有在下述三種情況之下，才可限制意見表達行爲：1.在最近將來，引起實質上危害的蓋然性極爲明顯；2.實質危害很重大，亦即重大危害的發生，時間上非常急迫；3.該當限制手段，爲避免危害之所不可或缺。否則基於「思想言論自由市場原則」，經由公眾自主的判斷與選擇，去蕪存菁，形成多數人所接受之主張，而非由公權力任意的主觀判斷決定之。

（五）「選擇較少限制方法」基準（簡稱爲LRA基準）：此一基準，認爲立法目的與意見表達內容無直接關聯，而肯定其正當性。惟對於限制方法過於廣泛而成問題之法令，必須具體而實質地審查，有無其他爲達成立法目的，而限制程度較少的方法（less restrictive alter-native）存在。若有此情形時，應解釋該當限制之立法爲違憲。換言之，須考量限制目的的正當性、限制方法與限制目的之間的合理關聯性，以及限制表現自由，所得之利益與所喪失之利益的均衡性。亦即必須要求以較小的限制方法，來達到立法的目的。如此在檢討限制意見表達的時間、地點、方法的合憲性時，頗有益處。

10 參照許慶雄，同註9，頁103。

如此，不論是立法或司法，在限制特定言論傳播，應予言論自由最大限度保障，且宜以較高之審查基準，審查其是否足以支持其目的係爲「防免人民生命、身體、自由遭受明顯立即危害難以回復」之特別重要公共利益，且必須要求以選擇較少限制方法來達到立法目的，而與其目的之達成間具「直接及絕對必要關聯」及「賦予人民獲立即司法救濟」之機會，始符合憲法比例原則及保障言論自由之意旨。

如同釋字第744號解釋對於化粧品衛生管理條例所定化粧品廣告之事前審查，是否違反憲法第11條保障人民言論自由之意旨乙案，於理由書中，除肯認化粧品廣告具商業上意見表達之性質，亦應受憲法第11條言論自由之保障外，更明揭：「按化粧品廣告之事前審查乃對言論自由之重大干預，原則上應爲違憲。系爭規定之立法資料須足以支持對化粧品廣告之事前審查，係爲防免人民生命、身體、健康遭受直接、立即及難以回復危害之特別重要之公共利益目的，其與目的之達成間具直接及絕對必要關聯，且賦予人民獲立即司法救濟之機會，始符合憲法比例原則及保障言論自由之意旨。」換言之，即使對於言論價值遜於政治性言論之商業性言論，其對於明顯而立即危險基準之要求，比起釋字第445號解釋更爲嚴格，亦即要求化粧品廣告所造成之危害，更須達「難以回復」之程度，始容許事前審查。從而，只要人民之言論或主張，並未造成明顯而立即之危險，即應受言論自由保護[11]。

三、愈民主開放社會政治取向言論對社會安寧威脅愈低

針對散布謠言的結果，究竟社會大眾會不會感到生活安全寧靜感受到威脅或侵害，涉及到一個社會的民主及資訊開放程度、謠言內容的屬性以及謠言散布的實際情形等整體情況，並無法一概而論。大體來說，社會的民主及資訊開放程度愈高、謠言內容愈具有政治取向，以及謠言散布的實際情形愈有限的，就愈難認爲社會大眾的生活安全寧靜感足以受到謠言的威脅或侵害。畢竟在一個成熟民主、資訊開放的社會中，社會大眾對於

11 陳景發，同註8，頁197。

各種多元不同的聲音，早已習以爲常，對於某些言論背後的政治性立場，也能相對理解。此時，社會大眾於面對謠言時，或許一笑置之，或許透過既有的資訊查證工具，可以很快地查證檢核謠言的眞實性，自然就不會有生活安全寧靜感遭到威脅或侵害的感覺。這樣也能夠使違法散布謠言的處罰，得到有效的合憲性控制，不至於違反憲法對於言論自由的保障[12]。

因此，根據上述法律規定及說明，可以看出本案移送事實，散布系爭訊息內容，雖有批評政府行爲等不實負面評論，然上開言論係針對特定政府官員之評論，且看到此訊息直覺反應可能會感到很離譜，也想要跟給朋友分享，因而將於LINE所見之上開言論轉貼到臉書，張貼前可能不知道上開言論是否眞實。倘若無從證明甲於發表時，係明知爲不實事實而故意散發傳布於公眾，自不能以推測或擬制之方法，而爲不利於被告事實之認定，況且也很難認定系爭訊息內容足使聽聞者產生畏懼或恐慌等負面心理，而有何影響公共安寧之情形，影響社會的安定。特別是在當今社會網路社群媒體發達的情形下，轉傳訊息，已是每人生活的日常，而網路資訊虛實參半、眞假難辨，又比比皆是，此時在認定轉傳訊息者是否屬上述規定的散布謠言時，即應以聽聞者是否心生畏懼與恐慌，並導致公共秩序大亂，爲成立上述違序行爲的要件事實，若聽聞訊息者不會心生畏懼與恐慌，且政府已即時澄清並發布正確訊息的內容，而散布訊息者在政府澄清前的散布僅是一時好意，散布者並無即時管道可以查證所散布的網路消息是否眞實時，即因散布者缺乏危害社會秩序的眞實惡意，且未符合上述規定的要件事實，而不應處罰，以保障人民依憲法所享有的表意自由權[13]。

是以，本案系爭訊息，基於言論自由應予最大限度保障，愈民主開放社會政治取向言論對社會安寧威脅愈低，實難證明係明知不實事實且內容實無足使產生畏懼或恐慌，故諭知不罰，誠屬合理。

---

12 參照士林地方法院109年度湖秩字第82號刑事裁定。

13 參照高雄地方法院110年度雄秩字第179號刑事裁定。

陸 修正該款之要件——代結語

2021年10月29日中華警政研究學會主辦的「從社會秩序到媒體素養：論警察對『假消息』的處理」圓桌論壇，引言人汪子錫教授報告指出，警察依據社會秩序維護法查處「謠言」，但是大多數都被法院裁定不罰。由於警察判別「假消息」的惡、假、害極具爭議，在此情況下，不僅傷害警察「執法專業形象」，也減損臺灣民主警政（Democratic Policing）成果，故建議警察應該避免查處「假消息」製造擾民事件，確保臺灣民主警政的永續發展。況且從社會秩序到媒體素養，唯有融合素養教育，讓公民與社會成員自發、自主對抗媒體假新聞、假訊息，產生「抗體」與「韌性」才是「社會永續發展」的治本之道，這是全世界民主國家普遍處理「假消息」的共通做法[14]。

鑒於言論自由有實現自我、溝通意見、追求眞理、滿足人民知的權利，形成公意，促進各種合理的政治及社會活動之功能，乃維持民主多元社會正常發展不可或缺之機制，國家應給予最大限度保障。惟為保護個人名譽、隱私等法益及維護公共利益，國家對言論自由尚非不得依其傳播方式為適當限制，是以行為人明知為不實事實散布於公眾之意，且客觀上足以使聽聞者心生畏懼與恐慌，有影響公共安寧之情形，仍應適當限制。如同桃園簡易庭109年度桃秩字第403號刑事裁定認為：被移送人就行政院農委會早已公告牛及豬於「國外」使用萊克多巴胺（即俗稱瘦肉精），始不在規範之列，臺灣養豬業者並未可合法使用瘦肉精乙事，知之甚詳，竟刻意曲解政府公告，而將上開不實資訊散布於眾。關於進口使用萊克多巴胺之牛豬議題，於社會上有廣大之討論，倘容任被移送人故意以不實言論將文字散布於眾，不僅無助於眞相愈辯愈明，亦使言論自由中溝通意見、監督各種政治或社會活動之功能難以發揮，是被移送人上開文字及言論，顯

14 汪子錫，從社會秩序到媒體素養—論警察對假消息的處理，中華警政研究學會警政與警察法相關圓桌論壇（三十九）會議紀錄，2021年10月29日，http://www.acpr.org.tw/PDF/Panel_20211029_Disinformation.pdf。

然足以影響公共之安寧，且非屬言論自由所欲保障之範疇。

只是，現行社會秩序維護法「散布謠言，足以影響公共之安寧者」之處罰規定，依據該款立法理由：「謠言，乃無事實根據憑空捏造，無的放矢之行爲」。然若以謠言就是「不實陳述」，法律何不直接使用「不實陳述」呢？謠言是未經證實的傳聞、推測甚至是尚未發生的預言，未必是不實的話語；但指控造謠則是自動將之當成不眞實的言語。其不同之處，追訴者指控他人說話不實，必須擔負舉證責任；但此法所限制的不是「不實」的言論，而是「無事實根據」的傳言；指控他人造謠，乃無須證明其發言不實，卻轉而要求發言者負責證明所言的事實根據。由「謠言」取代「不實」作爲法定的構成要件，於是暗地裡移轉了舉證責任。同樣地，該款所謂「影響公共安寧」之意何指，一樣不甚明白；引起注意、引發論辯、招來反駁，算是影響公共安寧嗎？如此存乎指控者一心的主觀形容詞，同樣會形成高度的寒蟬效應，成爲打壓異見言論的淵藪。即便法院判決不罰，司法程序本身，也將因指控的發動而自動形成寒蟬效應的生產環節，正是其所以違憲的緣故[15]。

因此，基於言論自由應予最大限度保障，以及避免構成要件曖昧不明確而造成「萎縮效果」或「寒蟬效應」所產生違憲虞慮，況且目前實務對該款主客觀也做了極大限縮解釋[16]，並考量該款只是一般性防範散布謠言的管制、處罰規定，故建議該款規定可修正爲：**「明知爲不實事實散布於眾，致生影響公共之安寧者」**。即主觀之不法構成要件除須具有「明知」的直接故意外，客觀之不法構成要件將無事實根據憑空捏造之「散布謠言」修正爲「散布不實事實」，另尚應產生明顯而立即危險之事實損害，

---

15 李念祖，處罰「謠言」立法復辟，嚴重違憲！時論廣場，2021年7月15日。

16 新北地方法院三重簡易庭109年度重秩字第149號刑事裁定便指出：「是對於違反本條文之過失行爲人，不宜賦予太高之注意義務，應以一般人之注意義務爲宜，是違反本條項款之行爲，必須行爲人主觀上基於『明知』爲不實事實，將之散發傳布於公眾之目的，以語言或文字等意思表示將該不實事實『捏造』以謠言呈現，再以語言或文字等傳播方式將該謠言散發傳布於公眾，或依據一般人之注意義務均會合理懷疑係不實事實捏造之謠言，猶將之散發傳布於公眾之，且該散布謠言之內容足以使聽聞者心生畏懼與恐慌，有影響公共安寧之情形，始構成本條項款之情形。再者，所謂『公共秩序』、『社會安寧』者，皆屬不確定之法律概念，其定義難以一概而論，惟皆以保障公眾之安全與自由爲主要核心。」

始有法律究責之必要，故採取「具體危險犯」之立法例，要件上加上「致生影響公共之安寧者」，如此也讓構成要件之適用範圍符合選擇較少限制方法。並刪除「拘留」之規定，單處「罰鍰」即可，且其處罰「額度不宜過高」，以避免過度侵害人身自由及充分保障言論自由，並避免警察過度判別「假消息」惡、假、害爭議，而傷害警察「執法專業形象」。

（本文初稿曾發表於警光雜誌，第787期，2022年2月）

第六章 2對2相互鬥毆法律適用案例

壹 案例事實

你是某轄區派出所所長，接獲報案指出，乙、戊與不知情之友人甲於凌晨，在轄區「A夜店」內消費，適丁、丙亦於該處飲酒，因戊認爲丁對其潑灑香檳，內心已有所不滿；其後乙、戊、案外人甲前往轄區「馨KTV」續攤時，又於該處巧遇丁、丙，戊與丁再度發生口角，乙、丙見狀便加入呈現2對2相互鬥毆，且乙等4人相互互毆時，旁邊亦有數名黑衣男子；然事後乙等4人所涉傷害罪嫌部分，均未提出告訴。你如何指導員警適用法律處理本案？

貳 相關法令規範

一、刑法第277條、第283條、第149條及第150條

刑法第277條第1項規定：「傷害人之身體或健康者，處五年以下有期徒刑、拘役或五十萬元以下罰金。」且本罪屬告訴乃論。另街頭鬥毆對社會治安之危害，引起政府部門重視，2019年5月29日修正公布刑法第283條「聚眾鬥毆罪」規定：「聚眾鬥毆致人於死或重傷者，在場助勢之人，處五年以下有期徒刑。」由於刑法第283條聚眾鬥毆罪，需在場助勢之人與實行傷害行爲人間均無關係，且難以認定係幫助何人，再加上聚眾鬥毆客觀上必須「致人於死或重傷時」才有處罰在場助勢之人，倘若只輕傷，在場助勢者，不罰。但一般類此鬥毆，雖有死亡或重傷情事，至多爲輕傷而已，又普通傷害罪屬告訴乃論，當事人大多不提告，以致此修正無法有

效嚇阻「街頭鬥毆」者[1]。

爲有效以刑法壓制街頭、夜店、KTV等場所聚眾鬥毆之不法氣燄，還給社會大眾安寧和諧的生活空間，並作爲執法人員法制後盾，2020年1月15日修正公布刑法第149條規定：「**在公共場所或公眾得出入之場所聚集三人以上**，意圖爲強暴脅迫，已受該管公務員解散命令三次以上而不解散者，在場助勢之人處六月以下有期徒刑、拘役或**八萬**元以下罰金。首謀者，處三年以下有期徒刑。」以及第150條規定：「**在公共場所或公眾得出入之場所聚集三人以上**，施強暴脅迫者，在場助勢之人，處一年以下有期徒刑、拘役或**十萬**元以下罰金；首謀及下手實施者，處六月以上五年以下有期徒刑。**犯前項之罪，而有下列情形之一者，得加重其刑至二分之一：一、意圖供行使之用而攜帶兇器或其他危險物品犯之。二、因而致生公眾或交通往來之危險。**」此次修正首先將「公然聚眾」一詞修正爲「於公共場所或公眾得出入之場所聚集三人以上」，明確定義場所及人數，且將「在公共場所或公眾得出入之場所」有「聚集」之行爲爲構成要件，亦即行爲不論其在何處、以何種聯絡方式聚集，其係在遠端或當場爲之，均爲本條之聚集行爲，且包括自動與被動聚集之情形，亦不論是否係事前約定或臨時起意者均屬之，以利於實務判斷。其次，對攜帶兇器、危險物品施行以及在往來交通馬路上追逐鬥毆之行爲加重處罰。

二、社會秩序維護法

社會秩序維護法（本章稱社維法）第87條規定：「有左列各款行爲之一者，處新臺幣一萬八千元以下罰鍰：一、加暴行於人者。二、互相鬥毆者。三、意圖鬥毆而聚眾者。」又鑒於過往以社維法第87條處罰街頭聚眾鬥毆事件之成效不彰，爲貫徹遏阻街頭聚眾鬥毆之重大治安政策，並落實刑法第149條及第150條修法意旨，是應優先適用刑法第149條、第150條及相應之程序規定，查處街頭聚眾暴力鬥毆事件。且參照行政罰法第26條及社維法第38條之規定，違秩之行爲涉嫌違反刑事法律者，應依刑罰優

1 鄭善印，員警處理街頭鬥毆案例研析，許福生主編，警察情境實務執法案例研析，五南出版，2021年，頁251。

先原則辦理。

三、警察職權行使法

警察職權行使法（本章稱警職法）第19條規定：「警察對於有下列情形之一者，得為管束：一、瘋狂或酒醉，非管束不能救護其生命、身體之危險，或預防他人生命、身體之危險。二、意圖自殺，非管束不能救護其生命。三、暴行或鬥毆，非管束不能預防其傷害。四、其他認為必須救護或有危害公共安全之虞，非管束不能救護或不能預防危害。警察為前項管束，應於危險或危害結束時終止管束，管束時間最長不得逾二十四小時；並應即時以適當方法通知或交由其家屬或其他關係人，或適當之機關（構）或人員保護。警察依第一項規定為管束時，得檢查受管束人之身體及所攜帶之物。」

四、聚眾強暴脅迫案件處置作業程序

警政署依據刑法第149條、第150條及第283條、社維法第87條、警職法第19條、內政部警政署函頒「街頭聚眾鬥毆案件處置執行計畫」及「各警察機關啓動快速打擊犯罪部隊實施計畫」之規定，制定「聚眾強暴脅迫案件處置作業程序」，其在處理步驟對構成要件判認、結果處置及注意事項規定如下：

（一）構成要件判認

1. 無論行為人在何處及以何方式聯絡（包括社群通訊軟體）；係在遠端或當場為之；係自動或被動；係事前約定或臨時起意，均構成「聚集」行為。另僅須人數達3人以上，不受限於須隨時可增加人數之情形。

2. 刑法第149條（聚眾不解散罪）之違法態樣為聚集之群眾意圖為強暴脅迫，但「尚未施強暴脅迫」之情形，故應強化蒐證意圖為強暴脅迫之事證（如持有凶器或其他危險物品、叫囂，或其他依其行為或言詞足認有施強暴脅迫之意圖者）。

3. 施強暴脅迫者（如鬥毆、毀損、威脅或恐嚇等行為），不論對特定或不特定人為之，皆該當構成要件。

4. 現場已發生施強暴脅迫或鬥毆情事：

(1) 3人以上者，依刑法第150條或第283條究辦。

(2) 2人互相鬥毆者，依各該違犯法條究辦（未能依相關刑事罪名究責時，如有危害公共秩序或安寧之情形，可依社維法第87條第2款查處）。

(3) 2人朝同一對象施強暴脅迫者，依各該違犯法條究辦（未能依相關刑事罪名究責，惟被害人受暴行而未成傷，或已成傷而未告訴時，如有危害公共秩序或安寧之情形，可依社維法第87條第1款查處）。

5. 解散命令：

(1) 應由現場指揮官爲之。

(2) 應全程蒐證，命令下達不拘形式（書面或口頭均可，非如集會遊行案件須舉牌爲之），惟應以在場多數人可得認識之方式爲之，且明確表達要求群眾分散及離去之意思。

(3) 各命令間隔須視現場人數、急迫情形、持械威脅情狀等各種狀況綜合研判，給予解散之適當時間。

(4) 於三次命令解散前解散者，仍得視現場強暴脅迫、妨害社會秩序等情節，依社會秩序維護法或其他法令查處。

（二）結果處置

1. 依現場事證，涉嫌違反刑法第149條、第150條或第283條者，即依刑事訴訟法第88條或第88條之1規定處置；違反社維法者，即依該法第41條或第42條處置（偵查隊）。

2. 依現場客觀事證，未明顯違反刑法或社維法相關規定，而有必要防止犯罪、危害之發生或避免急迫危險者，得依警職法第19條第1項第3款或第4款等規定，即時實施行政管束（行政組）。

3. 全面清查掌握涉案者背景資料，釐清施強暴脅迫或鬥毆動機，並至警政署「街頭聚眾鬥毆資料庫」建檔及分析，俾利後續規劃勤務及警力配置（偵查隊）。

（三）注意事項

1. 集會遊行係具有特定訴求、主張或其他正當目的之人民基本權利，受憲法及集會遊行法之保障，與刑法第149條及第150條係處罰行爲人基於強暴脅迫之意圖而危害治安者有所區隔，因此，就經申請許可、偶發性或緊急性之集會遊行，均應適用集會遊行法或其相關規定處理。

2. 出勤前妥爲整備應勤裝備，包含蒐證型（微型攝影機）及防護型應勤裝備等，並迅速抵達現場，展現嚴正執法態度，貫徹公權力。

3. 得下達解散命令之現場指揮官，於啓動快打警力時，依「各警察機關啓動快速打擊犯罪部隊實施計畫」律定；未啓動時，由勤務表編排之帶班幹部擔任。

4. 涉案人若已逃逸，應即時調閱監視錄影畫面以車追人，通知相關人到案說明，防止後續報復行爲；案件情節重大者，如涉及槍擊或殺人案件，應報請檢察官指揮偵辦。

參 本案之判決

本案經檢察官以乙等4人均涉犯刑法第150條之公然聚眾施強暴脅迫罪嫌而提起公訴，但臺中地方法院109年度訴字第1095號刑事判決，認爲本案不構成刑法第150條之罪而判定乙等4人均無罪，其理由參照此判決說明如下。

一、客觀上不符合「聚集3人以上」之要件

（一）「聚集3人以上」屬聚合犯

刑法第150條屬「聚合犯」性質，即在公共場所或公眾得出入之場所施強暴脅迫者，除須3人以上之外，其等均需朝同一目標共同參與犯罪之實行，倘若該人施強暴脅迫係另有目的，而無與其餘施強暴脅迫者一同完成某項目標之知與欲，自不得算入「3人」之人數內，否則即與此罪聚合犯之本質相違。本案乙係基於救援戊之意、丙則係爲了避免戊再毆打丁，

始分別介入戊、丁之衝突，而皆向對方動手，足徵乙與戊2人、丁與丙2人各係本於不同目的，而在「馨KTV」大廳互相推擠、拉扯，乙、戊及丁、丙彼此間並未存有朝同一目標共同參與犯罪之意，堪認乙與戊、丁與丙各分屬一方，且雙方僅各有2人，自不符刑法第150條第1項後段所定「3人以上」之要件。另於案發時在「馨KTV」大廳雖尚有數名黑衣男子，然其等究係何人，是否爲乙等4人中之任何一人所聚集前往，或與乙等4人有何犯意聯絡、行爲分擔，均屬不明。況依起訴書犯罪事實欄所載，本案起訴涉有刑法第150條第1項後段之罪嫌者既僅有乙等4人，則乙與戊、丁與丙任一方自無可能有「聚集3人以上」之情。

（二）須意識到其行止本身係屬「聚集」且客觀所為達破壞安寧秩序程度

刑法第150條之罪行爲人自須意識到其行止本身係屬「聚集」，且因其聚集行爲所營造人數上之優勢，而影響社會安寧、公共秩序始可。本案乙與戊2人、丁與丙2人乃各自前往「馨KTV」，並無相約之情，而戊、丁既在「馨KTV」大廳發生肢體衝突，斯時應係處在對立面，彼此當無串連集結之意，則與戊一起前往「馨KTV」之乙，要無可能係經丁或丙「聚集」而來；反之，丙亦不可能與戊或乙有「聚集」之情。乙等4人係在尚屬寬敞之大廳互相扭打，能否意識其等互毆行爲可能波及旁人，並非無疑；且以乙等4人之人數是否足以使見聞者受到威嚇，進而危害社會安定，亦有疑義，是難率認乙等4人前開互毆之舉該當於「聚集」之定義。

二、主觀上對此罪構成要件行為並無意欲

刑法第150條第1項之罪既爲故意犯，且規定於刑法妨害秩序罪章內，則不論直接或間接故意，行爲人主觀上皆應具備涉犯此罪之「知」與「欲」。基此，行爲人不僅須就刑法第150條第1項規定之構成要件行爲有所認識，尚應有妨害秩序之意欲或容任意思，二者缺一不可，始與此罪立法本旨相合。縱使「馨KTV」之大廳爲公眾得出入之場所，且乙等4人於該處發生肢體衝突，然以衝突人數僅有4人、衝突地點又係在建築物內而論，乙等4人是否已預見其等於「馨KTV」大廳互毆之舉，有可能發生動搖社會安定之結果，且容認此項結果之發生，均屬有疑。在乙等4人有無

實行刑法第150條第1項後段此罪之間接故意仍有疑義之情況下，實不能僅以乙等4人在公眾得出入之場所，發生強暴情事，即逕以此罪相繩。

三、諭知乙等4人均無罪

由於本案未能證明乙等4人所為於客觀上業已符合「聚集3人以上」且達於破壞安寧秩序程度之要件，以及主觀上具有在公眾得出入之場所施強暴之故意，徒憑乙等4人在「馨KTV」大廳互毆之客觀情事，即遽認乙等4人涉有刑法第150條第1項後段之犯行，實嫌速斷。最後，法院基於對乙等4人所涉犯行，仍存有合理懷疑，而諭知乙等4人均無罪。

肆 本案可依社維法第87條第2款裁處之

倘若本案無法構成刑法第150條，且傷害相互間未提出告訴時，可依社維法第87條第2款裁處之。

按社會秩序維護法之立法目的，旨在維護公共秩序，確保社會安寧，與刑法之規範保護目的並非完全相同；核互相鬥毆係社會之亂象，且在公共場所互相鬥毆行為，已嚴重影響社會安寧秩序。是行為人互相鬥毆行為致受有傷害時，因普通傷害案件，係屬告訴乃論之罪，如未經合法告訴或因撤回告訴、和解等原因，致未能追究刑責者，即可援引社維法第87條第2款之規定予以處罰[2]。

又正當防衛必須對於現在不法之侵害，始足當之，侵害業已過去，或無從分別何方為不法侵害之互毆行為，均不得主張防衛權，而互毆係屬多數動作構成單純一罪，而互為攻擊之傷害行為，縱令一方先行出手，還擊之一方，在客觀上苟非單純對於現在不法之侵害為必要排除之反擊行為，因其本即有傷害之犯意存在，自無主張防衛權之餘地[3]。

刑法第150條（於公共或公眾場所聚集3人以上實施強暴脅迫）應優

2 參照臺灣高等法院暨所屬法院95年法律座談會刑事類提案第29號研討結果。

3 參照最高法院96年度台上字第3526號刑事判決要旨。

先於社維法第87條第2款（互相鬥毆）適用（參照行政罰法第26條及社維法第38條刑罰優先原則）。惟按目前實務見解，該條屬於聚合（眾）犯（即2人以上朝同一目標共同實施犯罪），故該條構成要件行為之基本態樣為「3人（以上）對1人（以上）實施強暴（如毆打他人）或脅迫」，是為配合上開刑法實務見解（採聚合（眾）犯概念限縮刑法第150條之適用範圍），社維法第87條第2款（原本文義僅限於2人之間互毆）似可為目的性擴張解釋適用於雙方均為「2人以下（如1對1、1對2、2對1、2對2相互鬥毆且已影響公共秩序之情形）」，以暫時填補刑法第150條所不及之處；嗣後若實務或學說見解變更（即刑法第150條之性質非聚合〔眾〕犯），社維法第87條第2款即應回復原本文義，僅適用於2人之間互毆[4]。

是以本案2人以下互毆之行為，若無法構成刑法第150條時，且傷害相互間未提出告訴時，可以社維法第87條第2款裁處2對2相互鬥毆之行為。

伍 結語

近來聚眾鬥毆案件頻繁、規模擴大，嚴重影響社會秩序，因而為有效以刑法壓制聚眾鬥毆不法氣燄，2020年1月15日修正公布刑法第149條及第150條，以放寬處罰條件且明確定義場所及人數，以利於實務判斷。確實，觀之本罪立法理由略以：「本罪重在安寧秩序之維持，若其聚眾施強暴脅迫之目的在犯他罪，固得依他罪處罰，若行為人就本罪之構成要件行為有所認識而仍為本罪構成要件之行為，自仍應構成本罪，予以處罰。」因而目前警政實務基於警察機關為偵查輔助機關，凡客觀構成要件該當單方聚集3人以上及施強暴脅迫之事實，為嚴正執法遏止鬥毆事件，應從寬認定以妨害秩序罪移請地檢署偵辦。

倘若不符合刑法第149條及第150條之要件，且傷害相互間未提出告

4 陳斐鈴，警察機構執行社會秩序維護法之實證研究，五南出版，2020年，頁157。

訴時，若現場如有1對1、1對2、2對1、2對2間相互鬥毆，且已影響公共秩序情形，仍可依社維法第87條第2款裁處之。只是社維法第87條於2021年1月20日修正公布卻刪除「處三日以下拘留」等文字，其理由乃鑒於以往社維法第87條延續早年違警罰法規定，明定加暴行於人、互相鬥毆及意圖鬥毆而聚眾者，處三日以下拘留或1萬8,000元以下罰鍰，長期被質疑有侵害人身自由之虞而修正之；故現加暴行於人、互相鬥毆及意圖鬥毆而聚眾者，依現行規定，只能處予1萬8,000元以下罰鍰。然這樣的修正，似乎與現行要壓制於公眾場所聚眾鬥毆不法氣燄背道而馳。

因此，爲彌補此落差，未來在我國刑法傷害罪章，如何參考日本現行刑法傷害罪章規定，適度引入日本刑法第206條「現場助勢罪」、第207條「同時傷害之特例」、第208條「暴行罪」及第208條之2「準備凶器集結罪」等類似規定，便值討論。

（本文初稿曾發表於警光雜誌，第778期，2021年5月）

聚眾強暴脅迫案件處置作業程序

（第一頁，共三頁）

一、依據：

（一）刑法第一百四十九條、第一百五十條及第二百八十三條。

（二）社會秩序維護法第八十七條。

（三）警察職權行使法第十九條。

（四）內政部警政署函頒「街頭聚眾鬥毆案件處置執行計畫」。

（五）內政部警政署函頒「各警察機關啟動快速打擊犯罪部隊實施計畫」。

二、分駐(派出)所流程：

流程　　權責人員　　作業內容

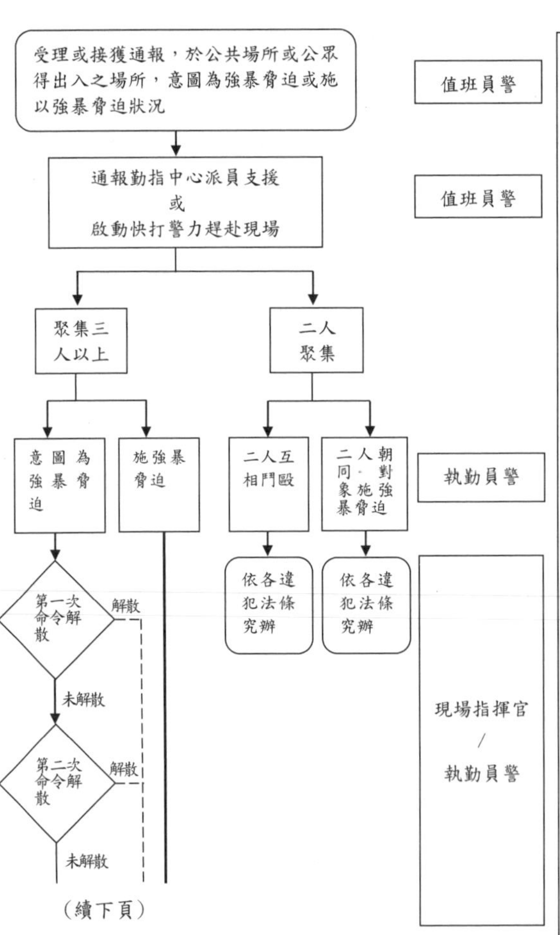

（續下頁）

一、準備階段

（一）值班人員受理聚眾鬥毆案件，應立即通報所長(代理人)及勤務指揮中心(以下簡稱勤指中心)調派警力前往處置。

（二）線上警力不足時，調派備勤警力迅速趕往支援。

二、處理步驟

（一）分局偵查隊當日輪值幹部到場協助指導。

（二）構成要件判認：

1. 無論行為人在何處及以何方式聯絡(包括社群通訊軟體)；係在遠端或當場為之；係自動或被動；係事前約定或臨時起意，均構成「聚集」行為。另僅須人數達三人以上，不受限於須隨時可增加人數之情形。
2. 刑法第一百四十九條(聚眾不解散罪)之違法態樣為聚集之群眾意圖為強暴脅迫，但「尚未施強暴脅迫」之情形，故應強化蒐證意圖為強暴脅迫之事證(如持有凶器或其他危險物品、叫囂或其他依其行為或言詞足認有施強暴脅迫之意圖者)。
3. 施強暴脅迫者(如鬥毆、毀損、威脅或恐嚇等行為)，不論對特定或不特定人為之，皆該當構成要件。
4. 現場已發生施強暴脅迫或鬥毆情事：

(續)聚眾強暴脅迫案件處置作業程序

（第二頁，共三頁）

流程 | 權責人員 | 作業內容

第三次命令解散

解散

未解散

依刑法第一百四十九條現行犯逮捕偵辦

無須逮捕，惟應確認完全解散並防範再聚集

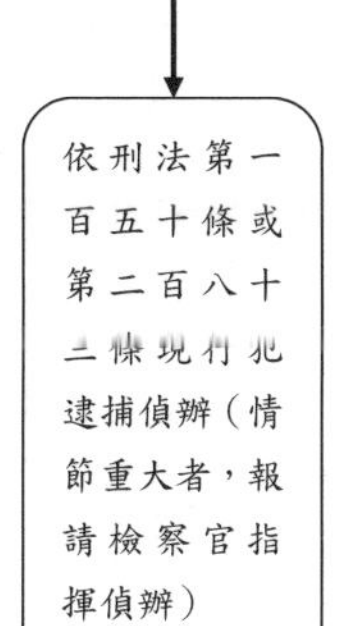

現場指揮官/執勤員警

(1)三人以上者，依刑法第一百五十條或第二百八十三條究辦。

(2)二人互相鬥毆者，依各該違犯法條究辦（未能依相關刑事罪名究責時，如有危害公共秩序或安寧之情形，可依社會秩序維護法第八十七條第二款查處）。

(3)二人朝同一對象施強暴脅迫者，依各該違犯法條究辦（未能依相關刑事罪名究責，惟被害人受暴行而未成傷，或已成傷而未告訴時，如有危害公共秩序或安寧之情形，可依社會秩序維護法第八十七條第一款查處）。

5. 解散命令：

(1)應由現場指揮官為之。

(2)應全程蒐證，命令下達不拘形式（書面或口頭均可，非如集會遊行案件須舉牌為之），惟應以在場多數人可得認識之方式為之，且明確表達要求群眾分散及離去之意思。

(3)各命令間隔須視現場人數、急迫情形、持械威脅情狀等各種狀況綜合研判，給予解散之適當時間。

(4)於三次命令解散前解散者，仍得視現場強暴脅迫、妨害社會秩序等情節，依社會秩序維護法或其他法令查處。

三、分局流程：

通報轄區其他分局，防範再聚集或二次鬥毆 — 勤務指揮中心

釐清動機清查背景 — 執勤員警/偵查隊

建檔分析重點檢肅 — 偵查隊/行政組

三、結果處置：

(一)依現場事證，涉嫌違反刑法第一百四十九條、第一百五十條或第二百八十三條者，即依刑事訴訟法第八十八條或第八十八條之一規定處置；違反社會秩序維護法者，即依該法第四十一條或第四十二條處置（偵查隊）。

（續下頁）

(續)聚眾強暴脅迫案件處置作業程序

(第三頁，共三頁)

(二)依現場客觀事證，未明顯違反刑法或社會秩序維護法相關規定，而有必要防止犯罪、危害之發生或避免急迫危險者，得依警察職權行使法第十九條第一項第三款或第四款等規定，即時實施行政管束(行政組)。
(三)全面清查掌握涉案者背景資料，釐清施強暴脅迫或鬥毆動機，並至本署「街頭聚眾鬥毆資料庫」建檔及分析，俾利後續規劃勤務及警力配置(偵查隊)。

四、使用表單：
(一)受理各類案件紀錄表。
(二)員警出入及領用槍枝彈藥無線電機警用行動電腦登記簿。
(三)e化報案三聯單。
(四)逮捕通知書。
(五)執行管束通知書。
(六)調查筆錄。
(七)陳報單。
(八)移送書。
(九)員警工作紀錄簿。
五、注意事項：
(一)集會遊行係具有特定訴求、主張或其他正當目的之人民基本權利，受憲法及集會遊行法之保障，與刑法第一百四十九條及第一百五十條係處罰行為人基於強暴脅迫之意圖而危害治安者有所區隔，因此，就經申請許可、偶發性或緊急性之集會遊行，均應適用集會遊行法或其相關規定處理。
(二)出勤前妥為整備應勤裝備，包含蒐證型(微型攝影機)及防護型應勤裝備等，並迅速抵達現場，展現嚴正執法態度，貫徹公權力。
(三)得下達解散命令之現場指揮官，於啟動快打警力時，依「各警察機關啟動快速打擊犯罪部隊實施計畫」律定；未啟動時，由勤務表編排之帶班幹部擔任。
(四)涉案人若已逃逸，應即時調閱監視錄影畫面以車追人，通知相關人到案說明，防止後續報復行為；案件情節重大者，如涉及槍擊或殺人案件，應報請檢察官指揮偵辦。

第二編

警察勤業務防治類

第七章
處理家庭暴力案例

壹 案例事實

你是線上巡邏員警，接獲通知前往處理有關家暴案件，當你到達現場時，發現遭受甲男毆打之乙女，因其遭毆打慘叫聲為隔壁鄰居聽見，鄰居唯恐其有生命危險乃報警處理。你到達時，施暴者甲男已停止暴行，只見遍體鱗傷乙女在客廳處哭泣，以及驚慌失措小孩丙，你並未直接目擊甲男犯行，然由現場狀況判斷，顯然乙女遭受甲男家庭暴力可能性極大，而甲男可能再度對乙女施暴。試問你對本案應作如何處置？

貳 家庭暴力防治法立法目的

家暴對家庭的影響，不僅造成當事人身心受創，喪失家庭原有保護、教育、經濟功能，對於家庭成員尤其是未成年子女健全成長影響更鉅，然傳統民刑事法律制度及處理方式，不僅不能有效解決家暴問題，對於被害人保護亦緩不濟急。因而在國內婦女團體努力下，我國於1998年通過亞洲地區首部「家庭暴力防治法」（本章稱家暴法或本法）。家暴法當時之立法目的為「促進家庭和諧，防治家庭暴力行為及保護被害人權益」，但於2007年修正後認為家暴法主要目的在於「防治家庭暴力行為、保護遭受家庭暴力之被害人人身安全，以及保障其自由選擇安全生活方式與環境之尊嚴」，至於「促進家庭和諧」並非本法主要目的。基此，「防治家庭暴力行為及保護被害人權益」，應置於「促進家庭和諧」之上，即家庭和諧與完整不能僅靠被害人忍讓姑息來成全，只有加害人停止施暴行為，始能造就家庭和諧。

參 警察在處理家暴案件角色功能

一、案件偵處者

依家暴法第4條規定，警政主管機關主要權責，乃是家庭暴力被害人及其未成年子女人身安全之維護及緊急處理、家庭暴力犯罪偵查與刑事案件資料統計等相關事宜，故對家暴案件處理主要包含如下（參照處理家庭暴力案件作業程序）：

（一）受理報案：1.派員處理或轉報（通報）轄區分駐（派出）所派員前往處理；2.警察人員在受理報案後，應於24小時內至警政婦幼案件管理系統通報，協助評估有無聲請保護令之必要；涉及刑事案件，另依處理家庭暴力罪及違反保護令罪逮捕拘提作業程序辦理；3.受理非本轄案件，不得拒絕或推諉，應依前項規定辦理，相關案卷資料陳報分局函轉管轄分局處理；已聲請保護令者，應敘明受理單位。

（二）處理階段：1.應以適當方法優先保護被害人及其家庭成員之安全；發現有傷病時，應緊急協助就醫；2.視現場狀況，通知鑑識人員到場照相、採證；3.縝密蒐證，製作處理家庭暴力案件現場報告表並填寫工作紀錄簿備查；4.提供被害人家庭暴力事件警察機關通報收執聯單暨被害人安全計畫書，並告知其得行使之權利、救濟途徑及服務措施；5.被害人有安置需求時，應通知社政單位；必要時，保護被害人及其子女至庇護所或醫療機構。

（三）協助被害人或依職權聲請保護令：1.依定型稿範例協助被害人填寫通常或暫時保護令聲請書狀；2.被害人有受家庭暴力之急迫危險者，應即通知分局家庭暴力防治官（本章稱家防官）依職權聲請緊急保護令，並得於夜間或休息日爲之；3.於法院核發緊急保護令前，必要時，在被害人住居所守護，或採取其他保護被害人或其家庭成員之必要安全措施。

（四）結果處置：1.告訴筆錄、家庭暴力事件通報表、現場報告表、保護令聲請書狀、相片、驗傷單、戶籍資料及TIPVDA量表等相關資料，以陳報單報請分局家防官聲請保護令；2.分局家防官收受分駐（派出）所陳報單，應檢視所附各項文件資料有無缺漏；3.協助聲請民事保護令案件，應以書面儘速函送地方法院，以保護被害人安全。但被害人有受家庭暴力之急迫危險者，得以言詞、電信傳眞或其他科技設備傳送之方式聲請緊急保護令，並得於夜間或休息日爲之。

是以警察在受理家暴案件報案時，應確保被害人安全爲首要，以熱忱的服務態度，積極受理家暴案件，爲當事人進行調查蒐證、製作筆錄、並視案件需要協助驗傷採證、辦理保護令聲請；同時針對被害人案件特性，提供被害人安全資訊，具救援者、安全維護者，以及決定當事人能否獲得協助的案件處理者的角色功能。又依法警察人員爲責任通報者，在案件受理後通報縣市家庭暴力暨性侵害防治中心，或視案件需要通報相關主管單位。

二、執行保護令者

依家暴法第21條規定，保護令核發後，當事人及相關機關應確實遵守，並依下列規定辦理：1.不動產之禁止使用、收益或處分行爲及金錢給付之保護令，得爲強制執行名義，由被害人依強制執行法聲請法院強制執行，並暫免徵收執行費；2.於直轄市、縣（市）主管機關所設處所爲未成年子女會面交往，及由直轄市、縣（市）主管機關或其所屬人員監督未成年子女會面交往之保護令，由相對人向直轄市、縣（市）主管機關申請執行；3.完成加害人處遇計畫之保護令，由直轄市、縣（市）主管機關執行之；4.禁止查閱相關資訊之保護令，由被害人向相關機關申請執行；5.其他保護令之執行，由警察機關爲之。前項第2款及第3款之執行，必要時得請求警察機關協助之。從而可知，禁止施暴令、禁止接觸令、遷出令、遠離令等其他保護令之執行，由警察機關爲之。

又依執行保護令案件作業程序，執行保護令應注意事項包含如下：1.依保護令命相對人遷出被害人之住居所時，應確認相對人完成遷出之行爲，確保被害人安全占有住居所；2.汽車、機車或其他個人生活上、職業上或教育上必需品，相對人應依保護令交付而未交付者，得依被害人之請求，進入住宅、建築物或其他標的物所在處所解除相對人之占有或扣留取交被害人時，必要時得會同村（里）長爲之。相對人拒不交付者，得強制取交被害人。但不得逾越必要之程度；3.有關交付子女及子女會面交往之執行，應依家事事件法及家暴法相關規定辦理；4.義務人不依保護令交付未成年子女時，應依權利人之聲請，限期命義務人交付。屆期未交付者，應發給權利人限期履行而未果之證明文件，並告知得以保護令爲強制執行名義，向法院聲請強制執行；5.當事人或利害關係人對於執行保護令之方法、應遵行之程序或其他侵害利益之情事聲明異議時，如認其有理由者，應即停止執行並撤銷或更正已爲之執行行爲；認其無理由者，應於十日內加具意見，送原核發保護令之法院裁定之，未經原核發法院撤銷、變更或停止執行之裁定前，仍應繼續執行；6.執行保護令時，對於被害人或子女住居所，應依法院之命令、被害人或申請人之要求，於相關文書及執行過程予以保密；7.法院核發之保護令裁定主文包含命相對人遠離未成年子女就讀學校時，家防官應主動告知該校有關保護令裁定之款項及期限等，並提醒應注意之相關事項；就讀學校位於他轄者，應轉請他轄警察機關告知並協助提醒；8.對於地址有誤或該址無房屋等無法執行之案件，執行人員應拍照並製成文件檔案，敘明無法執行之原因，陳報分局函復核發保護令之法院，並副知婦幼警察隊；9.分局家防官於接獲法院核發或撤銷保護令之司法文書，均應知會分局戶口業務單位，俾進行後續記事人口列管及警勤區訪查事宜。

三、安全維護者

警察人員處理家庭暴力案件，必要時應採取下列方法保護被害人及防止家庭暴力之發生：1.於法院核發緊急保護令前，在被害人住居所守護或採取其他保護被害人或其家庭成員之必要安全措施；2.保護被害人及其子女至庇護所或醫療機構；3.告知被害人其得行使之權利、救濟途徑及服務措施；4.查訪並告誡相對人；5.訪查被害人及其家庭成員，並提供必要之安全措施（本法第48條）。此外，警察機關應依保護令，保護被害人至被害人或相對人之住居所，確保其安全占有住居所、汽車、機車或其他個人生活上、職業上或教育上必需品。前項汽車、機車或其他個人生活上、職業上或教育上必需品，相對人應依保護令交付而未交付者，警察機關得依被害人之請求，進入住宅、建築物或其他標的物所在處所解除相對人之占有或扣留取交被害人（本法第22條）。

是以警察對於家庭暴力被害人及其未成年子女人身安全之維護及緊急處理時，除維護其人身安全外，亦應聆聽被害人陳述，告知被害人得以行使權益、救濟途徑、服務措施，以及視被害人狀況轉介相關單位，提供後續服務。又對經交保、飭回的加害人，加強約制告誡，特別是家庭暴力施暴者，讓其了解自己應對犯罪行爲負責，以強化施暴者行爲改變動機。

四、宣導教育者

警察亦擔任推廣家庭暴力防治教育、訓練及宣導工作，如結合犯罪預防宣導，提高自我與民眾危機意識，提早介入處理防止暴力行爲發生與惡化，以防治家庭暴力之發生。又爲提升警察之專業素養，警政主管機關應辦理警察人員防治家庭暴力在職教育。

五、其他機關協助者

相關機關保護令執行，必要時得請求警察機關協助之（本法第21條）。又醫事人員、社會工作人員、教育人員及保育人員爲防治家庭暴力行爲或保護家庭暴力被害人之權益，有受到身體或精神上不法侵害之虞者，得請求警察機關提供必要之協助（本法第49條）。另主管機關或受其委請之機關（構）或團體進行訪視、調查有無兒童及少年目睹家庭暴力時，得請求警察機關協助，被請求者應予配合（本法第50條）。

肆 警察機關處理家暴案件程序

一、確認身分

警察處理家暴案件，一開始便需確認身分，了解當事人間關係是否爲家暴法所規範之家庭成員範圍，或年滿16歲以上遭有親密關係之未同居伴侶施暴之保護範圍，方可依家暴法之相關規定處理。

二、查明有無保護令及判斷是否通知社工到場

若符合家暴法所規範之家庭成員範圍，緊接著查明有無保護令、保護令效期及內容，若有核發保護令且在有效期間，其有違反保護令規定時，可依違反保護令相關規定處理並同時啓動相關保護措施。以及判斷是否通知社工到場，以協助釐清該家庭是否爲高風險家庭、安撫被害人、勸導就醫驗傷及其他協助事項（如是否緊急安置等），避免警察第一時間除了要蒐證外，因要處理事項太多而慌亂疏漏，也可以讓社工第一時間掌握該家庭現況及事後保護的可行方案。

三、案件偵處

調查蒐證是否構成家庭暴力罪、違反保護令罪，判斷是否實施現行犯逮捕及逕行拘提，移送加害人至地檢署前，再度確認雙方關係，確認爲家庭成員時，應會請家防官提供過往家庭暴力通報紀錄（含TIPVDA表）及保護令執行紀錄表等資料，經評估加害人應予羈押時，則於移送書偵辦意見欄註明「建請向法院聲請羈押犯罪嫌疑人，如命具保、責付、限制住居或釋放者，建請依家暴法第31條規定附條件命其遵守」。

四、安全維護

警察人員處理家庭暴力案件，必要時應啓動保護被害人及其未成年子女人身安全維護措施，包括若加害人不符合逕行拘提要件時，判斷是否有受家庭暴力急迫危險者，爲其聲請緊急保護令，若無急迫危險，可依職權或請當事人向法院聲請通常保護令。於法院核發緊急保護令前，在被害人住居所守護或採取其他保護被害人或其家庭成員之必要安全措施、保護被害人及其子女至庇護所或醫療機構、告知被害人其得行使之權利、救濟途徑及服務措施、查訪並告誡相對人、訪查被害人及其家庭成員並提供必要之安全措施，此外警察機關應依保護令保護被害人至住居所並確保其安全占有不動產或個人必需品

五、通報及協助義務

在執行職務時知有疑似家庭暴力，應立即通報當地主管機關，至遲不得逾24小時，如違反通報義務，得處6,000以上3萬元以下罰鍰。又主管機關或受其委請之機關（構）或團體進行訪視、調查有無兒童及少年目睹家庭暴力時，得請求警察機關協助，被請求者應予配合。另醫事人員、社會工作人員、教育人員及保育人員為防治家庭暴力行為或保護家庭暴力被害人之權益，有受到身體或精神上不法侵害之虞者，得請求警察機關提供必要之協助。

陸 本案例警察之處理

一、本案員警到達現場後，首先需先確認當事人間關係是否為家暴法所規範之家庭成員範圍。

二、若確認甲、乙、丙彼此間為夫妻、父子關係後，緊接著需查明乙女先前有無聲請保護令、保護令效期及內容，如果發現有違反保護令罪情形，應依處理家庭暴力罪及違反保護令罪逮捕拘提作業程序處理。並且應通知社工到場，以協助釐清該家庭是否為高風險家庭、安撫被害人、勸導就醫驗傷、協助是否緊急安置等，如此也可以讓社工第一時間掌握該家庭現況，以及事後保護的可行方案。

三、警察對於家庭暴力罪之現行犯，應逕行逮捕之，並依刑事訴訟法第92條規定處理（本法第29條第1項）。又犯罪在實施中或實施後即時發覺者，為現行犯；被追呼為犯罪人者或因持有兇器、贓物或其他物件、或於身體、衣服等處露有犯罪痕跡，顯可疑為犯罪人者，以現行犯論。然因本案甲男已經停止家庭暴力，若無明顯事證符合現行犯時不宜貿然以現行犯逮捕。倘若警察人員認為甲男犯家庭暴力罪「嫌疑重大」，且有「繼續侵害」乙女身體之危險而「情況急迫」者，得逕行拘提之，惟事後應即報請檢察官核發拘票（本法第29條第2項）。

四、倘不符合逕行拘提要件，但認為乙女有受家庭暴力急迫危險者，警察人員得以言詞、電信傳眞或其他科技設備之方式爲其聲請暫時緊急保護令，而法官依警察人員的陳述，認定被害人有受家庭暴力之急迫危險者，應於4小時內以書面核發緊急保護令（本法第12條與第16條）。

五、在聲請暫時緊急保護令過程中，警察人員應依本法第48條規定，採取相關保護措施，如在乙女住居所守護、保護乙女及其子女至醫療處所或其他安全地，以及告知乙女相關的後續救濟途徑及服務措施。

六、應立即通報當地主管機關之家庭暴力防治中心（本法第50條），主管機關等請求協助時，應予配合。現場處理完後，有關被害人之相關協助與補助，例如緊急生活扶助費用、訴訟費用及律師費用、安置與房屋租金、非屬全民健保給付之醫療費用與心理諮商、輔導費用等（本法第58條），對於有就職意願者提供預備性或支持性之就業協助（本法第58條之1），均應告知並協助轉介，使乙女能早日擺脫家庭暴力，重新開始新的人生。

七、若警察研判乙女沒有急迫危險，依本法第10條規定，警察、社工或被害人乙女本身均得向法院聲請通常保護令，法官將視乙女需要，裁定應有的保護措施。通常保護令有效期間爲二年以下，自核發起生效，通常保護令失效前，當事人或被害人得聲請變更撤銷或延長之。延長保護令聲請，每次延長期間爲二年以下（本法第15條）。施暴者甲男又若違反法院所核發之通常保護令或暫時保護令之裁定者，包含：1.禁止實施家庭暴力；2.禁止騷擾、接觸、跟蹤、通話、通信或其他非必要之聯絡行爲；3.命遷出住居所；4.命遠離住居所、工作場所、學校或其他特定場所；5.命完成加害人處遇計畫等行爲，爲違反保護令罪，可處三年以下有期徒刑、拘役或科或併科新臺幣10萬元以下罰金（本法第61條），警察應逕行逮捕。又保護令一經核發，命加害人遷出或遠離被害人之住居所時，縱使事後被害人同意加害人進入其住居所，仍構成違反保護令罪[1]。

（本文初稿曾發表於警光雜誌，第774期，2021年1月）

---

1 鄧學仁，家庭暴力防治法與案例研究，許福生主編，警察法學與案例研究，五南出版，2020年，頁428-429。

處理家庭暴力案件作業程序

（第一頁，共四頁）

一、依據：

（一）刑事訴訟法第九十二條。

（二）家庭暴力防治法（以下簡稱本法）及其施行細則。

（三）行政機關執行保護令及處理家庭暴力案件辦法。

（四）各級警察機關處理刑案逐級報告紀律規定。

（五）內政部處理大陸或外國籍配偶遭受家庭暴力案件應行注意事項。

二、分駐（派出）所流程：

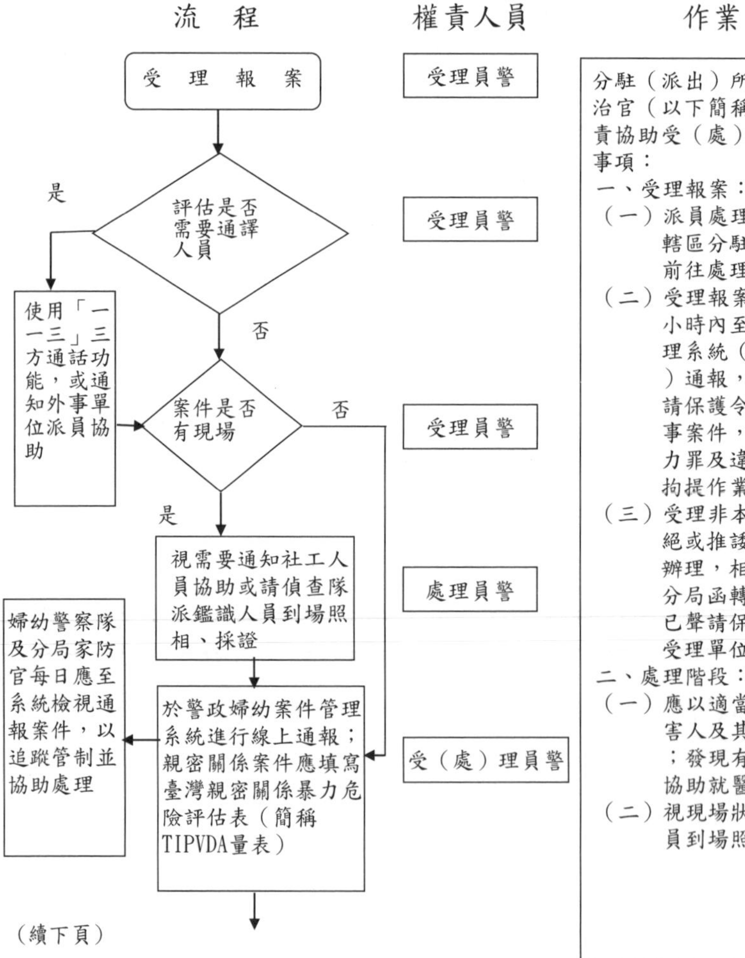

分駐（派出）所社區家庭暴力防治官（以下簡稱社區家防官）負責協助受（處）理員警辦理以下事項：

一、受理報案：

（一）派員處理或轉報（通報）轄區分駐（派出）所派員前往處理。

（二）受理報案後，應於二十四小時內至警政婦幼案件管理系統（以下簡稱本系統）通報，協助評估有無聲請保護令之必要；涉及刑事案件，另依處理家庭暴力罪及違反保護令罪逮捕拘提作業程序辦理。

（三）受理非本轄案件，不得拒絕或推諉，應依前項規定辦理，相關案卷資料陳報分局函轉管轄分局處理；已聲請保護令者，應敘明受理單位。

二、處理階段：

（一）應以適當方法優先保護被害人及其家庭成員之安全；發現有傷病時，應緊急協助就醫。

（二）視現場狀況，通知鑑識人員到場照相、採證。

（續下頁）

(續)處理家庭暴力案件作業程序

（第二頁，共四頁）

流程　權責人員　作業內容

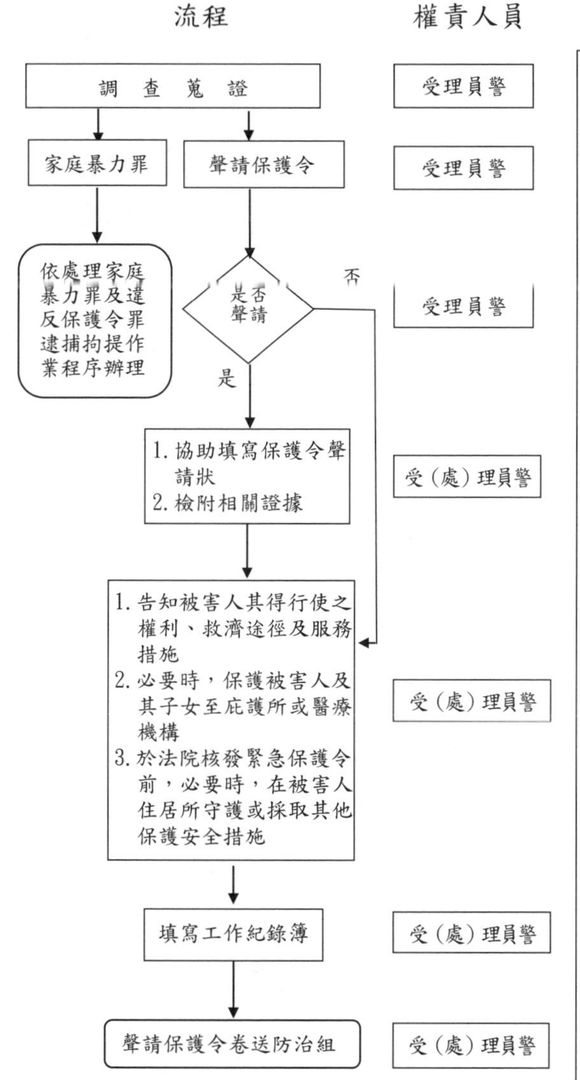

（三）縝密蒐證，製作處理家庭暴力案件現場報告表並填寫工作紀錄簿備查。

（四）提供被害人家庭暴力事件警察機關通報收執聯單暨被害人安全計畫書，並告知其得行使之權利、救濟途徑及服務措施。

（五）被害人有安置需求時，應通知社政單位；必要時，保護被害人及其子女至庇護所或醫療機構。

三、協助被害人或依職權聲請保護令：

（一）依定型稿範例協助被害人填寫通常或暫時保護令聲請書狀。

（二）被害人有受家庭暴力之急迫危險者，應即通知分局家防官依職權聲請緊急保護令，並得於夜間或休息日為之。

（三）於法院核發緊急保護令前，必要時，在被害人住居所守護，或採取其他保護被害人或其家庭成員之必要安全措施。

四、結果處置：告訴筆錄、家庭暴力事件通報表、現場報告表、保護令聲請書狀、相片、驗傷單、戶籍資料及TIPVDA量表等相關資料，以陳報單報請分局家庭暴力防治官（以下簡稱分局家防官）聲請保護令。

（續下頁）

(續)處理家庭暴力案件作業程序

（第三頁，共四頁）

三、分局流程：

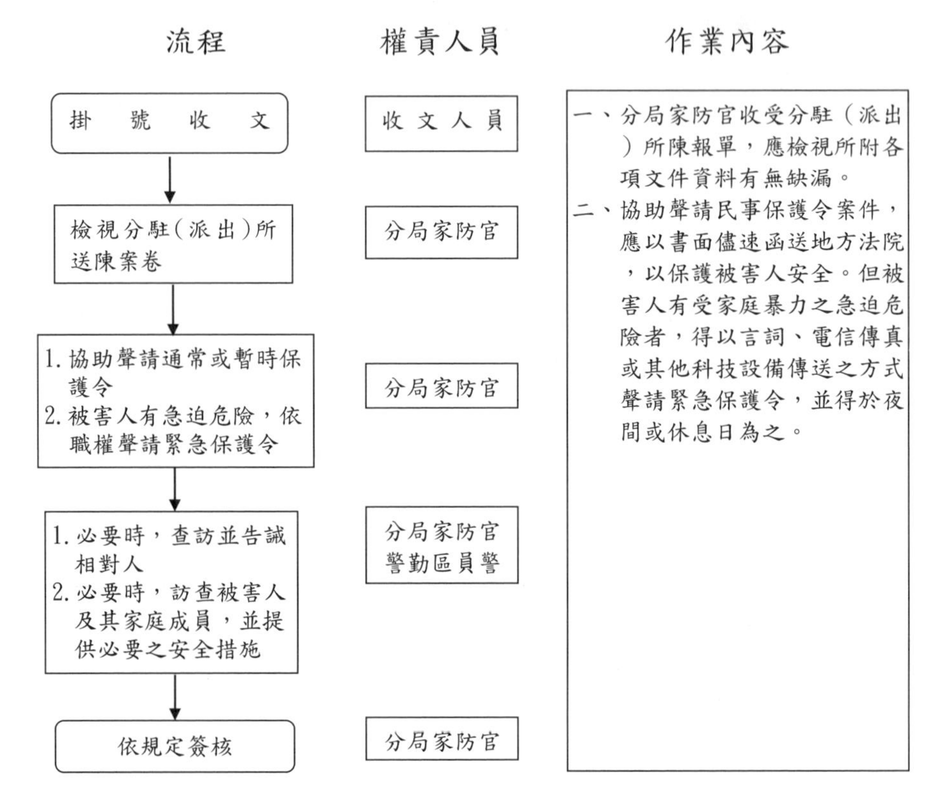

四、使用表單：

（一）受理各類案件紀錄表。

（二）家庭暴力事件通報表。

（三）台灣親密關係暴力危險評估表（TIPVDA 量表）。

（四）處理家庭暴力案件現場報告表。

（五）家庭暴力事件警察機關通報收執聯單暨被害人安全計畫書。

（六）保護令聲請書狀。

（七）其他網絡單位提供之關懷宣導資料。

五、注意事項：

（一）家庭暴力，指家庭成員間實施身體、精神或經濟上之騷擾、控制、脅迫或其他不法侵害之行為。

1. 身體上不法侵害：虐待、遺棄、強迫、濫用親權行為、殺人、重傷害、傷害、妨害自由或妨害性自主權等。
2. 精神上不法侵害：恐嚇、威脅、侮辱、騷擾、毀損器物或精神虐待等。
3. 經濟上不法侵害：

（續下頁）

(續)處理家庭暴力案件作業程序

(第四頁，共四頁)

(1) 過度控制家庭財務、拒絕或阻礙被害人工作等方式。

(2) 透過強迫借貸、強迫擔任保證人或強迫被害人就現金、有價證券與其他動產及不動產為交付、所有權移轉、設定負擔及限制使用收益等方式。

(3) 其他經濟上之騷擾、控制、脅迫或其他不法侵害之行為。

(二) 派赴現場處理之員警應具危機意識，不可掉以輕心；出勤時應攜帶相關裝備(微型攝影機、相機等)，以利現場蒐證及製作紀錄。

(三) 現場處理員警應注意瞭解被害人或加害人是否持有保護令，發現有違反保護令罪之情形，應立即依法處理。

(四) 受理告訴乃論案件後，仍在告訴有效期間，被害人暫不提告訴，承辦人應儘速將相關卷證簽請主管核定後，妥善保存。

(五) 被害人於偵查中受訊問時，得自行指定其親屬、醫師、心理師、輔導人員或社工人員陪同在場，該陪同人並得陳述意見。

(六) 受(處)理家庭暴力案件，有本法第六十三條之一情形，被害人未滿十八歲者，使用「兒童少年保護通報表」；十八歲以上者，使用「十八歲以上未同居親密關係暴力事件轉介表」。

(七) 受理他轄家庭暴力案件協助被害人聲請保護令作法：

1. 須依單一窗口原則協助聲請。
2. 聲請保護令之種類，由家防官依個案評估；有立即急迫危險者，應協助聲請緊急保護令，無者，則協助聲請暫時或通常保護令。上述聲請案件均須副知相關分局，受理分局家防官並得視個案狀況聯繫相關分局辦理防治工作。

第八章

處理性騷擾案例

壹 案例事實

你是某轄區派出所所長，在某公司上班之甲女來所報案，說因搭乘某客運在車上睡著了，車子快下交流道時，感覺有人在撫摸其鼠蹊部，並看到坐其隔壁乘客乙男裝睡將手放在其大腿上，甲女立即將乙男手拍開，然乙男還用調戲口吻問她「小姐貴姓」，且說他是某大學高材生。甲當時很氣憤，下車後便前來派出所報案。你如何指導員警處理本案？

貳 性騷擾之定義

「性騷擾」是一種非自願性、不受歡迎且是令人不愉快的（感受），與性或性別有關言語或身體行爲（內容與樣態），而且該行爲目的或結果會影響正常生活進行（結果）。爲有效處理性騷擾議題，立法院陸續於2002年通過「性別工作平等法」，2004年通過「性別平等教育法」，2005年通過「性騷擾防治法」。

然而，近期性騷擾事件頻傳，延燒至各界，成爲臺灣版的#MeToo，掀起各界關注。因而爲完備友善被害人權益保障及服務、強化有效打擊加害人裁罰處置，以及建立專業可信賴之性騷擾防治制度，立法院於2023年7月28日三讀通過「性別平等教育法」修正案，擴大適用學校類型將軍事學校、預備學校、警察各級學校及少年矯正學校納入性平法適用範圍，並將教師、職員、工友、學生定義提升至本法位階；明確定義「校園性別事件」包含性侵害、性騷擾、性霸凌，並納入「校長或教職員工違反與性或性別有關之專業倫理行為」，明定學校師長不得與未成年學生發展親密，或利用不對等之權勢關係，於執行教學、指導、訓練、評鑑、管理、輔導學生或提供學生工作機會時，在與性或性別有關之人際互動上，發展有違專業倫理之關係；加強校園性別事件防治教育宣導及提供學生保護與協助措施；精進學校與主管機關調查處理機制，避免權勢不對等關係影響；強化主管機關對學校提供諮詢輔導與適法監督；當事人得請求懲罰性賠償金[1]。

同年月31日也三讀通過「性別工作平等法」部分條文修正案，為保障工作權之性別平等，修正該法名稱為「**性別平等工作法**」，以明確規範職場性騷擾管轄範圍、建立外部公權力申訴調查機制、增訂處罰規定、簡化申訴流程及提供相關協助資源，遏阻職場性騷擾事件發生，並完善被害人保護及扶助[2]。同時日也通過「性騷擾防治法」部分條文修正案，健全各機關性騷擾防治組織、強化場所主人防治義務、增訂保護專章提供友善服務、建立可信賴的申訴調查程序及以嚴懲有效遏止權勢性騷擾[3]。

上述性騷擾防治三法有關「性騷擾」之定義，如表8-1所示，基本類型均包含敵意工作環境性騷擾（如因性歧視而造成敵意或辱罵之工作環境）及交換利益性騷擾（如以順服性要求作為給與工作或服務等利益條件）兩種；2023年修法又增訂「權勢性騷擾」[4]或「違反與性或性別有關之專業倫理行為」[5]。但三法定義仍有些差異，「性騷擾防治法」及「性別平等教育法」均將性侵害犯罪排除在性騷擾概念外，且「性別平等工作

1　參照2023年7月28日教育部學生事務及特殊教育司即時新聞內容。

2　參照2023年7月31日勞動部新聞稿內容。

3　參照2023年7月31日衛生福利部新聞稿內容。

4　考量是類基於權勢或機會所為性騷擾行為，係立於被害人之信賴或依附關係，情節較為嚴重，加重裁處罰鍰尚有不足，為利規範利用權勢或機會為性騷擾之防治及責任、處罰等事項，並與一般性騷擾行為有所區別，爰增訂有關權勢性騷擾之定義，其中其他相類關係如因演藝活動、政治活動、政黨、宗教、信仰、偶像崇拜等，利用權勢或機會對其為性騷擾。參照性騷擾防治法本條之立法理由。

5　考量未成年學生心智尚未成熟，學校有義務保障其友善成長環境，杜絕學校校長、教職員工與未成年學生發展親密關係，或校長、教職員工利用不對等之權勢關係，於執行教學、指導、訓練、評鑑、管理、輔導學生或提供學生工作機會時，具有「權力不對等」之情形，渠等與學生在與性或性別有關之人際互動上，自應遵守專業倫理，不得與學生發展有違專業倫理之關係。參照性別平等教育法本條之立法理由。

法」明定性騷擾行爲須符合「具有性意味或性別歧視」之言詞或行爲要件，然「性別平等教育法」及「性騷擾防治法」則定性騷擾行爲須符合「與性或性別有關」之行爲要件[6]；如此將造成同樣的行爲，因適用不同法律而有不同結果發生[7]。

表8-1　性騷擾防治三法性騷擾之定義

法理定義	性別平等工作法（第12條）	性別平等教育法（第3條）	性騷擾防治法（第2條）
前提	謂下列二款情形之一。	指符合下列情形之一，且未達性侵害之程度者。	指性侵害犯罪以外，對他人實施違反其意願而與性或性別有關之行爲，且有下列情形之一者。
敵意環境性騷擾	受僱者於執行職務時，任何人以性要求、具有性意味或性別歧視之言詞或行爲，對其造成敵意性、脅迫性或冒犯性之工作環境，致侵犯或干擾其人格尊嚴、人身自由或影響其工作表現。	以明示或暗示之方式，從事不受歡迎且**與性或性別有關**之言詞或行爲，致影響他人之人格尊嚴、學習、或工作之機會或表現者。	以**明**示**或暗**示之方式，或以歧視、侮辱之言行，或以他法，而有損害他人人格尊嚴，或造成使人心生畏怖、感受敵意或冒犯之情境，或不當影響其工作、教育、訓練、服務、計畫、活動或正常生活之進行。
交換利益性騷擾	雇主對受僱者或求職者爲明示或暗示之性要求、具有性意味或性別歧視之言詞或行爲，作爲勞務契約成立、存續、變更或分發、配置、報酬、考績、陞遷、降調、獎懲等之交換條件。	以性或性別有關之行爲，作爲自己或他人獲得、喪失或減損其學習或工作有關權益之條件者。	以該他人順服或拒絕該行爲，作爲**自己或他人**獲得、喪失或減損**其學習**、工作、訓練、服務、計畫、活動有關權益之條件。

（接下頁）

6 原「性別平等教育法」規定敵意環境性騷擾須具備「具有性意味或性別歧視之言詞或行爲」，但此次修正參考跟蹤騷擾防制法第3條所定「跟蹤騷擾行爲」之定義，將性騷擾定義中「具有性意味或性別歧視」修正爲「與性或性別有關」。

7 高鳳仙，性暴力防治法規，新學林，2005年，頁96。

法理定義	性別平等工作法（第12條）	性別平等教育法（第3條）	性騷擾防治法（第2條）
權勢性騷擾或違反專業倫理行爲	指對於因僱用、求職或執行職務關係受自己指揮、監督之人，利用權勢或機會爲性騷擾。	指校長或教職員工與未成年學生發展親密關係，或利用不對等之權勢關係，於執行教學、指導、訓練、評鑑、管理、輔導學生或提供學生工作機會時，在與性或性別有關之人際互動上，發展有違專業倫理之關係。	指對於因教育、訓練、醫療、公務、業務、求職或其他相類關係受自己監督、照護、指導之人，利用權勢或機會爲性騷擾。
備註	1. 交換利益性騷擾及敵意環境性騷擾兩者區別在於行爲者之性利益要求是否用以交換被騷擾者之學習、工作、訓練、服務等有關權益。 2. 敵意環境性騷擾在認定上並不如交換利益性騷擾那麼明確，因有許多主觀因素存在其中，而其認定標準是依據「合理被害人」標準以及採「明確合理之法則」。		

資料來源：作者自製。

參　性騷擾之認定標準

性騷擾概念具有相當主觀性及不確定性，因而某種行爲或言語究竟構不構成性騷擾，會隨著個人性別、性傾向差異、成長背景、思想觀念、人際互動模式、當下情境等條件而可能有不同的看法與感受；不論是言語、文字、動作，甚至非言語的各種表示型態，只要具有性意味或性別歧視意涵，且接受者感覺不舒服、不歡迎此類言行舉止，即可能屬性騷擾行爲。是性騷擾之認定，應依個案事件發生之背景、當事人之關係、環境、行爲人言詞、行爲及相對人認知等具體事實綜合判斷，應由被害人感受出發，以其個人觀點思考，著重於被害人主觀感受及所受影響，非以行爲人侵犯意圖判定，但須輔以「合理被害人」標準，考量一般人處於相同之背景、關係及環境下、對行爲人言詞或行爲是否通常有遭受性騷擾之感受而認定[8]。

又屬行政事件之性騷擾事件，因非刑事案件，於行政程序或行政救濟中，尚不得逕自採用刑事程序之證據排除法則。又判斷性騷擾成立否之證據法則，不應如刑事程序適用無合理懷疑之標準，亦應適用「明確合理之法則」，即一般理性之人，在相同之證據上，均會認爲有性騷擾之可能時，始能認定之[9]。

肆 性騷擾防治法主要內容

大體上來說，性別平等工作法從保障員工工作權角度出發，於第三章規定「性騷擾之防治」，規範職場性騷擾事件，並課予雇主一定義務做性騷擾之事前預防或事後處理，並由勞動部擔任中央主管機關。性別平等教育法從保障學生受教權觀點出發，於第四章規定「校園性別事件之防治」，規範校園內性別事件，並課予學校一定義務做性別事件之事前預防或事後處理，並由教育部擔任中央主管機關。性騷擾防治法從人身安全角度出發，規範職場及校園以外之公共場所或各場所性騷擾事件，並強制機構負起性騷擾防治責任，建立調解制度，並增訂第25條強制觸摸罪，以補刑法強制猥褻罪之限制。

由於性平三法就性騷擾事件之處理及防治，其適用範圍及保護法益並不相同，依性騷擾事件發生場域及當事人身分關係，性別平等教育法及性別平等工作法別有規定其處理及防治事項者，適用各該法律之規定；若不適用性別平等工作法與性別平等教育法當事人，皆可適用性騷擾防治法規定。是以，判斷是否有性騷擾防治法適用時，先確定案件是否適用性別平等工作法或性別平等教育法，無前開二法適用，即屬性騷擾防治法適用範圍。如具有學生身分，於打工時遭其他員工性騷擾，則適用性別平等工

8 參照臺北高等行政法院108年度訴字第1397號判決。

9 參照臺北高等行政法院107年度訴字第687號判決。

作法；另學生於公車上遭社會人士性騷擾，則適用性騷擾防治法（如表8-2）。

表8-2　性騷擾防治三法之區別

適用法律	性騷擾防治法 第2條、第25條	性別平等教育法	性別平等工作法
發生情境	其他性騷擾行為，如公共場所性騷擾	校園性騷擾	職場性騷擾
保障權益	保障人身安全	保障受教權	保障工作權
適用對象	除依性騷擾事件發生之場域及當事人之身分關係，性別平等教育法及性別平等工作法別有規定其處理及防治事項者，適用各該法律之規定外，性騷擾事件之處理及防治，依本法之規定。	性騷擾事件之一方為學校校長、教師、職員、工友或學生，他方為學生者（不同學校時亦同）。	雇主性騷擾受僱者或求職者；受僱者執行職務期間被他人騷擾；遭受所屬事業單位之同一人於非工作時間為持續性性騷擾；遭受不同事業單位，具共同作業或業務往來關係之同一人於非工作時間為持續性性騷擾；遭受最高負責人或僱用人於非工作時間為性騷擾。
申訴窗口	可向行為人所屬政府機關（構）、部隊、學校或直轄市、縣（市）政府主管機關或警察機關提出申訴。 若查知行為人為其單位最高負責人或僱用人時向縣（市）政府社會處（局）提出申訴。	向加害人行為時所屬學校提出申訴。 若加害人為校長時向縣（市）政府教育處（局）提出申訴。	向被害人所屬雇用單位設立之申訴管道提出申訴。 若加害人為最高負責人或僱用人或雇主未為處理或不服被申訴人之雇主所為調查。 或懲戒結果時，得逕向縣（市）政府勞工局（社會處勞工科）提出申訴。
主管機關	各直轄市、縣（市）政府社會處（局）。	各直轄市、縣（市）政府教育處（局）。	各直轄市、縣（市）政府勞工局（社會處勞工科）。

（接下頁）

適用法律	性騷擾防治法		性別平等教育法	性別平等工作法
	第2條	第25條		
申訴告訴	僅能申訴。	可告訴亦可申訴。	僅申訴（仍適用性騷擾防治法第10條、第25條、第26條）。	僅申訴（仍適用性騷擾防治法第10條、第25條、第26條）。
申訴期限	1. 一般性騷：知悉事件發生後二年或事件發生起五年。 2. 利用權勢性騷：知悉事件發生後三年或事件發生起七年。 3. 未成年時發生：成年後三年內但有較長期限者從其規定。		無期限限制。	1. 向雇主：無期限限制。 2. 行爲人爲最高負責人或僱用人或不服雇主所爲調查或懲戒結果向地方主管機關： (1) 一般性騷：知悉事件發生後二年或行爲終了時起五年。 (2) 利用權勢性騷：知悉事件發生後三年或行爲終了時起七年。 (3) 未成年時發生：成年後三年內但有較長期限者從其規定。 (4) 最高負責人或僱用人性騷：得於離職日起一年或行爲終了時起十年內但有較長期限者從其規定。 3. 以雇主違反第13條規定而提出申訴者仍爲行政罰法三年時效。

資料來源：作者自製。

原性騷擾防治法共有六章28條條文，其主要規定內容包含：第一章「總則」、第二章「性騷擾之防治與責任」、第三章「申訴及調查程序」、第四章「調解程序」、第五章「罰則」、第六章「附則」等。性騷擾行爲違反者有民事（財產及非財產）賠償責任（參照第9條）、行政罰鍰（參照第20條至第24條）與刑事責任（參照第25條）；性騷擾之被害人在事件發生一年內可向加害人所屬單位申訴，性騷擾之加害人不明者或不知有無所屬單位時，由發生地警察機關調查（參照第13條）；所屬單位或雇主應對員工爲教育訓練（參照第8條）及不當差別待遇者之損害賠償責任（參照第10條）；相關措施之訂定，特別是於知悉有性騷擾之情形時，應採取立即有效之糾正及補救措施。（參照第7條）；以及在性侵害犯罪準用之情形，第7條至第11條有關防治、糾正及補救措施、教育訓練、損害賠償（包括回復名譽）、免受不當差別待遇及在回復名譽處分時提供適當之協助之相關規定，以及第22條及第23條有關機關、部隊、學校、機構或僱用人未能採取相關作爲，或對當事人採取不利行動之相關規定等，都能加以準用，以避免發生單位對於輕微性騷擾須負防治責任，而對較嚴重性侵害犯罪卻不須負防治責任之荒謬結果（參照第26條）等。

又鑒於近期性騷擾事件頻傳，爲建立有效、友善、可信賴之性騷擾處理及防治機制，立法院於2023年7月31日三讀通過性騷擾防治法部分條文修正案，增訂第三章被害人保護，共七章34條條文。另鑒於本次修正有關場所主就性騷擾事件發生應採取之有效糾正及補救措施，依其知悉時點區別規範，並增訂性騷擾行爲人配合調查及提供相關資料之義務，另第四章申訴及調查程序與第五章調解程序之規範內容大幅變革，該等規定宜有宣導及準備期，故與該等事項相關之修正條文及其罰責另定自2024年3月8日施行，其餘修正條文自公布日施行。至於此次性騷擾防治法修正案，其修正要點如下[10]：

一、爲推動性騷擾防治業務，增訂中央主管機關辦理相關事項應遴聘（派）學者專家、民間團體及相關機關代表提供諮詢，並定明學者專家、民間團體代表及女性代表之比例；另爲強化對被害人之保護扶助，增訂提供被害人諮詢協談、心理輔導等事項爲直轄市、縣（市）主管機關所設之性騷擾防治審議會應辦理事項（修正條文第5條及第6條）。

二、爲利政府機關（構）、部隊、學校、機構或僱用人遵循，定明其

10 參照衛生福利部所整理之「性騷擾防治法總說明」，2023年7月31日。

等於所屬公共場所及公眾得出入之場所應採取之預防措施與有效之糾正及補救措施，並提高違規裁處罰鍰數額（修正條文第7條及第28條）。

三、明確規範媒體得例外報導或記載被害人身分資訊之情形並提高違規裁處罰鍰數額，另增訂任何人、行政機關與司法機關公示之文書不得揭露足資識別被害人身分之資訊及因職務或業務知悉被害人身分資訊應予保密，並配合增訂任何人及因職務或業務知悉被害人身分資訊者違規之處罰（修正條文第10條及第26條）。

四、增訂政府機關（構）、部隊、學校、警察機關及直轄市、縣（市）主管機關於性騷擾事件調查過程中，應視被害人之身心狀況，主動提供或轉介諮詢協談、心理輔導、法律協助、社會福利資源及其他必要之服務（修正條文第11條）。

五、依性騷擾情節嚴重程度及性騷擾事件發生時被害人成年與否，定明不同申訴期限；另定明政府機關（構）、部隊、學校、直轄市、縣（市）主管機關及警察機關就性騷擾申訴案件之管轄（修正條文第14條）。

六、增訂直轄市、縣（市）主管機關組成調查小組之女性代表比例及接獲調查報告及處理建議後，提報審議會審議及相關處理程序。另爲保障性騷擾申訴案件當事人之程序參與權，增訂應給予其陳述意見及答辯之機會；有詢問當事人之必要時應避免重複詢問（修正條文第15條及第16條）。

七、增訂政府機關（構）、部隊、學校、警察機關及直轄市、縣（市）主管機關進行調查時，行爲人及受邀協助調查之人或單位之配合義務及行爲人違反時之罰責（修正條文第17條及第30條）。

八、嚴懲權勢性騷擾行爲人，除提高行政罰鍰最高額爲新臺幣60萬元外，刑事責任增訂加重其刑至二分之一；另增訂權勢性騷擾行爲人負損害賠償責任，法院並得因被害人之請求，依侵害情節，酌定損害額一倍至三倍之懲罰性賠償金（修正條文第12條、第25條及第27條）。

九、增訂政府機關（構）、部隊、學校及警察機關於性騷擾事件調查程序中，獲知任一方當事人有調解意願時，應協助其向直轄市、縣（市）

主管機關申請調解；並增訂調解委員資格、相關程序及效力等規定（修正條文第18條至第24條）。

十、考量本次修正條文有關性騷擾事件之申訴程序規定較為友善及周延，增訂本條文修正施行前已受理之性騷擾申訴、再申訴事件尚未終結者，及修正施行前已發生之性騷擾事件而於修正施行後受理申訴者，均依修正施行後之規定終結之過渡規定（修正條文第32條）。

伍 警察在性騷擾案件之處理流程

由於此次性騷擾防治法修正有關申訴及調查程序規範內容大幅變革，宜有宣導及準備期，故與該等事項相關之修正條文及其罰責另定自2024年3月8日施行，故以下乃以現行之處理方式說明之。

一、受理

1.不論發生在何種場域，被害人得向警察機關報案，並採單一窗口受理，輸入系統並取代號；2.初步判別適用法規與流程，區分申訴案件或告訴案件（性騷擾防治法第25條），不論申訴或告訴案件均需至警政婦幼案件管理系統通報並取號，由系統管理不需再向婦幼隊取號；3.協助被害人填寫性騷擾事件申訴書（紀錄）及製作詢問紀錄或調查筆錄。

二、通報

1.受理時，員警應將被害人申訴書（紀錄）輸入系統；2.兒童及少年遭受性騷擾事件，於24小時內至警政婦幼案件管理系統線上通報兒少保護案件；3.視當事人之身心狀況，主動通報相關單位轉介或提供心理輔導及法律協助。

三、調查

1. 身分調查：調閱監視錄影等相關證物，七日內查明加害人有無所屬單位，加害人明確時，檢附申訴人申訴書（紀錄）、詢問紀錄等相關資料移請加害人所屬單位續爲調查，並副知該單位所在地直轄市、縣（市）主管機關、申訴人及婦幼警察隊；若加害人不明或無所屬單位時，將案件陳報分局婦幼業務單位。

2. 事件調查：(1)加害人不明；(2)不知所屬單位；(3)無法於七日內查明身分，應立即進行事件調查，由分局召開調查處理小組會議，審查性騷擾事件成立與否，調查結果應通知當事人及直轄市、縣（市）主管機關，並副知警察局（婦幼警察隊）；(4)若屬性騷擾防治法第25條告訴案件，由分局婦幼業務單位移由偵查隊刑責區員警偵辦，將申訴書（紀錄）、調查筆錄及證據等移（函）送管轄地檢署，並副知直轄市、縣（市）主管機關及婦幼警察隊。

四、移送

1. 一般性騷擾案件，遇適用性別平等工作法或性別平等教育法之性騷擾事件時，協助申訴人填寫申訴書（紀錄），由分局婦幼業務單位函送該所屬機關續爲調查。性別平等教育法申訴案件移請學校調查，如爲學校首長則移請主管機關（教育局）調查，不申訴案件移請主管機關（教育局）知照；性別平等工作法案件均移請主管機關（勞動局）調查或知照。

2. 若不適用性別平等工作法或性別平等教育法之性騷擾事件時，有所屬單位或雇主時，檢附申訴人申訴書（紀錄）、詢問紀錄等相關資料移請加害人所屬單位續爲調查，並副知該單位所在地直轄市、縣（市）主管機關、申訴人及婦幼警察隊。若無所屬單位或雇主時，召開調查處理小組會議，審查性騷擾事件是否成立；調查結果應函知當事人及發生地直轄市、縣（市）主管機關，並副知婦幼警察隊。

3. 加害人爲所屬單位負責人時，移送該管直轄市、縣（市）主管機關調查，並副知警察局（婦幼警察隊）。

4. 符合性騷擾防治法第25條案件，當事人如提出告訴，案件應移（函）送管轄檢察署，且應依被害人意願決定是否啓動申訴機制。另在受理性騷擾防治法第25條之罪及刑法強制猥褻罪等案件時，應確實詢問被害人或申訴人是否提出告訴（性騷擾防治法第25條爲告訴乃論罪）並記明筆錄。其告訴條件完備者，檢察官對於司法警察機關移送或法官對於檢察官起訴之強制猥褻案件，認定係犯性騷擾防治法第25條性騷擾罪時，檢察官自得逕為適當之起訴或由法官變更起訴法條逕為適當之判決，以確保被害人權益。

至於強制猥褻與強制觸摸罪兩者之區別，目前實務上認為強制猥褻係指「性交以外，基於滿足性慾之主觀犯意，以違反被害人意願之方法所為，足以引起一般人性慾，而使被害人感到嫌惡或恐懼之一切行為而言」；相對地強制觸摸罪即在規範被害人不及防備、未能即時反應並抗拒的瞬間、短暫身體碰觸行為，如「對被害人之身體為偷襲式、短暫式、有性暗示之不當觸摸，含有調戲意味，而使人有不舒服之感覺，但不符合強制猥褻之構成要件之行為而言」。考其犯罪之目的，前者乃以其他性主體為洩慾之工具，俾求得行為人自我性慾之滿足，後者則意在騷擾觸摸之對象，不以性慾之滿足為必要；究其侵害之法益，前者乃侵害被害人之性自主權，即妨害被害人性意思形成、決定之自由，後者則尚未達於妨害性意思之自由，而僅破壞被害人所享有關於性、性別等，與性有關之寧靜、不受干擾之平和狀態[11]。

陸 本案之處理

一、現若被害人甲女認乙男對其之行為，係違反被害人意願或不受歡迎性騷擾行為時，受理員警應依單一窗口受理甲女性騷擾事（案）件。受理時，員警應將被害人申訴書（紀錄）輸入系統列管。

二、本案受理後，初步判別除符合一般性騷擾事件外，另依被害人甲女之陳述亦對其身體隱私處——鼠蹊部為不當觸摸行為，符合性騷擾防治法第25條案件，故應詢問被害人甲女是否提出申訴或告訴，明確於申訴書

11 有關強制猥褻與強制觸摸罪兩者之區別，可參照最高法院108年度台上字第1800號刑事判決。

（紀錄）詳載，並製作詢問紀錄及調查筆錄。

三、調閱監視錄影等相關證物，查明加害人雇主或所屬單位，並製作加害人詢問紀錄或調查筆錄。調閱監視錄影等相關證物後，若能於七日內查明加害人確實係屬某大學學生時，應製作加害人詢問紀錄、調查筆錄及相關證物，陳報分局婦幼業務單位統籌辦理，由分局婦幼業務單位檢附申訴人申訴書（紀錄）、詢問紀錄等相關資料移請加害人乙男所屬大學續為調查，並副知該大學所在地直轄市、縣（市）主管機關、申訴人及婦幼警察隊。因甲女非屬學生身分，故乙男所屬大學應於申訴或移送到達之日起七日內依據性騷擾防治法、性騷擾防治準則及該校性騷擾防治、申訴及處理要點等相關規定開始調查，並應於二個月內調查完成；必要時，得延長一個月，並應通知當事人，且調查結果應以書面通知當事人及直轄市、縣（市）主管機關。

四、若未能於七日內查明加害人或不知所屬單位時，應將案件陳報分局婦幼業務單位，由分局召開調查處理小組會議，審查性騷擾事件成立與否，調查結果應通知申訴人及直轄市、縣（市）主管機關，並副知警察局（婦幼警察隊）。

五、乙男對甲女鼠蹊部不當觸摸行為，一般人對於鼠蹊部非他人所得任意碰觸身體隱私部位，如上開部位未經本人同意而由他人刻意加以觸摸，即足以引起本人嫌惡且有遭受強烈冒犯之感，自應認屬身體隱私處無疑，足以構成性騷擾防治法第25條第1項之意圖性騷擾，乘人不及抗拒而為觸摸其鼠蹊部身體隱私處之行為之罪，符合性騷擾防治法告訴案件。故告訴案件應移由偵查隊偵辦，偵辦後應將申訴書（紀錄）、調查筆錄及證據等移（函）送管轄地檢署，並副知直轄市、縣（市）主管機關及婦幼警察隊。

柒 結語

近期性騷擾事件頻傳，延燒至各界，成為臺灣版的#MeToo，掀起各界關注[12]。因而立法院分別於2023年7月28日及31日三讀通過「性別平等教育法」、「性別平等工作法」及「性騷擾防治法」部分條文修正案，以完備友善被害人權益保障及服務、強化有效打擊加害人裁罰處置，以及建立專業可信賴之性騷擾防治制度。

性騷擾防治法之修正，依性騷擾情節嚴重程度及性騷擾事件發生時被害人成年與否，明定不同申訴期限；且定明政府機關（構）、部隊、學校、直轄市、縣（市）主管機關及警察機關就性騷擾申訴案件之管轄。特別是2024年3月8日起，申訴時行爲人不明或爲有所屬政府機關（構）、部隊、學校或機關（構）最高負責人或僱用人以外之人，向性騷擾事件發生地之警察機關提出。警察機關並應於受理申訴或移送到達之日起七日內開始調查，並應於二個月內調查完成；必要時，得延長一個月，並應通知當事人；且應作成調查報告及處理建議，移送直轄市、縣（市）主管機關辦理。直轄市、縣（市）主管機關於接獲此調查報告及處理建議後，應提報審議會審議；審議會審議認有必要者，得組成調查小組重行調查後再行審議。性騷擾申訴案件經審議會審議後，直轄市、縣（市）主管機關應將該申訴案件調查結果之決定，以書面載明事實及理由通知原移送單位等（如圖8-1）。如此，當然會增加警察工作量，特別是性騷擾認定很主觀，警察也只能依雙方筆錄及調閱監視錄影等相關證物來調查，影響民眾權益很大。因此，警察機關如何「敏捷」（agile）地發揮「集體調查」功能，以建立可信賴之申訴調查程序，深値注意[13]。

---

12 根據衛福部統計，2022年性騷擾事件申訴2,086件，是2017年662件的3.15倍，裁罰件數也成長至489件，開罰911萬5,001元。性騷擾申訴案件年年增加，與民眾更「勇於發聲」有關，且從性騷擾申訴事件發生地點分析，以虛擬環境——科技設備（如網際網路、手機簡訊等）占372件爲主，其餘像是馬路293件、大眾運輸系統197件、私人住所182件，或是百貨公司、商場、賣場109件也不在少數。行爲樣態則是趁機親吻、擁抱或觸摸胸、臀或其他身體隱私部位共450件最多，其次是展示或傳閱色情圖片（檔）或騷擾文字329件，羞辱、貶抑、敵意或騷擾的言詞或態度209件，偷窺、偷拍192件，毛手毛腳、掀裙子120件，跟蹤、尾隨、不受歡迎追求88件，曝露隱私處64件，其他63件。參照自由時報2023年6月4日即時報導。

13 依據申訴案件統計分析，高達88%案件由警察機關調查，加害人所屬單位調查件數則約占11%，主管機關自行調查者僅爲1%。參照傅美惠，性騷擾防治法與案例研究，許福生主編，警察法學與案例研究，五南出版，2020年，頁479。

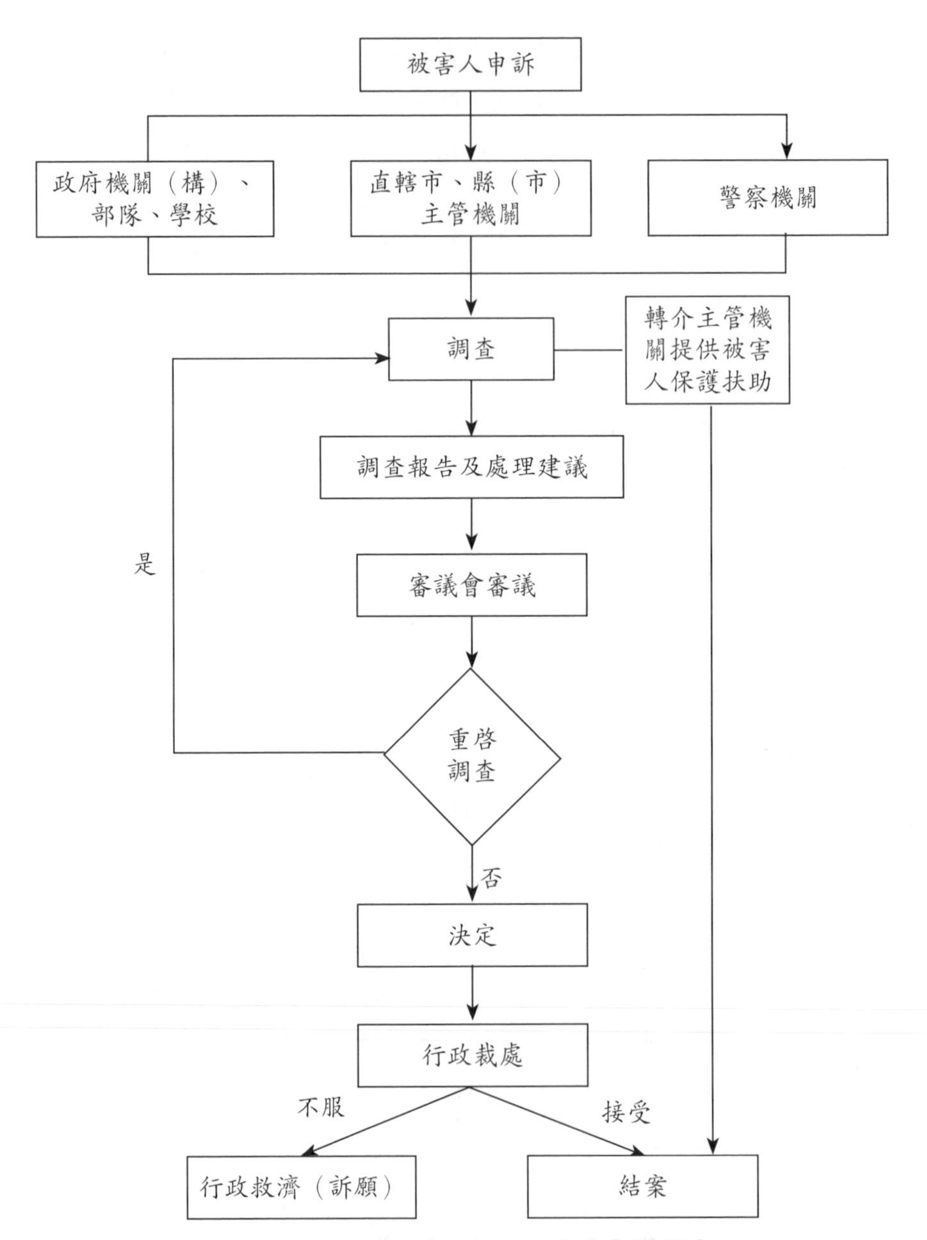

圖8-1　性騷擾事件申訴、調查及處理程序

資料來源：衛生福利部。

（本文初稿曾發表於警光雜誌，第787期，2022年2月）

處理性騷擾事（案）件作業程序

（第一頁，共四頁）

一、依據：

（一）性騷擾防治法（以下簡稱本法）第一條、第十三條及第二十五條。
（二）性騷擾防治法施行細則第六條及第七條。
（三）性騷擾防治準則（以下簡稱本準則）第五條、第七條、第八條及第十條。

二、分駐（派出）所流程：

流程	權責人員
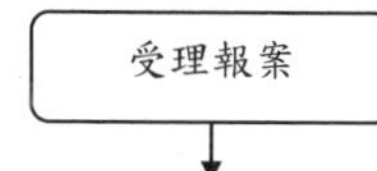 受理報案	受理員警
協助民眾填寫申訴書（紀錄），即時輸入警政婦幼案件管理系統，並取代號	受理員警
符合本法第二十五條案件（否／是）	受理員警
否：詢問民眾是否提出申訴，明確於申訴書（紀錄）詳載，並製作詢問紀錄 是：詢問民眾是否提出申訴或告訴，明確於申訴書（紀錄）詳載，並製作詢問紀錄及調查筆錄	受理員警
1. 調閱監視錄影等相關證物 2. 查明加害人雇主或所屬單位 3. 製作加害人詢問紀錄或調查筆錄	受理員警
於系統列印處理性騷擾事（案）件檢核表，填寫後陳報分局辦理後續程序	受理員警

作業內容

一、準備階段：
依單一窗口受理民眾報案或他單位移送之性騷擾事（案）件。

二、執行階段：

（一）協助民眾填寫申訴書（紀錄）。遇民眾不願申訴及告訴時，依職權製作詢問紀錄，於申訴書（紀錄）及詢問紀錄內詳載不願申訴及告訴，請申訴人簽名或蓋章，並告知事件發生後一年內，向加害人所屬機關、部隊、學校、機構、僱用人或直轄市、縣（市）主管機關提出申訴；或依刑事訴訟法第二百三十七條規定，應自得為告訴之人知悉犯人之時起，於六個月內提起告訴；遇民眾不願製作申訴書（紀錄）及詢問紀錄時，應將處理過程詳載於應勤簿冊備查。

（二）受理員警應將申訴書（紀錄）內容輸入警政婦幼案件管理系統列管，並影印一份交申訴人留存。

（三）被害人及未滿十八歲之加害人於系統取代號，並列印真實姓名對照表；製作詢問紀錄或調查筆錄時，其姓名及其他足以辨識身分之資料，應以代號為之。符合本法第二十五條案件，另依規定開立受（處）理案件證明單。

（四）七日內查明加害人有無所屬單位。

（五）警察機關調查性騷擾事（案）件，以下列情形為主：
1. 加害人不明。
2. 不知所屬單位。
3. 無法於七日內查明身分。
4. 屬本法第二十五條告訴案件。

（六）於系統列印並填寫處理性騷擾事（案）件檢核表後，檢附申訴書（紀錄）、詢問紀錄、調查筆錄及相關證物等陳報分局婦幼業務單位。

（續下頁）

（續）處理性騷擾事（案）件作業程序

（第二頁，共四頁）

三、分局流程：

流程

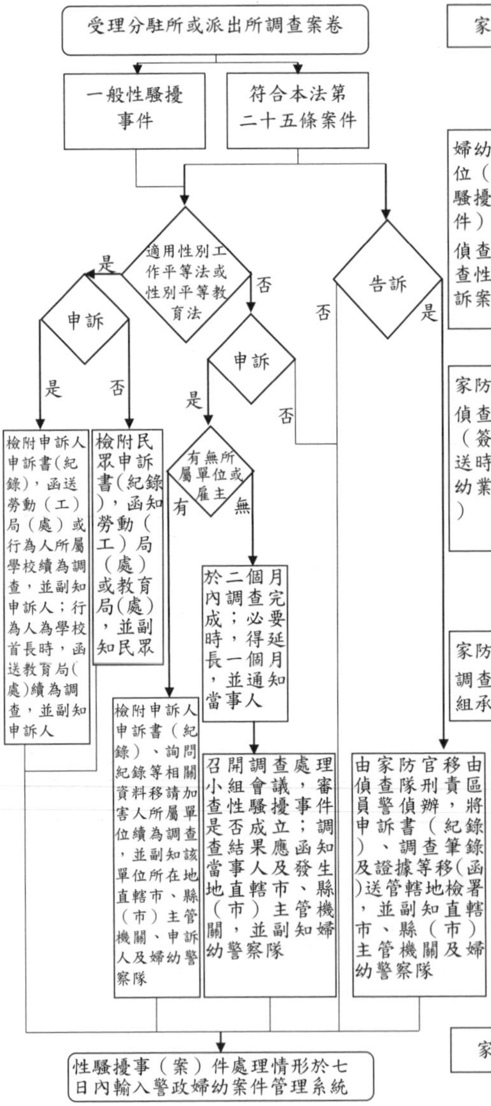

受理分駐所或派出所調查案卷

一般性騷擾事件

符合本法第二十五條案件

適用性別工作平等法或性別平等教育法

是

否

申訴

是

否

檢附申訴人申訴書(紀錄)，函送勞動（工）局（處）或行為人所屬學校續為調查，並副知申訴人；行為人為學校首長時，函送教育局(處)續為調查，並副知申訴人

檢附民眾申訴書(紀錄)，函知勞動（工）局（處）或教育局(處)，並副知民眾

申訴

是

否

有無所屬單位或雇主

有

無

檢附申訴人申訴書（紀錄）、詢問紀錄等相關資料移請加害人所屬單位續為調查，並副知該單位所在地直轄市、縣（市）主管機關、申訴人及婦幼警察隊

於二個月內調查完成；必要時，得延長一個月，並通知當事人

召開調查處理小組會議，審查性騷擾事件是否成立；調查結果應函知當事人及發生地直轄市、縣（市）主管機關，並副知婦幼警察隊

告訴

否

是

由家防官移由偵查隊刑責區員警偵辦，將申訴書（紀錄）、調查筆錄及證據等移(函)送管轄地檢署，並副知直轄市、縣（市）主管機關及婦幼警察隊

性騷擾事（案）件處理情形於七日內輸入警政婦幼案件管理系統

權責人員

家防官

婦幼業務單位（辦理性騷擾申訴事件）

偵查隊（調查性騷擾告訴案件

家防官

偵查隊員警（簽辦及移送時會辦婦幼業務單位）

家防官

調查處理小組承辦人

家防官

作業內容

（七）不論申訴事件或告訴案件，或申訴、告訴併提，均由分局婦幼業務單位受理。申訴事件由婦幼業務單位辦理，告訴案件由婦幼業務單位移由偵查隊偵辦移送。

（八）召開調查處理小組會議審查，其小組成員包括副分局長、婦幼業務單位組長（上述得二選一）、偵查隊副隊長或相當職務人員、業管偵查佐（上述得二選一）、家防官、分駐所或派出所所長，組成以三人至五人為代表，至少出席三人。另受理員警為列席人員，不計入代表人數內。

三、結果處置：

（一）加害人明確時，移請加害人所屬單位續為調查，並副知該單位所在地直轄市、縣（市）主管機關、申訴人及警察局（婦幼警察隊）。

（二）加害人不明或無所屬單位者，召開調查處理小組會議，審查性騷擾事件是否成立；調查結果應函知當事人及發生地直轄市、縣（市）主管機關，並副知警察局（婦幼警察隊）。

（三）加害人為所屬單位負責人時，移送該單位所在地直轄市、縣（市）主管機關調查，並副知警察局（婦幼警察隊）。

（四）移送直轄市、縣（市）主管機關處理時，須檢附「性騷擾事件申訴書（紀錄）」、「真實姓名對照表」及「性騷擾事件申訴調查報告書」等相關資料。

（五）遇適用性別工作平等法或性別平等教育法之性騷擾事件時，全案移請該所屬主管機關或行為人所屬學校續為調查，不適用本準則第十條所指「七日內查明加害人之身分」規定。

（續下頁）

（續）處理性騷擾事（案）件作業程序

（第三頁，共四頁）

四、使用表單：

（一）真實姓名對照表。

（二）性騷擾事件申訴書（紀錄）（警察機關使用）。

（三）性騷擾事件委任書。

（四）性騷擾事件申訴調查報告書。

（五）處理性騷擾事（案）件檢核表。

五、注意事項：

（一）詢問紀錄格式同調查筆錄格式。

（二）員警接受民眾報案、受理民眾申訴書（紀錄），知悉加害人所屬單位時，檢附相關資料函請其所屬單位調查，並副知該管直轄市、縣（市）主管機關、申訴人及警察局（婦幼警察隊）。上述事件調查中得知涉及本法第二十五條案件，被害人依法提出告訴時，並依刑事案件偵辦移送。

（三）性騷擾事件適用性別工作平等法時，業務主管機關為直轄市、縣（市）政府勞動（工）局（處）；適用性別平等教育法時，業務主管機關為直轄市、縣（市）政府教育局（處）或學校所屬主管機關。員警受理後，針對提出申訴事件，檢附申訴人申訴書（紀錄），由分局婦幼業務單位函送該所屬主管機關或行為人所屬學校續為調查，並副知申訴人；針對未提出申訴事件，檢附民眾申訴書（紀錄），由分局婦幼業務單位函知該所屬主管機關，並副知民眾。

（四）一行為違反社會秩序維護法及本法義務而應處罰鍰，依行政罰法第三十一條移請主管機關裁處。

（五）警察機關受理性騷擾事（案）件製作相關文書時，被害人及未滿十八歲之加害人真實姓名應以代號稱之；滿十八歲之加害人則顯示之。

（六）警察機關辦理性騷擾申訴事件，為調查加害人所屬機關（構）或僱用人等資料之需要，得向勞工保險局函索勞保投保相關資料。

（七）手機簡訊或網際網路等方式發生性騷擾事件，以事件發生地（即被害人發現騷擾內容之上網或接收簡訊所在地）之警察機關為調查管轄單位，惟遇偶發事件，被害人於遠地出差接收簡訊發生性騷擾事件時，為便利被害人協助調查，得以被害人現住地或戶籍地之警察機關為調查管轄機關，但調查結果仍應函知事件發生地之主管機關。

（八）民眾於國內搭乘交通運輸工具，發生性騷擾事（案）件時，依警察偵辦刑案管轄原則及警察機關受理民眾報案單一窗口原則，民眾至抵達地之警察機關報案，該警察機關受理報案後，依報案人陳述將案件轉給發生地之警察機關辦理。加害人不明或無所屬單位時，由發生地警察機關逕行調查，並將調查結果函知事件發生地之主管機關。

（九）警察機關依單一窗口受理非本轄性騷擾事（案）件時，應請申（告）訴人填寫申訴書，並製作被害人詢問紀錄或調查筆錄，輸入警政婦幼案件管理系統後，再行移轉事件發生地警察機關辦理後續調查事宜，並應即通知該警察機關調閱監視錄影等，以即時保全證據。

（十）性騷擾事(案)件之調查，應以不公開方式為之，並保護當事人之隱私及其他人格法益。處理本法第二十五條之告訴案件，應依檢察及司法警察機關使用錄音錄影及錄製之資料保管注意要點第三點「訊問被告或詢問犯罪嫌疑人時，應依刑事訴訟法第一百條之一全程連續錄音；必要時，並應全程連續錄影。」之規定辦理。

（續下頁）

（續）處理性騷擾事（案）件作業程序

（第四頁，共四頁）

（十一）對於當事人之姓名或其他足以辨識身分之資料，除有調查之必要或基於公共安全之考量者外，應予保密；必要時，應於偵詢室或適當隱蔽處所實施詢問。

（十二）兒童及少年遭受性騷擾事（案）件之通報及協助事宜，應依兒童及少年保護事件處理流程辦理，於二十四小時內至警政婦幼案件管理系統線上通報兒少保護案件。

（十三）性騷擾事（案）件之調查應秉持客觀、公正及專業原則，給予當事人充分陳述意見及答辯機會；被害人之陳述明確已無詢問必要者，應避免重複詢問。

（十四）應注意於期限內完成調查，並將調查結果以合法方式送達（例如：親自送達或以雙掛號郵寄送達）當事人；當事人經合法通知，無正當理由未到時，調查小組得就相關事證進行審查，以避免影響案件調查時效及當事人再申訴權益。

（十五）受理本法第二十五條之罪及刑法強制猥褻罪等案件時，應確實詢問被害人或申訴人是否提出告訴（本法第二十五條為告訴乃論罪）並記明筆錄。其告訴條件完備者，檢察官對於司法警察機關移送或法官對於檢察官起訴之強制猥褻案件，認定係犯本法第二十五條性騷擾罪時，檢察官自得逕為適當之起訴或由法官變更起訴法條逕為適當之判決，以確保被害人權益。

（十六）警察機關（構）、學校處理性騷擾事（案）件後，應依規定期限輸入警政婦幼案件管理系統。「性騷擾事件申訴書（紀錄）」於受理後即時輸入；「性騷擾事件申訴調查報告書」於召開調查處理小組會議後七日內完成輸入。

第九章
處理跟蹤騷擾案例

壹 案例事實與爭點

某大四學生甲男，因2022年6月1日，參加系上研討會認識其同系學妹乙女後，便開始守候在其上課、吃飯必經路上，跟隨至其上課地點或宿舍，出現次數頻繁，乙女一天約可見到甲男4次，即使其改變路徑，甲男仍會繼續尾隨或改到其目的地盯梢、守候，雖明確告知其行爲造成困擾，甲男仍執意爲之，致其恐懼不安、心身造成很大影響[1]。乙女在不勝其擾、恐懼不安下，於同年7月30日向警方報案。

本案爭點：第一，跟蹤騷擾行爲之定義及判別標準？第二，警察機關受理後之處置作爲爲何？第三，相關保護令規定爲何？第四，跟騷行爲有哪些處罰規定？第五，跟蹤騷擾防制法與性平三法之競合問題爲何？

貳 跟蹤騷擾防制法主要架構

爲保護個人身心安全、行動自由、生活私密領域及資訊隱私，免於受

1 本案改編自臺北高等行政法院107年度訴字第883號判決案例，並參照自由時報2019年4月24日報導。縱使A女有向學校性平會提出性騷擾申訴，但學校性平會決議認定B男之行爲「雖不構成性騷擾」，惟「已屬高風險行爲」，建請擬定安全計畫及相關教育權益之保護措施；並明確告知B男不得再以各種形式跟蹤或騷擾A女，如再犯將依校規處置，且要求B男接受心理諮商及精神科醫師之治療。由於性平會調查報告屬保密不公開，故無法得知本案學校性平會爲何決議認定李男行爲「不構成性騷擾，但屬高風險行爲」，但本案屬典型校園跟蹤騷擾行爲，又屬「過度追求」的「跟騷行爲」應也是「性騷擾」。故以此案例爲例，介紹跟蹤騷擾防制法之主要內容與警方之處理及與性平三法競合問題，以便能即時介入終止行爲人跟騷行爲，保護被害人身心安全、行動自由，確保校園安寧。

到跟蹤騷擾行爲侵擾，維護個人人格尊嚴，立法院於2021年11月19日完成「跟蹤騷擾防制法」（本章稱本法或跟騷法）三讀立法程序，總統於2021年12月1日公布全文，並自公布後六個月，即2022年6月1日起施行。

本法案設計將跟蹤騷擾行爲態樣具體類型化及犯罪化，並聚焦在「與性或性別有關」之行爲，且引入即時約制（書面告誡）模式，二年內若再犯法院可核發保護令及配合預防性羈押，並強調部門協力以保護扶助被害人及治療處遇相對人，以補充性別暴力防制之不足。

本法明定跟蹤騷擾行爲，係指以人員、車輛、工具、設備、電子通訊、網際網路或其他方法，對特定人反覆或持續爲違反其意願且與性或性別有關之「監視跟蹤」、「盯梢尾隨」、「威脅辱罵」、「通訊干擾」、「不當追求」、「寄送物品」、「有害名譽」、「濫用個資」等八類行爲之一，使之心生畏怖，足以影響其日常生活或社會活動。實行跟蹤騷擾行爲者，處一年以下有期徒刑、拘役或科或併科新臺幣10萬元以下罰金，屬告訴乃論之罪；若攜帶凶器或其他危險物品犯跟騷罪，可處五年有期徒刑、拘役或科或併科50萬元以下罰金。另爲保護被害人安全，警察機關調查有跟蹤騷擾行爲之犯罪嫌疑者，應依職權或被害人之請求核發書面告誡行爲人，並告知被害人得行使之權利及服務措施，必要時並應採取其他保護被害人之適當措施。書面告誡二年內，若再爲「跟騷行爲」，被害人、警察或檢察官得向法院聲請保護令，保護令可禁止相對人爲跟蹤騷擾行爲、命遠離特定場所一定距離、禁止查閱被害人戶籍資料、完成治療性的處遇計畫及其他爲防止相對人再爲跟蹤騷擾行爲之必要措施，保護令期限一次最長二年、可聲請延長。違反禁止令、遠離令、禁查令及治療令等保護令者，處三年以下有期徒刑、拘役或科或併科30萬元以下罰金。行爲人經法官訊問後，認其犯「攜帶凶器或其他危險物品實行跟蹤騷擾行爲」或「違反保護令」之罪嫌疑重大，有事實足認爲有反覆實行之虞，而有羈押之必要者，得羈押之。因而，本法其主要架構即圖9-1所示[2]。

---

2 許福生，跟蹤騷擾防制法爭點之評析，中央警察大學警政論叢，第21期，2021年12月，頁11；許福生，跟蹤騷擾防制法Q & A，警光雜誌，第786期，2022年1月，頁61-62。

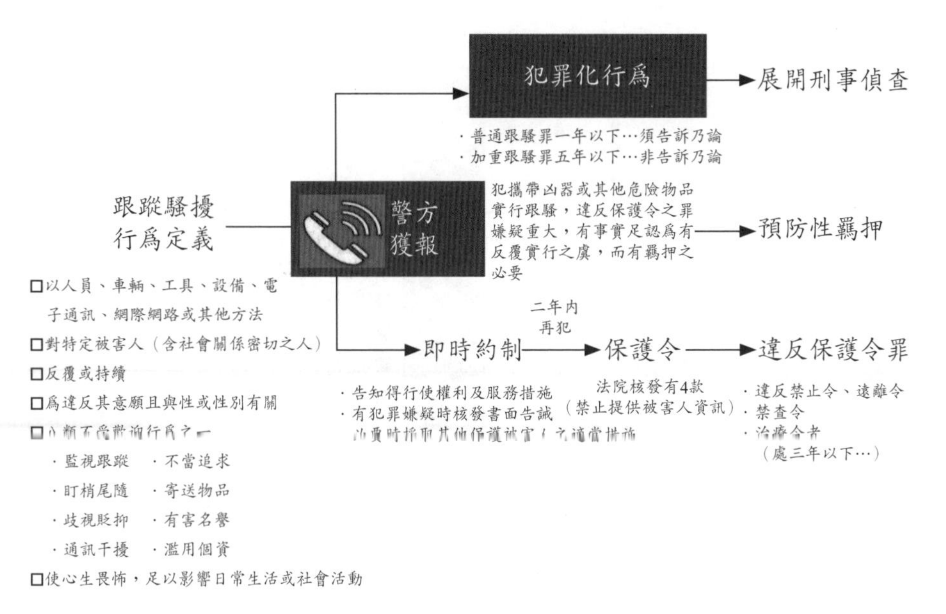

圖9-1　本法主要架構圖

資料來源：作者自製。

參 跟蹤騷擾防制法主要內容

一、本法條文安排

本法條文之安排包含第1條訂定目的、第2條相關部會權責、第3條跟騷行爲定義、第4條警察機關之受理與處置、第5條至第17條相關保護令規定、第18條及第19條罰則、第20條審理不公開、第21條預防性羈押、第22條施行細則及第23條施行日期。現若將本法其主要條文內容再加以分析，可如表9-1所示。

表9-1　本法條文安排

單元	條文	單元	條文
第一單元	■立法目的 §1 ■主管機關及目的事業主管機關權責 §2 ■跟蹤騷擾行爲之定義 §3	第二單元	■警察機關之受理與處置 §4
第三單元	■保護令之聲請 §5 ■保護令之聲請程序與審理 §6-11, §15 ■保護令之內容 §12 ■保護令之效力 §13, §17 ■保護令之執行 §14 ■保護令之救濟 §15, §16	第四單元	■罰則 §18, §19 ■調取通聯紀錄 §18 ■審理不公開 §20 ■預防性羈押 §21 ■施行細則 §22 ■施行日期 §23

資料來源：作者自製。

二、跟蹤騷擾行為之構成要件

由於本法已將跟蹤騷擾行爲犯罪化，因而員警如何認定該行爲是否符合跟騷行爲構成要件，便爲適用本法首要之舉，因其牽涉到是否可依現行犯加以逮捕之及涉嫌跟騷行爲核發書面告誡等問題。然而，本法是在實害犯罪發生前的行爲規制，係基於危險犯概念，使國家公權力得大幅提早介入調查及處罰，因此在構成要件判斷上難免會有所困難。縱使本法已將其適用範圍限縮在易發生危險行爲，保護生命、身體及自由等核心法益免受侵害，以符合比例原則，然仍會面臨沒有物理性被害致危險性判斷困難、難以特定及識別跟騷行爲及難以與不具危險類似跟騷行爲區分開來等規範上的問題點[3]。

（一）實行之方式

以人員、車輛、工具、設備、電子通訊、網際網路或其他方法爲之，即本條各款所定跟蹤騷擾行爲，包含運用口語、文字、符號、肢體動作、表情或電子科技通訊方式等，足以表露行爲人意思之行爲，故於序文整合規定實行跟蹤騷擾行爲之各種方法。

[3] 今村暢好，つきまとい行爲に対する刑事規制の特殊性と諸問題，松山大學論集，第30卷第5-1號，2018年12月，頁39-41。

（二）對特定人

本條之實施對象需對特定人爲之，但對實務常見行爲人爲追求特定人，而對特定人之配偶、直系血親、同居親屬或與特定人社會生活關係密切之人，實行違反其意願而與性或性別無關之跟蹤騷擾行爲，爲避免產生規範缺漏，本法將與該特定人之配偶、直系血親、同居親屬或與特定人社會生活關係密切之人納入保護。至於所稱社會生活關係密切之人，包含以家庭、職場、學校或其他正常社交關係爲基礎，與該特定人處於穩定互動關係之人。

再者，本法其立法目的係保護個人法益，故若非針對特定個人或對象，而係針對某特定或不特定之族群爲仇恨、歧視言論者，自無本法之適用。

（三）反覆或持續

「反覆」是指重複爲複數次的意思，而實行同一行爲或不同款之跟騷行爲；「持續」是指接連不斷，或維持相當一段時間的一次性行爲，如在社群媒體刊登有關個人性隱私訊息而不刪除。若偶然一次爲之，即不屬於反覆或持續。現若參考外國法制實務，德國聯邦最高法院認爲判斷「持續反覆」要件，重點在於行爲人是否顯露出不尊重被害人反對的意願，或對被害人的想法採取漠視而無所謂的心態；奧地利刑法認爲應從「時間限度」，即長時間的騷擾，結合「量的限度」，即次數與頻繁度作整體評價；日本則認爲所謂「反覆」，係指複數次重複爲之，以時間上的近接性爲必要，並就個別具體事案作判斷。另本條適用非指全數款項之要件皆須成立，僅須反覆或持續從事第1項各款行爲之一項或數項，即有本條適用（參照立法說明）。

有關反覆或持續進一步解釋，德國刑法所謂「持續反覆」，則不管何種行爲態様，均必須具有「持續性」或「反覆性」，故只是偶然一次爲之，並不成立本罪。至於究竟應持續多久時間或次數多頻繁，雖無一定限制，但德國實務見解採取較寬鬆之認定，原則上同類的跟蹤騷擾行爲達5次，例如打騷擾電話5次，即屬「持續反覆」。但德國聯邦最高法院亦有判決認為，判斷「持續反覆」此一要件的重點在於行為人是否顯露出不尊重被害人反對的意願，或對被害人的想法採取漠視而無所謂之心態所為之舉動。又在奧地利刑法上，是否具「適合於發生損害」，於認定上可以從「時間向度」來判斷，若是長時間的騷擾則屬之；倘若僅是偶然發生一次的行為，並不屬之；不過同時也必須從「量的向度」來判斷，也就是從次數與頻繁度來判斷是否具有適性，因此究竟如何才算長期與反覆為之，必須整體評價。有主張一個月內必須至少有3次較為嚴重的跟蹤或干擾行為，或是數個月內至少有10次輕微的跟蹤騷擾行為。但如果是以網際網路的方式騷擾，例如在網路上以被害人名義貼文提供性交易服務，即便貼文只是一次性的行為，如果一直長期地放任不刪除貼文，也可認為以不作為方式「持續」的騷擾[4]。

日本實務則認為「反覆」的概念，是指重複為複數次的意思，包括在短時間內連續為數次，也包括一定時間間隔下規律地為數次（例如每月一次持續數年）的情形[5]。亦即依「持續時間」和「次數」等做綜合判斷，而非僅以形式的重複為該當事由判斷之；因而即使重複2次，如果經過很長時間再重複為之，也可能不該當「重複」之意思（參照日本最高法院平成15年12月11日判決）[6]。

因此，反覆或持續之判斷，應以時間上的近接性為必要，並需就「持續時間」和「次數」等其他個別具體事案綜合判斷，甚至行為人的主觀要素亦是判斷之一。故未來確定的判斷標準，仍有賴實務案例累積歸納出。

（四）違反意願

被害人明示或可得推定的反對，即是違反意願。然而，若被害人未表達意願或不置可否，則不屬之。

---

4 王皇玉，跟蹤糾纏行為之處罰：以德國法制為中心，臺大法學論叢，第47卷第4期，2018年12月，頁2376-2379。

5 黃士軒，概觀日本糾纏騷擾行為罪的處罰概況，月旦刑事法評論，第5期，2017年6月，頁98。

6 今村暢好，同註3，頁53。

（五）與性或性別有關

本法在草擬時，重申「過度追求就是性騷擾」，似乎有意將本法所稱「與性或性別有關」的要件與性騷法的「性騷擾」概念連結在一起，藉此來限縮跟騷法的適用範圍，以避免警力過度負擔。

依據性騷擾防治法所稱性騷擾，係指性侵害犯罪以外，對他人實施違反其意願而與性或性別有關之交換利益性騷擾或敵意環境性騷擾行爲之一。「性騷擾」是一種非自願性、不受歡迎且是令人不愉快的（感受），與性或性別有關言語或身體行爲（內容與樣態），而且該行爲目的或結果會影響正常生活進行（結果）。至於性騷擾態樣，包含：1.性的騷擾：(1)涉及言語，如在課堂或辦公室開黃腔；(2)涉及不當碰觸，如上下其手、強抱或強吻；(3)涉及散播文字、圖畫、影音；(4)涉及過度追求、不當追求、電子郵件騷擾、簡訊騷擾、跟監、分手報復等；(5)其他，如指定座位、穿著、敵意注視偷窺、要求發生性行爲等；2.性別的騷擾：(1)性別特質如說人娘娘腔、男人婆；(2)性別認同如說人不男不女；(3)性別傾向如發表歧視同性戀之言語等。

現若依此來反推，「與性或性別有關」而具有性或性別意涵包含多元性別有關行爲的要件，或許可區分爲：1.與性相關的行爲，是指行爲人基於性而爲的行爲，如要求交往、過度或不當追求、痴情迷戀；2.與性相關的暴力行爲，如爲滿足性慾的性侵害、性剝削、性攻擊、家庭暴力行爲，和破壞被害人所享與性有關寧靜及不受干擾平和狀態之性騷擾行爲；3.與性別相關的行爲，是指行爲人基於男女生理差異，而做的不同對待行爲，如粗重的工作就是男生要做、女性不適合夜間工作[7]；4.與性別相關的暴力行爲，如性別歧視、性霸凌、性貶抑、性威脅等言行舉止。

（六）行為類型

本法爲明確規範所欲防制之跟蹤騷擾行爲，並使民眾清楚知悉或具體

[7] 司法院大法官釋字第807號解釋文即表示：「勞動基準法第49條第1項規定：『雇主不得使女工於午後10時至翌晨6時之時間內工作。但雇主經工會同意，如事業單位無工會者，經勞資會議同意後，且符合下列各款規定者，不在此限：一、提供必要之安全衛生設施。二、無大眾運輸工具可資運用時，提供交通工具或安排女工宿舍。』違反憲法第7條保障性別平等之意旨，應自本解釋公布之日起失其效力。」

認知可罰行爲之內容，將跟蹤騷擾行爲分爲如下八類態樣，以資明確（如表9-2所示）。

表9-2 我國跟蹤騷擾行為態樣

跟騷態樣	行為列舉
1.「監視跟蹤」 監視、觀察、跟蹤或知悉特定人行蹤。	如緊跟在被害人後面、持續性關注被害人行蹤。
2.「盯梢尾隨」 以盯梢、守候、尾隨或其他類似方式接近特定人之住所、居所、學校、工作場所、經常出入或活動之場所。	如在被害人住居所等經常出入等地附近守候、尾隨在被害人身後、埋伏在被害人通勤或通學的途中、行爲人受退去之要求仍留滯該等場所。
3.「威脅辱罵」 對特定人爲警告、威脅、嘲弄、辱罵、歧視、仇恨、貶抑或其他相類之言語或動作。	如大聲喝斥被害人混蛋、在被害人住家外狂叫或亂按喇叭、對被害人發表性別歧視言論。
4.「通訊干擾」 以電話、傳眞、電子通訊、網際網路或其他設備，對特定人進行干擾。	如撥打無聲電話或發送內容空白之傳眞或電子訊息給被害人、不論是否遭到拒絕仍繼續撥打電話、傳眞到被害人電話、不論是否遭到拒絕仍不斷發送傳眞或傳送電子訊息給被害人。
5.「不當追求」 對特定人要求約會、聯絡或爲其他追求行爲。	如不管是否遭到拒絕希望被害人與其交往、約會或出遊。
6.「寄送物品」 對特定人寄送、留置、展示或播送文字、圖畫、聲音、影像或其他物品。	如對被害人寄送禮物、文書或影音等物品。
7.「有害名譽」 向特定人告知或出示有害其名譽之訊息或物品。	如將傷害被害人名譽的訊息或物品寄送給被害人。
8.「濫用個資」 濫用特定人資料或未經其同意，訂購貨品或服務。	如未經被害人同意以被害人名意訂購物品。

資料來源：作者自製。

（七）使心生畏怖足以影響正常生活或其他社會活動

畏怖之判斷標準，應以已使被害人明顯感受不安或恐懼，並逾越社會通念所能容忍之界限。判斷上不必繫於被害人之生活方式實際已有所改變，只要能具體指出一些受干擾之徵兆，如壓力來自於行爲人跟騷即可。又通常應配合跟蹤騷擾的行爲方式、次數、頻率，以各被害人主觀上之感受，綜合社會通念判斷之。如同刑法第305條恐嚇安全罪規定於妨害自由罪章，「以該法第305條規範對於以加害生命、身體、自由、名譽、財產之事，恐嚇他人致生危害於安全者之刑責，目的在於保護個人免受不當外力施加恐懼的意思自由法益；倘以使人畏怖爲目的，爲惡害之通知，受通知人因心生畏懼而有不安全感，即該當於本罪，不以客觀上發生實際的危害爲必要；又惡害之通知方式並無限制，凡一切之言語、舉動，不論直接或間接，足以使他人生畏懼心者，均包含在內；至是否有使被害人心生畏懼，應以各被害人主觀上之感受，綜合社會通念判斷之[8]」。

因此，有關跟蹤騷擾之認定，應就個案審酌事件發生之背景、環境、當事人之關係、行爲人與被害人之認知及行爲人言行連續性等具體事實爲之（參照本法施行細則第6條）。如同性騷擾之認定，應依個案事件發生之背景、當事人之關係、環境、行爲人言詞、行爲及相對人認知等具體事實綜合判斷，應由被害人感受出發，以其個人觀點思考，著重於被害人主觀感受及所受影響，非以行爲人侵犯意圖判定，但須輔以「合理被害人」標準，考量一般人處於相同之背景、關係及環境下、對行爲人言詞或行爲是否通常有遭受性騷擾之感受而認定[9]。

三、警察機關受理後之處置作為

警察機關受理跟蹤騷擾行爲案件，應即開始調查、製作書面紀錄，並告知被害人得行使之權利及服務措施。前項案件經調查有跟蹤騷擾行爲之犯罪嫌疑者，警察機關應依職權或被害人之請求，核發書面告誡予行爲人；必要時，並應採取其他保護被害人之適當措施。

8 參照最高法院107年度台上字第1864號刑事判決。

9 參照臺北高等行政法院108年度訴字第1397號判決。

（一）啓動刑事調查程序

警察機關受理跟蹤騷擾行爲案件，應即開始調查、製作書面紀錄。亦即司法警察（官）知有跟騷之犯罪嫌疑者，除依刑事訴訟法開始調查外，應不待被害人提出告訴或自訴，以通知、警告、制止等方法，使行爲人即時停止跟騷，以達迅速保護被害人，且可供檢察機關實施強制處分之參考，或法院審核是否核發保護令之前提；又在此所稱犯罪嫌疑，係指有初始嫌疑即可，無須達到司法警察（官）移送檢察官或檢察官提起公訴之程度，但非單純臆測而有該犯罪可能者。

（二）核發書面告誡

依日本實務研究，部分跟蹤騷擾行爲人對其已實際影響他人之作爲欠缺自覺，故在纏擾行爲規制法以「警告」要求行爲人不得再爲之，縱使違反警告並無罰則規定，仍有八成以上行爲人經受警告後即停止再爲跟蹤騷擾，故本法參考日本立法例設計「書面告誡」制度。又「書面告誡」性質，屬刑事調查程序中之任意處分（參照立法理由）[10]。其目的在於讓警察能即時介入，透過書面告誡方式，遏阻行爲人再犯，達到保護被害人目的。因此，案件經調查有跟蹤騷擾行爲之犯罪嫌疑者，警察機關應依職權或被害人之請求，核發書面告誡予行爲人。

所核發之書面告誡，應記載下列事項：1.行爲人之姓名、性別、出生年月日、國民身分證統一編號或其他身分證明文件字號及住所或居所；2.案由；3.告誡事由；4.違反之法律效果；5.救濟方式。書面告誡之送達，行爲人在場者，應即時行之。第1項書面告誡之核發或不核發，應以書面通知被害人，且所爲書面告誡之核發，不以被害人提出告訴爲限（參照本法施行細則第9條及第10條）。

倘若警察機關爲危害防止，經審認個案有即時約制行爲人再犯之必要者，應不待被害人請求，主動核發書面告誡（參照本法施行細則第11條）。

---

10 書面告誡對被告誡人仍有一定之強制法效果，且期間長達二年，對於被告誡人之人身自由、隱私及名譽難免有所侵害，書面告誡救濟授權警察機關得自行認定，未受檢察官及法院之監督，是否合乎正當法律程序原則之要求，仍值得關注。

（三）表示異議之處理

行爲人或被害人對於警察機關核發或不核發書面告誡不服時，得於收受書面告誡或不核發書面告誡之通知後十日內，經原警察機關向其上級警察機關表示異議。前項異議，原警察機關認爲有理由者，應立即更正之；認爲無理由者，應於五日內加具書面理由送上級警察機關決定。上級警察機關認爲有理由者，應立即更正之；認爲無理由者，應予維持。行爲人或被害人對於前項上級警察機關之決定，不得再聲明不服。

行爲人或被害人依本條表示異議時，應以書面爲之，載明下列事項：1.異議人之姓名、出生年月日、國民身分證統一編號或其他身分證明文件字號及住所或居所；2.異議之事實及理由；3.證據；4.書面告誡或不核發書面告誡通知文書之日期、案（字）號。至於條文所稱更正，指依行爲人異議，撤銷書面告誡；或依被害人異議，核發書面告誡予行爲人（參照本法細則第12條及第13條）。

（四）被害人權利告知及保護措施

爲防止跟蹤騷擾行爲惡化，參考家庭暴力防治法第48條等規定，明定警察機關受理跟騷案件後，應告知被害人得行使之權利及服務措施，如可依相關性平三法提出性騷擾申訴；必要時，並應採取其他保護被害人之適當措施，如參考家暴法規定護送被害人返家及查訪相對人與訪查被害人及其家庭成員。或可參考日本所提供的保護措施，如輔導如何防治措施、租借監視器材、防犯警報鈴等物品防範加害人的進一步動作；教導記錄及蒐集行爲人相關騷擾證據[11]；身心受損相關證明文件等資料且需常與相關部門密切地聯繫，以協助被害人[12]；或轉介相關目的事業主管機關，依權責提供被害人保護服務措施[13]（如圖9-2所示）。

---

[11] 如：1.詳細記錄事件發生的人事時地物；2.保存確鑿的證據，包含蒐集證人姓名聯絡方式、相關證據資料如照片及監視錄影；3.記錄您對本事件之處理方式；4.記錄對方或相關人之回應和結果；5.記錄本事件對您的影響及對生活的轉變等。

[12] 近藤朋子，日本跟蹤騷擾行爲規制法之研究，涉外執法與政策學報，第8期，2018年5月，頁170-172。

[13] 目前各地警察局所規劃受理跟騷案件安全提醒單，其保護資訊包含：1.冷靜應對尋求協助；2.蒐集證據記錄過程；3.提升自我防衛意識；4.避免直接正面接觸；5.緊急求救撥打110專線。

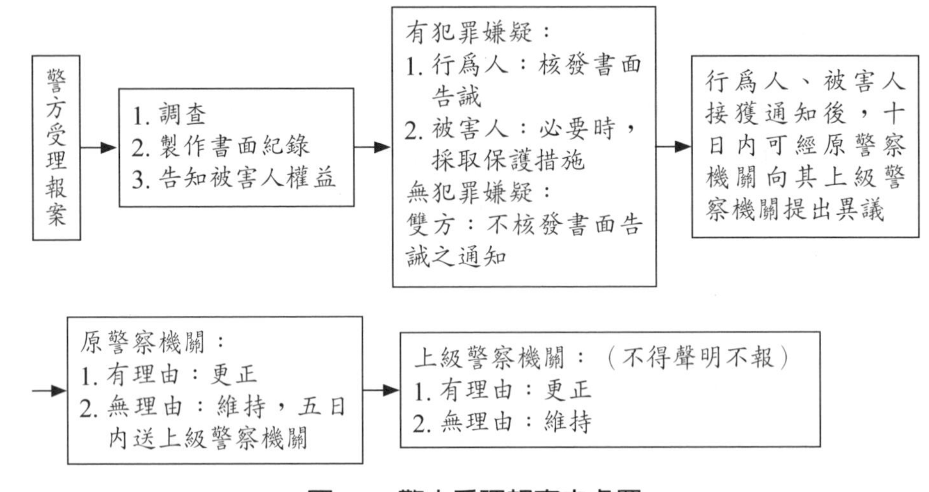

圖9-2　警方受理報案之處置

資料來源：法務部。

四、相關保護令規定

（一）聲請保護令

在行爲人經警察機關爲書面告誡後二年內，再爲跟蹤騷擾行爲者，被害人得向法院聲請保護令；被害人爲未成年人、身心障礙者或因故難以委任代理人者，其配偶、法定代理人、二親等內之血親或姻親，得爲其向法院聲請之。又檢察官或警察機關身爲公益的代表，得依職權向法院聲請保護令，倘檢察官或警察機關，考量個案具體危險情境，且不受書面告誡先行之限制，可直接依職權向法院聲請保護令，如此也可發揮類似緊急保護令之作用（參照本法施行細則第15條）。

至於家庭暴力防治法所定家庭成員間、現有或曾有親密關係之未同居伴侶間之跟蹤騷擾行爲，應依家庭暴力防治法規定聲請民事保護令，不適用本法關於保護令之規定。乃因家庭暴力防治法已針對家庭暴力之特性，就民事保護令之核發及其款項，以及違反保護令之效果，有周全之規範，爲求對家庭暴力被害人保護之一致性，就家庭成員間或現有或曾有親密關係之未同居伴侶間所爲之跟蹤騷擾行爲，應依家庭暴力防治法規定聲請民事保護令（含緊急、暫時及通常民事保護令），而不適用本法有關聲請保護令之規定。

（二）保護令效力

法院於審理終結後，認有必要者，應核發包括下列一款或數款之保護令，不受聲請之限制：1.禁止相對人為跟蹤騷擾行為，並得命遠離特定場所一定距離；2.為了保護被害人個資，法院也可以禁止相對人查閱被害人戶籍資料；3.如果相對人有治療需要，也可命相對人完成治療性的處遇計畫；4.其他為防止相對人再為跟蹤騷擾行為之必要措施。相對人違反第1款至第3款之保護令要求，會構成違反保護令罪，可處三年以下有期徒刑、拘役或科或併科新臺幣30萬元以下罰金。另違反其他為防止再為跟蹤騷擾行為之必要措施，不在違反保護令罪的範圍。又為避免相對人藉由記載事項獲知聲請人或被害人之住所、居所及其他聯絡資訊，進而繼續跟蹤騷擾或衍生其他不法侵害，規定法院得不記載這些相關資訊。

保護令有效期間最長為二年，自核發時起生效。屆滿前，法院可以依被害人聲請，或職權撤銷、變更或延長。延長的效期，每次一樣不能超過二年。此外，檢察官跟警察機關，也可以向法院聲請延長保護令的有效期間。另保護令由直轄市、縣（市）主管機關執行之；執行之方法、應遵行程序及其他相關事項之辦法，由中央主管機關定之。

五、跟騷行為之處罰規定

（一）普通跟蹤騷擾罪

跟騷行為具態樣複合性，常係多種不法侵害之行為同時進行，另因其係對特定人反覆或持續實施侵擾，使被害人長期處於不安環境中，嚴重影響其正常生活之進行，侵害個人行動及意思決定自由，故實行跟蹤騷擾行為者，處一年以下有期徒刑、拘役或科或併科新臺幣10萬元以下罰金。另因跟騷行為，其一定程度著重於被害人主觀感受其所受影響，基於尊重被害人意志決定自由，本罪屬告訴乃論之罪。

（二）加重跟蹤騷擾罪

攜帶凶器或其他危險物品實行跟蹤騷擾行爲，其犯罪之手段已加重，危險及惡害均提升、情節更嚴重，故加重其刑度可處五年以下有期徒刑、拘役或科或併科新臺幣50萬元以下罰金，且屬非告訴乃論之罪。目前實務上對於所謂「兇器」之種類並無限制，凡客觀上足對人之生命、身體、安全構成威脅，具有危險性者，均屬之（參照最高法院100年度台上字第2672號刑事判決）；但器械是否危險除一般用途外，還是要考慮在特定脈絡下，做綜合評價，避免處罰過重，特別是本罪跟蹤類型範圍相當廣泛，仍需依個案綜合判斷。

（三）違反保護令罪

法院核發保護令後，相對人仍違反其內容者，顯已侵害被害人之人身安全、社會活動及法律威信，故違反法院所核發：1.禁止相對人爲跟蹤騷擾行爲；2.命遠離特定場所一定距離；3.禁止相對人查閱被害人戶籍資料；4.命相對人完成治療性的處遇計畫等行爲之一者，可處三年以下有期徒刑、拘役或科或併科新臺幣30萬元以下罰金。

（四）可調取通聯紀錄

依照通訊保障及監察法規定，檢察官或司法警察官要調取通訊使用者資料或通訊紀錄，原則要取得法院核發的調取票，而且調查的罪名也限制在「最重本刑三年以上有期徒刑之罪」，過去像是輕罪的公然侮辱、誹謗，都不在可以調取的範圍。本法有關實行跟騷行爲罪法定刑是一年以下有期徒刑也是輕罪，本來也不在可以調取通訊使用者資料跟通訊紀錄的範圍，但本法特別規定，檢察官偵查實行跟騷行爲之罪及司法警察官因調查犯罪情形、蒐集證據時，認有調取通信紀錄及通訊使用者資料之必要時，不受通訊保障及監察法第11條之1第1項所定最重本刑三年以上有期徒刑之罪之限制，可調取之。

（五）可實施預防性羈押

跟蹤騷擾行爲具反覆或持續性，再犯率高，自有增列預防性羈押之必要。故爲了更周延保護被害人，行爲人經法官訊問後，認其犯「攜帶凶器或其他危險物品實行跟蹤騷擾行爲」或「違反保護令」之罪嫌疑重大，有事實足認爲有反覆實行之虞，而有羈押之必要者，得羈押之。

六、建立被害人保護支援體制

（一）相關機關之協力合作

跟騷行爲防制立法雖然至關重要，但如果沒有明確跟騷行爲防制政策和有效執法策略，法律是無法實現保護被害人目的。然觀察各國執法效益卻相當有限，其主要原因包含：1.跟騷案件證據蒐集不易；2.對部分跟騷者難以發揮法律的威嚇效果；3.警察若是孤立的執法將難發揮立法效益；4.對被害人保護不能僅依賴公權力介入尚須提供其他保護措施[14]。如此爲了使本法能有效執行，實現本法立法目的，如何落實公私部門協力，以保護支援被害人及治療處遇相對人，便成爲本法有效性之重點所在，而非單以警察之力爲之。因此，爲有效防制跟騷行爲，本法強調相關部門協力合作，定明主管機關及目的事業主管機關應就其權責範圍，依跟蹤騷擾防制之需要，主動規劃所需保護、預防及宣導措施，對涉及相關機關之防制業務，並應全力配合。

主管機關，在中央爲內政部，在直轄市爲直轄市政府，在縣（市）爲縣（市）政府，應負責防制政策、法規與方案之研究、規劃、訂定及解釋；案件之統計及公布；人員在職教育訓練；其他統籌及督導防制跟蹤騷擾行爲等相關事宜。又依照立法院三讀通過本法時所做附帶決議：1.有關「主管機關……其他統籌及督導防制跟蹤騷擾行爲等相關事宜」，應包含：(1)督導及推展跟蹤騷擾防制教育；(2)協調被害人保護及相對人處遇計畫；(3)建立並管理跟蹤騷擾電子資料庫，供法官、檢察官、警察及其他政府機關使用，並對被害人個人資料予以保密；2.因中央及地方主管機關與相關目的事業主管機關負責事項龐雜，爲擴大可運用之資源及社會參與層面，俾利防制工作之推動，中央及地方主管機關與相關目的事業主管

14 黃翠紋，跟蹤騷擾防制法之評析與展望，刑事政策與犯罪研究論文集，2019年12月，頁283-286。

機關辦理本法各項工作，得按權責與實際需求自行或委託民間團體，提供被害人下列協助：(1)人身安全保護；(2)必要之醫療協助；(3)通譯服務；(4)法律協助；(5)心理輔導及諮詢服務；(6)案件偵查或審理中陪同接受詢（訊）問；(7)必要之經濟補助；(8)其他必要之協助。

至於社政主管機關其權責爲跟蹤騷擾被害人保護扶助工作、配合推動跟蹤騷擾防制措施及宣導等相關事宜。衛生主管機關其權責爲跟蹤騷擾被害人身心治療、諮商及提供經法院命完成相對人治療性處遇計畫等相關事宜。教育主管機關其權責爲各級學校跟蹤騷擾防制教育之推動、跟蹤騷擾被害人就學權益維護及學校輔導諮商支持、校園跟蹤騷擾事件處理之改善等相關事宜。勞動主管機關其權責爲被害人之職業安全、職場防制教育、提供或轉介當事人身心治療及諮商等相關事宜。法務主管機關其權責爲跟蹤騷擾犯罪之偵查、矯正及再犯預防等刑事司法相關事宜。又設置防制跟蹤騷擾推動諮詢小組，推動這些應辦理之事項。

（二）被害人保護措施

本法針對涉及跟騷罪嫌，除啓動刑事偵查、核發書面告誡及保護令外，警察機關受理跟蹤騷擾行爲案件時，應「告知被害人得行使之權利及服務措施」（參照本法第4條第1項）；經調查有跟蹤騷擾行爲之犯罪嫌疑者，「警察機關應依職權或被害人之請求，核發書面告誡予行爲人；必要時，並應採取其他保護被害人之適當措施」（參照本法第4條第2項）。且參照本條立法說明表示：「爲防止跟蹤騷擾行爲惡化，爰參考家庭暴力防治法第四十八條等規定，第一項定明警察機關受理報案應辦事項；第二項定明警察人員得採取之即時保護與危害防止措施。另本法所定被害人，包括第三條第一項之特定人及同條第二項所列舉之人。」此說明表示警察機關受理跟蹤騷擾行爲案件，必要時可採取如家庭暴力防治法第48條所規定：「一、於法院核發緊急保護令前，在被害人住居所守護或採取其他保護被害人或其家庭成員之必要安全措施。二、保護被害人及其子女至庇護所或醫療機構。三、告知被害人其得行使之權利、救濟途徑及服務措施。四、查訪並告誡相對人。五、訪查被害人及其家庭成員，並提供必要之安全措施。」等服務指施。

又保護令審理過程中，除審理不公開外（參照本法第10條第1項），得隔別訊問；必要時得依聲請或依職權於法庭外爲之，或採有聲音及影像相互傳送之科技設備或其他適當隔離措施（參照本法第10條第2項）。

（三）被害人資訊提供禁止

於保護令聲請過程，爲避免被害人之住所及居所洩漏，經聲請人或被害人要求，法院應以秘密方式訊問，將該筆錄及相關資料密封，並禁止閱覽（參照本法第6條第2項）。另爲保護聲請人或被害人，保護令之聲請書得不記載住所及居所，僅記載送達處所（參照本法第7條第2項）。又因保護令案件涉及人民一般社交或私生活領域，爲保障當事人之隱私，是類事件不公開審理（參照本法第10條第1項）。因職務或業務知悉或持有被害人姓名、出生年月日、住居所及其他足資識別其身分之資料者，除法律另有規定外，應予保密。警察人員必要時應採取保護被害人之安全措施（參照本法第10條第6項）。再者，參酌「性侵害犯罪防治法」第12條規定，足資識別被害人之資訊應予保密及不得揭露，故規定行政機關、司法機關所製作必須公示之文書，不得揭露被害人之姓名、出生年月日、住居所及其他足資識別被害人身分之資訊。又在此所稱其他足資識別被害人身分之資料，包括被害人照片或影像、聲音、住址、聯絡方式、就讀學校、班級、工作場所、親屬姓名及與其之關係或其他得以直接或間接方式識別該個人之資料（參照本法第10條第7項）。況且，爲避免相對人藉由保護令記載事項獲知聲請人或被害人之住所、居所及其他聯絡資訊，進而繼續跟蹤騷擾或衍生其他不法侵害，規定法院得不記載這些相關資訊（參照本法第12條第3項）。

七、跟騷法與性平三法之競合

自性騷法等性平三法施行後，被害人除了可以追究行爲人傳統上刑事、行政及民事法律責任外，尚可採取申訴途徑，在花費成本較低、救濟時間較短情形下，要求雇主或學校對行爲人調查處置；而在職場性騷擾事件，依性別工作平等法規定，被害人尚可要求其雇主立即採取有效糾正補救措施，維護其人身安全，對被害人而言多了一種救濟途徑[15]。但性平三法沒有聲請保護令規定，且多屬行政罰或相關懲處機制及民事求償規定，難以遏阻行爲人。再者，性騷擾必須是與「性或性別」有關的言行，須從整體環境觀察其是否製造令人不舒服的「創造敵意環境」或「利益交換」，不同對象處理程序不同，對加害者約束力不足，亦未看到「反覆、持續性」之跟騷脈絡，即時性不足。而家庭暴力防治法中雖設禁止跟蹤騷擾之保護令制度，但適用對象僅限家庭成員間及年滿16歲親密關係未同居伴侶之暴力行爲，對於一般關係之人無法適用，亦未看到「反覆、持續性」之跟騷脈絡。

反觀跟騷法將對特定人反覆或持續爲違反其意願且與性或性別有關之跟騷行爲視爲犯罪，論罪科刑並有書面告誡及保護令等措施，以強化被害人保護。因此，即時約制的書面告誡及保護令機制，可是全新的保護型態，便會與現行的性平三法及家庭暴力防治法產生法規競合問題，縱使如本法第1條立法說明所稱：「現行其他法律因考量當事人之身分、關係、場所（域）或性別等（如家庭暴力防治法、性騷擾防治法、性別工作平等法或性別平等教育法），別有調查、預防、處遇、處罰或其他規定者，亦得適用之，併予說明。」如此若有跟騷行爲，當然可核發書面告誡並啓動刑事偵查程序，二年內若再犯可核發保護令。同時警察機關受理跟蹤騷擾行爲案件，因跟騷行爲本質具有「性或性別有關」，也可說是性騷擾行爲態樣之一，當然可以依其發生情境循性平三法規定提出申訴或告訴；故員警亦應詢問當事人是否提出刑事告訴及性騷擾申訴，如併提告訴或申訴，調查筆錄或訪談紀錄應分開製作（如表9-3所示）。只是現行家庭暴力防治法對於家庭成員及年滿16歲親密關係之未同居伴侶，其有關保護令之核發及其相關保護措施與效力，已有一套嚴密規範機制，如果競合的話，反而會產生實務運作上很大困難。因而本法第5條第4項明文規定：「家庭暴力防治法所定家庭成員間、現有或曾有親密關係之未同居伴侶間之跟蹤騷

15 王如玄，跟蹤騷擾防制法與性騷擾防治三法之交錯運用，警察法學與政策，第2期，2022年5月，頁51。

擾行爲，應依家庭暴力防治法規定聲請民事保護令，不適用本法關於保護令之規定。」確實是明智之舉，避免法規競合適用上之問題。

表9-3　跟騷法與性騷擾防治法之區別

適用法律	性騷擾防治法	跟蹤騷擾防制法
定義	性騷擾，係指性侵害犯罪以外，對他人實施違反其意願而與性或性別有關之行爲，且有下列情形之一者： 一、以明示或暗示之方式，或以歧視、侮辱之言行，或以他法，而有損害他人人格尊嚴，或造成使人心生畏怖、感受敵意或冒犯之情境，或不當影響其工作、教育、訓練、服務、計畫、活動或正常生活之進行。 二、以該他人順服或拒絕該行爲，作爲自己或他人獲得、喪失或減損其學習、工作、訓練、服務、計畫、活動有關權益之條件。 權勢性騷擾，指對於因教育、訓練、醫療、公務、業務、求職或其他相類關係受自己監督、照護、指導之人，利用權勢或機會爲性騷擾。	係指以人員、車輛、工具、設備、電子通訊、網際網路或其他方法，對特定人反覆或持續爲違反其意願且與性或性別有關之「監視跟蹤」、「盯梢尾隨」、「威脅辱罵」、「通訊干擾」、「不當追求」、「寄送物品」、「有害名譽」、「濫用個資」等八類行爲之一，使之心生畏怖，足以影響其日常生活或社會活動。
適用對象	適用性別平等教育法、性別工作平等法以外之性騷擾者，包含對特定人或不特定人爲之者。	對特定人跟騷擾者。
行為類型	「交換利益性騷擾」及「敵意環境性騷擾」等二類行爲類型，另亦規範權勢性騷擾。	「監視跟蹤」、「盯梢尾隨」、「威脅辱罵」、「通訊干擾」、「不當追求」、「寄送物品」、「有害名譽」、「濫用個資」等八類行爲類型。
次數或時間	含反覆持續或單次隨機爲之。	反覆或持續爲之。

（接下頁）

適用法律	性騷擾防治法	跟蹤騷擾防制法
行為內涵	指性侵害犯罪以外實施違反其意願而與性或性別有關。	違反其意願且與性或性別有關。
保護機制	1. 不同對象處理程序不同，對加害者約束力不足。 2. 未看到「反覆、持續性」之跟騷脈絡，即時性不足。 3. 多屬行政罰或相關懲處機制及民事求償規定，且缺乏即時介入保護機制。	除論罪科刑外，並有書面告誡、保護令及預防性羈押等即時介入保護機制。
申訴告訴	受（處）理爲性騷擾者僅能申訴，但爲強制觸摸罪可告訴亦可申訴（第2條、第25條）。	受（處）理跟蹤騷擾案件，如同時構成性騷擾及跟蹤騷擾罪，可刑事告訴及告知可提出性騷擾申訴或告訴。

資料來源：作者自製。

肆 本案之處理

一、受理階段

本案警方受理乙女報案後，1.詢明案情，初步判斷確認是否符合跟騷構成要件，即以人員、車輛、工具、設備、電子通訊、網際網路或其他方法，對特定人反覆或持續爲違反其意願且與性或性別有關之「監視跟蹤」、「盯梢尾隨」、「威脅辱罵」、「通訊干擾」、「不當追求」、「寄送物品」、「有害名譽」、「濫用個資」等八類行爲之一，使之心生畏怖，足以影響其日常生活或社會活動，以及是否構成性騷擾；2.依本案案情初步判斷可能同時構成性騷及跟騷，應進行警政婦幼系統跟蹤騷擾子系統通報並開案取（代）號；3.詢問乙女是否提出刑事告訴及性騷擾申訴，如併提告訴或申訴，應分別製作調查筆錄及訪談紀錄；4.跟騷法第18條第1項普通跟騷罪屬告訴乃論之罪，務必詢問乙女是否提出告訴，並注意確實查明發生時地，以利案件管轄權之歸屬；若乙女亦提出性騷擾申訴，則應查明乙女及甲男身分，以決定告知如何進行性平三法申訴；5.受理報案系統開立案件證明單給乙女。

二、調查階段

受理後啓動刑事調查，必要時可依刑事訴訟法等相關規定發動刑事強制處分，蒐集相關事證，如調閱監視器及詢問相關證人，確認二人關係，了解甲男於6月1日認識乙女後至7月30日不斷尾隨與接近乙女過程之言行舉止，特別是乙女已明確告知其行爲造成困擾，甲男爲何仍執意爲之；乙女對本事件之處理方式及對方之回應，本事件對乙女生活影響與轉變等，並就「持續時間」、「次數」及甲男的主觀要素等其他個別具體事件綜合判斷，以確認是否有反覆或持續實施與性或性別有關的尾隨、盯梢行爲，而使乙女心生畏怖足以影響其日常生活或社會活動。

若乙女提出性騷擾申訴，當查明乙女及甲男均具學生身分且是同校生，應將申訴部分移由該校依性別平等教育法處理。

三、啓動即時保護措施

1.書面告誡：不論乙女是否提出跟蹤騷擾告訴，有跟騷嫌疑者可依乙女請求，核發書面告誡；若現場員警依專業判斷，調閱監視器及詢問當事人後，發覺甲男行爲已屬高風險行爲，認爲有即時約制甲男再犯之必要者，應依職權核發書面告誡甲男。甲男若對核發之書面告誡有異議，可經原處分警察分局向其警察局表示異議救濟之；2.對乙女保護措施：告知乙女得行使之權利及服務措施，如本案已多次尾隨且過程中不斷接近乙女，基本上可提出性騷擾申訴，必要時並應採取其他保護，如教導防範措施或轉介相關權責機關保護服務之；3.保護令聲請：經書面告誡後，二年內甲男若再有跟蹤騷擾乙女行爲，乙女得聲請保護令；又除非考量本個案存在有具體危險情境，員警才可不受書面告誡先行之限制，依職權聲請，否則原則上以書面告誡先行爲主。

四、刑案移送

本罪若依據跟騷罪構成要件逐一檢視，甲男之行爲完全符合：1.實行方式：以人員爲之；2.對特定被害人：乙女；3.反覆或持續實施：於二個月內反覆爲之；4.違反其意願：明確告知其行爲造成困擾；5.與性或性別有關：基於愛戀、好感等性意涵；6.行爲類型：尾隨、盯梢；7.使心生畏怖足以影響其日常生活或社會活動：感到畏懼、困擾，且相關事證也蒐集完備，應檢附相關卷證，將甲男移送地檢署偵辦。倘若甲男「攜帶凶器或其他危險物品實行跟蹤騷擾行爲」或「違反保護令」之罪嫌疑重大，有事實足認爲有反覆實行之虞，而有羈押之必要者，得建請預防性羈押或羈押替代處分，有效防制行爲人再犯。

五、其他注意事項

若甲男爲精神疾病註記，聲請保護令內容應包含建請法院核發命相對人完成治療性處遇計畫此款保護令。

伍 結語

民間團體倡議多年的「跟騷法」，就在2021年4月發生屏東女子遭糾纏擄殺後，朝野立委加速立法進度，並在2021年11月19日完成三讀立法程序，總統於2021年12月1日公布全文，並自公布後六個月施行。明確定義跟蹤騷擾行爲，指以人員、車輛、工具、設備、電子通訊、網際網路或其他方法，對特定人反覆或持續爲違反其意願且與性或性別有關之「監視跟蹤」、「盯梢尾隨」、「威脅辱罵」、「通訊干擾」、「不當追求」、「寄送物品」、「有害名譽」、「濫用個資」等八類行爲，使之心生畏怖，足以影響其日常生活或社會活動；而將跟蹤騷擾行爲態樣具體類型化及犯罪化，並聚焦在「與性或性別有關」之行爲，且引入即時約制（書面告誡）模式，二年內若再犯法院可核發保護令及配合預防性羈押，並強調部門協力以保護扶助被害人及治療處遇相對人，以補充性別暴力防制之不足。倘若現行其他法律因考量當事人之身分、關係、場所（域）或性別等（如家庭暴力防治法、性平三法），別有調查、預防、處遇、處罰或其他規定者，亦得適用之。因而針對反覆或持續「過度追求」的「跟騷行為」，基本上也是「性騷擾」，員警受理由亦應詢問當事人是否提出刑事告訴及性騷擾申訴，如併提告訴或申訴，調查筆錄或訪談紀錄應分開製作。

因此，就以常發生於校園之不當追求而言，若學長以人員肢體行動方式，基於愛戀、好感等性意涵，對特定學妹反覆或持續實施盯梢、尾隨等行為，縱使學妹明確告知其行為造成困擾，學長仍執意為之，造成學妹心生畏怖足以影響其日常生活，已涉嫌跟蹤騷擾罪，況且此「過度追求」的「跟騷行為」，應也是「性騷擾」。警方受理被害人報案後，應即開始調查、製作書面紀錄，並告知被害人得行使之權利及服務措施，若被害人願提出性騷擾申訴，因當事人雙方均具是學生身分且是同校生，應將申訴部分移由該校依性平法處理。倘若案件經調查有跟蹤騷擾行為之犯罪嫌疑者，應依職權或被害人之請求，核發書面告誡予行為人；必要時，並應採取其他保護被害人之適當措施，如教導防範措施或轉介相關權責機關保護服務之。經書面告誡後，二年內行為人若再有跟蹤騷擾被害人行為，被害人得聲請保護令。且在相關事證也蒐集完備，應檢附相關卷證，將行為人移送地檢署偵辦；若行為人為精神疾病註記，聲請保護令內容應包含建請法院核發命相對人完成治療性處遇計畫此款保護令。跟騷法之如此立法設計，無非是希望藉由犯罪化、即時介入機制及相關部門協力，即時終止行為人跟騷行為，以保護扶助被害人及治療處遇相對人，以補充性別暴力防制之不足，確保校園之安寧。

（本文初稿曾發表於警光雜誌，第789期，2022年4月；
青少年犯罪防治研究期刊，第14卷第1期，2022年6月）

處理跟蹤騷擾案件作業程序

（第一頁，共三頁）

一、依據：

（一）跟蹤騷擾防制法、跟蹤騷擾防制法施行細則。

（二）警察機關辦理跟蹤騷擾案件作業規定。

（三）防制跟蹤騷擾緊急應變小組聯繫工作實施計畫。

（四）警察偵查犯罪手冊。

（五）警察機關受理刑事案件報案單一窗口實施要點。

（六）各級警察機關處理刑案逐級報告紀律規定。

二、分駐（派出）所、分局偵查隊處理流程：

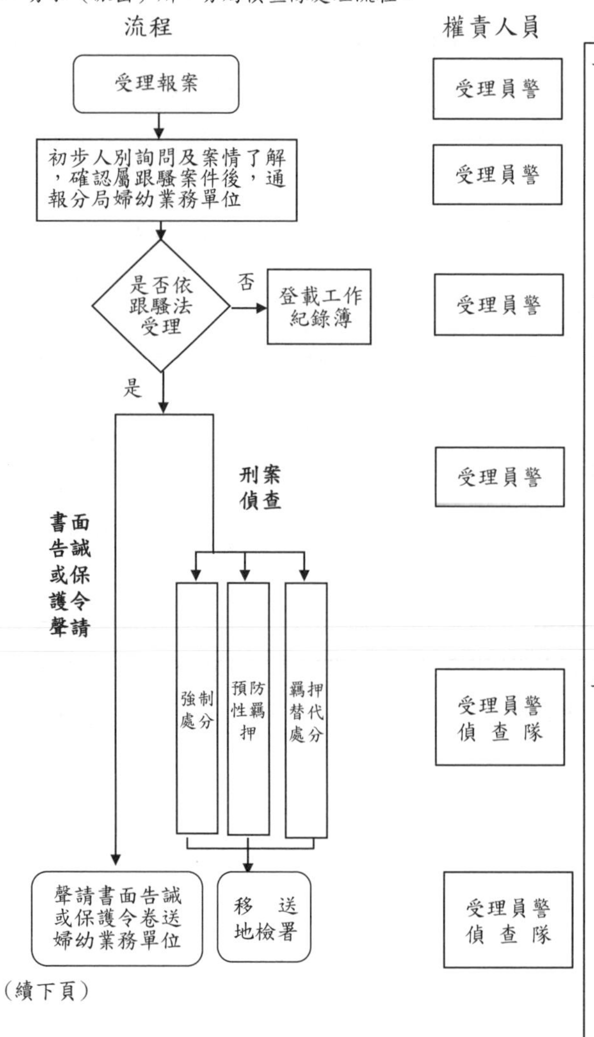

（續下頁）

作業內容

一、案件受（處）理程序：

（一）員警受理跟蹤騷擾案件（以下簡稱跟騷案件），應立即通報單位主管及業務單位，管制案件進度；警察分局勤務指揮中心接獲報案，應立即通報轄區分駐（派出）所及防治組；警察局勤務指揮中心接獲報案，應立即通報轄區分局及婦幼警察隊。

（二）提供被害人警察機關跟蹤騷擾防制法案件安全提醒單，並告知其得行使之權利、救濟途徑及服務措施。

（三）員警完成跟騷案件受理程序、接收他轄單一窗口轉入、地檢署發交查跟騷案件後，應同時報告分局家防官，在當時段勤務結束後，於員警工作紀錄簿將案件受理概況登載備查，並於三日內將全案卷送分局防治組及偵查隊。

二、書面告誡之核發及保護令之聲請：

（一）書面告誡由管轄分局審查後，認有跟騷嫌疑時核發；非管轄單位受理後，應依警察機關受理刑事案件報案單一窗口實施要點規定移轉管轄分局，並向被害人妥適說明。

（二）行為人違反書面告誡時，應協助被害人聲請跟騷保護令。

（三）被害情形急迫時（如行為人在場、現行犯案件或其他緊

（續）處理跟蹤騷擾案件作業程序

（第二頁，共三頁）

三、分局婦幼業務單位處理流程：

流程	權責人員	作業內容

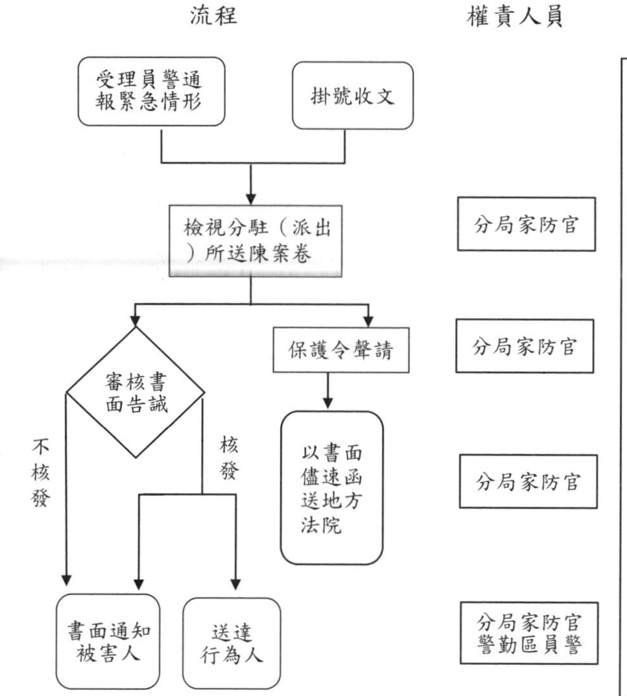

急狀況），管轄及非管轄單位均得依職權聲請保護令，且不受書面告誡先行之限制。

（四）涉及家庭暴力防治法之跟騷案件，應依該法聲請家暴保護令，不適用跟騷保護令聲請程序；至書面告誡之核發，應主動詢問及尊重被害人意願，並留存書面資料供稽。

（五）已核發書面告誡或保護令之案件，再有跟蹤騷擾行為時，不再核發書面告誡。

三、刑案偵查程序與書面告誡審查、核發程序併行，並視個案情節，依刑事訴訟法建請檢察官裁定強制處分、羈押替代處分（具保、責付及限制住居）或向法院聲請羈押。

四、書面告誡由各分局婦幼業務單位審查，並由副分局長以上長官核定；但情形急迫時，得由婦幼業務單位主管先行審核後，再行補陳閱。

五、管轄分局受理且行為人在場時，受理員警應通知分局婦幼業務單位，立即進行書面告誡審查。

六、跟騷案件現行犯，書面告誡應於移送書陳核時一併送陳，並於解送至地檢署或地檢署裁示不予解送釋放前，完成送達。

七、書面告誡送達生效後，核發分局應以書面通知被害人；不核發書面告誡時，亦應敘明其理由及救濟方式，並以書面通知被害人。

八、書面告誡送達事項：

（一）書面告誡以員警送達為原則，情況急迫無法立即送達時，得以電話或其他適當方式為之，並予以錄音（影）或截圖，完成後應記載於公務電話紀錄簿或員警工作紀錄簿。書面告誡一式二份，一份當場交付、一

（續下頁）

（續）處理跟蹤騷擾案件作業程序

（第三頁，共三頁）

流程	權責人員	作業內容
		份附卷存查。完成送達後，應將下列資料陳報分局防治組列冊管制： 1. 書面告誡。 2. 送達證書或公務電話紀錄、工作紀錄。 （二）無急迫危險之家庭暴力案件以郵務送達為原則。 （三）未獲會晤應受送達人或其同居人或受僱人者，得寄存送達。

四、使用表單：

（一）受（處）理案件證明單。

（二）行為人書面告誡、被害人安全提醒單。

（三）調查筆錄、犯罪嫌疑人指認表、真實姓名對照表。

（四）家庭暴力保護令及跟蹤騷擾保護令之聲請書狀。

（五）送達證書、寄存送達通知書。

五、注意事項：

（一）跟蹤騷擾之認定，應就個案審酌案件發生之背景、環境、當事人之關係、行為人與被害人之認知及行為人言行連續性等具體事實為之。

（二）員警受理或處理跟蹤騷擾案件，應至警政婦幼案件管理系統之跟蹤騷擾案件管理子系統輸登、建檔及通報或移轉管轄分局。

（三）員警於製作跟蹤騷擾案件相關文書時，被害人及未成年行為人之真實姓名及身分資料，應以代號稱之，並另製作代號及真實姓名對照表密封附卷。

（四）管轄分局有需其他警察機關協助之必要時，得以公文、傳真或公務電話紀錄等方式請求協助。

（五）各類資料上傳本署婦幼案件管理系統之時效規定如下：

1. 刑案之移送或函送資料：移送或函送之次月五日前。
2. 法院或地檢署有關羈押或停止羈押、羈押替代處分及其附條件命令：接獲裁定或命令後，翌日起七日內。
3. 刑案偵審結果：接獲處分書、判決書或裁定後，翌日起五日內。
4. 保護令之核發、延長或撤銷：接獲法院裁定或函文後，翌日起五日內。
5. 書面告誡及保護令之執行：應於執行之日起七日內。

（六）案件受（處）理人員執行上有疑義或須協助，經諮詢後仍未排除問題之須跨單位或跨網絡協力案件，由所屬警察局婦幼業務單位啟動緊急應變小組，召開實體／視訊會議討論，共商解決方式；仍未解決者，陳報中央緊急應變小組處理之。

第十章
處理強制猥褻案例

壹 案例事實

你是某轄區派出所所長某日乙女來所報案，說甲男係她任職公司負責人之配偶，甲男在該人力仲介公司擔任業務，她則在該公司擔任行政助理。某日甲男邀她外出，並駕車載她至某處停車場停車後，在車內要求她握其雙手並擁抱，她未予拒絕後，甲男竟趁她不及抗拒時，趁機舔拭她耳朵，並欲順勢親吻她，惟因她受驚並將其推開而停止，甲男因此已知她不願與之為類似親密接觸；惟竟於回程途中駕車行至某郵局前停等紅燈時，突向她表示「有反應了」，同時趁她不及防備，強拉她左手隔著褲子碰觸其生殖器，終於再遭她縮手拒絕後，甲男此時才停止。她當時很恐慌，返回公司後便前來派出所報案，你如何指導員警處理本案之法律適用？

貳 相關法律規範

一、強制猥褻罪

刑法第224條規定：「對於男女以強暴、脅迫、恐嚇、催眠術或其他違反其意願之方法，而為猥褻之行為者，處六月以上五年以下有期徒刑。」

刑法第224條之強制猥褻罪，係指性交以外，基於滿足性慾之主觀犯意，以違反被害人意願之方法所為，揆其外觀，依一般社會通念，咸認足以誘起、滿足、發洩人之性慾，而使被害人感到嫌惡或恐懼之一切行為而言。所稱「其他違反其意願之方法」，並不以類似同條項所列舉之強暴、脅迫、恐嚇或催眠術等方法爲必要，只要行爲人主觀上具備侵害被害人性自主之行使、維護，以足使被害人性自主決定意願受妨害之任何手段，均屬之。而人之智能本有差異，於遭逢身體、健康等問題，處於徬徨求助之際，其意思決定之自主能力顯屬薄弱而易受影響，若又以聽診、治療爲手段（例如醫療必要等），由該行爲之外觀，依通常智識能力判斷其方法、目的，未必欠缺合理性，且係趁人求醫治療之心理狀態，以卸除其原本理性防禦之思考空間，使之無法如通常一般人立即拒絕而離去之性自主決定，自屬一種違反意願之方法[1]。

二、利用權勢性交或猥褻罪

刑法第228條規定：「對於因親屬、監護、教養、教育、訓練、救濟、醫療、公務、業務或其他相類關係受自己監督、扶助、照護之人，利用權勢或機會爲性交者，處六月以上五年以下有期徒刑。因前項情形而爲猥褻之行爲者，處三年以下有期徒刑。第一項之未遂犯罰之。」

刑法第228條之利用權勢性交或猥褻罪，乃因行爲人與被害人間具有親屬、監護、教養、教育、訓練、救濟、醫療、公務、業務或其他類似之關係，且被害人在此種不對稱關係居於劣勢地位，因而欠缺完全之性自主判斷能力，未能爲成熟、健全、正確之性意思決定，而行爲人則利用此種權勢或機會對被害人爲性交或猥褻行爲，並造成形式上雖未違背被害人之意願，甚或已得被害人同意，但實質上被害人之性自主決定權卻因受一定程度之壓迫而不得不屈從之假象。亦即被害人除須在親屬、業務等關係中處於劣勢地位外，尚須因被告利用此種權勢或機會，導致其性自主決定權受到一定程度之壓迫而不得不屈從[2]。

三、強制觸摸罪

性騷擾防治法第25條規定：「意圖性騷擾，乘人不及抗拒而爲親吻、擁抱或觸摸其臀部、胸部或其他身體隱私處之行爲者，處二年以下有

1 參照最高法院107年度台上字第1075號刑事判決。
2 參照臺灣高等法院106年度侵上訴字第229號刑事判決。

期徒刑、拘役或科或併科新臺幣十萬元以下罰金。前項之罪，須告訴乃論。」

強制觸摸罪，係指行為人對於被害人之身體為偷襲式、短暫性之不當觸摸行為，而不符刑法第224條強制猥褻罪之構成要件而言。而所謂「性騷擾」，係指性侵害犯罪以外，對他人實施違反其意願而與性或性別有關之行為，且合於性騷擾防治法第2條第1款、第2款所規定之情形而言。另所謂「不及抗拒」係指被害人對行為人所為之性騷擾行為，尚未及感受到性自主決定權遭受妨害，侵害行為即已結束而言，此即性騷擾行為與刑法上強制猥褻罪區別之所在。究其侵害之法益，強制猥褻罪乃侵害被害人之性自主決定權，即妨害被害人性意思形成及決定之自由，性騷擾行為則尚未達於妨害性意思之自由，而僅破壞被害人所享有關於性、性別，及與性有關之寧靜及不受干擾之平和狀態而言[3]。

參 本案判決

一、二審之見解

針對本案前述事實，一審新竹地方法院認為被告甲男身為乙女公司之實際負責人，竟藉工作上對乙女具有指揮監督權限之關係，利用一般員工於此情形下不敢拒絕之心理，對乙女為上揭猥褻行為，依法論處刑法第228條第2項對受監督之人利用權勢猥褻罪（參照新竹地方法院105年度侵訴字第48號刑事判決）。

甲男不服上訴後，二審臺灣高等法院認為被告甲男上揭所為，係犯刑法第224條之強制猥褻罪，原判決未予詳酌，認被告此部分係犯利用權勢猥褻罪，尚有未洽。另其趁機舔拭乙女耳朵並欲順勢親吻乙女之性騷擾行為，應為犯意提升後之強制猥褻行為所吸收，不另論罪[4]。

3 參照最高法院109年度台上字第862號刑事判決意旨。
4 臺灣高等法院106年度侵上訴字第229號刑事判決。

二、三審之見解

本案上訴三審後，依據最高法院108年度台上字第1800號刑事判決指出，刑法第224條之強制猥褻罪和性騷擾防治法第25條第1項之強制觸摸罪，雖然都與性事有關，隱含違反被害人之意願，而侵害、剝奪或不尊重他人性意思自主權法益。但兩者既規範於不同法律，構成要件、罪名及刑度並不相同，尤其前者逕將「違反其（按指被害人）意願之方法」，作爲犯罪構成要件，依其立法理由，更可看出係指強暴、脅迫、恐嚇、催眠術等傳統方式以外之手段，凡是悖離被害人的意願情形，皆可該當，態樣很廣，包含製造使人無知、無助、難逃、不能或難抗情境，學理上乃以「低度強制手段」稱之。從大體上觀察，二罪有其程度上的差別，前者較重，後者輕，而實際上又可能發生犯情提升，由後者演變成前者情形。從而，其間界限，不免產生模糊現象，自當依行爲時、地的社會倫理規範，及一般健全常識概念，就對立雙方的主、客觀因素，予以理解、區辨。具體以言：

（一）從行爲人主觀目的分析：強制猥褻罪，係以被害人作爲行爲人自己洩慾的工具，藉以滿足行爲人自己的性慾，屬標準的性侵害犯罪方式之一種；強制觸摸罪，則係以騷擾、調戲被害人爲目的，卻不一定藉此就能完全滿足行爲人之性慾，俗稱「吃豆腐」、「占便宜」、「毛手毛腳」、「鹹溼手」即是。

（二）自行爲手法觀察：雖然通常都會有肢體接觸，但於強制猥褻罪，縱然無碰觸，例如強拍被害人裸照、強令被害人自慰供賞，亦可成立；強制觸摸罪，則必須雙方身體接觸，例如對於被害人爲親吻、擁抱、撫摸臀部、胸部或其他身體隱私處，但不包含將被害人之手，拉來碰觸行爲人自己的性器官。

（三）自行爲所需時間判斷：強制猥褻罪之行爲人，在加害行爲實施中，通常必需耗費一定的時間，具有延時性特徵，無非壓制對方、滿足己方性慾行動進展所必然；強制觸摸罪則因構成要件中，有「不及抗拒」乙語，故特重短暫性、偷襲性，事情必在短短數秒（甚至僅有1、2秒）發生並結束，被害人根本來不及或無餘暇予以抗拒或反對。

（四）自行為結果評價：強制猥褻罪之行為人所造成的結果，必須在使被害人行無義務之事過程中，達至剝奪被害人性意思自主權程度，否則只能視實際情狀論擬他罪；強制觸摸罪之行為所造成的結果，則尚未達至被害人性意思自由之行使，遭受壓制之程度，但其所應享有關於性、性別等，與性有關之寧靜、和平狀態，仍已受干擾、破壞。

（五）自被害人主觀感受考量：強制猥褻罪之被害人，因受逼被性侵害，通常事中知情，事後憤恨，受害嚴重者，甚至出現創傷後壓力症候群現象；強制觸摸罪之被害人，通常是在事後，才感受到被屈辱，而有不舒服感，但縱然如此，仍不若前者嚴重，時有自認倒楣、懊惱而已。

（六）自行為之客觀影響區別：強制猥褻罪，因本質上具有猥褻屬性，客觀上亦能引起他人之性慾；強制觸摸罪則因行為瞬間即逝，情節相對輕微，通常不會牽動外人的性慾。

誠然，無論強制猥褻或強制觸摸，就被害人而言，皆事涉個人隱私，不願聲張，不違常情（後者係屬告訴乃論罪），犯罪黑數，其實不少，卻不容因此輕縱不追究或任其避重就輕。尤其，對於被害人有明示反對、口頭推辭、言語制止或肢體排拒等情形，或「閃躲、撥開、推拒」的動作，行為人猶然進行，即非「合意」，而已該當於強制猥褻，絕非強制觸摸而已。

故最高法院本判決駁回被告甲男上訴，認為事發時，甲男已有相當社會閱歷，且與乙女僅純為同事關係，縱因乙女初始未拒絕牽手、擁抱，甲男順勢舔耳，已然踰矩，存有性騷擾之意，嗣更於乙女排拒後，猶強行拉手，以碰觸甲男（已勃起）的生殖器，終於再遭乙女縮手拒絕，此時才停止。縱使乙女之手接觸到甲男性器的時間雖不長，但此乃乙女抵抗、排拒之結果，非甲男行為之本然，要與性騷擾之「不及防備」、「短暫接觸」之行為要件不同，何況甲男並不否認當時陰莖已經勃起，此時已堪認甲男為滿足自身之性慾，違反乙女意願，自應該當於強制猥褻罪名。

肆 本案評析

一、強制猥褻之概念

按強制猥褻罪所稱「猥褻」行為，並未如「性交」行為有明確性立法解釋，屬不確定法律概念，故行為是否構成猥褻，尚須委由法官依行為當時社會一般人健全常識即社會通念，就個案客觀行為事實為獨立價值判斷。實務向來以「所謂猥褻，係指姦淫（現行條文為「性交」）以外有關風化之一切色慾行為而言，苟其行為在客觀上尚不能遽認為基於色慾之一種動作，即不得謂係猥褻行為」[5]。另所稱其他「違反其意願之方法」，係指該條所列舉之強暴、脅迫、恐嚇、催眠術以外，其他一切違反被害人意願之方法，妨害被害人之意思自由者而言，不以類似於所列舉之強暴、脅迫、恐嚇、催眠術等相當之其他強制方法，足以壓抑被害人之性自主決定權為必要。故目前實務上認為強制猥褻係指「性交以外，基於滿足性慾之主觀犯意，以違反被害人意願之方法所為，足以引起一般人性慾，而使被害人感到嫌惡或恐懼之一切行為而言」。

二、強制觸摸之概念

相對地，強制觸摸罪所謂「意圖性騷擾」，係指行為人具有性暗示而調戲被害人意，以滿足調戲對方目的，讓人有不舒服感覺，且不以性慾之滿足為必要。至於所謂「乘人不及抗拒」係指行為人以偷襲式、短暫性之不當觸摸，而使被害人未能即時反應，行為人則已然完成侵害行為，此與強制猥褻罪之構成要件不符，無法以強制猥褻罪相繩。又所指「觸摸」行為，不以身體肌膚直接碰觸行為為限，倘觸摸他人為覆蓋遮隱其臀部、胸部或其他身體隱私處之衣物，亦適用之。另所謂「其他身體隱私處」，乃不確定法律概念，客觀上固然包括男女生殖器、大腿內側、鼠蹊部等通常社會觀念中屬於身體隱私或性敏感部位；至於其他身體部位，諸如耳朵、脖子、肚臍、腰部、肩膀、背部、小腿、大腿外側及膝蓋腿等男女身體部

5 參照最高法院27年渝上字第558號判例。

位，究竟是否屬於條文所稱「其他身體隱私處」，仍應依社會通念及被害人個別情狀，並參酌個案審酌事件發生背景、環境、當事人關係、行爲人言詞、行爲及相對人認知等具體事實，而爲綜合判斷（參照性騷擾防治法施行細則第2條）。

換言之，因性騷擾犯行處罰之目的在於因行爲人所爲破壞被害人所享有關於性、性別等，與性有關之寧靜、不受干擾之平和狀態，解釋上當非僅以該身體部位是否外露爲斷，而係以該等身體部位如遭行爲人親吻、擁抱或觸摸，該等作爲是否與性有關，而足以引發被害人與性有關之寧靜、不受干擾之平和狀態遭受破壞以爲認定，而此等認定應依社會通念及被害人個別情狀，並參酌個案審酌事件發生之背景、環境、當事人之關係、行爲人之言詞、行爲及相對人之認知等具體事實綜合判斷之[6]。

三、兩者保護法益之區別

強制觸摸罪即在規範對被害人之身體爲偷襲式、短暫式、有性暗示之不當觸摸，含有調戲意味，而使人有不舒服之感覺，但不符合強制猥褻之構成要件之行爲而言。如此，強制猥褻罪乃以其他性主體爲洩慾之工具，俾求得行爲人自我性慾之滿足，強制觸摸罪則意在騷擾觸摸之對象，不以性慾之滿足爲必要；究其侵害之法益，前者乃侵害被害人之性自主權，即妨害被害人性意思形成、決定之自由，後者則尚未達於妨害性意思之自由，而僅破壞被害人所享有關於性、性別等，與性有關之寧靜、不受干擾之平和狀態。

四、「雙行為犯」vs.「單行為犯」

特別是本判決指出強制猥褻罪與強制觸摸罪，雖然都與性事有關，隱含違反被害人之意願，而侵害、剝奪或不尊重他人性意思自主權法益，因而其間界限，不免產生模糊現象。惟兩者既規範於不同法律，且構成要件、罪名及刑度均不相同，自當依行爲時、地的社會倫理規範，及一般健全常識概念，就對立雙方的主、客觀因素，予以理解、區辨。尤其是強制

6 參照臺灣高等法院105年度上易字第2025號刑事判決。

猥褻罪將「違反其（按指被害人）意願之方法」，作爲犯罪構成要件，故學界多數見解則主張違反意願要素應受本條前導例示概念（強暴或脅迫）所拘束，限於被害人性自主受到強制壓迫情形（所謂「強制性質必要說」）。

然而，在此大方向下，又有不同主張區分爲：1.限於足使相對人陷入不能抗拒的手段，限於與例示概念（強暴或脅迫）強度相當的強制手段（高度強制手段說）；2.類似優越支配的低度強制手段（低度強制手段說）；3.將違反意願理解成行爲人利用被害人難以逃脫、反抗的無助狀態（利用無助情境說）；4.行爲人利用被害人所處的（物理或心理上之）強制狀態來遂行性侵害目的（利用既存強制狀態說）。因而所謂的「違反意願」，應指被害人是否從事該次具體性行爲的選擇自由被剝奪而完全沒有選擇的餘地，倘若被害人倘可決定而被評價爲自我選擇的結果，該決定即屬自主作成，自然沒有違法其意願可言，如此也可與刑法第228條之規定，做一合理區別[7]。

本判決在此採取「低度強制手段說」，認爲違反意願要素，除指強暴、脅迫、恐嚇、催眠術等傳統方式以外之手段，凡是悖離被害人的意願情形，皆可該當，態樣很廣，包含製造使人無知、無助、難逃、不能或難抗情境均是，類似學說上的「低度強制手段說」或「利用無助情境說」或「利用既存強制狀態說」。如同王皇玉教授認爲修法後的強制性交罪或強制猥褻罪，仍必須以存在強制手段爲必要，但只需達到「低度強制」程度即可。即行爲人對被害人施加強制手段的強制力，並不需達到使被害人「不能抗拒」的程度，只要行爲人使被害人處於無助而難以反抗、不敢反抗或難以脫逃的狀態，甚或因害怕而「沒有抗拒」，都屬行使強制手段。況且強制性交罪或強制猥褻罪都是必須具備「強制手段」與「妨害性自主」二個行爲的「雙行爲犯」，才能與趁機性交罪及強制觸摸罪等「單行爲犯」區隔[8]。

---

7 蔡聖偉，最高法院關於性強制罪違反意願要素的解釋趨向，月旦法學雜誌，第276期，2018年5月，頁6-19。

8 王皇玉，談強制手段，司法周刊，第1742期，2015年4月10日，頁4。

五、本案構成強制猥褻罪

故本案事發時，甲男存有性騷擾之意，嗣更於乙女排拒後，更爲滿足自身性慾，猶以「強制手段」強行拉乙女手碰觸其生殖器，終於再遭乙女縮手拒絕，此時才停止；縱使乙女手接觸到甲男性器時間雖不長，但此乃乙女抵抗、排拒之結果，非甲男行爲之本然，如此行爲顯具備「強制手段」與「妨害性自主」之「雙行爲犯」，要與性騷擾之「不及防備」、「短暫接觸」之「單行爲犯」要件不同，自應構成強制猥褻罪名。

伍 結語

按強制猥褻罪其保護法益爲個人之性自主決定權，所謂性自主決定權，係指一個人能夠決定其「是否」、「何時」以及「如何」發生與性有關之行爲，亦即對於與性有關之行爲，包括發生的時間、地點、形式及對象具有自主決定之自由；至於強制觸摸罪則尚未達於妨害性意思之自由，僅破壞被害人有關於性不受干擾平和狀態。然兩者都與性事有關，隱含違反被害人之意願，因而其間界限，不免產生模糊現象。

故身爲所長的你，在指導員警處理本案時，除應確實依照「處理性侵害案件作業程序」及「處理性騷擾事（案）件作業程序」辦理外，至於竟應該當何罪，可參照本案最高法院之見解，自當依行爲時、地的社會倫理規範，及一般健全常識概念，就對立雙方的主、客觀因素，予以理解、區辨；特別是強制猥褻罪都是必須具備「強制手段」與「妨害性自主」二個行爲的「雙行爲犯」，而強制手段的強制力，只要行爲人使被害人處於無助而難以反抗、不敢反抗或難以脫逃的狀態，甚或因害怕而沒有抗拒，均屬之。

最後，因強制觸摸罪屬告訴乃論罪，所以受理此等案件時，應確實詢問被害人或申訴人是否提出告訴並記明筆錄。因爲若其告訴條件完備者，檢察官對於司法警察機關移送或法官對於檢察官起訴之強制猥褻案件，倘若認定係犯強制觸摸罪時，檢察官自得逕爲適當起訴或由法官變更起訴法條逕爲適當判決，以確保被害人權益。

（本文初稿曾發表於警光雜誌，第785期，2021年12月）

處理性侵害案件作業程序

（第一頁，共四頁）

一、依據：

（一）刑法第二百二十一條至第二百二十九條之一、第三百三十二條第二項第二款、第三百三十四條第二項第二款、第三百四十八條第二項第一款及其特別法。

（二）性侵害犯罪防治法第二條、第十五條之一。

（三）警察偵查犯罪手冊。

（四）警察機關受理刑事案件報案單一窗口實施要點。

（五）各級警察機關處理刑案逐級報告紀律規定。

（六）性侵害案件減少被害人重複陳述作業要點（以下簡稱減述要點）。

二、分駐（派出）所流程：

流程	權責人員	作業內容
受理報案 ↓ 初步人別詢問及案情瞭解，確認屬性侵害案件後，通知警察(分)局專責人員處理，同時知會偵查隊值日小隊及防治組家庭暴力防治官（以下簡稱家防官）。 ↓ 必要時，協助現場戒護及證據保全。 ↓	分駐（派出）所受理員警 分駐（派出）所受理員警 分駐（派出）所受理員警	一、受理報案： （一）受理民眾及其他單位報案。 （二）通知警察（分）局性侵害案件專責處理人員（以下簡稱專責人員）接案處理，同時知會偵查隊值日小隊及防治組家庭暴力防治官（以下簡稱家防官）即時介入及協助處理。 （三）必要時（如陌生人性侵害案件）派員協助現場戒護及證據保全。 （四）情況緊急時，應先協助被害人就醫，並同時通知警察（分）局專責人員及防治組家防官。 （五）被害人等候警察（分）局專責人員期間，應先安排至安全隱密處所，並由適當之員警陪同安撫其情緒或派員護送被害人至溫馨會談室，以保護被害人隱私。 （六）將處理情形填寫於「員警工作紀錄簿」，並注意被害人身分保密，避免個人資料洩漏。

（續下頁）

（續）處理性侵害案件作業程序

（第二頁，共四頁）

三、警察（分）局流程：

流程	權責人員
必要時，著便服陪同被害人至醫院驗傷採證。	警察（分）局專責人員
未滿十八歲之人、心智障礙者或被害人經申請適用減述要點者，應通知社工員到場進行減述作業詢（訊）前訪視。對於法官或檢察官未親訊兒童或心智障礙被害人案件，認有必要時，應通知專業人士到場協助詢（訊）問。被害人為聾或啞或語言不通者，得用通譯；應主動瞭解及詢問其有無傳譯需求，並視需要通知外事科或相關單位協助辦理。	警察（分）局專責人員
登入警政知識聯網進行通報	警察（分）局專責人員
向婦幼警察隊索取代號或至警政知識聯網取號	警察（分）局專責人員
採證（袋）盒由婦幼警察隊派員送刑事警察局鑑驗	警察（分）局專責人員
偵查蒐證製作筆錄（涉外案件應會同外事警察人員偵辦，並指派適當人員擔任通譯）	
採證（袋）盒及鑑驗書送地方檢察署或少年法院（庭）	警察（分）局專責人員
製作調查筆錄、被害（犯罪嫌疑）人調查表等	警察（分）局專責人員
移送地方檢察署或少年法院（庭）偵辦	警察（分）局專責人員

作業內容

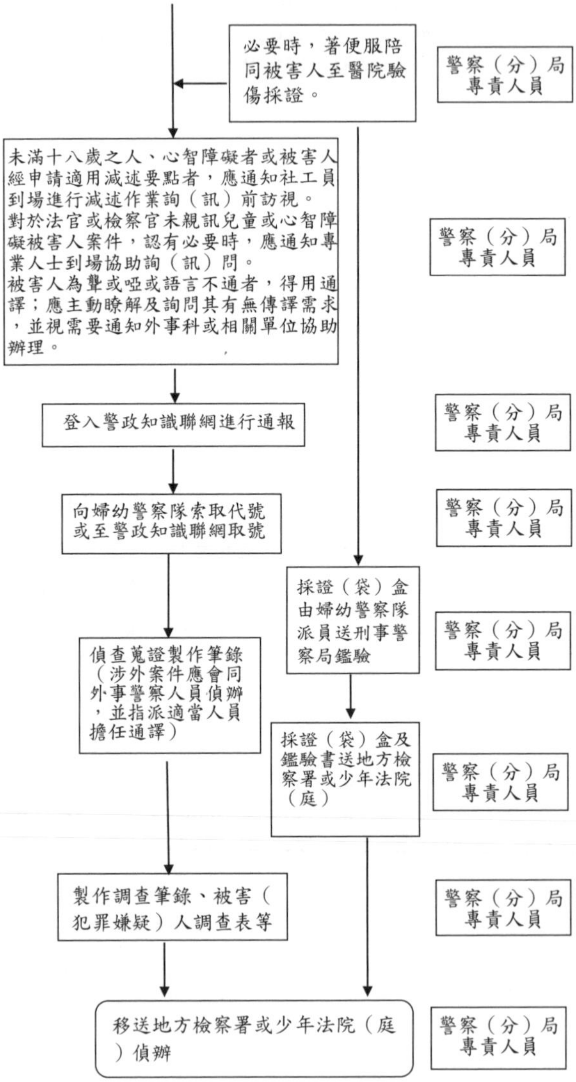

二、執行階段：

（一）必要時，由警察（分）局同性別專責人員著便服、攜服務證、開偵防車陪同驗傷；並於被害人筆錄製作完成後四十八小時內填報及輸入刑案（發生）紀錄表。

（二）刑法第二百二十一條及第二百二十二條之重大性侵害案件，應分別於被害（犯罪嫌疑）人筆錄製作完成後一小時內，於雲端治安管制系統為重大刑案（發生及破獲）通報婦幼警察隊（含調查筆錄）審核後轉報內政部警政署刑事警察局（以下簡稱刑事警察局）偵防中心及刑事警察大隊。

（三）由警察（分）局專責人員於受理後二十四小時內，登入警政知識聯網選取「警政婦幼案件管理系統」，輸入「性侵害犯罪事件通報表」，通報當地性侵害防治中心。

（四）警察（分）局專責人員完成被害（犯罪嫌疑）人筆錄後，應填妥「性侵害案件被害（犯罪嫌疑）人調查表」，並交由業務承辦人（家防官）於三個工作日內輸入「性侵害防治處理系統」。

（五）警察（分）局專責人員判斷需緊急保全性侵害現場時（如加害人為陌生人、發生在公眾得出入場所、案發時間半日內等），立即派員協助現場戒護及證據保全，分駐（派出）所應派員配合辦理。

（六）減述流程依減述要點規定辦理；對於法官或檢察官未親訊兒童或心智障礙被害人案件，認有必要時，應通知專業人士到場協助詢（訊）問。

（七）專責人員宜到場照相及進行必要之採證（陌生人案件則應會同警察局鑑識科（中心）及婦幼警察隊）。

（八）被害人驗傷採證後無法聯繫或未報案，其證物（袋）盒之後續處理，依「未成案性侵害案件證物處理流程」規定辦理。

三、結果處置：

（一）分局偵查隊移送案件時，應簽會防治組家防官，移送書並副知分局防治組及婦幼警察隊。

（二）婦幼警察隊應就轄內發生之性侵害案件進行控管，以掌握偵辦進度及品質。

（續下頁）

（續）處理性侵害案件作業程序

（第三頁，共四頁）

四、使用表單：

（一）通用表單

1. 性侵害犯罪事件通報表。
2. 性侵害案件減少被害人重複陳述作業社工員訊前訪視紀錄表。
3. 性侵害案件減少被害人重複陳述同意書。
4. 性侵害事件被害人權益保障事項說明單。
5. 性侵害案件驗證同意書。
6. 疑似性侵害案件證物採集單。
7. 員警處理性侵害案件交接及注意事項表。
8. 藥毒物檢體監管紀錄表。
9. 胚胎監管紀錄表。
10. 刑事案件證物採驗紀錄表。
11. 重大刑案通報單。
12. 各類案件紀錄表。
13. 性侵害案件被害（嫌疑）人調查表。
14. 去氧核醣核酸採集單、通知書、證明書。
15. 性侵害 DNA 證物送驗檢核表。
16. 被害人代號與真實姓名對照表。
17. 證人代號與真實姓名對照表。

（二）特殊表單

1. 被害人證據一覽表。
2. 處理性侵害案件作業程序檢核表。
3. 報請地方法院/檢察署指揮傳真通知單。

五、注意事項：

（一）對於性侵害被害人之姓名、出生年月日、住居所及其他足資識別其身分之資訊等應予保密，並恪守性侵害犯罪防治法及相關法律之規定。

（二）詢（訊）問被害人應以懇切態度耐心為之，並體察其陳述能力，給予充分陳述機會，使其能完整陳述，並提供「性侵害事件被害人權益保障事項說明單」。

（三）處理非本轄或他單位移辦本轄案件時，專責人員應依「警察機關受理刑事案件報案單一窗口實施要點」及「處理他轄性侵害案件作業程序」各項規定辦理，並副知分局防治組及警察局婦幼警察隊列管。

（四）告訴乃論案件，被害人不願提出告訴時，專責人員應告知被害人於告訴期間內仍可提出告訴，惟日後欲再提出告訴時，恐無法有效舉證等權益事項，並將上情載明於工作紀錄簿。

（五）非告訴乃論案件，被害人不願提出告訴時，社政人員與被害人取得聯繫，瞭解受害經過（時間、地點及案情概述等）及取得足供查緝加害人之相關資訊（年籍資料、聯絡方式、騎乘交通工作、電子郵件或網路使用者帳號資料等）後記明書面，併同性侵害犯罪事件通報表等函送警察機關調查蒐證；並為確保被害人權益，由社工人員續予關懷訪視被害人。專責人員以通知書通知被害人到場接受調查；被害人拒絕到場製作筆錄時，應於員警工作紀錄簿載明，並將性侵害犯罪事件通報表及社工訪視紀錄等相關資料函（移）請檢察機關或法院辦理。

（續下頁）

（續）處理性侵害案件作業程序

（第四頁，共四頁）

（六）處理刑法強制猥褻罪等案件時，應確實詢（訊）問告訴權人是否提出告訴並於筆錄載明。其告訴條件完備者，檢察官對於偵查或法官對於起訴犯強制猥褻罪之案件，經其審認係性騷擾防治法第二十五條之罪時，自得逕行變更法條為適當之起訴或實體判刑，以確保被害人權益。

（七）評估案發與採證時間之間隔是否逾七日，超過七日則不開啟「疑似性侵害案件證物盒」。屬陌生人性侵害案件，且恐有再犯之虞，應加註「緊急案件」，並請於證物盒右下角加貼粉紅色緊急案件貼紙優先送鑑。

（八）證物保存運送方式：證物袋應陰乾常溫保存。胚胎組織檢體二十四小時送驗者，置於四℃冷藏保存；至遲十五日內送驗者，置於負二十℃冷凍保存，由婦幼警察隊派員於十五日內，檢具「刑事案件證物採驗紀錄表」使用冰桶送刑事警察局鑑定；相關卷宗或表單中之案由，應避免揭露被害人姓名，以免洩漏其身分。藥物鑑驗採證袋（用藥已逾九十六小時無須採樣）置於四℃冷藏保存，至遲十五日內由婦幼警察隊派員檢具「性侵害案件藥物鑑定血、尿液檢體監管紀錄表」使用冰桶運送至專責鑑定醫院（臺北榮民總醫院、高雄醫學大學附設醫院）鑑定，並於前揭紀錄表註明鑑定書副知婦幼警察隊。

（九）犯罪嫌疑人到案應採集唾液檢體製作 FTA 卡，並於十五日內檢具相關資料送刑事警察局。

（十）專責人員收受鑑定書或相關證物時，應於五個工作日內以公函送院檢機關，並副知分局防治組及警察局婦幼警察隊。

（十一）處理性侵害案件，若發現同時涉及家庭暴力（如近親亂倫等案件）時，除於受理後二十四小時內通報當地性侵害防治中心外，並應視個案需要，依職權啟動家庭暴力防治法保護令聲請等安全維護措施，以保障被害人之人身安全。

（十二）兒童及少年偏差行為涉及性侵害案件時，調查程序應依性侵害犯罪防治法及本程序辦理，至處置作為，兒童部分應依警察機關處理兒童偏差行為案件作業程序辦理，另少年部分則依少年偏差行為預防及輔導辦法辦理。又通報地方主管機關時，針對兒童或少年嫌疑人有學籍者，請以適當方式註記之，俾地方主管機關轉介教育主管機關連結教育輔導資源。

六、處理性侵害案件檢察機關及法院引用之證據種類參考：

（一）簡訊照片。

（二）現場照片。

（三）一一〇/一一三報案電話錄音檔。

（四）汽車旅館錄影光碟。

（五）汽車旅館之住宿旅客名單。

（六）現場錄影光碟及翻拍畫面照片。

（七）醫院受理疑似性侵害事件驗傷診斷書。

（八）創傷後壓力症後群之診斷證明書精神鑑定報告書。

（九）內政部警政署刑事警察局鑑定書。

（十）臺北榮民總醫院或高雄醫學大學附設醫院檢驗部藥劑毒物室臨床毒物科檢驗報告。

（十一）行動電話門號通信紀錄。

（十二）各種社群網站、論壇、即時通訊軟體及 e-mail 等相關資料及對話列印。

（十三）案發後被害人向第一位證人求助或陳述之筆錄。

（十四）被害人報案時之外觀、神情、表達時情緒之身心狀況等證人筆錄或社工心理衡鑑報告。

第三編

警察勤業務保安類

第十一章 處理以集會遊行爭取政策性議題案例

壹 案例事實與爭點

甲於2020年11月18日向大同分局申請許可於同年月20日17時至19時，在臺北市○號至塔城街7號西側舉行集會活動，經分局核定准予舉行。甲同乙於2020年11月20日上開時、地舉行集會遊行活動（本章稱系爭集遊），並輪流擔任主持人；乙並於同日19時31分許在鄭州路與重慶北路口（西北角，許可集會處所範圍外）發表演說。建成派出所所長於同日19時33分許向乙舉牌「警告」該行為違法，因乙仍繼續發表演說及帶領群眾呼喊口號；核定機關大同分局長乃於同日19時35分向乙舉牌「命令解散」，惟甲與乙於同日19時36分號召群眾轉移至忠孝西路二段與中華路一段（東北角）集會，萬華分局西門町派出所所長於同日19時58分向乙舉牌「制止」，系爭集會直至同日20時2分結束。大同分局認乙及其號召之群眾逾許可集會時間及地點不解散，遂依集會遊行法（本章稱集遊法）第28條第1項規定，處乙罰鍰3萬元。

本案爭點：第一，集會遊行自由與界限為何？第二，系爭集會負責人之一的判斷基準為何？第三，現場指揮官授權由派出所所長決定舉牌是否違反集遊法規定？第四，二次舉牌時間相隔2分鐘是否有違比例原則？

貳 本案之判決

本案乙不服分局之裁處提起訴願，經臺北市政府訴願決定書駁回，提起本件行政訴訟，臺灣士林地方法院110年度簡字第32號行政判決乙之訴駁回，其判決重點說明如下。

一、對已逾核定集會之時地且經舉牌命令解散而全無解散之意裁處核屬妥適

依憲法第11條及第14條意旨，國家為保障人民之集會自由，應提供適當集會場所，並保護集會、遊行之安全，使其得以順利進行，以法律限制集會、遊行之權利，必須符合明確性原則與憲法第23條之規定。集遊法第8條第1項規定室外集會、遊行除同條項但書所定各款情形外，應向主管機關申請許可。集遊法第11條則規定申請室外集遊除有同條所列情形之一者外，應予許可。其中有關時間、地點及方式等未涉及集會、遊行之目的或內容之事項，為維持社會秩序及增進公共利益所必要，屬立法自由形成之範圍，於表現自由之訴求不致有所侵害，與憲法保障集會自由之意旨尚無牴觸[1]。且集遊法第26條規定：「集會遊行之不予許可、限制或命令解散，應公平合理考量人民集會、遊行權利與其他法益間之均衡維護，以適當之方法為之，不得逾越所欲達成目的之必要限度。」

本案大同分局業已保障甲等人之集會自由，提供相當期間、在一定範圍之場所，使其等得以順利進行系爭集會，表達其等訴求。然依乙演說內容，可見其於當日19時31分許前，已從大同分局轄區，移至非核定許可之中正一分局轄區，再從中正一分局轄區，回到大同分局轄區（非核定許可之鄭州路與重慶北路口），且在員警第一次舉牌警告後，表示員警舉牌第三次時可以換另一人演說或移動至其他分局轄區之方式繼續集會，在員警第二次舉牌命令解散後，乙表示解散到忠孝西路及中華路口。可見大同分局於乙等逾核定准許時間30分鐘以上之19時33分許，始對乙第一次舉牌警

1 參照司法院大法官釋字第455號解釋。

告，然乙仍告以可換另一人演說、移動至其他分局轄區方式繼續集會，大同分局於19時35分對乙第二次舉牌命令解散，乙對群眾演說就解散到忠孝西路及中華路口，全無解散之意，甚至於同日19時58分許，萬華分局舉牌制止，請其等停止違法集會，立刻解散後，乙仍繼續演講，直至同日19時59分56秒始將麥克風交給甲，顯然違反系爭通知書所載許可限制事項，已影響民眾之生活安寧、其他用路人之自由、社會秩序，大同分局據以依集遊法第28條第1項裁罰乙該條所定最低罰鍰3萬元，核屬妥適。

二、依勘驗內容乙為系爭活動主持人並無違誤

本案依勘驗內容，乙確於系爭集會手持麥克風演說，號召群眾移動集會地點，大同分局認乙爲系爭活動主持人，並無違誤。

三、第一次舉牌是派出所所長代為宣達係由分局長決定

集遊法第3條、第25條第1項分別規定：「本法所稱主管機關，係指集會、遊行所在地之警察分局。集遊所在地跨越二個以上警察分局之轄區者，其主管機關爲直轄市、縣（市）警察局。」「有左列情事之一者，該管『主管機關』得予警告、制止或命令解散：……。」

本案派出所所長於同日19時33分舉牌時陳稱：「警：我是現場指揮官大同分局建成派出所所長。……警：你們的行爲已經違反。……警：集會遊行法的規定。我現在依集會遊行法第25條。第一次舉牌警告。請你們立即停止違法集會。立刻解散。以上，是大同分局分局長，高鎭文的決定。宣達人，現場指揮官。警：大同分局建成派出所所長。現在時間。中華民國109年11月20日19時33分。」另大同分局長於同日19時35分舉牌時陳稱：「警：我是現場指揮官大同分局分局長。你們的行爲已經違反集會遊行法的規定。警：我現在依集會遊行法第25條。第二次舉牌。請命令解散。請你們停止違法集會。立即解散。宣達人，現場指揮官大同分局分局長。中華民國109年11月20日19點35分。」可見大同分局第一次舉牌係由其分局長決定並由建成派出所所長代爲宣達，第二次舉牌則由大同分局分局長親自宣達，核與乙所指臺灣高等法院101年度上易字第2號刑事判決派出所所長舉牌並未報告分局長、未取得分局長同意之情形不同。

四、本案舉牌時間相隔不到2分鐘並未違反比例原則

依集遊法之規定，主管機關於有第25條第1項所列情形，得爲警告、制止或命令解散，且經「命令解散」而不解散，負責人或主持人依集遊法第28條第1項處行政罰，經「命令解散」而不解散，再經「制止」而不遵從，首謀者處刑罰。據此，主管機關裁處集會主持人罰鍰之前提，爲經主管機關命令解散而不解散，並無需經三次舉牌之規定。再參酌司法院大法官釋字第455號解釋意旨及集遊法第26條之規定，集會遊行之命令解散，應公平合理考量人民集會、遊行權利與其他法益間之均衡維護，以適當之方法爲之，不得逾越所欲達成目的之必要限度。大同分局核定准許系爭集會，使甲等人（包括乙）於相當期間、在一定範圍之場所得順利進行系爭集會，已保障甲等人（包括乙）之集會自由。又依勘驗結果，乙當日逾核定許可時間30分鐘以上之19時31分許，已從大同分局轄區，移至非經核定許可之中正一分局轄區，再從中正一分局轄區，回到大同分局轄區（非核定許可之鄭州路與重慶北路口），可見大同分局已給予一定期間使其等解散，而大同分局在同日19時33分許對乙第一次舉牌警告後，倘乙有解散系爭集會之意思，應對民眾爲解散系爭集會之演說，然其卻表示員警舉牌第三次時可換另一人演說或移動至其他分局轄區以繼續集會，並無解散系爭集會之意思，大同分局遂於同日19時35分許對乙第二次舉牌命令解散，乙卻對群眾演說表示解散到忠孝西路及中華路口，乙既清楚知悉大同分局第一次、第二次舉牌，卻無意解散系爭集遊，更號召民眾移至忠孝西路及中華路口，所爲無法使群眾冷卻情緒，遑論和平解散系爭集會，嗣又移至忠孝西路及中華路口，直至同日20時2分許始結束集會。乙主張：大同分局兩次舉牌僅間隔不到2分鐘，難以期待群眾清楚知悉、完成解散，有違比例原則等語，應非可採。大同分局認乙經主管機關命令解散而不解散者，依集遊法第28條第1項對乙作成原處分，合於規定。

參 實務上處理政策性議題集遊之思維

一、以協助立場替代管制思維但和平集會並非絕對不得限制

近年來以集遊方式爭取社會性或政策性議題屢見不鮮，如「訴求550cc以上大型重機行駛高速公路」、「機車路權平權」（不強制兩段式左轉）、「國道收費自救會」陳情案等。關於集會自由，從釋字第718號解釋理由書：「憲法第14條規定人民有集會之自由，旨在保障人民以集體行動之方式和平表達意見，與社會各界進行溝通對話，以形成或改變公共意見，並影響、監督政策或法律之制定，係本於主權在民理念，爲實施民主政治以促進思辯、尊重差異，實現憲法兼容並蓄精神之重要基本人權。爲保障該項自由，國家除應提供適當集會場所，採取有效保護集會之安全措施外，並應在法律規定與制度設計上使參與集遊者在毫無恐懼的情況下行使集會自由。以法律限制人民之集會自由，須遵守憲法第23條之比例原則，方符合憲法保障集會自由之本旨。」觀之，人民透過集遊高喊意見、表達對現行政策不滿、溝通意見、爭取大眾認同，進而推動政策改變，本就極易對現行社會運作秩序產生影響，干擾安寧生活甚至引起相異立場者之反制衝突，但此種在道路或場所表達意見自由卻又是維持民主多元社會正常發展不可或缺的方式。

警察機關如能在「保障集會自由」與「兼顧社會秩序」天平兩端，轉變早年「未經申請即屬違法集會」、「一超過時間即予舉牌警告」或「只能在特定申准處所」集會的「管制」思維，體會集遊法第26條「公平合理考量人民集會、遊行權利與其他法益間之均衡維護，以適當方法爲之」暨公民與政治權利國際公約第21條前段「和平集會之權利，應予確認」精神，思考同一道路365天皆由公眾自由通行，因表達意見且係和平集會而占用部分道路其中一天或幾小時，因而造成用路人些微不便，是否應予高度容忍，也就是合法正當之和平集會遊行所「必然產生」妨礙交通等不利於第三人之附隨效果，警方依集遊法第24條前段「集會、遊行時，警察人員得到場維持秩序」意旨，本於職權預爲規劃，事前掌握集會、遊行舉行

者相關情資，主動與其溝通，了解訴求，以「協助」思維就集遊利用公共場所或道路之時間、地點與進行方式爲妥善之互動與規劃，並就執法相關人力物力妥爲配置，妥爲保護，將能使社會秩序受到影響降到最低程度並眞正踐行「民主法治」精神。

然當集會遊行依現場狀況已對人或物之安全造成具體威脅且警方能力已難以維護或排除，失序的行爲之損害性顯大於舉行者所主張之言論自由必要範圍，逸脫一般社會通念，該集會應被限制、禁止，甚至在必要時加以驅離，以維護公共安全與秩序。

二、政策訴求叫囂若未逾越一般社會通念所容許範圍應予允許

類似以爭取政策改變的社會議題集遊事件，常因衝擊既有道路秩序，受影響之用路人在情急之下與集會遊行者互有叫囂爭執甚至對維護道路秩序的員警抱怨怒斥無作爲等情緒性言詞，是否依社會秩序維護法第72條第1款「於公共場所……謾罵喧鬧，不聽禁止」及同法第85條第1款「於公務員依法執行職務時，以顯然不當之言詞或行動相加，尙未達強暴脅迫或侮辱之程度者」究責？

按集會自由正係人民尤其弱勢或邊緣少數異議者，以集體方式表達意見的權利，容納不同的聲音，更係臺灣社會民主之可貴，不同立場之成員各自在場表達對政策訴求因而喧鬧叫囂亦屬集遊的本質，實屬正常現象，在未逾越在一般社會通念所容許範圍，警察機關本其職權行使，或以區隔相當空間供雙方人員各自表達立場，或加以勸導排除均係適當方法，基於行政中立，並不宜任意評價任何一方所表達之言論係屬謾罵、喧鬧加以處罰，理解人民在公共場所之合法集會遊行，高聲所表達任何批判言詞，並非謾罵、喧鬧或不當言詞，此類案件予以究責亦非社會維秩序維護法第72條第1款或第85條立法目的，且有違憲法保障人民言論自由之意旨。同理，於集遊現場立場相左的雙方對警察機關作爲自會有不滿之處，當然包括激烈、尖銳，甚至令人不悅之批評、指責，甚至是在帶架離過程對員警有踢踹等反射性抗拒行爲，倘非已故意對執法人員施以強暴脅迫，有明顯而立即危害，自亦不應動輒以妨害公務課責。

肆 以本案爲例處理政策性議題集遊執法之作爲

一、事先已申准之集會遊行

（一）掌握情資並與申請集會主辦人溝通說明警方立場

政策性議題屬何機關職權，以及警察分局在集遊法第1條、第24條規定應負之責任，於受理集遊案件時應主動告知申請人，並將訴求爭點政策轉知權責機關安排協調窗口出面受理陳情或說明。警察機關在受理集遊申請時，不管在申請核准前或核准後尚未眞正執行前，爲利於集遊順遂，應召開由分局長或其代理人主持之協調會，詳細說明集會遊行中課責負責人、主持人、代理人及糾察員之職責，並由政策主政機關之代表說明，將當集遊當天之過程、相互配合事項形成類似劇本加以執行，也可以把負責人、主持人、代理人之定義及行政、刑事責任詳加說明。

協調會之召開，乃警察機關基於秩序維護及行政中立立場，於集會遊行核定書中列入附帶許可限制事項，明確指明陳抗活動如對他人自由權利、執法人員或公益產生立即重大危險情形，警方將依集遊法第25條採取相關作爲，惟如無上開情事，警方亦將依集遊法第26條規定公平考量其集遊權利與其他法益間均衡維護，保護集會之安全措施，使發表言論表現自由權利、依法陳情權利得以順利進行。警方事先召開協調會之做法，在集遊最多之中正第一分局已行之有年，敘明執法立場能讓申請人與警方建立信任，降低彼此對立情緒，減少甚多無謂紛爭。

（二）依法舉牌警告、制止或命令解散程序如非警察機關主管長官應告知係主管長官決定並確實蒐證完整

警方基於憲法保障人民集會及言論自由之權利，依集遊法執行「警告、制止或命令解散」，有其謙抑的最後手段性，亦即通常以溝通協調來平和落幕，而非耗費警力在執法成本上，平和順遂結束每一場集遊，才是警方三贏的策略：不再耗費警力、民眾達成訴求展現及民眾儘快結束不便。當必須展現最後手段性的嚴正執法，實務上同一集遊現場會畫分分區並由派出所所長或相關幹部擔任分區指揮官，不同分區亦有可能同時發生

危害或明顯違法需舉牌情事，主管長官分局長自無法親自舉牌，惟仍應於集遊指揮所或現場掌握下達舉牌命令並由分區指揮官於舉牌時說明係分局長之決定，另移送檢察官偵辦相關卷證，如移送書、轄內聚眾活動報告表等，其「警告、制止或命令解散」，均應表明係集會、遊行地分局長之決定。本案第一次舉牌是派出所所長代爲宣達係由分局長決定，是符依法行政意旨。

（三）舉牌程序應周延符合比例原則並衡酌現場狀況區隔適當時間

實務上對舉「警告、制止或命令解散」各牌間隔時間並無一定規範，端視現場違反法令之惡害程度並兼顧「合理性」爲之。如「……前述首波衝突後，第二分局分局長以麥克風喊群眾行爲違反集會遊行法，舉牌警告，並命群眾馬上解散，但卻未見警方對群眾有何警告、制止行爲，即命解散，所爲之解散命令，已違反比例原則，且其命令解散後之強制作爲，又非採柔性勸導先行（勤務規劃敘明係採柔性作爲），也未警告將行強制驅離，即不由分說，過不到1分鐘，後排警員突然往前推前排警員，導致前排警員跟著往前向群眾推擠，推擠過一會兒後，警察才開始喊『一、二、三』，有些前排警員被後排警員推得一臉莫名其妙，看似毫無心理預期，且於推擠約5分鐘後就停止不推了，被抓進市政府壓制在地的三位不知名民眾，均未在起訴之列，其中一位僅因拿著看板即被拖行、壓制、帶至市政府內，凡此益見強制驅離動作，毫無章法，違反比例原則。是第二分局之命令解散行爲及往前推擠的驅離動作，均違反集會遊行法第26條之規定，依前所述，皆難認係法令內應爲之……」[2]。本案即屬法官就舉牌程序違反比例原則，以及未依勤務程序律定「柔性勸導方式」執法審理見解。

但警方通常在執行命令解散、制止驅散前，都會充分溝通給予充足的時間解散違序的現場民眾，若負責人抗辯聚焦於每次舉牌間距時間緊湊過短之問題，警方即應將完整蒐證溝通協調的過程，提供法官作爲判斷依據，通常能有效制裁違法的個案，如「……依前述之勘驗畫面可知，於

2 參照臺灣高等法院104年度上訴字第820號刑事判決。

14時24分發生群眾拉扯阻材，於14時25分至26分，現場出現鞭炮聲響及煙霧，且群眾與員警發生推擠，該集會已具有高度致人於傷之可能及危險性。是原告率領群眾，在臺北市濟南路二段8巷口設置阻材地點與員警發生衝突，核屬暴力衝突及違法脫序行爲，顯已違反核定集會遊行通知書許可附帶限制事項（四），爲防止違法集會之脫法行爲造成之妨害社會秩序繼續擴大，以及爲維護員警、民眾之身體法益，被告自得予命令解散、制止，故被告所爲第二次舉牌與第三次舉牌間隔時間雖十分相近，然被告所爲之命令解散，尚無未公平合理考量人民集會、遊行權利與其他法益間之均衡維護，亦無未以適當之方法爲之，逾越所欲達成目的之必要限度之情事，自無違反正當法律程序」[3]。

本案例法院便是審酌乙既清楚知悉大同分局第一次、第二次舉牌，卻無意解散系爭集遊，更號召民眾移至忠孝西路及中華路口，所爲無法使群眾冷卻情緒，遑論和平解散系爭集會，故認本案舉牌時間相隔不到2分鐘並未違反比例原則。

二、未經申准在道路上舉行之偶發性集會

警察機關在處理集遊，負責「保障合法、取締非法、制裁暴力」的角色，其中最重要的是依據集遊法第24條提供保障合法集遊安全的舉行，並提供交通疏導的服務，減少其他民眾的不便，但是少部分警察在執行集遊安全維護的過程中，公親變事主，捲入政治及執法紛爭之中，模糊警察是安全守護及公正、中立執法者的角色。以本案爲例其執行措施包含如下。

（一）路權政策調整與否與說明事先協調主管機關派員到場應處

人民對政策形成或不同主張因而在道路上舉行之偶發性集會，有其表達意見自由與討論空間，宜協調主管機關事先召開協調會應處或於集遊時派員到場共同應處。以本案爲例，主管機關臺北市政府交通局（本章稱交通局）於2020年8月1日於鄭州路、塔城街口實施機車兩段式左轉，引

3 參照臺灣臺北地方法院110年度簡字第148號刑事判決、臺北高等行政法院111年度簡上字第25號裁定。

發機車族不滿，臺灣機車路權促進會於8月7日週五下班時段在市民大道、塔城街路口發起「大富翁式待轉繞路」抗議活動引發社會關注及媒體報導，交通局於8月12日召開記者會表示機車兩段式左轉的必要性並表示將「試行三個月」，臺北市政府警察局交通警察大隊則表示「自8月1日起取締違規左轉罰單計有10幾張，會全部撤單，先以勸導爲主，等三個後月再執法」[4]，是類屬交通主管機關對號誌及標線標誌繪設或撤銷之議題引發之討論甚至在道路上聚集抗議事件，多會有形成期並於社群號召認同理念者共同聚集，警方既已掌握將有偶發性聚集陳抗情資，也將情資通報交通局，與訴求團體溝通政策的責任即應落在該局身上，但該局卻僅是召開記者會單向說明，而警方也僅僅主張該局派員到場共同應處說明政策。本案若交通局能事召開協調會說明政策形局的目的及執行試辦過程，不但可避免警力執法成本及民眾不便，亦能避免警方舉發後又撤銷罰單，影響執法威信情事，而當交通局不願出面召開跨局處協調會，建議警察局參考「民眾抗爭事件處理程序及聯繫作業要點」[5]，報告共同上級長官協處。

（二）對有爭議之政策性議題採取「兼顧表現自由」與「維護公共秩序」立場執法

機車駕駛人不斷於路口待轉區標線繞行之駕駛行爲（即「大富翁式待轉繞路」）雖非正常之駕駛行爲，但並未明確違反道路交通管理處罰條例（本章稱處罰條例）。該等駕駛行爲倘影響正常車流行駛造成交通壅塞，甚至有危害交通安全與秩序時，員警當依處罰條例第4條第2項「駕駛人駕駛車輛……，應遵守道路交通標誌、標線、號誌之指示、警告、禁制規定，並服從執行交通勤務之警察或依法令執行指揮交通及交通稽查任務人員之指揮」及第6條「道路因車輛或行人臨時通行量顯著增加，或遇突發事故，足使交通陷於停滯或混亂時，警察機關或執行交通勤務之警察，得調撥車道或禁止、限制車輛或行人通行」規定適時介入指揮、疏導，上開

---

4 參考自由時報2020年8月8日報導。

5 內政部90年12月4日台內警字第9006293號函發布，110年2月4日台內警字第1100870331號函修正。

以「指揮、疏導」作為已屬「協助」集會遊行表達意見自由方式，亦符合集遊法第24條前段「集會、遊行時，警察人員得到場維持秩序」意旨，倘機車駕駛人不服從指揮者並已明確蒐證，則依違反處罰條例第60條第2項第1款「汽車駕駛人，駕駛汽車有下列情形之一，而本章各條無處罰之規定者，處新臺幣九百元以上一千八百元以下罰鍰：一、不服從交通勤務警察或依法令執行交通指揮、稽查任務人員之指揮或稽查」規定得對其實施交通違規稽查，並依法舉發。其執法步驟說明如下：

1. 對經常性就同一政策性議題舉行陳情或聚集活動的團體，持續掌握活動動態並提前通報主管機關派員到場應處。

2. 運用線上警力加強路況查報，如有車潮增加，立刻通報增援警力疏導車輛正常通行。

3. 臨時偶發之機車駕駛人不斷的兩段式左轉方式騎車且車輛數激增顯已影響正常通行時，以「手動控制號誌」分散車流，避免同一號誌時間過長聚集於待轉區車輛溢出，影響其他車道秩序造成危害；員警接續視待轉區車輛多寡「增加待轉區空間」，即時指揮待轉區後方車輛事先停等，空出道路空間供待轉車輛依序停等；如聚集車輛已能適當表達意見仍繼續繞行路口待轉，則於路旁設立「勸導區」，個化特定帶頭車輛進入勸導區域並填寫勸導單要求停止待轉繞路，依員警指揮離開路口，不服指揮並繼續待轉繞路者依法舉發。

4. 善用制高點指揮稽查並喊話勸導：在人車交織路口實施稽查宜站於制高點，觀察係正常車輛待轉或連續繞路待轉車輛，找到帶頭者點出車號或車型等特徵，告知現場不管是負責人、主持人或代理人，警方已明確蒐證其繞行圈數並命其離開，將有助製單周延。另於制高點以擴音器喊話勸導能讓正常行駛車輛了解警方執法步驟，警方並非縱容路口混亂無作為，有助舉發正當性並兼顧社會觀感，喊話勸導內容可為：「各位市民朋友：你們為了爭取機車免兩段式左轉的權益我們警方予以尊重，建議大家向交通標誌標線主管機關（交通局）提出訴求；警方也會依採證資料將你們的訴求轉請主管機關研議。你們在此路口繞行雖依號誌指示，但已影響其他用路人權益，警方依民眾報案道路壅塞到場維持秩序並已完成蒐證，某某車號車主您已經繞行二圈，警方依道路交通管理處罰條例第4條及第6條規定勸導你們直行離開，如果仍有繼續不服指揮繼續繞行待轉區，警方將會依情節按同條例第60條第2項第1款攔停舉發，如有不服稽查而逃逸時，警方另依採證內容逕行舉發。某某車號車主，剛剛警方已經完成勸導程序，你們持續繞行未駛離，請配合攔停，如果有其他拒絕出示證件或暴力滋事情形，警方也將依法究辦。再次呼籲市民朋友，保持和平理性提出訴求並避免影響其他用路人用路權益，才能獲得社會認同並免觸法，大家辛苦了。」

5. 全程蒐證並正確製單：是類案件舉發較有爭議，勸導程序周延且駕駛人確有未依勸導內容持續「不服指揮或稽查」時方予製單，始能確保執法效度，「員警勸導後原告仍持續於待轉區連續緩慢行駛，嚴重影響車流造成交通阻塞，而有『不服從依法執勤警察或稽查人員之指揮稽查』之違規行為，依違反道交處罰條例第60條第2項第1款之規定，當場填製舉發違反道路交通管理事件通知單……舉發單位基於為加強道路交通管理，維護交通秩序，確保交通安全之職責，自具有得指揮排除之權利義務，此之排除固或有造成限制該等人民之自由，究未違反憲法第23條之規範，自無違反憲法保障人民之自由權可言。舉發單位對原告開立勸導單之作為，難有何違誤或違憲之事實可言。原告於再一次前往系爭地點之機車待轉區時，即時被舉發單位攔停稽查，而原告僅再一次前往系爭地點機車待轉區，並未有符合『於系爭地點之機車待轉區連續待轉且緩慢行駛嚴重影響車流造成車流阻塞』之繞行事實，……亦即原告收受之勸導單內容為：『於系爭地點待轉區連續待轉且緩慢行駛嚴重影響車流造成車流阻塞』之違規行為，則原告不得再為此相同行為，若有為此相同行為，始符『不服從交通勤務警察或依法令執行交通指揮任務人員之指揮』之違規行為。被告認定……之違規行為，尚乏依據，要難採信……處分撤銷」[6]，上開案例因駕駛人收受勸導單後即依員警指揮駛離路口，並未有賡續「於待轉區連續待轉」情事，故處分遭撤銷。然本案例對已逾核定集會之時地且經舉牌命

6 參照臺灣新北地方法院107年度交字第77號刑事判決。

令解散而全無解散之意，法院認裁處核屬妥適。

伍 結語

國家爲保障人民之集會自由，應提供適當集會場所，並保護集會、遊行之安全，使其得以順利進行，以法律限制集會、遊行之權利，必須符合明確性原則與憲法第23條之規定。特別是交通政策是否合理需兼顧各種運具使用人權益，若因時代推進修正調整，修正過程民眾採取席地靜坐抗議、聚集占道或繞行路口等手段，無非爲表達其等長久以來遭到漠視平等路權保障的事實，試圖以激烈影響交通秩序的手段，喚起社會對路權的關注與重視，即使其手段不見容於集遊法或處罰條例的處罰，但卻是在公共論壇對其等嚴重不足情形下，所爲仍應受憲法保障的象徵性言論表意行爲，惟壅塞道路影響用路人已逾越社會通念而影響公共秩序，警方依法適時介入在符合比例原則下，予以警告、制止、命令解散或指揮、勸導、稽查取締，仍可能對集會遊行產生某程度限制，以達「保障集會自由」與「兼顧社會秩序」兩端平衡。

然而，面對是類偶發性集會占用道路表達訴求的活動，警方應調整過去「管制」思維，改以「協助」立場，在政策權責主管機關與陳情團體間調和意見，在尊重言論表現自由與避免過度影響公共秩序間研擬執法步驟[7]，逐步提高執法強度，將能獲得社會支持，贏得執法尊嚴。

（本文初稿曾發表於警光雜誌，第799期，2023年2月）

7 參考內政部103年12月29日台內警字第10308734912號令發布之「偶發性及緊急性集會遊行認定處理原則」。

民眾抗爭事件處理程序及聯繫作業要點

一、為建立民眾抗爭事件處理程序，加強權責機關相互聯繫及協調配合，有效處理民眾對於政府施政或民間重大投資、建設、公害糾紛、勞資爭議等所採取之阻撓、抗爭行為，特訂定本要點。

二、處理民眾抗爭事件之權責機關：在中央為各目的事業主管機關；在直轄市為直轄市政府；在縣（市）為縣（市）政府。

三、民眾抗爭事件，各權責機關應主動指導、協調、支援及處理，其分工如下：

（一）國營事業投資或工安事故所引起之抗爭事件：經濟部及直轄市、縣（市）政府。

（二）交通建設或事故所引起之抗爭事件：交通部及直轄市、縣（市）政府。

（三）公害糾紛所引起之環保抗爭事件：行政院環境保護署及直轄市、縣（市）政府。

（四）勞資爭議所引起之勞工抗爭事件：勞動部及直轄市、縣（市）政府。

（五）其他重大抗爭事件：依事件性質或發生地，分別由各權責機關首長指定相關單位處理。

四、法務部應督導地方檢察署偵辦民眾違法抗爭事件。

五、內政部應督導、協助各直轄市、縣（市）政府保護受抗爭機關、人員安全，並維持公共秩序及安寧。

六、海洋委員會海巡署（巡防機關）及港務警察機關應協助處理所轄海域內發生之民眾抗爭事件。

七、民眾抗爭事件涉及二以上權責機關時，應相互協調處理，並得成立聯合專案小組共同處理。

八、直轄市、縣（市）政府對緊急重大、長期懸而未決或處理權責有爭議之民眾抗爭事件，得報請中央目的事業主管機關協調解決。

九、民眾抗爭事件涉及二以上直轄市、縣（市）政府時，由事件發生地之要地方政府主動協調處理，並得成立聯合專案小組，或報請上級機關協助解決。

十、各權責機關處理民眾抗爭事件，如需其他行政機關職務協助者，應依行政程序法第十九條及相關法令規定辦理。

十一、民眾抗爭事件處理程序，其階段區分如下：

（一）事前階段：應著重於建立處理聯繫機制、加強溝通說明等先期整備工作，程序如下：

1. 成立事件處理小組：結合相關單位共同編組，並實施狀況演練，遇有民眾抗爭活動發生或有發生之虞時，視事件發生狀況啟動運作。

2. 建立聯繫對口管道：平時應建立相關單位緊急聯絡人員名冊及電話等資料，相互交換資訊，建立良好互動關係，提升聯繫效率。

3. 蒐集反映預警情資：發掘民眾抗爭活動之預警資訊，研判分析如有發生之虞時，應及時通報因應。

4. 積極進行政策宣導：舉辦公聽會、說明會，邀請利害關係人及其他相關人士，進行雙向溝通，解除民眾疑慮，減少抗爭事件。

5. 了解問題主動溝通：對於抗爭訴求，應深入了解其問題癥結，並加強溝通協調。

（二）現場階段：抗爭活動發生時，應立即啟動應變機制、確實分工，有效處理，避免抗爭擴大或造成流血事件，程序如下：

1. 成立指揮所：民眾抗爭發生時，權責機關主管或其指定人員，應視狀況立即召集相關單位人員成立指揮所，統一指揮處理抗爭事件。

2. 加強安全維護：各權責機關應先行加強戒備防護，並視需要聯繫警察、消防機關派員到場警戒，維護現場執法人員、民眾及設施安全，防止爆發流血衝突。

3. 主動接見處理：指派適當層級人員出面接見抗爭、陳情民眾及相關人士，聽取抗爭事由，必要時指派專人調查處理。

4. 加強通報聯繫：循通報系統將現場狀況、處置措施等情形通報各相關機關。

5. 密切檢警聯繫：民眾抗爭活動有演變為暴力、妨害交通、自由等違法行為之虞時，各權責機關應協助蒐證，密切與檢警單位聯繫。

6. 嚴正取締非法：依據保障合法、取締非法、制裁暴力原則，蒐集相關事證，依法究辦。

（三）事後階段：對於事件發生原因、經過及處理情形，視需要適時發布新聞，以公布真相，檢討事件成因及持續因應作為，程序如下：

1. 適時發布新聞：

（1）指定統一對外說明窗口，以避免因不同說法造成外界誤解。

（2）對於媒體不實報導，扭曲事實真相者，應即要求更正。

（3）對於媒體正面報導或輿情反映，應虛心納入檢討依據。

2. 適時召開檢討會議：

（1）邀集相關單位對事件處理過程、相關優缺點、實際成效等事項，逐一確實檢討策進相關作為。

（2）依據檢討策進作為修正狀況演練程序，避免重蹈覆轍，以增進處理效能。

第十二章
1223集會遊行判決與調查案例

壹 案例事實與爭點

2017年12月23日由各大工會發起「反勞基法修惡大遊行」（本章稱本案遊行），由中正一分局負責維護交通秩序與安全，警方開始處理到結束時間超過12小時，甲與諸位律師在網路上發起律師界支持本案遊行及待命陪偵之行動。晚間11時35分許，警方未依集會遊行法等規定先在現場舉牌或要求民眾解散離開，即自臺北車站東三門（本章稱東三門）內外包圍在場民眾，限制所有人員進出（包含聲援之律師），雙方僵持1個多小時，嗣於翌日凌晨0時50分許，甲等3人向警方表明身分並希望能讓律師離開圈圍，惟屢遭執勤員警阻攔，斯時甲等人出示律師證件及有人身著律師袍，不斷要求現場指揮官處理，除要求說明圈圍之法律依據外，並告知員警無權妨害甲等人之人身自由，惟員警仍阻擋律師離開。乙律師則要求民眾退後，保留空間且勿介入律師與警方之紛爭，詎料，此時派出所所長從警方人牆中走出，站立於乙面前，對民眾宣布：由於民眾遲滯不歸，必須進行淨空作業把民眾抬離等語。乙質問其依據，惟所長未予說明，即命員警將現場之甲、乙、丙3位律師與其他民眾抬上警備車，載至臺北市內湖區大湖公園附近後，被要求下車。事後在場律師一同前往臺北地檢署按鈴申告臺北市政府警察局（本章稱警察局）局長、中正第一分局分局長及所長等人涉及妨害自由、強制罪嫌，應依刑法第134條加重其刑。

本案爭點：第一，現場指揮官是否有依規定舉牌警告、命令解散及制止？第二，員警得否對律師實施強制力？第三，以圈圍、抬離並載離的方式驅離是否該當剝奪他人行動自由或強制罪？

貳 本案判決

本案甲等3人提起妨害自由等自訴，經臺北地方法院107年度自字第12號刑事判決局長、分局長及所長均無罪，上訴人即自訴人等不服一審判決，提起上訴，臺灣高等法院109年度上訴字第4078號刑事判決上訴駁回，其主要理由說明如下：

一、警察人員非濫權逮捕罪之犯罪主體不得以違法逮捕罪相繩

按刑法第125條第1項第1款濫權逮捕罪之犯罪主體，爲有追訴或處罰犯罪職務之公務員，至司法警察或司法警察官，僅有舉發、輔助偵查及移送職務並無追訴或處罰犯罪之權，尚非該條所規定之犯罪主體。故本案分局長、所長，分屬刑事訴訟法所稱之司法警察官、司法警察，則僅有舉發及輔助偵查職務，並無刑事訴訟法所規範追訴或處罰犯罪之權，尚非刑法第125條所規定之犯罪主體，自不得以違法逮捕罪相繩。

二、本案遊行宣布結束後仍有聚集活動自屬偶發性集會

本案遊行原定自2017年12月23日上午9時起，在臺北市中正區北平東路及濟南路等路段舉辦集會遊行活動，預計同日下午5時許結束活動，經主辦單位於同日晚間6時4分許宣布遊行結束後，仍有不特定之抗議民眾聚集中山、忠孝南北與東西向道路及周邊重要道路幹道抗議，該等聚集活動，自屬偶發性集會，揆諸前揭大法官解釋意旨，縱未經事先申請許可或報備，亦非當然違法，惟該等偶發性集會仍應符合集會遊行法之相關規定，不得有危害國家安全、社會秩序或公共利益之情形，亦不得有違反法令之行爲。

三、偶發性集會有違反法律情事得依強制力為制止或命令解散

依法申請之集會遊行活動仍得基於維持人民生命、身體、財產等考量予以限制之，若有違反者，主管機關得依強制力爲制止或命令解散，而未依法申請之集會遊行，雖非必然係違法集會遊行，然審究集會遊行具有容易感染及不可控制之特質，對於社會治安可能產生潛在威脅，爲兼顧言論

自由之保障及社會秩序之維護，若過程中有相關違反法令之情事發生，主管機關亦得依強制力為制止或命令解散，乃屬當然之理。

四、驅離過程若非明顯不成比例應屬依法令之行為

員警承命依法解散非法集會，驅離受警告、制止、勸離、載離仍不自行解散之參加民眾，如因民眾加以抵抗，員警動用強制力而構成對遭驅離之特定民眾之行為自由之限制，可能因此具有刑法強制罪及剝奪他人行動自由罪之行為外觀，但若其目的正當、於法有據，手段與目的間仍有事實上之合理關聯，只要非對受驅離民眾構成明顯不成比例之個人法益侵害，皆應認屬依法令之行為，而可阻卻不法或排除其刑事違法性，依法不罰。

五、分局長在下令圈圍前已在不同地點多次舉牌明確傳達將實施強制力

本案分局長依集會遊行法規定四次舉牌，時間分別是：1.2017年12月23日晚間9時42分許，在忠孝西路、西寧南路口舉牌警告；2.同日晚間9時48分許，在同一地點舉牌命令解散；3.同日晚間10時許，在中華路、漢口街口第三次舉牌制止；4.同日晚間10時26分許，在中華路、忠孝西路口第四次舉牌制止，民眾仍未解散離去，持續癱瘓往來交通，並徘徊占據於各大重要路口；顯見當晚抗議民眾係採取隨機轉移陣地，多點抗議之分散模式，一再造成抗議事態擴大，縱使分局長在下令圈圍前，已在不同地點多次舉牌，明確傳達命令解散及將實施強制力之意思表示，然抗議民眾不僅未予解散離去，甚至於各處集結，抗議紛爭迭起不休。

六、以圈圍、抬離並載離之方式執行驅離未違反比例原則

依當下現場衝突情勢，實可能因雙方過激之言語衝突或人群相互推擠而有升高之趨勢，該等抗議民眾與執勤員警間之衝突，除已影響往來交通秩序外，亦可能衍生不可測之公共秩序安全危害。縱使分局長多次進行舉牌命令抗議民眾解散，惟抗議民眾不僅未予解散，反遇警方阻攔即轉移奔散四方，甚至湧入臺北火車站及捷運車站，在車站內與警方發生肢體推擠，則依當時現場陳情抗議之對立程度、執行之有效性，顯無法透過舉牌

命令解散之柔性作爲達到勸導抗議民眾離去之效果。從而，分局長爲現場指揮官，因前揭情狀，判斷抗議民眾之行爲可能存有危害公共安全、往來民眾通行安全，而強制將抗議民眾阻擋於車站門口外、下令圈圍並抬離、載離抗議民眾之行爲，當屬於依法執行職務，且以在場員警圈圍、抬離並載離自訴人3人時所動用之強制力，尚難謂有何明顯非適當且已逾越必要限度之過度侵害。

七、在場執勤員警係依命令依法執行職務所執行圈圍並載離自屬不罰

甲等3人於本案遊行現場前後之行爲，與其他參與遊行抗議之民眾無異，顯見甲等3人實際上均已參與本案遊行及嗣後之偶發性集會，並非單純執行律師之待命陪偵業務。況且甲等並無約束或代表在場民眾舉措之權利，且依當下氛圍，亦無法排除執勤員警若讓自訴人3人先行離開，將引發民眾情緒激動，即有群起突破執勤員警圈圍，奔散四處等失序舉動之可能性，則在場執勤員警依分局長之命令，分別執行圈圍並載離抗議自訴人3人之行爲，仍屬於依法執行職務，依刑法第21條第1項規定，自屬不罰。

依一、二審判決，警方舉牌符合規定，律師依現場多處之蒐證錄影顯示亦係陳抗民眾，依集會遊行法第25條第2項規定以強制力載離，執行之目的及手段符合比例原則。綜上，警方處理過程及方式均屬依法令之行爲。

參 本案監察院調查意見

本案因涉及人民集會自由之保障，監察院內政及少數民族委員會於2018年6月7日審議通過由王美玉委員、高涌誠委員提出之調查報告，要求臺北市政府及內政部應檢討改進，調查意見如下：

一、臺北市政府因陳抗民眾於2017年12月23日晚間違法占領交通要道，嚴重影響社會秩序及用路人權益，於晚間9時50分授權臺北市警局採

取必要措施排除，該指示已考量社會大眾權益及陳抗民眾意見表達之均衡維護，尚無疑義；分局長綜合現場全般狀況，經舉牌四次後決定強制驅離現場群眾，且因當時客觀上抗議民眾仍有流竄持續占據幹道、推擠員警及聲援等情事，故於晚間11時許圈圍管束部分民眾至隔日凌晨，其目的在避免抗議群眾合流滋事，亦無重大明顯的裁量瑕疵。

然而隔日凌晨0時45分後，市區主要幹道交通已恢復順暢，整體抗爭態勢收歛，而被圈圍的東三門民眾已顯勞頓，一再要求自行離去，加以現場非屬管制區，客觀上無發生立即或重大危險之虞，但警方拒絕與民眾溝通，協商採取有效的解散方式，逕於深夜強制將民眾載至偏遠市郊「丟包」，引發各界有關警方濫權之質疑，核有失當，應檢討改善。

二、警方將現場抗議群眾以優勢警力圈圍，再以警備車強制帶（載）離陳抗現場，分頭丟包，爲近年來警方處理重大集會遊行活動的新模式。此類措施雖較高壓噴水、警棍強制驅離之侵害性爲小，惟其非僅消極要求人民解散或禁止進入特定區域，而係違反當事人意願，相當時間拘束陳抗者的行動自由及將之強制帶至另一空間，對於人身自由的干預程度較大，已屬憲法第8條「逮捕拘禁」之範疇。該警察措施不但執法依據有重大疑義，且適用之時機、要件、對象、帶離地點、救濟途徑等皆屬不明，各界迭有警方執行時流於恣意之質疑。內政部作爲集會遊行法之主管機關，必須釐清其適法性，並宜藉由修正集會遊行法之時機，彙集各界意見，明確規範使用強制力之裁量標準，作爲第一線警方的執法依據。

三、律師參與合法集會遊行表達意見，或在集會遊行現場提供法律諮詢及協助民眾保障其合法權益，若未涉及不法行爲，符合律師法所定之保障人權、促進民主法治的職務目的，並有助於建立溝通協調管道，主管機關應予以尊重，不容將合法行使職務之律師視爲違法陳抗者，恣意施用強制力。本案臺北市警局以律師參與違法陳抗活動爲由，強行將之圈圍、載離，未適度尊重律師在社會運動中的角色及地位，核有未當。

四、近年來新型態的遊鬥式集會遊行活動增加，警方及主辦單位欠缺制約能力，且民眾集結及移轉凌駕警方情蒐及反應速度。警方爲避免官署及交通要道被攻占，廣設拒馬阻材，調度大批警力進行長時間執勤，固屬不得不然的措施，然基層員警之勤務負荷過大。基於集會自由屬於憲法保障的基本權利，警政機關允應參酌國際人權規範之精神及司法院釋字第718號解釋意旨，以「溝通對話」取代「管制」，作爲處理集會遊行的原則，並檢討現行封鎖管制範圍及警力運用之妥適性。

五、集會遊行法旨在規範公權力介入憲法人民集會自由的必要性及界限，該法雖賦予警察機關在集會遊行現場爲相關處分及措施的裁量權限，但應受同法第26條比例原則的拘束。警政署認爲舉牌「制止」前，必須先行「命令解散」；臺北市警局認爲民眾在陳抗現場不能對警察強制措施表示異議，均有欠妥適，應儘速檢討改善。

依監察院調查結論，肯定警方將1223集遊的陳抗民眾圈圍管束在東三門的措施，但不認同其以強制力載離丟包的舉措，其中有關集遊強制力之裁量標準及尊重律師在社會運動中的角色及地位，因與人民權利義務息息有關，涉及法律明確性原則，允宜採取修法的方式解決，讓執法者及陳抗民眾均有法令可資遵循，也能妥適保障其他民眾的公共利益，保護社會安寧秩序。

肆 1223集遊之特性與問題

臺北市中正區的政府機關林立，總統府、總統官邸、行政院、司法院、各級法院（以上依集會遊行法第6條規定爲集遊禁制區）、立法院、監察院、中央聯合辦公大樓、教育部、環保署、自由廣場（以前稱中正紀念堂）、臺北車站、凱達格蘭大道、中山南路、忠孝西路、濟南路及青島東路等，經常都爲聚眾陳抗的處所或道路，其中1988年忠孝西路520農民運動、1999年3月中正紀念堂野百合運動、2014年立法院318太陽花學運、323侵入行政院、2017年至2018年立法院周邊道路之一例一休及反年金改革修法陳抗，前述場所都爲主場，臺北市政府警察局員警疲於奔命。

1223集遊案爲近年來大型聚眾陳抗的縮影，也具備偶發性及緊急性群眾運動的特質及爭議問題，如東三門圈圍載離、妨害其他公眾權益、律師參與集遊等，其中圈圍載離引起諸多當事人異議，茲列舉如下。

一、聚眾陳抗以非暴力表達政策訴求，製造政府與異議民眾之對立，其他無辜民眾飽受交通不便，例如占據交通要道路口就地靜坐[1]、車站臥軌癱瘓臺鐵、捷運[2]。

二、由經驗豐富的街頭運動人士擔任指揮，領導群眾組織化抗爭，手法激烈多變，試圖讓主管部會立即接受其政策主張，非僅單純倡議意見訴求[3]。以勞動基準法部分條文修正草案爲例，既保障勞工的權益，也給予企業經營的彈性，行政院決議通過修法條文函請立法院審議再次修法。但勞動部一連串的修法過程，卻引發勞動團體不斷異議強烈抗爭，並於1223集遊當日晚間抗爭行動升溫，在多個組織指揮者及許多現場律師引導下，陳抗民眾在臺北街頭展開多點式的流串游擊戰，並與警方發生嚴重肢體衝突[4]。

三、媒體SNG立即報導及社群網路直播，支持者來自四方迅速匯聚，1223集遊參與群眾最後臨時決定以街頭游擊突圍方式表達不滿，造成警方事先蒐報的情資失準，事前擬定的維安計畫無法靈活因應迅速調整，耗費大量警力圍堵亦無法因應，引發基層員警怒吼「警察局長」將帥無能累死三軍[5]，事後統計執勤過程中共造成23位員警受傷[6]。

四、1223集遊屬有組織的大遊行共有四個大隊，超過一百個各類工會組織，加上自發性加入的一般民眾、青年學生，合計上萬人走上街頭[7]。陳抗團體多元化結合民意代表、特定職業人士（例如律師、醫師、學生等團體）聲援，律師利用公民不服從的法理，意圖使脫序違法行爲導

1 參閱中時新聞網，柯文哲：不能癱瘓交通，2017年12月24日報導。
2 三立新聞台，勞團臥軌抗爭影響12370人台鐵強烈譴責，2018年1月8日電子新聞。
3 參閱自由電子報，台灣高等教育產業工會和數個團體預告1223反勞基法修法大遊行，2017年12月20日報導。
4 參閱聯合新聞網，從反勞基法修惡談起，2017年12月29日報導。
5 參閱中時電子報，怒火快爆炸1223陳抗勤務基層警察全面反彈，2017年12月24日報導。
6 參閱中時電子報，警政署長慰問1223集遊受傷同仁，2017年12月24日報導。
7 參閱中時新聞網，大學生爭勞權反修惡法拒過勞活動記實，2017年12月22日報導；參閱中時新聞網，1223反勞基法萬人大遊行，2017年12月23日報導。

向合理化，主張陳抗無罪，警察執法過當。

五、大型聚眾陳抗之時間動輒數小時習以爲常，1223集遊超過12小時；時代力量5名立委抗議勞基法二修，鏈鎖立法院議場破功後，轉戰凱道絕食抗議58小時[8]。時代力量總統府前陳抗係週五傍晚發動，橫跨數日，還好接續爲週休二日期間，警方在週一凌晨上班尖峰時間前驅離，並迅速拆除封鎖道路周邊之安全護欄，將其他民眾的不便減至最低，也保障陳抗者的意見表達權益。

六、司法人員對集遊個案偵審，採立法從嚴、量刑從寬的判斷，甚至部分以不起訴結案，影響警方嚴正執法的力道。以太陽花學運及323行政院驅離案件爲例，警方執法人員遭到民眾自訴提告[9]或者監察院調查[10]，類似個案通常纏訟數年而無法結案，甚至員警退休後仍在跑法院、監察院，打擊警察對非法集遊案件偵處的士氣。

伍 本案評析

爲理性客觀看待警方處理1223集遊的爭點，從3位在場律師自訴執勤員警違反刑法相關規定的審判及監察院調查結論是適當的切入點，另外輔以警察局的意見，以資平衡。本案經3位律師提起妨害自由等自訴，經一審判決局長、分局長及所長均無罪，上訴人即自訴人不服一審判決提起上訴，經二審上訴駁回而告確定。另因涉及人民集會自由之保障，監察院於2018年6月7日審議通過本案之調查報告，要求臺北市政府及內政部應儘速檢討改進，但並未如大部分的調查案件提出「糾正」結論，也反映出本案遊行之特性與矛盾問題。

---

8 參閱聯合電子報，時力立委躺凱道全被傳喚，2018年3月27日報導。

9 參閱自由電子報，政院驅離案被控殺人未遂，北市警局長黃昇勇無罪確定，2020年6月24日是報導。

10 參閱世界日報電子報，太陽花驅離判馬英九等人無罪，司改會轉向監察院、人權會救濟，2020年10月26日報導。

一、偶發性及緊急性的聚眾陳抗違序行為警察仍能依法處理限制

臺灣高等法院判決指出，依1223集遊過程而論，自屬偶發性集會，縱未經事先申請許可或報備，亦非當然違法，惟偶發性及緊急性集會仍應符合集會遊行法之相關規定，不得有危害國家安全、社會秩序或公共利益之情形，亦不得有違反相關法令之行爲[11]。另本案集遊的陳抗群眾亦涉及衝撞行政院禁止區欲加侵入的問題，依釋字第445號解釋，集會遊行法第6條所定之集會遊行禁制區之限制，係符合憲法第23條比例原則之規定，在現行法制下，除經主管機關核准者，否則行政院院區及周邊不得作爲集會、遊行地點[12]。因此，不管是依法申請之集遊或是緊急性及偶發性活動，仍得基於維持人民生命、身體、財產等考量予以限制之，若有違反者，警察機關得依強制力爲制止或命令解散，而未依法申請之集會遊行，雖非必然係違法集會遊行，然審究集會遊行具有容易感染及不可控制之特質，對於社會治安可能產生潛在威脅，爲兼顧言論自由之保障及社會秩序之維護，若過程中有相關違反法令之情事發生，主管機關亦得依強制力爲制止或命令解散，乃屬當然之理。員警承命依法解散非法集會，驅離受警告、命令解散、勸離仍不自行解散之參加民眾，如因民眾加以抵抗，員警動用強制力而構成對遭驅離之特定民眾之行爲自由之限制，若其目的正當、於法有據，手段與目的間仍有事實上之合理關聯，只要非對受驅離民眾構成明顯不成比例之個人法益侵害，皆應認屬依法令之行爲，而可阻卻不法[13]。

近年來新型態的巷戰式及憲政機關集會遊行活動增加，以1223集遊由合法集遊演變成偶發性陳抗爲例，警方爲避免官署被侵入及交通要道被占據靜坐，廣設拒馬阻材，調度大批警力進行長時間執勤，乃屬不得不然的措施。基於集會自由屬於憲法保障的基本權利，警察機關允應參酌國際人權規範之精神及司法院釋字第445號、第718號解釋意旨，以「溝通對

11 另參照臺灣高等法院104年度上易字第868號刑事判決。
12 參照臺灣高等法院108年度上訴字第3009號刑事判決。
13 參照臺灣高等法院108年度上訴字第3478號刑事判決。

話」取代「管制」，作爲處理集會遊行的原則，並檢討現行封鎖管制範圍及警力運用之妥適性。集會遊行法旨在規範公權力介入憲法人民集會自由的必要性及界限，該法雖賦予警察機關在集會遊行現場爲相關處分及措施的裁量權限，但應受同法第26條比例原則的拘束。此外，釋字第718號解釋理由書指出，集會遊行法第8條第1項規定，室外之集會、遊行，原則上應向主管機關申請許可，爲釋字第445號解釋所肯認。惟就事起倉卒非即刻舉行無法達到目的之緊急性集會、遊行，實難期待俟取得許可後舉行；另就群眾因特殊原因未經召集自發聚集，事實上無所謂發起人或負責人之偶發性集會、遊行，自無法事先申請許可或報備。李震山大法官在釋字第718號解釋提出不協同意見書指出，就集會遊行採許可制是否合憲問題，本件解釋顯係採取鋸箭法，僅鋸除本質上無從事前許可的集會遊行事件，其他部分，則仍基於釋字第445號解釋認屬「立法自由形成」範圍，並未違憲。對此種避重就輕、治標不治本的違憲審查態度，李大法官不表贊同，其主張應光明磊落地改採同樣能達成集遊法目的，而又較許可制侵害更小的報備制。

因此，未來採取報備制、配套措施等，宜依釋憲要旨儘速凝聚社會共識修正集會遊行法，而非僅由「偶發性及緊急性集會遊行處理原則」[14]因應，畢竟處理原則乃各警察機關處理是類集遊的暫時性權宜措施而已。

二、警察機關圈圍抬離東三門群眾是依法令程序處理之行為

據監察院調查結論指出，因陳抗民眾於2017年12月23日晚間違法占領交通要道，嚴重影響社會秩序及用路人權益，臺北市長於晚間9時50分授權警察局採取必要措施排除，該指示已考量社會大眾權益及陳抗民眾意見表達之均衡維護，尚無疑義；警察局長、分局長綜合現場全般狀況，經舉牌四次後決定強制驅離現場群眾，且因當時客觀上抗議民眾仍有流竄持續占據幹道、推擠員警及聲援等情事，故於晚間11時許圈圍管束東三門民眾至隔日凌晨，其目的在避免抗議群眾合流滋事，亦無重大明顯的裁量瑕

14 內政部103年12月29日臺內警字第10308734912號函訂定。

疵。然而隔日凌晨0時45分後，市區主要幹道交通已恢復順暢，整體抗爭態勢收斂，而被圈圍的民眾已顯勞頓，一再要求自行離去，加以現場非屬管制區，客觀上無發生立即或重大危險之虞，但警方拒絕與民眾溝通，協商採取有效的解散方式，逕於深夜強制將民眾載至偏遠市郊「丟包」，經調查核有失當。

然而，本案臺灣高等法院判決指出，1223遊行結束後，抗議民眾先持續癱瘓中山、忠孝二條南北與東西向道路，復沿忠孝西路南側往西移動，又占據忠孝西路與公園路口，再沿公園路、襄陽路、懷寧街、衡陽路、成都路、西寧南路、忠孝西路、洛陽街、塔城街、市民大道、中山北路、忠孝東路等各交通幹道，隨機陳情抗議；再陸續占據中華路與寶慶路口、忠孝西路與西寧南路口、忠孝橋橋頭，阻擋臺北市往新北市之車流，進而影響到往機場之民眾，顯見當晚抗議民眾係採取隨機轉移陣地，多點抗議之分散模式，則警察局長、中正一分局長等幹部下令在東三門圈圍前，已在不同地點多次舉牌，於法尚無不合，難認有何違背正當法律程序可言。

縱使監察院調查報告表示，警方將現場抗議群眾以優勢警力圈圍，再以警備車強制帶（載）離陳抗現場，分頭丟包，為近年來警方處理重大集會遊行活動的新模式，各界迭有警方執行時流於恣意之質疑。但依本案臺灣高等法院判決指出，當下依東三門現場衝突情勢，實可能因雙方過激之言語衝突或人群相互推擠而有升高之趨勢，該等抗議民眾與執勤員警間之衝突，除已影響往來交通秩序外，亦可能衍生不可測之公共秩序安全危害。1223集遊之舉牌警告、命令解散並無分局長不在現場之情形，亦無授權下級派出所所長舉牌，程序符合規定[15]，分局長多次進行舉牌命令抗議民眾解散，惟抗議民眾不僅未予解散，反遇警方阻攔即轉移奔散四方，甚至湧入臺北火車站及捷運車站，在車站內與警方發生肢體推擠，則依當時現場陳情抗議之對立程度、執行之有效性，顯無法透過舉牌命令解散之柔性作為達到勸導抗議民眾離去之效果。從而，分局長為現場指揮官，因

15 參考臺灣高等法院104年度上易字第1889號刑事判決。

前揭情狀，判斷抗議民眾之行爲可能存有危害公共安全、往來民眾通行安全，而強制將抗議民眾阻擋於車站門口外、下令圈圍並抬離、載離抗議民眾之行爲，當屬於依法執行職務，且以在場員警圈圍、抬離並載離自訴人3人時所動用之強制力，相較於警方處理反核四民眾之鎮暴噴水驅散措施，東三門圈圍抬離尚難謂有何明顯非適當或已逾越必要限度之過度侵害[16]。依集會遊行法第11條及第26條之規定，警方綜合評估各項狀況考量，若已達「明顯而立即危險之事實狀態」，即屬未逾越所欲達成目的之必要限度[17]。

三、律師在場參與聚眾陳抗時警察處理應與其他參與遊行抗議之民眾無異

據監察院調查報告指出，律師參與合法集會遊行表達意見，或在集會遊行現場提供法律諮詢及協助民眾保障其合法權益，若未涉及不法行爲，符合律師法所定之保障人權、促進民主法治的職務目的，並有助於建立溝通協調管道，主管機關應予以尊重，不容將合法行使職務之律師視爲違法陳抗者，恣意施用強制力。然本案臺灣高等法院判決指出，甲等3位律師於本案遊行現場前後之行爲，與其他參與遊行抗議之民眾無異，顯見甲等3人實際上均已參與遊行及嗣後之偶發性集會，並非單純執行律師之待命陪偵業務。況且甲等並無約束或代表在場民眾舉措之權利，且依當下氛圍，亦無法排除執勤員警若讓自訴人3人先行離開，將引發民眾情緒激動，即有群起突破執勤員警圈圍，奔散四處等失序舉動之可能性，則在場執勤員警依分局長之命令，分別執行圈圍並載離抗議自訴人3位之行爲，仍屬於依法執行職務，依刑法第21條第1項規定，自屬不罰。

---

16 中時電子報，警方凌晨以鎮暴車噴水及抬人方式強力驅散占領路口反核四群眾，2014年4月28日即時報導。

17 參照最高行政法院102年度判字第158號判決。

陸 結語

臺北市1223「反勞基法修惡大遊行」，警方在集遊失序後以靜制動，採取精細研判的口袋戰術策略奏效，隨著不斷推陳出新的聚眾陳抗，警方累積長年處理經驗，耐心面對，靜心處理，以耗時間、耗體力獲得每場勤務平和理性落幕。不管是許可制下的集遊勤務部署，或者是偶發性、緊急性意見表達，透過秩序維護及交通管制、疏導，只要是非暴力、平和理性的都行，只有在出現違序行爲時，警方才會進入集會遊行法的處理程序，但當民眾也展現尊重警方的溝通協調，通常也能歡喜收場。

縱使本案監察院調查報告，要求臺北市政府及內政部應儘速檢討改進，但法院判決認定本案遊行宣布結束後仍有聚集活動自屬偶發性集會，偶發性集會有違反法律情事得依強制力爲制止或命令解散，驅離過程若非明顯不成比例，應屬依法令之行爲，分局長在下令圈圍前已在不同地點多次舉牌明確傳達將實施強制力，以圈圍、抬離並載離之方式執行驅離未違反比例原則，在場執勤員警係依命令依法執行職務所執行圈圍並載離自屬不罰，確實也反應出本案之特性與問題，並也對警察在處理集遊事件上了寶貴一課，深值學習。

（本文初稿曾發表於警光雜誌，第801期，2023年4月）

偶發性及緊急性集會遊行認定處理原則

一、為使警察機關於因應司法院釋字第七一八號解釋，於集會遊行法（以下簡稱本法）修正施行前，執行偶發性及緊急性集會、遊行事項有所遵循，特訂定本原則。

二、本原則用詞，定義如下：

（一）偶發性集會、遊行：指因特殊原因未經召集而自發聚集，且事實上無發起人或負責人之集會、遊行。

（二）緊急性集會、遊行：指因事起倉卒，且非即刻舉行無法達其目的之集會、遊行。

三、偶發性集會、遊行符合下列各款情形者，無須申請許可：

（一）聚集舉行集會、遊行前，具有特殊原因。

（二）因特殊原因而自發性聚集，事實上未經召集。

（三）聚集舉行集會、遊行前，事實上無發起人或負責人。

四、緊急性集會、遊行之申請許可，主管機關應於收受申請書即時核定，並以書面通知負責人。

五、偶發性集會、遊行，依法令不得有下列情事：

（一）於依本法第六條規定公告之地區週邊範圍舉行。

（二）於車道舉行且妨害交通秩序。

（三）於已有他人舉行或即將舉行集會、遊行之同一時間、場所、路線舉行。

有前項各款情事之一者，認屬本法第二十五條第一項第四款所定違反法令之行為。

六、本法規定，集會、遊行應有負責人；負責人在場主持或維持秩序。偶發性集會、遊行於現場實際主持或指揮活動之人，為集會、遊行負責人，應宣布集會、遊行之中止或結束；參加人未解散者，應負疏導勸離之責。

七、本法規定，集會、遊行時，警察人員得到場維持秩序。偶發性及緊急性集會、遊行，亦同。

八、應經許可之集會、遊行，未經許可或利用偶發性集會、遊行，而有違反法令之行為者，主管機關應依法處理。

九、偶發性及緊急性集會、遊行之處理，應公平合理考量人民集會、遊行權利與其他法益間之均衡維護，以適當之方法為之，不得逾越所欲達成目的之必要限度。

第十三章
處理1223集會遊行勤務案例

壹 案例事實

2017年12月23日13時許，「反對勞基法惡法修法、保障勞工權益」集會遊行（本章稱1223集遊）活動在臺北市中正區○○黨中央黨部集會，14時30分許，集遊群眾未依核准路線行進，進入行政院集會遊行禁制區，經臺北市政府警察局中正第一分局（本章稱中正一分局）二次舉牌警告，陳情抗議民眾（本章稱聚眾陳抗）仍不聽勸導，行至中山北路、忠孝西路口時，藉勢推擠警方，經警方舉牌命令解散，然萬人聚眾陳抗幾倍於現場警力，突破警方管制線，占據該路口，阻斷雙向交通。17時50分許陳抗群眾企圖衝撞行政院，經警方全力阻擋始未讓其侵入行政院。18時許，部分勞工團體帶頭者不服活動負責人毛○飛宣布「解散」之指揮，在現場爭吵後，勞工及其他部分團體持續霸占路口，後見警方調動部隊，帶頭者即指揮群眾在臺北市中正區及萬華區道路恣意流竄，占據多處路口、癱瘓交通要道阻擋車輛前進。

中正一分局於當日群眾未依核定遊行路線行進時，初期採寬容態度，按與集遊負責人事先溝通協調結論給予群眾充分時間、空間表達意見自由，然群眾逾時不解散，持續衝撞行政官署、妨礙員警執勤，尤其是幾百陳抗群眾在萬華西門鬧區亂竄、轉進、霸占忠孝橋下橋路段，阻擋行人、車輛及阻礙夜歸民眾通行，妨礙無辜民眾行動及駕車自由，據110報案顯示，多次與急於返家市民爆發爭執，仍不讓路於民，嚴重破壞社會公共秩序，雖經多次勸導、制止仍持續在重要道路路口逗留，影響其他用路人受憲法保障的權益[1]。上述情況經媒體及網路社群報導散播，嚴重影響

1 參閱中時電子報，北市警局嚴辦1223陳抗勞團，2017年12月24日報導。

公共秩序與安全，爲免陳抗群眾持續危害非陳抗民眾之行動自由權益，並考量夜歸民眾權益，避免更大聚眾陳抗衝突，警方先在忠孝西路、中山南路口圍堵未果，民眾持續移動轉往臺北車站，意圖擾亂臺鐵及捷運通行，由中正一分局採取口袋戰術在臺北車站東三門（本章稱東三門）依法對在場64位陳抗民眾採取圈圍後載離之強制手段，此係爲制止危害擴大，恢復臺北市街頭秩序之不得已舉措[2]。

貳 警察因應的勤務作爲

聚眾陳抗處理首重幹部的職務歷練、經驗、智慧及協調溝通能力，但也不是具備前述條件即能場場順遂平安落幕，因爲每一場專案勤務員警非常多，員警疏忽造成不可收拾的意外事件亦時有所聞[3]。勤務部署首重情資蒐報，愈多的資訊，就愈能周詳規劃，從容應對，但情資蒐集亦有諜對諜的情形，陳抗陣營故意散播假訊息，致警方被欺騙誤判，彌補之道是幹部依經驗料事從寬研判，才能機先部署應變，例如1223集遊演變成長時間、大區域的街頭游擊陳抗事件，雖始料未及，但警政署其實已事先擴大調動空前足夠的警力支援警察局因應，亦顯現主事參謀幹部備而無患的敏感度。又如沒有情資顯示的突襲行動：反軍改退伍軍人清晨突襲立法院[4]，以及318太陽花學生攻占立法院議場事件。警察局針對不管有無情資的狀況，根據過去的經驗，擬定處理1223集遊的實務做法，分述如下。

一、建立溝通管道

每場集遊活動，事前應由轄區分局與集遊主辦單位及陳抗團體負責人、指揮群代表溝通、協調，掌握具體活動規劃及動員情形，並建立對話熱線管道。惟並非每一場聚眾陳抗均能順利獲得資訊掌控或善意回應，爲

2 參閱自由電子報，勞團遊行部分參與者入夜不散，2017年12月24日即時報導。
3 參閱自由電子報，517嗆馬保台大遊行撞傷人事件，2009年5月18日即時報導。
4 參閱自由電子報，反年改突襲立院繆○生翻牆摔落，2018年2月27日即時報導。

維護機關安全、其他民眾憲法權益及撙節警力使用，對於情資顯示或過去經驗陳抗能量較大之集遊活動，應提升層級由警察局召開勤務協調會整合處理。

二、蒐報集遊活動舉辦前資訊以利擬定靈活應變方案

不管是申請核准的集遊或偶發性及緊急性的聚眾陳抗，主辦單位都會透過各種方式爭取社會大眾認同，動員民眾參與，以強化其訴求主題的合理性，如1223集遊主辦單位事前舉行記者會、透過社群網路宣傳、爭取民意代表在立法院、議會質詢、邀請學者專家撰文發表等，警方必須在活動舉辦前，積極蒐集相關資訊，以利隨時更新調整勤務部署因應。警察局依不斷新增情資研判，本身警力不足因應勤務需求，乃向內政部警政署（本章稱警政署）提出機動保安警力支援，該署基於各警察機關兼顧治安、交通需求開始評估，包括各警察機關之員警數、支援路程遠近及員警服勤時數勞累程度等條件，依最新情資蒐報情形，規劃擬定各單位警力支援數量及梯次，同時召開中央層級的協調會下達處理原則指令及決心。其中支援警力調度為警政署最感困擾的問題，調度過多警力，引起其他警察機關員警不滿、直呼過勞，但不支援或支援不足，勤務無法順遂因應，因而情資蒐報乃成為警力支援調度的主要依據。以1223集遊為例，警察局依資訊蒐報申請超過3,000人次的支援警力[5]。以當天萬人陳抗且可能違序的情資及禁制區重要機關、車站的安全維護，加上可能超過10小時以上勤務的分梯服勤輪替評估，警察局出勤數加上警政署3,000支援為保守因應的適當警力數。因陳抗群眾在晚間6點以後占據馬路多點癱瘓交通、刻意擴大陳抗區域與警方游擊追圍，導致員警疲於奔命無從輪替休息，乃產生過勞、長時間服勤的問題。

三、執行聚眾陳抗SOP兼顧陳抗民眾權益

處理聚眾陳抗以「保障合法、取締非法、制裁暴力」為原則，其中以制裁暴力的強制作為，最為困擾分區指揮官及幹部，如何依上級要求，並

5 參閱中時電子報，1223陳抗勤務時數過長基層警察全面反彈，2017年12月24日即時報導。

視現場狀況以適當方式、手段處理，嚴格考驗現場指揮官學識、經驗及應變能力。警察局就1223集遊部署規劃及執行原則如下。

（一）勤務前溝通、情資蒐報已如前述，接下來依情資開始規劃勤務部署，就「如何規劃分區、設置機動預備隊、指定適當的分區指揮官、現地會勘」、「申請支援警力的數量」、「交通管制範圍、疏導動線、新聞發布周知」、「安全護欄需求種類、數量、架設地點」、「集會遊行禁制區、車站、立法院及其他重要政府機關安全維護」、「保護管束、圈圍載離地點」、「勤前的法令教育解釋說明」、「執勤、執法如何保障人權、保障言論自由、異議處理」、「蒐證警力、器材的運用規劃」、「通信聯絡方式、LINE群組建立、報告紀律」、「員警如何輪流服勤、如何調節體力、後勤補給、超時服勤事後的補休、獎勵」、「報請檢察官指揮、暴力脫序狀況的逮捕、應變、偵詢處所」、「針對違法脫序行爲事中或事後依法偵辦程序」、「員警因公涉訟的協助」、「媒體採訪聯絡規劃、指定發言人」及「勤務部署如何適當減少影響民眾生活最小的規模」等面向，由警察局召開勤務協調會進行綜合評估，研擬勤務部署的周延方案，必要時並向縣市長報告召開跨局處協調會及向警政署提出支援需求、請示執法原則，以達到保障集遊活動順利進行、協調主政部會出面回應說明及減少影響其他民眾不便之權益。以1223集遊爲例，警察局多次召開勤務部署因應協調會議，並上報臺北市政府（本章稱市政府）及警政署，警政署也召開勤務協調會全力支持、支援。警察局計畫定案後，各分區指揮官接續就負責的區域、狀況，指定相關任務編組幹部、參謀、小區指揮官展開現地會勘、依任務分區特性擬定更清楚的執行細節、警力運作、突發狀況應變，最後召開勤前協調會議，就負責分區依情資、警察局協調會結論及可能遭遇的狀況展開協調、應變訓練，並就警力的靈活調度、配置、服勤輪流方式加以律定。

（二）安全護欄等阻材經各分區現地會勘及提報警察局核准後，在徵得架設機關同意，即公告要求架設封鎖區域內之車輛限時駛離、禁止停車，勤務前一日下班尖峰時間過後開始由專責員警架設。架設安全護欄的目的，除可保護重要機關安全外，若能再妥適運用其他阻材、大型警備車、帳篷等，可以強化阻絕效果，有效撙節警力使用，並防止群眾與警方肢體接觸發生衝突，減少員警及群眾受傷情事發生。

（三）執行階段分別由警政署及警察局成立聯合指揮所，由警政署長及警察局長坐鎮指揮執行，隨時掌握各項狀況並依規劃及應變方案執行，警察局各分區的狀況必須透過微波設備、錄影監視系統及M-Police等通訊器材將畫面傳送到聯合指揮所，也律定專人監看媒體及社群網路報導，以利指揮官能清楚掌握各種狀況，下達適當明確的任務指令給分區指揮官執行。其中較爲重要的是突發狀況的處理，必要時指定比分區指揮官更高層級的督察長、副局長到場督導協助。警察局聯合指揮所必須將各項狀況作業情形隨時上報警政署指揮所及市政府，同時做好市政府跨局處橫向聯繫。縣市首長本於權責參與指揮聚眾活動處理，允宜肯定，以東三門事件爲例，民選市長考量若無法在天亮前淨空，將影響臺北車站及捷運站的疏運，造成雙北市民甚大的不便，站在其高度評估，有必要授權警察局選擇適當時機及地點處理淨空。

（四）各分區指揮官按規劃部署執行，其中最重要的是各項暴力脫序突發狀況的處理，群眾行爲如已影響公共秩序或市民交通安全，除依法完成舉牌警告、命令解散及制止程序，並加強與主辦單位相關的負責人溝通，群眾如拒絕解散，則由分區指揮官考量現場解散違法集會之急迫性、規模大小、以強制力執行之必要性、時機及方式、是否遇有集會群眾抵抗及抵抗之強度等個案情節評估，保留單純圈圍或圈圍驅離之即時合理判斷權限，特別注意不應在明顯不成比例之狀況下進行驅離解散，例如已經驅離仍加以毆擊、爲驅離而恣意針對脆弱致命部位反覆擊打等，始能符合比例原則之要求。如決定以警備車將群眾載離，分區指揮官得擇定適當的載離地點，由幹部緊盯員警依訓練緩慢處理，並注意抬離方式不能讓民眾受傷、姿勢不能讓民眾感到屈辱（例如不能以抬豬式之姿勢執行），整個過程全程連續錄音錄影，以利事後有人質疑時，由發言人舉證說明。

（五）對於群眾和平理性表達訴求，分區及小區指揮官應指揮所屬員警採取尊重言論自由的態度，惟對於影響市民交通及危害安全之行爲，亦依法處置。以1223集遊爲例，對於多點式之違法陳抗，要求各分區指揮官在每一定點均須一再依前述方式舉牌及溝通，並以擴音器告知現場負責人及群眾相關違法事實並勸導解散。若需展開圈圍或驅離行動，應事前再次廣播據實告知，驅離前先採柔性作為，持續不間斷與現場民眾溝通、協調及廣播宣導，限定充分時間讓群眾自行選擇離去，經勸導無效後才以適當的強制手段架離現場，載往交通便利、安全的指定地點，以防止再回現場。驅離、架離全程，以不同角度錄下執行員警持續重複與民眾的對話，乃是極為重要的蒐證技巧。通常警方驅離群眾將演變成為事後處理的爭點及焦點，例如對簿公堂、監察院調查、民意代表、名嘴評論都將齊射而來，若無完整執行蒐證畫面公開說明，將導致各說各話，再加上媒體及社群網路推波助瀾，孰是孰非容易混淆[6]。

（六）針對違法脫序的暴力事件，若現場當下不宜現行犯逮捕，應依蒐證錄影、員警職務報告、受傷診斷書等資料，事後依法偵辦函送。針對執勤受傷員警亦展開慰問、慰勞，以嘉勉其勇於執法的表現。

四、建立群眾救濟完備制度積極提供員警保障

集會遊行現場，民眾對於警方行使職權提出異議，而符合警察職權行使法第29條之要件時，則依規定對異議人開立相關證明文件。另對於警方依「集會遊行法」第25條第2項規定強制解散及制止等行政作為，民眾如認為侵害權益時，亦得依法提出行政訴訟、民事訴訟（國家賠償）或刑事訴訟等司法救濟，以資保障權利。同時若員警因公受傷，應協助送醫取得診斷證明書，事後連同錄影畫面依法偵辦施暴公務人員之民眾，若因公挨告涉訟，亦全額補助費用聘請律師協助。以上處理程序應在警察局及各分區分局協調會時，向執勤幹部及員警清楚說明，以免員警懼於執法，也保障群眾救濟權益。以東三門事件為例，有3位律師遭到警方圈圍抬離而向地方法院提起自訴，警察局協助被告員警聘請律師坦然面對刑事訴訟，其他如行政院323驅離事件，許多民眾亦向市政府及警察局提起國家賠償訴訟，事後纏訟多年[7]。

6 參閱中時電子報，退役軍人繆○生立法院墜樓重傷畫面曝光，2018年2月27日即時報導。

7 參閱自由電子報，占領政院遭警驅離國賠案上訴，2020年11月2日即時報導。

五、尊重公益特殊性視狀況區隔處置

有關集會遊行活動處理，警察均採尊重民眾表達意見自由立場，執行手段及方式都依相關法令及原則處理。318攻占立法院議場、323侵入行政院及勞改、年改、軍改期間，不管合法集遊或非法陳抗，都有律師及醫師積極參與的身影，此外，許多公民記者、網路直播的熱心人士也都參與其中，這些具有公益特殊性人士其實也同時具有陳抗者的身分，如何處理認定必須依現場狀況及蒐證畫面而定，除非有明顯立即的違法行為，於其出示身分並表示執行其職務時，在不妨害維安需要的情況下，警察局及各分區得適度加以尊重，但各分區採行最後手段強制圈圍、驅離前，應適時給予說明，請其協助勸離群眾，若不離開則應一視同仁，依警察局「執行聚眾防處勤務群眾拒不解散之處置作業程序（SOP）」處理。

六、預先規劃輪替落實員警照護

執行專案勤務時，落實12小時輪換，使員警得以適度輪替休息，並視現場狀況，適度減員部署，或提供帳篷、座椅等予員警調節體力。另提高誤餐費，改進伙食品質，並於前進指揮所設置「警察行動休息補給站」與行動餐車，以補充員警能量。以1223集遊為例，從當天9時開始服勤，原規劃於當天18時結束收勤，不會超過服勤12小時的上限，但因陳抗群眾刻意多點街頭游擊巷戰，直到臺北車站東三門遭到警方口袋戰術圈圍時已是深夜，雖然現場64位民眾遭到抬離上車載往內湖，但仍有少數民眾散在行政院周邊道路，以致員警超時服勤。

七、加強員警教育兼顧人權法治

相關法令規章、執勤作為及應行注意事項，警察局及各分局除於每場勤務前之勤前教育、各單位平常例行之聯合勤教宣導外，另於學科講習或各式講習開辦相關課程，聘請專家講授聚眾活動執法依據及適當的執勤技巧，強化員警人權觀念。

以上雖提出處理聚眾陳抗的實務做法，但執行上難有一成不變的SOP，有了原則，還要加上幹部靈活彈性的應變能力，方能妥適因應。

參 1223集遊實務作爲之評析

倚天屠龍記張三豐在武當山臨場傳授張無忌太極劍法，其中的對話讓在場的明教大老捏出冷汗，當張無忌將整套劍法「忘得乾乾淨淨」，也就練成太極劍法，他施展時只讓劍法貫通身體開展無意識的運轉，威力終能達到無窮。警察處理聚眾陳抗雖有相關法令及SOP可參考，但每場勤務都可能發生計畫趕不上變化的突發狀況，必須事前依據過去執行案例及經驗儘量周延擬定各種應變計畫沙盤推演，突發狀況的處理如同太極劍法必須「有招似無招，無招勝有招」的臨場決定，法令的適用也必須視個案狀況由指揮官隨時下達命令轉換、轉變。1223集遊狀況瞬息萬變，其過程恰好考驗警政高層及現場指揮官處理聚眾陳抗能力，是個典型的案例，特就後續評析如下[8]。

一、舉牌程序合法的前提是如何讓陳抗聚眾負責人知悉非法

集會遊行法未明文以「舉牌」方式將警察處分告知執法對象，過去也曾以書面方式讓活動負責人知悉已違反相關法令，考量集會遊行現場群眾呼喊聲、擴音器聲響此起彼落，人潮眾多時，處分之書面資料無法即時傳遞，爲將警告、命令解散及制止之警察指導及處分讓活動負責人及現場群眾知悉，現行實務做法是設計60 x 90 cm之牌告，並以廣播方式向人眾宣達。

鑒於1223專案群眾多點陳抗、分進合擊之活動特性，爲使執法程序更周延，讓現場群眾知悉警察處分，在符合「程序合法」及「比例原則」下，強化書面及廣播告知方式，利用集會及訓練講習時機強化教育，俾保障人權及確保集會遊行自由。

（一）程序性

爲保障集會遊行基本人權，現場如發現違反集會遊行法之行爲，應完成「警告、命令解散、制止」法定程序後始得執行強制力，或依現場蒐得

8　參考內政部警政署保安組2018年8月9日書面資料。

之事證於事後移送，以貫徹公權力，確保社會安寧與公共秩序。

（二）具體性

現場指揮官應視個案情節與違法事實，決定是否向群眾牌告，並強化蒐證作爲，準確記錄違法事證俾利司法追懲。

（三）比例性

警察機關執行集會遊行安全維護勤務，應注意兩公約規定，落實人權保障，行使集會遊行之各項職權措施，應注意比例原則，以適當方法爲之。

（四）多樣性

遇有群眾分散、多點陳抗之狀況，爲讓群眾知悉違法事實及警察處分，除現場指揮官對活動負責人、代理人或實際指揮者牌告命令解散或制止之集會遊行職權措施外，並無線電通知各聚眾防處分區、小區指揮官，將指揮官之牌告進度、相關違法事實及授權事證，以多點書面傳單或廣播方式向群眾宣達，並宣導促其和平理性舉行活動。

（五）證明性

如有授權發布警告、制止或解散命令時，應有相關事證足認請示現場指揮官（分局長）之流程證明。

二、圈圍載離之程序明確化

憲法第10條保障人民得隨時任意前往他方或停留一定處所的行動自由，第22條保障人民亦有駕車自由[9]。從臺灣高等法院109年度上訴字第4078號刑事判決，以及監察院內政及少數民族委員會於107年6月7日審議通過由王美玉委員、高涌誠委員提出之調查報告可知，1223抗議團體長時間占據道路造成交通之癱瘓，阻擋公車妨害大眾通行自由，尤於阻斷忠孝橋車流時禁止所有車輛通行，嚴重妨害其他用路人行動自由及駕車自由，陳抗群眾不理性而刻意漠視他人權益之行徑表達訴求，已超出社會大眾對

[9] 參閱釋字第699號，湯德宗大法官部分協同暨部分不同意見書。

「和平集會遊行」及「危害社會秩序」之經驗法則及通念。警察局爲防止群眾漫無邊際流竄或刻意選擇社會大眾生活之場所及交通樞紐製造事端之可能，依集會遊行法第25條及第26條規定圈圍臺北車站東三門前之抗議民眾，載離至適當處所，係使陳抗群眾安全離去之必要措施，也防止不法抗爭持續擴大。至於以強制力安全帶離之流程圖如圖13-1所示。

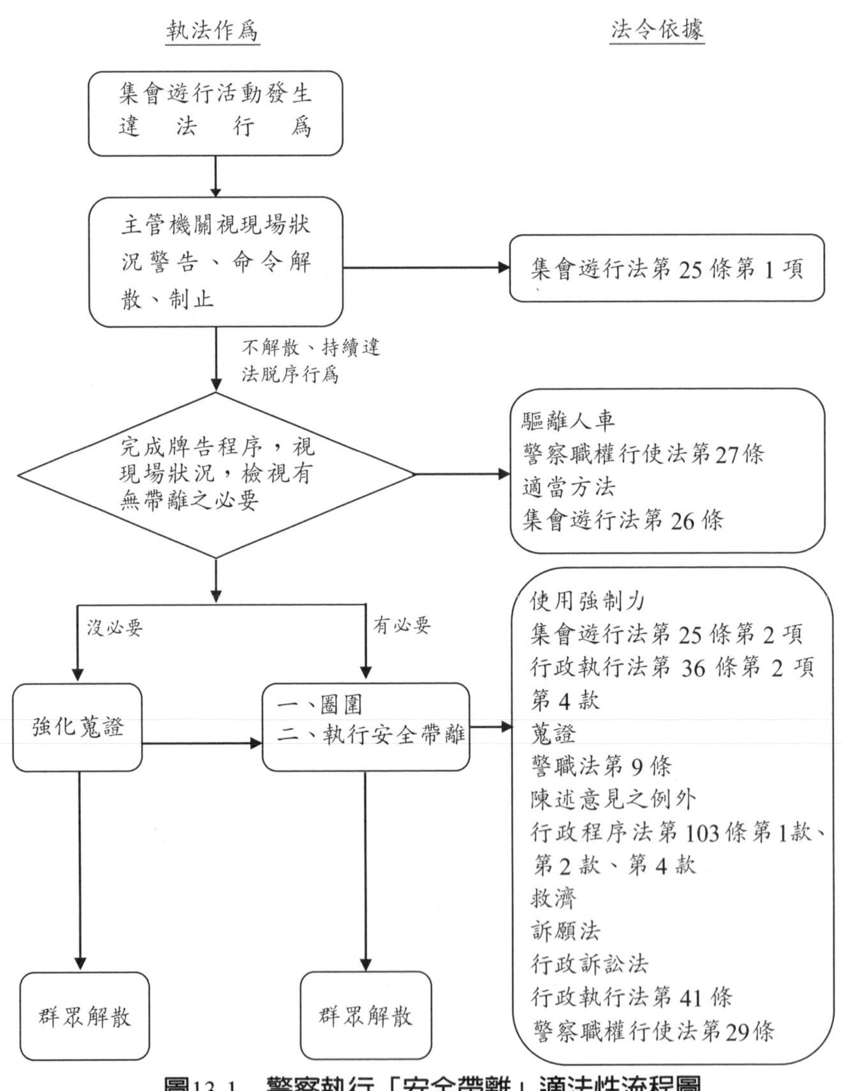

圖13-1　警察執行「安全帶離」適法性流程圖

三、集會遊行法得強制作為宜修法明確化

警政署爲保障人民集會遊行自由，於2016年間積極配合立法院之修法進度，「集會遊行法修正草案」業經立法院第九屆第一會期內政委員會議審查完竣，並修正草案名稱爲「集會遊行保障法」，爲確保集會遊行和平進行及公共利益之衡平，現行法規範授予主管機關可採取強制力排除危害，草案審查過程中，內政委員會認爲草案修正目的在保障集會遊行，應將警察恢復社會秩序之強制力執行時機及要件明確化，並修正爲「強制排除」。本文肯定強制排除之修法，理由如下：

（一）「強制排除」制度授予直轄市、縣（市）首長維護社會秩序之最後手段

集會遊行之地方主管機關，宜從所在地警察分局或警察局，修正提升爲地方政府，以彰顯集會遊行權之優位，賦予地方首長對於集會遊行發生特定危害治安狀況時，即有橫向跨局處整合協助排除危害的權責並兼顧集會遊行保障之最大保障，並將「強制排除」權列爲維護社會秩序之最後手段。

（二）明文規範「強制排除」之執行要件以符合法律保留原則

有事實足認爲有危害國家安全、社會秩序或公共利益之情況下，仍得立法限制人民集會遊行之權利，鑒於「強制排除」作爲直接影響集會遊行權利，爲符合法律保留原則宜修法納入。強制排除要件分爲「違反安全距離規定」、「逾越安全警戒線或隔離區之協調，而嚴重妨害相鄰集會遊行之進行」、「以強暴、脅迫方式，危害生命、身體、自由或對財產、設施造成重大損壞」及「以強暴、脅迫方式或其他強制方法，致道路交通陷於停滯，經適當方法疏導無效」等四項，規範地方政府因集會遊行產生之公共性危害，其介入處置之依據、時機、界限，兼顧維持公共利益與憲法保障人權之意旨。

（三）明確規範強制排除之發動事由

警察職權中的即時強制權，係一般性排除急迫危害之權限，在員警個人執勤的場合，如遇緊急危害，必要時亦得援引即時強制權加以排除，因

此警察即時強制權係屬排除一般性危害之職權，而集會遊行涉及多數人之表現自由，發生明顯而立即的群眾危險係屬例外，明確規範強制排除集會遊行之法定事由，在限縮行政權力的自我節制上，比警察即時強制更周延明確。

四、律師在集會遊行現場之職務價值宜立法明定

警察局新聞稿指出：「勞團集會遊行結束後，群眾違法占領街頭，其中見自稱律師者，拿著大聲公在街頭穿梭吆喝，呼朋引伴參與其中，占據道路或躺或坐，甚至見陳抗者違法於道路上阻擋車輛行進，亦未本於律師公益使命上前勸阻。」「時而穿著律師袍，時著便服，參與陳抗群眾一起高舉抗議標語，如此與實質參與陳抗者之行徑，並無二致。」實務上，警察局對現場群眾四次舉牌，只要律師、醫師在現場，效力及於該律師、醫師。

本文認爲律師於集會遊行現場之職務價值應立法明定以符合大法官解釋意旨。我國憲法於多處規範平等權之保障，且作不同程度的重點強調。憲法第7條關於平等權的一般規定，其所保障的平等權係人民在法律上地位之「實質平等」，參酌司法院釋字第211號解釋：「按憲法第7條規定係爲保障人民在法律上地位之實質平等，並不限制立法機關在此原則下，爲增進公共利益，以法律授權主管機關，斟酌具體案件事實上之差異及立法之目的，而爲合理之不同處置。」次據釋字第485號解釋：「憲法第7條平等原則並非指絕對、機械之形式上平等，而係保障人民在法律上地位之實質平等，立法機關基於憲法之價值體系及立法目的，自得斟酌規範事物性質之差異而爲合理之區別對待。」是故，保障民權乃憲法基本原則之一，此觀憲法前言、第二章之規定自明。立法者基於保障人權考量，尙非不得制定法律，將律師之專業法律意見協助民眾保障權益，彰顯律師職業價值，如律師之閱卷權（刑事訴訟法第33條）、與羈押之被告互通書信（刑事訴訟法第34條）、在場權（刑事訴訟法第150條第1項搜索或扣押時在場、第219條勘驗在場、第245條第2項偵查中訊問被告或犯罪嫌疑人時在場、第273條第1項審判期日前行準備程序時在場）等。準此，律師於集會

遊行現場之在場權、協助權，亦應透過立法明文，或者在律師倫理規範第9條增訂，以符合司法院大法官解釋意旨。

五、行政機關應主動政策說明及提升自我防衛能力

爲建立民眾抗爭事件處理程序，加強權責機關相互聯繫及協調配合，有效處理民眾對於政府施政、修法疑慮或民間重大投資、建設、公害糾紛、勞資爭議等所採取之阻撓、抗爭行爲，內政部以行政規則方式，於2001年12月4日函發布「民眾抗爭事件處理程序及聯繫作業要點」，對於社會重大議題引發抗爭活動，各權責機關應主動指導、協調、支援及處理，舉辦公聽會、說明會，邀請利害關係人及其他相關人士，進行雙向溝通，解除民眾疑慮，以減少抗爭事件；另爲維護受陳抗機關之安全，宜請各權責機關提升自我防衛能量，並與地方警察機關建立聯繫窗口。該要點在1223集遊發生之前後期間，對兩岸服貿、勞基法一例一修、年改、軍改等議題，主管部會並未落實依該要點處理，或者所提的政策說明無法說服民眾，導致聚眾陳抗事件前仆後繼，警察則因民眾對政策有異見而疲於奔命。形成共識再修法，警察始能回歸治安、交通本業，不再耗費警力於街頭馬路，畢竟國家的警察、首都的警察不宜僅耗在聚眾陳抗的面向，必須專注本業的治安、交通，始能達成國家設官分職的目的。

肆 結語

我國爲民主法治國家，集會遊行活動彰顯表現自由，警察維安勤務部署，主要目的在使其順利進行，讓人民充分表達言論之權利，其本質即在保障人權。若不能體恤警察衡平集會遊行自由與公共秩序之不易，而放任既不用許可，亦不用報備的集會遊行，導致混亂的社會秩序無人聞問，仍是自由法治的國家？值得深思。

（本文初稿曾發表於警光雜誌，第802期，2023年5月）

臺北市政府警察局
執行聚眾防處勤務群眾拒不解散之處置作業程序〈SOP〉

（第1頁，共2頁）

一、法令依據：

警察法、警察職權行使法、集會遊行法、社會秩序維護法、道路交通管理處罰條例。

二、流程：

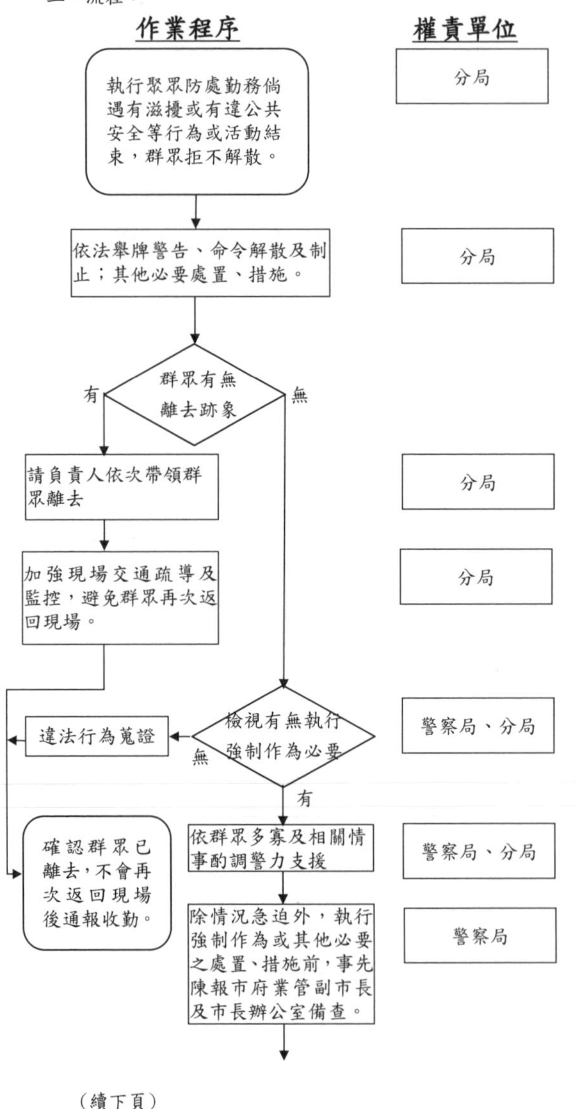

（續下頁）

作業內容

執行聚眾防處勤務群眾拒不解散之處置作業程序<SOP>：

一、期前：

（一）與在場代表、負責人加強溝通協調。

（二）檢視蒐證器材（含微型攝影機）是否保持正常堪用，加強現場蒐證，並指派專人針對滋擾者完整蒐證。

（三）主管機關（由轄區分局長或指派專人為之）依集會遊行法第 25 條第 1 項完成舉牌警告、命令解散及制止。但情況急迫時，須採必要措施者，不在此限。

（四）經溝通協調群眾無離去跡象時，且群眾行為影響公共秩序或交通安全，由現場指揮官依現場狀況檢視有無執行強制作為之必要、執行時間與方式。

（五）圈圍群眾時，應實施現場必要之管制作為，以免有礙目的之達成。

（六）至如民意代表、律師或記者等人在場時，宜妥為說明並提供適度協助。

（七）告知群眾即將執行驅離，或採取其他必要之處置、措施應具體且明確。民眾如經勸導陸續離去，應派員加強現場交通疏導及監控，並確認其等已離去。

（八）除情況急迫外，執行強制作為或其他必要之處置、措施前，事先陳報市府業管副市長及市長辦公室備查。

二、期中：

（一）持續以喊話器勸導現場群眾離去外，同時建構安全走廊。

（二）指揮官下令將滋擾或有違公共安全等人驅離（如採取帶離手段，由大型警備車載送至執行分局分局長之指定適當地點後，於確保被帶離之人安全無虞下，始離去）。

（第2頁，共2頁）

作業程序	權責單位
告知群眾即將執行驅離或將採取必要處置、措施應具體且明確；對於在場之民意代表、律師或記者等提供適度協助。	分局
指揮官下令將滋擾或有違公共安全等人驅離（如採取帶離手段，建構安全走廊，由大型警備車載送至指定適當地點後，於確保被帶離之人安全無虞下，始離去）。	分局、保大
一、勤務執行完畢，於現場即時回應媒體執法立場與法令依據。 二、發布新聞稿，指揮官（或指定發言人）於分局召開記者會對外說明。 三、檢視蒐證結果，對於違法違序行為，移送偵辦或移請市府相關單位裁處。 四、召開檢討會議，提出精進作為，以兼顧民眾基本權與社會秩序之維護。	警察局、分局

作業內容

（三）如採取帶離手段，大型警備車內應派遣適當警力戒護及蒐證；載送至指定適當地點後（非必要，毋需抄登資料），於確保被帶離之人安全無虞下，始離去。

（四）執行強制作為或其他必要之處置、措施應全程蒐證，並應注意比例原則。

三、期後：

（一）發布新聞稿，指揮官視狀況於現場召開記者會對外說明。

（二）檢視蒐證結果，對於違法違序行為，移送偵辦或移請市府相關單位裁處：

1、對於違反集會遊行法者，於活動結束7日內，移請市府工務局依臺北市申請使用道路集會要點規定，予以扣除保證金。

2、對於違反道路交通管理處罰條例、廢棄物清理法等行政罰，於活動結束10日內，由轄區分局或移請市府相關單位裁處。

3、於活動結束15日內，對於違反刑法等刑事罰，由轄區分局移送地檢偵辦。

（三）召開檢討會議，提出精進作為，以兼顧民眾基本權與社會秩序之維護。

備註：

執行分局分局長如採取帶離手段，載送之指定適當地點包括：大眾交通工具可抵達處所、醫院、公園等公眾得出入之場所或公共場所。

第十四章 辨識異常行為與執法危機應處案例

壹 案例事實

甲長期罹患思覺失調症，表現出被害妄想、關係妄想及被跟蹤妄想，在無客觀證據情形下，認定遭雇主及友人不公平對待，且懷疑有人要謀害自己，取得自己投保之保險金，認爲需要防身，遂在臺南購買紅柄嫁接刀、水果刀各1支。甲爲求讓自己遭友人陷害一事公諸於眾，欲北上找媒體請願，而於某日搭乘自強號列車北上，行經新營至後壁間時，爲列車長發現甲票種不符而要求補票，但遭甲拒絕，列車長便要求甲在嘉義火車站下車。待該列車行駛至嘉義站時，甲因受其精神病症影響，妄想列車長非查票，與全車廂乘客都是針對他，要其下車，其害怕下車將遭人謀害，故甲並未下車，且由第3車廂往第4車廂移動並咆哮，列車長遂請嘉義站行車室通報嘉義鐵路警所派人處理，值班警員接獲通報後，派遣員警乙前往處理，然甲見乙身穿警察制服後情緒更激動，縱使乙以溫和態度勸說甲下車處理，並以無線電通報。此時，甲竟基於妨害公務及殺人之犯意，取出藏於褲子口袋內之紅柄嫁接刀，往乙左腹部刺擊，造成乙左上腹單一穿刺傷，乙雖負傷，但見甲持有刀械且列車上尚有眾多旅客，仍奮力以雙手控制甲，待甲遭眾人壓制後始放手，之後乙雖緊急送醫急救，仍因大量出血而死亡。因此，面對此有別於「罪態」之「病態」執法情境，員警如何辨識異常行為與危機應處？

貳 本案判決

本案經臺灣嘉義地方法院108年度重訴字第6號刑事判決，認定甲行爲時有精神障礙，不能辨識行爲違法，依刑法第19條第1項規定，判決無罪；但甲應依刑法第87條規定，令入相當之處所施行監護五年。但本案經嘉義地檢不服第一審判決提起上訴，臺灣高等法院臺南分院109年度上重訴字第537號刑事判決，撤銷原判決，並認定甲犯殺人罪，處有期徒刑十七年，並於刑之執行完畢或赦免後，令入相當處所，施以監護五年。最後本案雖又提起上訴，但最高法院110年度台上字第3052號刑事判決上訴駁回，維持第二審判決定讞。本文針對第二審判決之重點說明如下。

一、依殺人罪及妨害公務執行罪想像競合犯從一重殺人罪論處

依據甲之供述、相關證人之證述及卷附法醫研究所解剖暨鑑定報告書等書物證，認定甲所爲，係犯刑法第271條第1項之殺人罪及修正前刑法第135條第1項之妨害公務執行罪，並應依想像競合犯規定，從一重殺人罪論處。

二、行為時雖辨識與控制能力有顯著減低但並尚未達完全喪失程度

本案法院綜合卷內各項證據資料，並參酌醫院之精神鑑定報告、鑑定醫師證詞，認定第一審認甲行爲時精神狀態無辨識違法能力，並據爲甲無罪判決，顯有不當，故予撤銷。並認爲甲於行爲時，其精神狀態雖因精神障礙，受其所患（系統性被害）妄想型思覺失調症急性發作之影響，致其辨識行爲違法之能力與依其辨識而行爲之控制能力均有顯著減低之情形，但並未達完全喪失之程度，因甲行爲時對被害人是警察執行職務並無誤認，即因本次鑑定時表示清楚所刺殺之對象爲執勤員警，亦知道員警的工作是來叫他下車，隨後即因自認「既然沒有政府我也不當你是警察」，遂持刀刺向員警。且甲是在「被害人即警察執行職務」時，持刀刺殺該警察本人之情形，與「不可抗拒的衝動法則」係就「即使警察在場仍犯案」之

情形不同，故僅依刑法第19條第2項規定減輕其刑，非屬同條第1項規定之行爲不罰。

三、無顯著反社會人格特質與刑法原因自由行為無涉

甲並無顯著反社會人格特質，亦非屬反社會型人格障礙症，本件是其行爲時受妄想型思覺失調症影響，於其精神病症急性發作狀態下，而爲殺害被害人之行爲，尚無證據足證其具有反社會人格。又甲固曾就醫治療，於案發前停止回診、服藥，但本件行爲時因無病識感，無法知覺其所呈現之各種妄想，以及理解思覺失調症對其社會職業功能之影響，難認是故意或因過失停止回診、規則服藥，以達其殺害被害人之目的，與刑法第19條第3項原因自由行爲無涉。

四、於刑之執行完畢或赦免後令入相當處所施以監護五年

本案依醫院鑑定結果，均認有令甲入相當處所接受監護處分之必要，故高院認甲若未經相當治療，其於出獄後，有極高可能再度失控，對社會治安及民眾之生命、身體、健康安全產生重大危害，確有再犯或有危害公共安全之虞，爲預防甲再爲類似之犯行，危害社會安全秩序，併予宣告甲應於刑之執行完畢或赦免後，令入相當處所，施以法定最長之監護期限五年。

參 從辨識異常行爲談執法危機應處

一、正視「辨識異常」行為實務訓練

本案乙接獲通報前往列車處理列車長查處甲票務事宜，第一時間影像即經列車上民眾持手機攝錄下來並經廣傳，列車停靠嘉義站，乙尚未上列車前，可見甲情緒激動、大聲咆哮、手部揮舞，亦可清楚聽到列車長與其對話且口氣不耐：「已經給你坐到嘉義了，不然你是要坐到哪裡？」乙甫上車時，列車長告知：「他就是沒有票啊，給他坐到嘉義就好了。」一旁

民眾見有糾紛亦詢問列車人員：「這台車會慢分嗎？」等話語。顯見列車長已解除甲運送契約且請乙要求甲下車，以利列車不誤點。

畫面乙接近甲時，車廂內乘客多仍在座位上等候，乙與甲正面近距離接觸時，甲情緒更爲激動，甚至取出犯案刀子向乙揮舞，此時乘客方起身紛紛走避離座，乙於周旋中握住甲持刀的右手腕與其對峙，續有部分乘客及列車人員見狀以手毆打制止甲，甲遭毆打且與乙對峙中雙方重心不穩，由列車走道雙雙傾倒至座位區，乙於座位區遭刺後畫面呈現大量血液流至列車走道。

回顧本案案發當下短暫過程，從外顯徵候亦僅見甲係一無票搭車情緒不穩乘客，乙欲遂行對甲解除運送契約請其下車任務，短時間內員警如何從「辨識異常」行爲徵候，建立執法危機應處，實係重要課題。

本案從判決書可歸納第一時間員警接觸時態度與甲情緒反應如下：

（一）車上民眾表示員警當時滿客氣的，口氣溫和。

（二）甲認有人要謀害他，移動至不同車廂，罵政府、罵政黨、認爲被陷害沒人管。

（三）甲受妄想型思覺失調症影響，急性發作，對象是要詐領保險金的親友。

（四）員警上車處理時，擴張妄想對象，妄想全車民眾列車長及員警均要對付他，因而刺向員警。

（五）甲持刀刺向被害人係屬偶發事件，難認甲於停止回診及服藥時即預見其事後欲持刀殺害被害人並陷於急性發作狀態。

（六）甲當時刺殺警員時，無法從影片判定其有無受到幻聽、幻覺影響。

（七）綜合甲在案發前後及行爲時整體過程，堪信甲對於外界事物之認知、感受、反應、理解等，於行爲時之辨識能力及控制能力有顯著降低情形。

本案甲於遇有列車長查票時外顯徵候爲「情緒激動與大聲咆哮」，與一般遭查票或攜帶危險物品的乘客所呈現出來的「規避、緊張、抗拒、質疑」等違序態樣相似，致員警可能未認知其係由嚴重的「病態」發作，又遇到欲阻止其遂行意願之公權力，引發急性攻擊行爲，此一案例帶給實務機關最大的啓示實爲警醒員警第一時間面對「罪態」、「醉態」、「病態」行爲人都足以讓員警遭受極大危害，司法審查事後就各類行爲人因病因醉的意識能力降低減刑、一時衝動但犯後態度良好的罪後減刑，都無法挽回員警所受危害的遺憾，唯有正視「辨識異常」與「正確應處異常」的務實訓練，方能降低不可預期的執法危機。

二、從外顯徵候辨識病況異常行為

精神衛生法第48條第2項規定：「警察機關或消防機關於執行職務時，發現疑似第三條第一項第一款所定狀態之人，有傷害他人或自己之虞者，非管束不能救護其生命、身體之危險，或預防他人生命、身體之危險時，應通知地方主管機關即時查明回覆是否屬第三條第二項第一款規定之精神病人。經查明屬精神病人者，應即協助護送至就近適當醫療機構就醫；無法查明其身分或無法查明屬精神病人者，地方主管機關應派員至現場共同處理，無法到場或無法及時到場時，應使用具聲音或影像相互傳送功能之科技設備處理之，經地方主管機關認有就醫必要時，除法律另有規定外，應即護送至就近適當醫療機構就醫。」同法第3條第1項第1款：「本法用詞，定義如下：一、精神疾病：指思考、情緒、知覺、認知、行爲及其他精神狀態表現異常，致其適應生活之功能發生障礙，需給予醫療及照顧之疾病。但反社會人格違常者，不包括在內。」由此規定可知「思考、情緒、知覺、認知、行爲及其他精神狀態表現異常」即有可能爲精神疾病患者，惟員警對此態樣行爲人在第一時間接觸極有可能依其過去經驗判斷爲「罪態」的違法、違序、違規呈現出的緊張、逃避等異常行爲表徵，而忽略其「病態」徵候。爲利員警認識此類精神疾患外顯特徵，參照松德醫院社區精神科邱智強主任於2021年10月4日在鐵路警察局講授「精神病患暴力攻擊前的前兆與評估」其重點歸納如下：

（一）STAMP（郵票）原則

1. 瞪視與眼神接觸（Staring and eye contact）：目露兇光的瞪視，多疑懷疑的眼神，眼神沒有接觸。

2. 音調與音量（Tone and volume of voice）：尖銳、大聲、無法自控的音調、有攻擊及敵意的言詞、惡言相向。

3. 焦躁與情緒（Anxiety）：異於尋常的焦躁、難以安撫。

4. 喃喃自語（Mumbling）：自言自語、對空比劃、針對眞實或想像中的威脅對象妄想性的言語。

5. 姿態（Pacing）：來回踱步、不能靜坐、握拳或用拳擊物、呼吸加快，突然停止正在進行動作，出現威脅攻擊的姿態等。

（二）VOICE（聲音）原則

1. 言談與聲音（Voice）：尖銳、大聲、無法自控的音調、有攻擊及敵意的言詞、惡言相向。

2. 瞪視與眼神接觸（Opened eye contact）：目露兇光的瞪視、多疑懷疑的眼神、眼神與你沒有接觸。

3. 專注度與意圖（Inattention or intention）：呈現無法專注或意圖傷害他人的情形。

4. 控制（Control）：患者自覺被外力控制、覺得對方被外力所控制、覺得自己無法控制、覺得對方無法自我控制。

5. 聽幻覺（Ear）：有聽幻覺的跡象，自言自語、對空比劃、針對眞實或想像中的威脅對象妄想性的言語。

6. 姿態（Statue）：來回踱步、不能靜坐、握拳或用拳擊物、呼吸加快，突然停止正在進行的動作、出現威脅攻擊的姿態等。

由上述介紹對照甲第一時間於列車上已出現「尖銳、大聲、無法自控的音調、有攻擊及敵意的言詞、惡言相向進而出現威脅攻擊的姿態」等徵候，但列車長與員警可能仍以其係無票搭乘的一般違規旅客對話與應處，並無意識其有急性攻擊之危機，而導致此不幸事件之發生。

（三）暴力患者的情緒變化過程

接續參照邱智強主任提示之「暴力患者的情緒變化過程」，分析本案甲攻擊因素及危害階段分述如下：

1. 誘發階段（trigger event）：可能受到外在刺激或內在症狀，而誘發涉及暴力攻擊的情緒。以此案例觀之，甲已於車廂中認為被陷害無人搭救而持續咒罵，列車長查票舉動並詢問其已經予其搭到嘉義的對話加上甲自覺無法遂行繼續乘車行為而誘發攻擊動機。

2. 升溫階段（escalation）：刺激源持續存在，自我調適機轉失能或並未有有效的介入導致情緒失溫。本案因甲處於急性思覺失調症發作已無自我調適機轉，員警僅能由外觀得知其情緒不穩，又囿於列車準點開車限制致快速接近欲勸離，甲情緒更加激動。

3. 危機階段（crisis）：情緒達到最高峰，當無處宣洩時，衍生暴力攻擊的可能性。本案甲於乙接近時，即取出刀械揮舞且情緒更加高亢劇烈，乙為免甲傷及車上乘客，採取制止作為，握住甲持刀之手腕，其他乘客及列車人員加入制止甲，以手持續捶擊甲，導致甲反射性抗拒動作加大，終至以刀刺向乙腹部。

4. 高原階段至逐漸平復（plateau or recovery）：持續的情緒張力，有可能在此時發生再一次暴力行為。以本案為例，因乙遭刺後大量血液漫延至車廂走道，其他乘客及列車人員並合力壓制甲，甲未有再次暴力行為；惟面對是類情緒顯然失控行為人，員警應有二次暴力認知，切勿輕忽。

5. 危機後階段（post-crisis depression）：在個人情緒發洩或環境介入後，患者短期內情緒受到抑制，甚至可能出現自責等情緒。觀之本案有關榮總嘉義分院鑑定意旨略以：「詢問殺人行為時，甲可表示知道殺人是不對的，表示自己是中邪了，才會無法控制情緒，對於造成員警死亡乙事表示後悔及抱歉，認為對方也是被利用做他們該做的事。」另成大醫院鑑定要旨略以：「甲對於犯案當時的狀況，認為當時是中邪受到驚嚇所致，遭關押後得知警察過世感到抱歉。」可知類此精神疾患者於暴力攻擊後出現自責情緒係徵候之一。

6. 平靜階段（calm）：刺激源的影響消失，或重新達到新的身心平衡，而回到情緒的基準線。再據本案成大醫院鑑定意旨略以：「108年7月4日之病況說明書記載『激躁不安，自言自語，不合邏輯，答非所問，被害及關係妄想，缺乏病識感』。鄭員於同年7月5日開始服藥。同年11月22日之病況說明書記載『病患經藥物治療後，情緒穩定，言談可切題，但仍受妄想（被害妄想）影響，談及相關內容情緒仍顯激動，表示仍會有聲音跟他講話，但聲音較小聲』。可見甲若規則服藥，其幻聽、被害妄想可部分改善，情緒起伏、言語邏輯及妄想相關的行爲亦有進步。若甲能持續規則服藥，其復發機率較低，或可避免本件行爲。」甲於刺殺乙經逮捕並接受醫療診治用藥後回復情緒基準線。

三、運用周哈里窗協助辨識

美國社會心理學家Joseph Luft和Harry Ingham於1955年提出「周哈里窗」（Johari Window）理論，展示了自我認知和他人認知之間的差異，透過調整和改善自我與他人之間的互動關係，進而改善工作氣氛提高工作效率（參照維基百科）。

以本案爲例，員警接獲列車長通報票務糾紛，是類案件多屬民眾因趕搭時間直接入站，補票即可態樣；少數則係投機貪小便宜民眾，對員警詢問事項會有爭執或不滿情事，員警日常處理是類單純違反票務規定，多係採取即時安撫勸導請其下車，兼顧讓列車準點離站任務。故面對甲咆哮情形不易意識其係精神疾患急性發作，尤以訪查多位乘客表示乙口氣溫和，顯見乙秉持良好執勤態度立場前往勸導甲控制情緒，並請其按列車長解除運送契約指示下車，又乙了解列車靠站有時間限制，需準點離站，故一上列車並未及觀察甲暴怒情緒，當然未能知曉甲係因妄想症發病中需先行疏散民眾，即直接接觸；而甲亦未知已遭列車長解除運送契約，係妄想遭監控，到嘉義不敢下車怕會出事情，而乙叫他下車是要他死，認爲遭乙聯合一起設計，才很生氣從口袋內拿出刀子捅乙。本案乙囿於過去累積的查處票務糾紛應處模式，甲囿於精神疾患發作，雙方彼此不清楚對方的立場與想法，致生遺憾。

故本案依「周哈里窗」模型，可知乙及列車長對彼此立場或情緒認知不清楚狀況下衍生的重大危害，若能將此模型導入日後員警面對外顯情緒異常疑有病況徵候民眾時，加以理解並建立對於此類民眾溝通降溫的運用，先確保彼此及周邊民眾安全而非遂行執法任務，將有助於減少第一時間危害（如表14-1所示）。

表14-1 「周哈里窗」運用於鐵警殉職案

	我（乙與列車長）知道	我不知道
行爲人（被告）知道	1. 共識區 列車長查票，員警上車 行爲人異常（逃票）	2. 我的盲點 行爲人有精神疾患，斷藥多時，妄想被害且急性發作 配偶重鬱症，中低收入户
行爲人不知道	3. 行爲人的盲點 列車開車時間壓力 列車長已解除運送契約，員警上車後將強制其下車	4. 共同的盲點 對彼此的立場不清楚

四、執法接觸時思維與降溫技巧

會讓員警在第一時間受到極大危害的態樣，除了傳統「罪態」與「醉態」外，尚有外顯徵候與上述兩種異常部分相似，但意識能力與犯意迴然不同的「病態」徵候，員警對於是類情神疾患民眾辨識是否足夠，有充分訓練與設備提供，是極爲重要課題。因而，面對此外顯異常徵候執法接觸時，思維可歸納如表14-2所示：

表14-2 接觸情緒異常徵候行為人時思維

步驟／態樣	辨識（第一時間）	情緒（外顯徵候）	事實（行為原因）	目標（你的目標）
違法 違序 違規	異常	規避、質疑、緊張、逃避、卸責、攻擊等	觸法違規	告知事由 回應異議 安全法辦
病況	異常	躁動、吼叫、缺乏現實感、攻擊或自傷等	情緒病況	溝通了解 情緒降溫 安全解除
口訣：辨一情一事一目（變成四目）：在面對外顯異常徵候時，多出二顆眼睛來觀照，試圖理解對方的立場並了解自己會有盲點。				

資料來源：作者自繪。

又當員警建立對於外顯異常徵候的民眾有相當程度屬於「病態」時，第一時間的溝通用語與技巧運用得當，將有助於緩和現場危害。

（一）語言（溝通應對）應用

1. 不提高音量，使用中性語調或詢問語氣。
2. 表達關心與尊重。
3. 嘗試理解對方的立場，使用開放性語言。
4. 不跟對方爭辯或過度言語防衛。
5. 避免過於官僚或正式的回應。
6. 不使用開玩笑或消遣式回應。
7. 過程中如係員警有疏漏，適當表示歉意並再次回應。

（二）非語言（肢體動作）應用

1. 維持情緒平穩與冷靜。
2. 保持安全距離，掌握周邊適當掩體及有無危險物品。
3. 維持非威脅性的眼神接觸。
4. 必要時點頭示意附和行爲人表示理解立場但非認同。
5. 向行爲人確認是否理解員警說明。
6. 把手放在對方看得到的地方。
7. 避免微笑或笑聲，以免行爲人自覺遭嘲諷。
8. 允許行爲人表達不滿（不服）情緒並仔細聆聽。
9. 維持高度警覺，情況緊急時戰術脫離或使用不逾必要程度之強制力。

（三）本案之應用

回顧本案現場列車長及其他乘客說法多爲封閉式對話如：

1. 來來來，你下來啦，到嘉義就好了。
2. 啊你又沒票，我都給你坐到嘉義了，你那麼兇。
3. 不然你是要坐到哪裡啦。
4. 列車什麼時候要開啊？（乘客）

若運用降溫技巧，員警到場後可運用開放式對話溝通如：

1. 先生，你哪裡不舒服嗎？要不要先喝口水？

2. 我是來幫你的，有沒有什麼我可以幫得上忙的？

3. 先生，你慢慢說，這樣我才能聽清楚你說的。我會聽你講完不要急。

4. 我知道你很生氣，但是你這麼生氣我沒辦法好好了解。

5. 你現在是生氣還是著急？

6. 我知道你可能是票掉了，很多乘客都有車票掉在車上的情形，我們慢慢講就好。

7. 在這裡不好說話，我們先下車以免影響車上乘客。

8. 我們先下車休息一下，下班車10分鐘就到了，不會影響你的行程的。

五、執法危機應處

（一）蒐集情報

目前實務上勤務指揮中心或派出所值班員警接獲民眾報糾紛、家暴、酗酒滋事或以本案的逃票糾紛等案件，多僅以「派遣線上警力」前往即完成調度工作，俟受調度之線上員警或備勤警力到達後回報現場狀況並請求增援後續警力等。然勤務指揮中心員警受理具危害性案件，除了調度警力外，宜負責「蒐集情報」職責，例如詢問報案人糾紛現場有無持刀械或其他危險物品、有無圍觀群眾、是否造成道路壅塞、行爲人是否有情緒異常徵候等，並如實告知受調度員警，以利其做好心理準備，提高應處思維。

（二）敵情觀念

員警常因日常處理違法違規違序案件累積豐富經驗，以過去類似案件多能充分因應而疏忽「歸零思考」重要性，危害之所以爲危害，即在於其「不知道什麼時候會發生」及「不知道下一秒會有什麼發展」，把危害不可測量性當做必然，平日累積每一次個案應處經驗讓自己有更多適當方法選項，但建設自己前往每一次個案剎那必以「歸零思考」、「人性並非本善」暨「同理並非服務」的執勤態度應處，方能減少突襲式危害。

（三）裝備齊全

出勤前各項應勤裝備如哨子、警棍、噴霧器、警銬、警槍、微型攝影機、強力手電筒等均應確認齊全，尤其注意微型攝影機功能是否正常，出勤前是否已開啓錄影。

（四）律定指揮官並妥善分工

勤務指揮中心於調派警力時，若有跨轄支援情形，應明確律定帶班指揮官，以明事權，受指定指揮官則應發揮領導功能，妥善分工，就接觸、掩護、警戒、交整、管制、帶案等事項即時調度，並即時提醒或制止所屬員警勿違反規定，亦勿因受行爲人刺激意氣用事而有過當言行。

（五）現場應處首重辨識異常與溝通對話

未有明顯急迫的危害現場，到場後辨識係屬「罪態」、「醉態」或「病態」異常，展開溝通對話與現場降溫，先行穩定行爲人情緒，允許行爲人提出意見及發問常有助於降溫，另主動提供選項，如「你想喝口水或其他飲料嗎？」、「你要在車上向列車長補票或下車後至出口再補票？」亦能有助於緩解行爲人情緒，第一時間即採取強壓制方式執法，反而易激怒行爲人情緒，並非最佳選項。

（六）保持適當安全距離並疏散民眾

在列車狹窄空間內處理糾紛，即使是以話語溝通安撫，仍宜與行爲人保持適當安全距離；此外，溝通過程中示意車廂內或周邊民眾疏散離開，與行爲人拉開距離，將有助於員警妥善因應，亦可避免行爲人因情緒無法控制，挾持或傷害第三人。

（七）後續增援必要警力或救護人力及裝備

安撫溝通情緒不穩定民眾過程如發現行爲人持續言詞激烈或動作加大，應邊安撫降壓邊通報（或商請周邊民眾協助通報）後續支援警力或救護人力，視現場狀況增援長警棍、盾牌、臂盾、防割手套、電擊器、警繩、滅火器等，以利排除危害並保護行爲人及員警安全。

（八）啓動組合警力戰術並視現場狀況使用必要強制力

溝通降溫過程注意力要全時放在行爲人身上，保持安全距離，運用雙警對話分散注意力，趁機解除行爲人武裝，或使用適當強制力控制，過程中根據行爲人行爲，持續採取相對應戰術，如指揮官於安撫降溫、警告並制止行爲人仍不聽後，可先下令使用噴霧器避免危害擴大；指揮官個化特徵使前線員警了解目標，採取共同推進隊形接近對象。警棍橫向，雙手持棍前推，用以區隔人群，防線推進。最接近的員警實施逮捕或管束，必要時使用警棍打擊非致命部位，控制行爲人肩、胸部及手部，向下壓制，前倒時保護頭部。鄰近掩護組擒抱腳部向後拉伸破壞其重心。將行爲人放倒後，小腿交疊壓制，控制膝部、腰部及肩部，避免壓制頸部及頭部造成過當。

（九）強制力升級準備

上述組合警力戰術仍無法達成目的，採取戰術脫離先尋找掩體保護自身等待時機而非強攻亦爲選項之一，當行爲人有事實足認持有致命性武器或危險物品意圖攻擊員警或他人時等嚴重傷害或致命威脅，符合警械使用條例第4條第4項各款時機時，得依法逕行射擊，保護執法人員安全。

（十）全程完整蒐證並精準譯文以利司法審查

以本案爲例，依據列車上乘客提供之蒐證內容，經臺南高分院再行勘驗該錄影畫面結果，甲並未表示「你跟他們講一句，恁爸現呼死」，而是表示「你減說一句，恁爸現呼你死」，是一審原譯文爲二審法院所不採；又依勘驗該影片截圖所示，甲是面對乙表達上開言詞，難認甲當時有受「幻聽」或「幻覺」影響，或甲當時是希望被害人向「他們」說，要讓「他們」死，而非是要讓「被害人」死。甲於原審審理時供稱：「我是對天意、要整我的人講的，我不是對員警講的」自難採信。本案一審譯文發言內容似乎並非針對員警而發，當下有無幻聽情形、又是否需爲其不可控的疾病患想情節負責，成爲本案重要爭點。經二審重新勘驗蒐證內容，其中將「你跟他們講一句」改爲「你『減說』一句」，另將「恁爸現呼死」改爲「恁爸現呼『你』死」，發言對象已從針對天意的自言語轉變成爲面對員警，與一審勘驗結果相去甚遠，其後甲於鑑定會談中表示清楚所刺殺對象爲執勤員警，行爲應受妄想型思覺失調症影響，致辨識和控制能力顯著降低，但尚未達不能辨識程度。是以員警於執勤現場完整蒐證進而複誦確認行爲人對話內容、描述行爲人緊張或衝動情緒外顯表徵攝錄於微型攝影機或商請在場民眾共同協助蒐證，將能於司法審查過程還原第一現場眞貌，維護執法尊嚴。

（十一）了解情緒不穩民眾送醫診治流程

以臺北市政府爲例，員警或消防人員接獲通報疑似精神疾患者干擾、自傷或自殺個案時，會先致電衛生局專線確認是否爲列管個案，若係列管個案有身體疾病問題，送至綜合醫院診治；若有犯罪行爲，由當地警察機關續處；已知或明顯疑似精神病患有傷人自傷行爲或之虞者，則逕送精神科急診收治。至警消無法判定是否爲精神病患者，可撥打衛生局緊急醫療專線，由精神科醫師提供電話諮詢或出動醫療團隊現場應處，續判斷是否強制住院。員警熟悉轄區內情緒異常民眾危害事件相關網絡及暢通聯繫管道，有助於第一時間詢問專業應處意見或即時取得醫療資源，應處過程將更爲周延安全。

肆 結語

本案乙因單警處理票務糾紛殉職，警政署暨鐵路警察局除了立即增補警力改以雙警執勤外，並新增拋射式電器裝備暨辦理教育訓練，同時針對鐵路站區易有糾紛滋擾事件，如補票糾紛、攜刀恐嚇列車長、在車站內乞討辱罵員警、小販於站區內販售商品等十四種案類編撰教材，每一種案類從法令說明、處理程序、法令依據、參考應對用語到注意事項詳實解析，並透過檢測讓第一線員警閱讀外並能熟稔應用，另亦編輯警棍訓練教材提升員警技術能力，面對員警殉職危機能深入扎根教育訓練，策勵未來。

況且自2020年起臺灣警察專科學校也將「警察敘事與溝通」列入正

式課程，強調警察應有緩解與降低危機情境能力（De-escalation），並應具透過溝通技巧逐步降低危機與避免危機升級關鍵能力。確實，過去多數員警到達現場時，大都急於解決問題，傾向於立即進行干預處置暨控制，快速解決危機，但面對非屬「違法罪態」的「病態」街頭執法情境，較正確做法是，建立敵情觀念，累積豐富經驗，每一次現場都歸零思考，透過同理心傾聽技巧，緩解與降低危機情境，疏散周邊民眾，再視現場情況做強制力升級準備，逐步安全解決危機情境。因此，專業訓練從正確「辨識異常」行為開始，強化員警風險情境之認知與突襲式危害應處能力，便值重視。

（本文初稿曾發表於警光雜誌，第797期，2022年12月）

第四編

警察勤業務刑事類

第十五章
同意搜索案例

壹 案例事實與爭點

甲某日乘坐其配偶乙所駕駛汽車違停為警盤查，經「同意」自該車副駕駛座置物處及下方垃圾桶內，扣得其所有之海洛因1包及注射針筒2支，復經採集尿液送驗有施用第一級毒品海洛因，被移送後起訴。然在法院審理時，甲承認吸毒，但主張員警無搜索票，未徵得他「同意」搜索車子，因他「只有同意看，你們怎麼可以翻」，且事後又逼他簽「自願搜索同意書」，「不然老婆小孩不能回去」。

本案爭點：第一，何謂檢查，何謂搜索，兩者有何區別？第二，同意搜索合法界限為何？第三，強制驗尿合法規範為何？第四，違法搜索所獲得證據及衍生證據應否排除？

貳 本案判決

本案之判決，基本上可拆解為違法搜索、違法逮捕、違法驗尿，是以扣案之證據及據此而衍生之各項證據，基於「遏阻違法偵查」目的應排除，故而主文諭知被告甲無罪[1]。

一、違法搜索

本案法院認為「檢查」或「搜索」均屬對隱私權之干預，基於法律保留原則，皆須有法律依據方得為之，雖經受檢查或搜索者「同意」情況

1 以下之說明參照臺灣桃園地方法院109年度審訴緝字第5號刑事判決。

下，基於基本權之捨棄，固得合法爲之，然得執行者自只侷限於經「同意」之範圍內，不得假「檢查」之名，而濫行「搜索」之實，故而所扣海洛因及針筒皆係違法搜索所得。

按「檢查」僅可由外部目視觀察、檢視，非如「搜索」般可翻查、找尋，甚或變更、移動物之儲存方式及除去、破毀物之遮避、掩藏、隱匿外觀，又不論「檢查」或「搜索」咸屬對隱私權之干預措施，基於法律保留原則，皆須有法律依據方得爲之。雖在經受檢查或搜索者「同意」情況下，緣於隱私權係屬可處分之基本權，固得合法爲之，然得執行者自只侷限於經「同意」之範圍內，殊不得假藉繞道「檢查」之名而曲解其意遂濫行「搜索」之實，否則類此「偷渡」之行徑要難脫免沉淪恣意違法之境！準此，員警丙既僅詢以「車子我們瞄一下就好，我們看一下」等語，並未明確曉示得否「搜索」，則其意顯只尋求同意「檢查」，如是而已。因此，被告甲只說「去看、去開」，是此示以同意之言行，當只針對「檢查」而爲，範圍殊無擴及「搜索」之意，此復觀諸被告於當場即執「我只有同意看，你們怎麼可以翻」等語，爲此打臉員警之舉益明。

既只同意「檢查」自小客車，惟員警丙竟「就拿來零錢包打開拉鍊翻找零錢包裡面的物品」、「打開中央扶手的蓋子翻找中央扶手下置物箱內之物品」、「掀起腳踏墊，查看踏墊底下有無藏放東西」、「打開左後座座椅椅墊上，盒蓋有小叮噹圖案之置物盒，翻找置物盒裡的物品」、「打開置物箱蓋，從裡面取出一包裝有白色粉末之夾鏈袋」、「取出垃圾桶內的上層的物品，之後取出一個塑膠袋，再繼續取出垃圾桶內之物品」，諸此作爲都已屬「搜索」，缺乏法律依據，更未經被告之同意，員警丙竟逕自恣意如此爲之，顯屬「非法搜索」，從而所扣該包海洛因及2支針筒，皆係經違法搜索始起獲扣案之證物。

二、違法逮捕

法院接著認爲因非法所查獲之毒品而逮捕被告甲，屬非法逮捕，是以事後方補簽之「自願受搜索同意書」，絕非出於被告之眞摯同意，自不得以此回溯使搜索轉爲合法之依據，則此份同意書充其量僅具掩蓋「違法搜索」之「遮羞布」而已。

扣案之海洛因及針筒既獲自非法途徑，並基於「遏阻違法偵查」理由應予排除，則本案亦不得以「有相當理由憑認被告係持有第一級毒品之現行犯」爲由加以逮捕，因而此逮捕當屬「不法」。被告既遭員警非法逮捕，自由橫遭剝奪，受人宰制，內心驚恐萬分，事所必然，且被帶回警局經非法剝奪人身自由期間，緣已身處他人矮簷之下，周遭環境形成之震懾、壓迫性暨因此滋生之無助感，勢必遠甚於仍在「檢查」現場之公共場域，是處此險境且更隻身孤立無援情勢下，當只存聽任予取予求乙途，何能猶保有絲毫意思形成及意思實現之自主性而膽敢違逆員警之要求？是以事後方補簽之「自願受搜索同意書」，絕非出於被告之眞摯同意，自不得以此回溯使搜索轉爲合法之依據。

三、違法驗尿

本案法院接著認爲因員警非法逮捕被告甲，故後續對被告尿液採集亦爲非法。亦即被告甲既係爲警非法逮捕，自猶無刑事訴訟法第205條之2後段所定「對於經拘提或逮捕到案之犯罪嫌疑人或被告，有相當理由認爲採取尿液得作爲犯罪之證據時，並得違反其意思採取之」之適用，是以員警對被告之尿液採集同淪爲不法。換言之，本件之搜索係屬非法，並將進而累及使逮捕、尿液採集俱成非法。

四、證據排除——無罪

本案依照訴訟程序來分析，可以拆解成三大重大違失——「違法搜索」、「違法逮捕」、「違法驗尿」，是以扣案之海洛因、針筒及以此爲據而衍生之各項證據，包括搜索扣押筆錄、自願受搜索同意書、鑑定書、濫用藥物檢驗報告，率未能通過刑事訴訟法第158條之4所定「權衡原則」之檢驗，或更兼屬「毒樹之果實」，爲貫徹「遏阻違法偵查」之目的，這些證據均應排除而無證據能力，均不得援爲本案證據。

按「犯罪事實應依證據認定之，無證據不得認定犯罪事實」，「被告或共犯之自白，不得作爲有罪判決之唯一證據，仍應調查其他必要之證據，以察其是否與事實相符」，又「不能證明被告犯罪或其行爲不罰者，應諭知無罪之判決」。故被告甲固坦誠有本案施用第一級毒品之犯行，唯此僅有單一自白，尚乏其他證據可佐其自白眞實性，是以揆諸前開法條說明，自屬不能證明被告犯罪，而應爲「無罪」之諭知。

參 本案評析

一、檢查與搜索之區別

按「檢查」僅能由當事人身體外部及所攜帶物品的外部觀察，就目視所及範圍加以檢視，並對其內容進行盤問，或要求當事人任意提示，並對其提示物品的內容進行盤問，即一般學理上所稱「目視檢查」。警察在一般臨檢盤查時，僅得實施「目視檢查」，但如有警察職權行使法第7條（查證身分之措施）第1項第4款所定要件，「若有明顯事實足認其有攜帶足以自殺、自傷或傷害他人生命或身體之物者，得檢查其身體及所攜帶之物」，在此的「檢查」相當於美國警察實務上所稱「拍搜檢查」（frisk），即使未得當事人同意，得以手觸摸其身體衣服及所攜帶物品外部。然警察職權行使法所定之「檢查」爲警察基於行政權之作用，係指爲避免危及安全所爲衣服外部或所攜帶物件之拍觸，有別於刑事訴訟法所規範的司法「搜索」，不得進行深入性搜索。因此，檢查時不得有侵入性行爲，如以手觸摸身體衣服內部或未得當事人同意逕行取出其所攜帶物品，而涉及搜索行爲。另須注意拍觸檢查亦有別於一般爲取得犯罪證據或基於證據保全目的之傳統搜索，亦非逮捕後之附帶搜索，因此不得擴大其所允許之目的範圍，而爲證物之搜尋[2]。

至於刑事訴訟法之搜索，除具急迫性、突襲性或同意性之無令狀搜索不用搜索票情形外，原則上應依法聲請搜索票，才可進行翻查、找尋，甚或變更、移動物之儲存方式及除去、破毀物之遮避、掩藏、隱匿外觀等

2 蔡庭榕，警察職權行使法與案例研究，許福生主編，警察法學與案例研究，五南出版，2020年2月，頁70-72。

「搜索」行爲，與「檢查」僅可由外部目視觀察、檢視確實有所不同。故本案員警丙「就拿來零錢包打開拉鍊翻找零錢包裡面的物品」、「打開中央扶手的蓋子翻找中央扶手下置物箱內之物品」、「掀起腳踏墊，查看踏墊底下有無藏放東西」、「打開左後座座椅椅墊上，盒蓋有小叮噹圖案之置物盒，翻找置物盒裡的物品」、「打開置物箱蓋，從裡面取出一包裝有白色粉末之夾鏈袋」、「取出垃圾桶內的上層的物品，之後取出一個塑膠袋，再繼續取出垃圾桶內之物品」等行爲，均屬「搜索」而非「檢查」，故應依刑事訴訟法有關「搜索」之規定來檢視此等行爲是否符合「搜索」之規定。

二、同意搜索之合法性界限

搜索，以有無搜索票爲基準，可分爲「有令狀搜索」與「無令狀搜索」。有「有令狀搜索」，應用搜索票。由於本案係因被告甲違規臨停爲線上巡邏員警所盤查，並請甲同意其「車子我們瞄一下就好，我們看一下」，甲回答說「去看、去開」後搜索到車上有海洛因及針筒等物，引發後續甲遭員警強制逮捕及強制驗尿，因而本案之爭執重點是員警「無令狀搜索」是否符合「同意搜索」之合法性要件，而屬合法搜索或違法搜索。

依照刑事訴訟法第131條之1同意搜索之規定：「搜索，經受搜索人出於自願性同意者，得不使用搜索票。但執行人員應出示證件，並將其同意之意旨記載於筆錄。」屬於「無令狀搜索」型態之一，其理論依據最主要是「基本權的捨棄」。按搜索原本是國家機關爲了干預人民身體、財產與居住自由等基本權的高權行爲，但因被搜索人同意而喪失干預基本權性質，被搜索人同意取代國家法律成爲發動搜索根據。況且同意搜索能夠免除司法警察聲請搜索票負擔，也讓當事人能提早洗刷自己犯罪嫌疑，然而卻有一定風險，此一風險來自人民與國家權力的差距，在擁有優勢地位的警察徵求同意搜索時，人民可能擔心拒絕同意反而會讓自己顯得有犯罪嫌疑，只好同意其原本不會接受的搜索。因此，同意搜索正當性基礎完全建立在受搜索人有效同意上，所以「同意權限」、「自願性同意」及「同意表示」，成為判斷搜索合法性的關鍵所在[3]。

（一）同意權限

同意權限之有無，就「身體」之搜索而言，僅該本人始有同意之權；就物件、宅第而言，則以其就該搜索標的有無管領、支配之權力為斷（如所有權人、占有或持有人、一般管理人等），故非指單純在場之無權人，其若由無同意權人擅自同意接受搜索，難謂合法[4]。再者，同意權人應係指偵查或調查人員所欲搜索之對象，而及於被告或犯罪嫌疑人以外之人。又在數人對同一處所均擁有管領權限之情形，如果同意人對於被搜索之處所有得以獨立同意之權限，則被告或犯罪嫌疑人在主客觀上，應已承擔該共同權限人可能會同意搜索之風險，此即學理上所稱之「風險承擔理論」。執法人員基此有共同權限之第三人同意所為之無令狀搜索，自屬有效搜索[5]。

（二）自願性同意

自願性同意，即該同意「以一般意識健全具有是非辨別能力之人，因搜索人員之出示證件表明身分與來意，均得以理解或意識到搜索之意思及效果，而有參與該訴訟程序及表達意見之機會，可以自我決定選擇同意或拒絕，非出於強暴、脅迫、利誘、詐欺或其他公權力之不當施壓所為之同意為其實質要件。況且自願性同意之搜索，不以有『相當理由』為必要；被搜索人之同意是否出於自願，應依案件之具體情況包括徵求同意之地點、徵求同意之方式、同意者主觀意識之強弱、教育程度、智商等內、外在一切情況為綜合判斷其自願性」[6]。況且，「搜索人員應於詢問受搜索人同意與否前，先行告知其有權拒絕搜索，且於執行搜索過程中受搜索人可隨時撤回同意而拒絕繼續搜索，即受搜索人擁有不同選擇的權利，否則其搜索難認合法」[7]。換言之，「自願性同意」，必須出於受搜索人自

---

3 薛智仁，同意搜索之基本問題（一），法務通訊，第3002期，2020年5月1日，頁3。
4 參照最高法院107年度台上字第2850號刑事判決。
5 參照最高法院105年度台上字第1892號刑事判決。
6 參照最高法院106年度台上字第258號刑事判決。
7 參照最高法院108年度台上字第839號刑事判決。

主性意願，非出自執行人員明示或暗示之強暴、脅迫、隱匿身分等不正方法，或因受搜索人欠缺搜索之認識所致，且爲衡平人民與警察之間的資訊與權利落差，並課予搜索人員告知受搜索人有權拒絕之義務。

（三）同意之表示

本條但書明定「執行人員應出示證件，並將其同意之意旨記載於筆錄」，屬於同意表示之程序規範，目前實務認爲執行搜索之書面只能在搜索之前或當時完成，不能於事後補正[8]。換言之，執行人員應於執行搜索場所，當場出示證件，先查明受搜索人有無同意權限，同時將其同意之意旨記載於筆錄（書面）後，始得據以執行搜索，此之筆錄（書面）只能在搜索之前或當時完成，不能於事後補正。倘若受搜索人對其簽署自願受搜索之同意書面有所爭執，攸關是否出於自願性同意之判斷及搜索所取得之證據有無證據能力之認定，法院自應深入調查，非可僅憑負責偵訊或搜索人員已證述非事後補簽同意書面，即駁回此項調查證據之聲請。該項證據如係檢察官提出者，依刑事訴訟法第156條第3項之相同法理，法院應命檢察官就該自願性同意搜索之生效要件，指出證明之方法[9]。

是以，本案被告甲只同意員警「去看、去開」之「檢查」而已，不能將其同意範圍任意擴及「搜索」之意，此復觀諸被告於當場即執「我只有同意看，你們怎麼可以翻」等語明顯可知。故員警等任意「打開置物箱蓋從裡面取出一包裝有白色粉末之夾鏈袋」等作爲，在無「搜索票」之情況下，再加上「這份同意書是在搜到東西帶回警局時簽名的」，「當時我有問說可以不簽名嗎，警察說不能不簽名，若我不簽名，我老婆和小孩子不能回去」，是以事後方補簽之「自願受搜索同意書」，不符「同意搜索」要件，顯屬「違法搜索」。所以員警於法院審理爲證時亦不諱言：「在徵詢被告的意見應該是並不太合法」、「只有到得看到的權利不能搜索」、「從打開小錢包開始就已經不合法」，因而所扣案之該包海洛因及2支針

8 參照最高法院108年度台上字第839號刑事判決。

9 參照最高法院100年度台上字第7112號刑事判決。

筒，皆係經違法搜索始起獲之證物，極爲明顯[10]。

三、強制驗尿之合法性依據

民主法治國家，公權力不能隨便對人民採取尿液，必須要符合法律規定。關於偵查中採尿的規定，最主要有依刑事訴訟法第204條之1規定由檢察官核發鑑定許可書，或依刑事訴訟法第205條之2規定：「檢察事務官、司法警察官或司法警察因調查犯罪情形及蒐集證據之必要，對於經拘提或逮捕到案之犯罪嫌疑人或被告，得違反犯罪嫌疑人或被告之意思，採取其指紋、掌紋、腳印，予以照相、測量身高或類似之行爲；有相當理由認爲採取毛髮、唾液、尿液、聲調或吐氣得作爲犯罪之證據時，並得採取之。」

在本案中，警方並沒有向檢察官聲請鑑定許可書，況且被告係爲警非法逮捕，自無刑事訴訟法第205條之2所定「對於經拘提或逮捕到案之犯罪嫌疑人或被告，有相當理由認爲採取尿液得作爲犯罪之證據時，並得違反其意思採取之」此規定之適用。本案被告係以毒品現行犯被強制將其帶回警局採尿，然被告並不符現行犯之逮捕，且亦非經其同意而自願採尿[11]。

---

10 倘若本案是在被告同意員警「去看、去開」，當員警一打開車門，依「目視」即可發現白色粉末之夾鏈袋及針筒，如此便符合前述所言「一目瞭然法則」，經詢問而無正當理由時，而「有事實足認其有施打毒品犯罪之虞者」，得依警察職權行使法第8條第2項後段進一步「檢查交通工具」，要求其開啓置物箱（含後車箱）接受檢查，且在有相當理由憑認此白色粉末之夾鏈袋爲海洛英一級毒品時，便可以持有一級毒品爲由，依現行犯逮捕之並帶回驗尿。如同臺灣桃園地方法院108年度審訴字第61號刑事判決即引用「一目瞭然法則」，而認同下列案件員警之搜索、扣押程序屬合法。即員警某日在某處盤查證人甲，查獲其持有毒品海洛因1包，由於證人甲當時甫購得該毒品，故員警在證人甲陪同下前往其購買毒品之某套房查緝販賣海洛因之人。因而本有相當理由懷疑屋內涉有販賣毒品犯罪，依據刑事訴訟法第131條第1項第3款之事由，本得即爲逕行搜索，並非惡意不爲搜索票之聲請。又司法警察在門外以「目視」方式發現屋內茶几處放置扣案之削尖吸管及電子磅秤，並在獲得被告同意打開門讓員警進去，又在不用翻找下發現垃圾桶裡面的殘渣袋後，認被告涉犯施用毒品罪嫌，再將被告逮捕，逮捕後，自得依據刑事訴訟法第130條附帶搜索，並在被告所在之上開套房內再行扣得被告施用毒品所用之海洛因1包、菸頭1枚、注射針筒1支、殘渣袋1只及吸食器1組，且此處之附帶扣押，業已依刑事訴訟法第137條第2項之規定，準用同法第131條第3項，於三日內陳報法院，並經法院准許，是以本案員警之搜索、扣押程序自屬合法，扣案之海洛因等物品，均有證據能力。

11 實務上有判決認爲犯罪嫌疑人固得同意採取尿液配合調查，惟此似檢查身體或「侵入性搜索」之概念，因而此處之「同意」，至少應與刑事訴訟法第131條之1同意搜索之要件爲相同解釋，亦即必須被告係出於自願性之眞摯同意（參照臺灣高等法院107年度上訴字第2522號刑事判決）。

又本案被告亦非毒品危害防制條例第25條所定得報請檢察官許可強制採驗之「毒品調驗人口」，自不得違反被告之意願而強制採驗尿液[12]。是以，員警對被告之尿液採集淪為不法甚明。

四、證據排除法則排除標準

我國刑事訴訟法第154條第2項規定：「犯罪事實應依證據認定之，無證據不得認定犯罪事實。」明白表示證據裁判原則，因而證據在刑事訴訟程序中即扮演著認定事實的重要角色。然而，在刑事證據之處理上，向來素有爭議者，係違法蒐集之證據，應否認其有證據能力的問題；換言之，即證據在蒐集過程中，其程序存有瑕疵時，該證據應如何處理的問題，向來在證據法則上受到激烈地討論，此即為違法蒐集證據有無證據能力的問題[13]。因此，違法蒐集證據，原則上應否定其證據能力的規範法則，在證據法則上謂之「違法蒐集證據之排除法則」，或稱為「證據排除法則」[14]。

證據排除法則之排除標準，主要有：1.絕對排除說：當違法蒐集之證據被認為違反正當法律程序時，該證據應立即地加以排除；2.相對排除說：以違法情節之重大性，且從抑制違法偵查的觀點而言，如容許作為證據並不適當者應予排除；3.權衡原則說：係指任何違反取證規定的案件

---

12 毒品危害防制條例第25條規定：「犯第十條之罪而付保護管束者，或因施用第一級或第二級毒品經裁定交付保護管束之少年，於保護管束期間，警察機關或執行保護管束者應定期或於其有事實可疑為施用毒品時，通知其於指定之時間到場採驗尿液，無正當理由不到場，得報請檢察官或少年法院（地方法院少年法庭）許可，強制採驗。到場而拒絕採驗者，得違反其意思強制採驗，於採驗後，應即時報請檢察官或少年法院（地方法院少年法庭）補發許可書。依第二十條第二項前段、第二十一條第二項、第二十三條第一項規定為不起訴之處分或不付審理之裁定，或依第三十五條第一項第四款規定為免刑之判決或不付保護處分之裁定，或犯第十條之罪經執行刑罰或保護處分完畢後二年內，警察機關得適用前項之規定採驗尿液。前二項人員採驗尿液實施辦法，由行政院定之。警察機關或執行保護管束者依第一項規定通知少年到場採驗尿液時，應併為通知少年之法定代理人。」

13 所謂證據能力係指能夠作為犯罪事實認定資料（即作為嚴格證明之用）的資格，無證據能力之證據，在審判中即不能用以證明被告之犯罪事實。所謂證明力，係指在具有證據能力的前提之下，能影響法官心證形成的證據價值。因此，證據能力是證據的「資格」問題，證明力則是證據的「價值」問題；必須先具備證據的資格，才有證據的評價問題。

14 黃朝義，刑事訴訟法，新學林出版，2017年9月，5版，頁601；田口守一，刑事訴訟法，弘文堂，2001年4月，3版，頁300。

中，均須作個案衡量，才能決定證據是否應加以排除[15]。的確，採取絕對排除說確實可實現憲法保障機能，然誠如批判者所言，如果認爲程序違法就排除證據，可能會使「罪犯因爲偵查人員的疏失，得以逍遙法外」。因此，日本在戰後受美國影響所採「相對排除理論」以及德國所採之「權衡理論」，認爲法院在裁判時應就個案利益與刑事追訴利益彼此間權衡評估，藉以調和保障個人基本人權，又能兼顧眞實之發見，而達社會安全之維護，不過是彼此間於排除範圍及程度上有所差異罷了。況且在我國的刑事訴訟法上與日本相同，對於證據取得之程序設有多樣規範的狀況下，所謂違反法定程序的概念本具相對性，依違法情節的差異而區分不同的排除基準，是有其道理[16]。

就我國刑事訴訟法第158條之4立法理由而言，對於法官於個案權衡時，須斟酌：1.違背法定程序之情節；2.違背法定程序時之主觀意圖；3.侵害犯罪嫌疑人或被告權益之種類及輕重；4.犯罪所生之危險或實害；5.禁止使用證據對於預防將來違法取得證據之效果；6.偵審人員如依法定程序有無發現該證據之必然性；7.證據取得之違法對被告訴訟上防禦不利益之程度等各種情形。此處七項權衡因素，未必係併存之關係，甚者多係「互斥」關係者，很顯然易見的例子：第3點所謂「侵害被告權益之輕重」，與第4點所謂「犯罪所生之危害」，即係公、私益相互衝突競合，而勢必須利益衡量者，同樣的情形也發生在第1、2點與第3點之權衡如何取捨。至第5點則係考量未來有無「抑制違法偵查」之可能性，第6點更係引進國外盛行之所謂「假設偵查流程理論」或「必然發現之例外」法理。

15 陳運財，違法證據排除法則之回顧與展望，月旦法學雜誌，第113期，2004年10月，頁42。

16 我國刑事法學者王兆鵬教授指出：採相對排除原則最大的缺點爲模糊、不明確，會造成法官在裁量的過程中，可能因一己的主觀、喜惡、自我就個案決定證據應否排除，在不同法院，或同一法院之不同法官，因各自行使「裁量權」，而產生不同法律效果。故其主張應以絕對排除爲原則，除非證據排除不能達到嚇阻效果時，證據使例外的不予排除。因而建議具體條文爲：「違背法定程序致侵害人民權益而取得之證據應予排除。但若排除證據不能達到嚇阻違法取證之目的，不在此限。」（參照王兆鵬，刑事訴訟講義（一），翰蘆圖書，2002年8月，頁31-35）。王兆鵬教授的見解，其目的無非在限縮法官的裁量權，避免法官因個人好惡適用法律，導致證據取捨標準不一。惟如此的建議，並未爲現行刑事訴訟法第158條之4所採。

換言之，七項權衡因素標準係「例示」而非「列舉」之標準，各項因素間亦無先後輕重之排序，更非也不可能要求法官就所有七項因素均應兼顧。甚至最高法院雖已經開始引用該七項權衡因素，要求事實審法院遵行權衡法則，惟正因爲各項因素的具體內涵不明，以及有無先後，或係排他或併存等關係未明，最高法院似仍並未於個案中提出更爲具體明確之操作標準，使得雖有標準，卻陷入似無標準的窘境（參見最高法院92年度台上字第6786號刑事判決、93年度台上字第2573號刑事判決、93年度台上字第3854號刑事判決）[17]。

確實，如此權衡的結果，可能會讓法官「跟著感覺走」，導致重罪案件證據幾乎不可能排除的結果。如同林鈺雄教授所言：許多案例中可能根本沒有所謂的權衡，法官或許只是以權衡理論之名，粉飾預先定好的審理結果；認知淺薄的法官，甚至會誤以爲，反正是權衡，不免繫於主觀認定，因此量出什麼結果，都不違法。果眞如此，則權衡理論只不過替法官「跟著感覺走」的思考方式，提供一個美名。至此，以確定性及法安定性交換而來的「個案正義」，恐怕也只是海市蜃樓[18]。

然而，權衡法則最主要是能給法官就該個案利益與刑事追訴利益彼此間權衡評估，況且所謂「權衡」絕非漫無標準，更非任由法官恣意判斷，如同學說上便有提出所謂「三段審查基準說」，歸納評定之標準及順位如下：1.法院首先審查，追訴機關是否恣意、惡意違法取證？答案肯定時，該證據應予禁止使用；2.答案否定時，繼續審查被違反之取證禁止，其法規範目的爲何？該目的是否因違法取證行爲而終極受損？使用該證據損害，是否會加深或擴大？如果會加深或擴大，則證據應禁止使用；3.如果不會，或者根本無法探知規範目的時，則得權衡個案，判斷被告個人利益與國家之追訴利益孰先孰後。追訴機關違法程度、被告涉嫌犯罪輕重乃其中關鍵之指標[19]。此外，最高法院87年度台上字第4025號刑事判決，即具

17 參照臺灣高等法院107年度上訴字第2522號刑事判決。

18 林鈺雄，從基礎案例談證據禁止之理論與發展，刑事訴訟之運作——黃東熊教授六秩晉五華誕祝壽論文集，五南出版，1997年11月，頁35。

19 林鈺雄，搜索扣押註釋書，元照出版，2001年9月，頁48。

體將權衡因素著重於「違法之重大性」及「抑制違法之相當性」兩項要件者，足見所謂權衡法則，絕非漫無方法、標準，而任憑法官主觀感覺之法則。

因此，臺灣高等法院107年上訴字第2522號刑事判決便有參考上述「三段審查基準說」認為：1.首先應區別偵查機關或審判機關之違法，於偵查機關違法取得之證據，且係惡意違反者，如禁止使用該項證據，足以預防偵查機關將來違法取得證據，亦即得有「抑制違法偵查」之效果者，原則上應即禁止使用（權衡第1、2、5項因素）；2.其次，如非惡意之違反，仍應審究所違反法規範之保護目的，以及所欲保護被告之權利為何（包括憲法上之基本權，及法律上之實體及程序權），參酌國家機關追訴，或審判機關審判之公共利益（如被告犯罪所生之危險或實害程度），權衡其中究係被告之私益或追訴之公益保護優先，除非侵害被告之權利輕微者，否則仍應禁止使用該項證據，亦即除非極端殘暴的嚴重犯罪而有不得已之例外，絕對不得只因為被告所犯為重罪，即不去考量被告被侵害之權利，尤其是被告憲法上權利或足以影響判決結果之程序權受侵害時，仍以禁止使用為原則（權衡第3、7、4項因素）；3.最後，始考量「假設偵查流程理論」或「必然發現之例外」法理，視偵審人員同時有無進行其他合法採證行為，而如依法定程序有無發現該證據之必然性，以作為原則禁止之唯一例外（權衡第6項因素）。

是以，本案係員警假「檢查」之名而濫行「搜索」之實，係屬恣意妄為，不顧程序正義，並進而累及使逮捕、尿液採集皆成非法，即從員警主觀意圖係假「檢查」之名而濫行「搜索」之實之恣意、惡意違法情節來看，依「三段審查基準說」第一段之觀察，便符合違法所取得之證據應予排除，為達「遏阻違法偵查」之目的考量，證據應予禁止使用。再者，本案因員警無善意例外及「一目瞭然法則」之適用，已無須另行衡量被告權利侵害及追訴利益，是以本案所扣案之海洛因、針筒及以此為據而衍生之各項證據，包括搜索扣押筆錄、自願受搜索同意書、鑑定書、濫用藥物檢驗報告均違相當性或更兼屬「毒樹之果實」，應予禁止使用。又以本案員警或檢察官並無其他已合法發動之調查或偵查作為，更無須再審酌「假設偵查流程理論」或「必然發現之例外」等例外，應有證據能力情形。

肆 結語

本案基本上可拆解爲違法搜索、違法逮捕、違法驗尿，所扣案之證據及據此而衍生之各項證據，法院最後基於「遏阻違法偵查」目的排除該等證據，導致縱使被告甲坦誠有施用第一級毒品之犯行，唯僅此單一自白，尚無其他證據可佐其自白眞實性下，判決被告「無罪」。

確實，刑事訴訟禁止「不計代價、不問是非、不擇手段」的眞實發現，其發現眞實，必須在實質正當法律程序下進行，始爲法所許可。特別是在我國現行刑事訴訟普遍承認「證據排除法則」後，程序合法與否的爭執與裁定，成爲實體眞實先決條件，對於犯罪嫌疑人或被告的違法取證，法院必須調查並說明其取捨理由，爲了程序正義而可犧牲實體眞實，可謂是刑事訴訟上重大哲學思想改變，從「以發現眞實爲中心的證明力問題」移轉至「以正當程序爲中心的證據能力問題」[20]。面臨現行刑事訴訟重心的轉移，警察今後辦案應更落實程序正義，認清強制處分權之合法界限，並加強實務判決書分析，以作爲執法合法性之依據。

如同彰化地方法院107年度訴字第329號刑事判決所言：「本案承辦員警，以『騙票』（拿過去的蒐證照片透過檢察官向法院聲請搜索票）之違法手段取得搜索票，固已接受司法審判而付出代價（犯刑法第216條、第213條之行使公務員登載不實文書罪），然而身爲執法人員的警察卻做出如此嚴重的違法行爲，可能與警界長期以來的績效文化脫不了關係。……本院仍希望警界高層除了以績效管考基層員警之外，也能眞心替這些在第一線辛苦値勤的員警們著想，思考如何爲員警提供安全無虞的設備環境、正確完善的法治教育，讓『執法之前，先要守法』的觀念，內化在每位員警的心中。」又以最近某派出所4名官警栽槍換取績效，犯下假

20 許福生，論證據排除法則與警察因應之道，日新半年刊，第5期，2005年9月，頁85-86。

藉職務上之權力故意犯非法搜索、縱放人犯與僞造文書等罪判決確定案，內政部警政署除重申各警察機關應依法行政並落實程序正義，違者嚴懲並追究連帶責任外，警政署署長更語重心長表示「各級幹部應勇於承擔轄區治安責任，嚴禁各單位有匿報案件或績效造假情事，違者將嚴懲不貸，同時追究考監責任，避免影響民眾對警察的支持與信賴」。確實，爲改善績效文化及強化警察專業，警政署自2015年4月起對外「減少協辦業務」達二十餘項，自2018年起對內「取消專案評比計畫」計五十二項；警政署強調未來也將持續滾動檢討修正，以減輕警察同仁工作負擔，提高工作效能，更可專注於「治安」與「交通」工作上。因此，持續改善績效文化、落實程序正義、「先合法再論方法」，確實是值得我國警察持續關注的議題。

（本文初稿曾發表於警光雜誌，第771期，2020年10月；
警大法學論集，第39期，2020年10月）

執行搜索扣押作業程序

（第一頁，共三頁）

一、依據：

(一)刑事訴訟法第四十二條、第四十三條、第一百二十二條至第一百五十三條。
(二)警察偵查犯罪手冊第六章第八節。
(三)檢察官與司法警察機關執行職務聯繫辦法。
(四)警察機關執行搜索扣押應行注意要點。
(五)傳染病防治法。
(六)嚴重特殊傳染性肺炎防治及紓困振興特別條例。

二、分駐(派出)所流程：

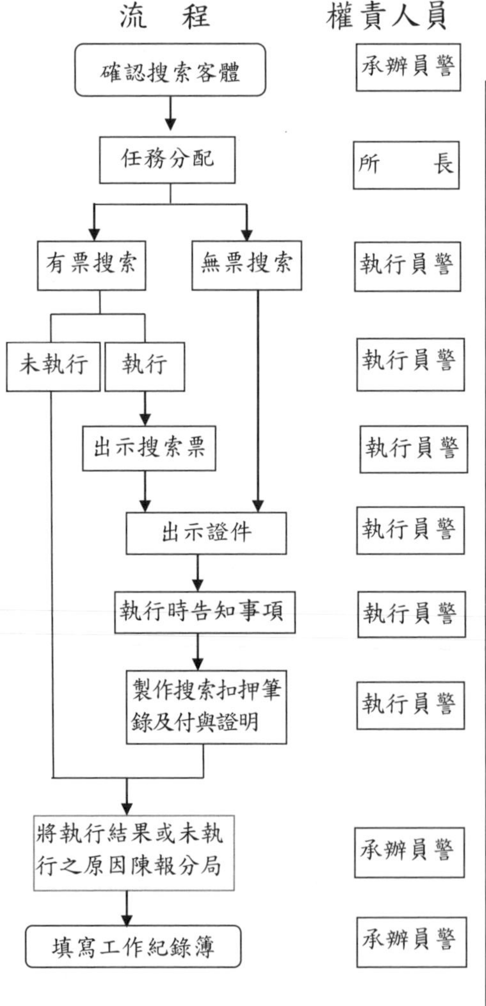

作 業 內 容

一、確認搜索客體為身體、物件、電磁紀錄、住宅或其他處所。
二、防疫期間，執行搜索應配戴口罩等防護裝備進入現場；如已先確認現場人員為罹患「嚴重特殊傳染性肺炎(COVID-19)」者(下稱罹患者)，應著護目鏡、隔離衣或防護衣等防護裝備方得執行職務。
三、到場後始知悉為罹患者，應即通報勤務指揮中心調派防護衣等必要之防護裝備到場，並通知衛生機關派員到場依法處置。
四、依有票搜索或無票搜索之區分，由所長分配執勤警力。
五、執行搜索時，須著制服或出示證件；執行有票搜索併應出示搜索票。
六、執行搜索時，應告知執行理由、對象、範圍、應扣押之物等，並將上揭告知意旨載明搜索筆錄。
七、執行搜索之方式：
(一)搜索婦女之身體，原則上應由婦女為之。
(二)必要時，得開啟鎖扃、封緘、封鎖現場、禁止有關人員在場或離去，並應注意不得逾越必要程度。
(三)對有人住居或看守之處所搜索，應命住居人、看守人或可為其代表之人在場；無此等人在場，得命鄰居之人或就近自治團體之職員在場。

(續下頁)

（續）執行搜索扣押作業程序

（第二頁，共三頁）

流　　程　　　權責人員　　　作　業　內　容

（四）對有人住居或看守之處所，原則上不得於夜間搜索。但經承諾或有急迫情形者不在此限；於夜間搜索或扣押者，應記明其事由於筆錄。日間已開始搜索或扣押者，得繼續至夜間。

八、執行搜索發現本案應扣押之物或另案應扣押之物，均得扣押之。

九、執行搜索、扣押後，應製作筆錄，並請受執行人及在場人簽名、蓋章或按指印。

十、將搜索扣押執行結果或未能執行之情形陳報分局。

三、分局流程：

流　　程　　　權責人員　　　作業內容

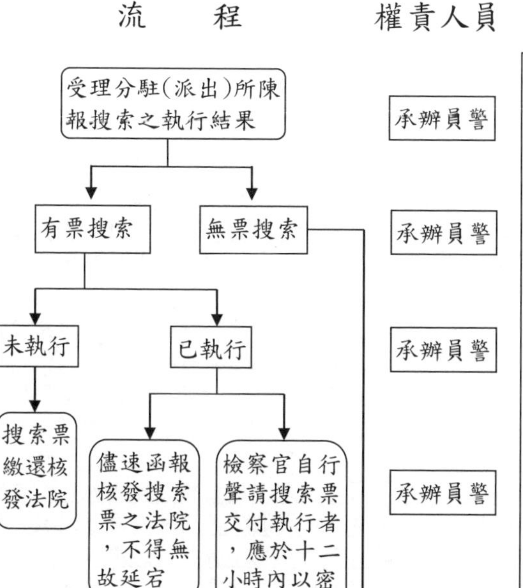

一、受理分駐（派出）所陳報搜索之執行結果。

二、有票搜索未能執行者，應以函文敘明事由，將搜索票繳還核發法院。

三、有票搜索且有執行結果者，應將搜索票正本與搜索扣押筆錄影本連同扣押物品目錄表影本以密件封緘，於信封上註明法院核發搜索票之日期、文號，儘速函報核發搜索票之法院。

四、有票搜索但無查獲應扣押之物者，應將該事由在搜索扣押筆錄內敘明，連同搜索票正本，一併函報核發搜索票之法院。

（續下頁）

（續）執行搜索扣押作業程序

（第三頁，共三頁）

流程	權責人員	作業內容
1.檢察官指揮之逕行搜索：應於十二小時內以密件封緘回報檢察官 2.逕行搜索：執行後三日內分別函報該管檢察官及法院 3.附帶搜索及同意搜索：案件移送法院或檢察官時，再附卷移送	承辦員警	五、搜索票係由檢察官自行聲請，而交付警察機關執者，應於十二小時內以密件封緘回報。 六、執行刑事訴訟法第一百三十一條第一項之逕行搜索或第一百三十七條第一項附帶扣押者，應於執行後三日內同時分別函報該管檢察署檢察官及法院。 七、執行刑事訴訟法第一百三十一條第二項之檢察官指揮之逕行搜索者，應於十二小時內以密件封緘回報檢察官，俾檢察官陳報法院。

四、使用表單：

（一）搜索票聲請書。

（二）自願受搜索同意書。

（三）搜索扣押筆錄。

（四）扣押物品收據/無應扣押之物證明書。

（五）扣押物品目錄表。

五、注意事項：

（一）搜索應保守秘密，並注意受搜索人之名譽。

（二）警察機關自行聲請搜索票執行者：應備妥聲請書，由分局長以上之司法警察官具名，並由案件承辦人或熟悉案情之人攜帶警察人員服務證，親自持聲請書及有關事證資料，報請檢察官許可後，再向管轄法院值日法官聲請核發。

（三）逮捕被告、犯罪嫌疑人或執行拘提、羈押時，雖無搜索票，得逕行搜索其身體、隨身攜帶之物件、所使用之交通工具及其立即可觸及之處所。

（四）執行搜索時，執行人員應出示證件表明身分，持搜索票執行者，並應先出示搜索票，告知受執行理由、執行對象、執行範圍、應扣押之物等，並將上揭告知意旨載明搜索筆錄。

（五）執行刑事訴訟法第一百三十一條之一規定之同意搜索，應嚴格遵守「執行人員應出示證件」，「經受搜索人出於自願性同意」，並將「其同意之意旨記載於筆錄」等法定程序；所謂「經受搜索人出於自願性同意」係指受搜索人得依其自由意志同意或不同意本次搜索，並得隨時撤回同意。並應於獲得受搜索人同意後始得開始執行搜索。

（六）將搜索扣押執行結果或未執行之情形陳報分局。

（七）防疫期間，受搜索人或在場人為罹患者、疑似罹患者、居家隔離或居家檢疫者時，勤務結束後，執行搜索及接觸扣押物之人員應使用肥皂水、洗潔液或乾洗手液洗手，並清消應勤裝備，以保持衛生安全。

修正說明：為避免同仁因執行同意搜索未取得「受搜索人真摯之同意」遭法院認定屬違法搜索，致所取得之證據無證據能力，爰增加使用表單「自願受搜索同意書」加強佐證，以符實需。

自願受搜索同意書

本人　　　出於自願，同意　年　月　日接受〇〇〇警察局刑警大隊人員　　　等搜索

本人身體：

物　件：

電磁紀錄：

處　所：

特立此同意書。

受搜索人：

住　所：

電　話：

中華民國 年 月 日

※受搜索人得依其自由意志同意或不同意本次搜索，並得隨時撤回同意。

註：

一、　執行人員應先出示證件，再由受搜索人簽具「自願受搜索同意書」，再據以執行搜索。

二、　本同意書所列同意搜索對象，應依實際情形正確選擇並詳為敘明，不適用者予以劃除。

第十六章

盤查查獲毒品犯罪案例

壹 案例事實與爭點

丙於某日於某處遭員警甲盤查，丙將自己褲子口袋內鑰匙取出之際，為員警甲發現並扣得同一口袋內之甲基安非他命1包。惟丙辯稱：當時行經路口，並未有任何可疑的情形即遭員警攔下盤查，盤問過程中員警便朝其褲子口袋觸摸，其伸手阻擋並主動取出口袋內之鑰匙，員警復又再以手觸摸其褲子口袋，並未經其同意便從其褲子口袋取出含有第二級毒品之夾鏈袋，本案係屬違法搜索。

本案爭點：第一，依警察職權行使法（本章稱警職法）規定，行政警察階段能否以行政檢查執行人身之附帶搜索？第二，警察在有相當理由先執行附帶人身搜索發現毒品再逮捕是否符合刑事訴訟法之程序規定？

貳 本案判決

本案被告丙因違反毒品危害防制條例施用二級毒品罪，不服臺灣新北地方法院109年度簡字第5956號刑事判決，提起上訴，經臺灣新北地方法院109年度簡上字第942號刑事判決（本章稱本判決），上訴駁回，其重點說明如下。

一、由合理懷疑提高為有相當理由之刑事偵查

警察職權行使各項高權措施，會隨著證據發現、開展，銜接刑事犯罪偵查作為，在外觀上差異不大，只是所施強制力強度不同、發動門檻要件有別而已。具體而言，警察行政高權發動門檻，係出於警察人員對於犯

罪嫌疑之「合理懷疑」，逮捕、搜索及扣押刑事（司法）之強制處分，則需達於「相當理由」始得為之。而判斷警察所為行政處分是否合理，法院應依「合理性」標準判斷警察行為之「合法性」，亦即應考慮警察執法現場的「專業」觀察、直覺反應，受檢人是否有緊張、逃避行為以及其他異常行為表徵，有無民眾報案、根據線報，並綜合當時客觀環境（諸如深夜時分、民眾出入複雜之場所、治安重點及高犯罪發生率之地區等），是否足以產生合理懷疑（警職法第6條第1項各款），而為必要攔阻、盤問及查驗身分，甚至身體、物件表面拍（搜）觸（frisk）（非屬翻找的搜索行為），以維護執法人員安全及避免急迫危害發生，苟因此發現具體違法犯罪情事，進而具有「相當理由」認為受檢人涉嫌犯罪，即得依刑事訴訟法逮捕、搜索及扣押等相關規定為司法強制處分。

二、有相當理由認有犯罪嫌疑在密接逮捕前可為附帶搜索

執法人員之安全維護與逮捕實施的過程，實環環相扣，若必須先為逮捕後方得為附帶搜索，不無囿於形式而置執法人員之安全於不顧，故執法人員於拍（搜）觸行為後，若有「相當理由」認受檢人有犯罪嫌疑，應容許在密接的逮捕行為前，先為人身的附帶搜索，不僅不會額外對嫌犯造成安全與隱私的侵害，更符合偵查實務之所需，亦未悖於立法本旨，執法人員於此情狀所為之附帶搜索，即無違法可言。再按「逮捕」係使用強制力，限制被逮捕人短暫之行動自由，為不要式的、無預警的行為。依刑事訴訟法第88條第3項第2款之準現行犯，以犯罪嫌疑人持有兇器、贓物或其他物件、或於身體、衣服等處露有犯罪痕跡，顯可疑為犯罪行為人時，始得逮捕之。所謂「顯可疑為犯罪行為人」，係指依當時之客觀情狀及經驗法則綜合判斷，一望即知顯然具有犯罪行為人之可能性而言。

三、查獲過程符合法定程序

本案查獲經過，員警甲係依其辦案經驗，認被告丙行跡可疑，因而予以攔查並確認身分，核與警職法之規定，並無不合。嗣員警因見被告丙神情有異，且褲子口袋內有不明突出物，而拍觸被告丙身體外部，乃保護警察安全之方式，尚非搜索，嗣警員察覺被告丙褲裝口袋藏有白色夾鏈袋，

根據其執法經驗、客觀所現及被告丙激烈反抗、閃避之態度，綜合判斷後，有相當理由懷疑被告丙持有違禁物，始行發動附帶搜索，隨即以毒品現行犯逮捕被告丙，實難謂員警所爲之搜索、扣押及逮捕行爲違法。

參 案例評析

一、行政檢查之方式及其界限

員警依警職法規定攔查受檢人並非必然得檢查其身體或其所攜帶之物，亦非必然得檢查所攔停之交通工具。上述檢查行爲，仍應符合警職法第7條第1項第4款：「……若有明顯事實足認其有攜帶足以自殺、自傷或傷害他人生命或身體之物者，得檢查其身體及所攜帶之物。」第8條第2項後段：「有事實足認其有犯罪之虞者，並得檢查交通工具。」之規定，始得爲之。警職法中就「檢查」之具體行爲態樣固無定義性解釋，惟其基本重點仍在「不得有侵入性」（例如以手觸摸身體衣服內部，或未得受檢人同意逕行取出其所攜帶之物品）而涉及刑事訴訟法規範之搜索行爲。另實務上「檢查」方式，概分爲下列三項[1]：

（一）由當事人身體外部及所攜帶物品之外部觀察，並對其內容進行盤問，即學理上所稱之「目視檢查」（plain view doctrine，亦即「一目瞭然」法則），僅能就目視所及範圍加以檢視。

（二）要求當事人出於任意性提示其所攜帶之物品，並對其所提示之物品進行詢問，此相當於「目視檢查」之範圍。

（三）未得當事人同意，即得以手觸摸其身體衣物及所攜帶之物品外部，此相當於美國警察實務上所稱之「拍搜」，其方式係以雙手做衣服外部由上而下之拍搜。

警察在執行一般臨檢盤查時，僅得實施「目視檢查」，如有警職法第7條第1項第4款及第8條第2項所定要件，亦得實施「拍搜檢查」，對於

1 警察職權行使法逐條釋義，內政部警政署編印，2003年8月，頁30。

所攜帶物件檢查，僅以受拍搜人立即可觸及之範圍內爲限，以符合比例原則。倘若員警依警職法或警察勤務條例等規定執行臨檢、盤查時，若發覺受檢人員行爲怪異或可疑，有相當理由認爲可能涉及犯罪，自得進一步依據刑事訴訟法之相關規定執行搜索[2]。因此，在警察實務上行政警察階段之拍搜或目視檢查，只要依據警職法規定之程序臨檢盤查，且限制僅能執行屬於任意偵查之非物理性或非侵入性搜索，當爲適法。只是在尚未轉換爲司法警察前之行政警察身分，因其有相當理由在短暫密接的時間以拍搜檢查方式發現違禁品，屬於逮捕前的「人身附帶搜索」（此處就警職法規定而言指拍搜檢查），拍搜後始以司法警察身分逮捕現行犯後，再就犯罪嫌疑人可立即觸及之處所執行之「附帶搜索」。在此，依警職法之拍搜檢查執行逮捕現行犯前之「人身附帶搜索」，便是行政警察轉換爲司法警察之模糊空間，實値探討。本案便是在此三步驟下幾乎同時實施完成，爲警察經常查獲毒品之實例。

二、美國及日本實務見解

一目瞭然法則爲美國聯邦最高法院判決實務所建立，其最原始意義係指「警察在合法搜索時，違禁物或證據落入警察目視範圍內，警察得無令狀扣押該物」，後擴及於警察執行「其他合法行爲」時，依目視所發現應扣押之物，亦得扣押。美國聯邦最高法院認爲，無令狀扣押固然會影響人民權益，惟權衡利害得失，仍認應准許司法警察爲相當範圍之扣押行爲，亦即僅容許警察以「目視」方式所發現其他證據或違禁品時，始得爲扣押行爲，而不允許警察爲另一次之搜索行爲。一目瞭然法則必須符合以下三要件：1.警察必須因爲合法的搜索、拘提或其他合法行爲時，而發現應扣押之物；2.必須有相當理由相信所扣押之物爲證據或其他違禁物；3.僅得以目光檢視，不得爲翻動或搜索之行爲。一目瞭然法則雖僅適用於「扣押」之行爲，惟美國學界後來將之詮釋爲「一目瞭然搜索」（有相當理由所爲之簡單翻動），亦不違法，並且實務上另以類推適用方式，承認亦適

---

2 參照最高法院99年度台上字第2269號刑事判決。

用於所謂「一嗅即知」、「一聽即知」及「一觸即知」等案例。如同美國聯邦最高法院在Minnesota v. Dickerson一案認爲，當員警在合法盤查民眾並拍觸其身體外部時，明顯察覺拍觸之物爲違禁物，若要求警察先行聲請令狀，可能會導致證據被隱藏或湮滅危險，此時員警得伸入其口袋取出該物並扣押之，國內學者有將此譯爲「一觸即知」法則[3]。

日本最高裁判所則於1978年6月16日第三小法庭就米子銀行強盜案件判決表示「警察官職務執行法第2條第1項規定，可以攔停受檢人接受盤問，但對於所攜帶物品的檢查卻未明確律定，由於隨身所攜帶物品的檢查與口頭盤問動作有密切關聯性，對於職務質問的強化效果有其必要性且是有效的行爲，因此該條項在質問的同時，附隨作攜帶物品的檢查是適當的，亦即警察對於隨身攜帶物品的檢查，既屬任意手段的職務質問附隨行爲，當然是被容許的，但原則上必須經過受檢人的承諾，並在其承諾的範圍內實施。不過，質問或隨身攜帶物品的檢查乃基於預防及抗制犯罪之行政警察作用，考量行政警察的職責在於能迅速適切的處理各類型不定性的危安狀況，若一概必須得到受檢人承諾始能檢查隨身攜帶物品，解釋上並不恰當」[4]。相對地，適切的解釋職務質問所伴隨之物品檢查，判決採取的立場是只要不涉及強制偵查而達搜索程度的行爲，審酌員警執法現場的必要性、相當性及緊急性的情況，即可被容許判斷爲適法之行爲。

三、拍搜檢查至有相當理由可在密接逮捕前為附帶人身之搜索

目前警察實務之執行，員警倘欲基於司法警察（官）身分蒐集犯罪事證，對於在場人員之身體、物件、電磁紀錄、住宅或場所爲搜索、扣押處分，仍應遵循刑事訴訟法有關搜索及扣押規定，並依其具體情形，由法院予以事先或事後審查。其若屬非法搜索、扣押，所取得證據，法院則依刑事訴訟法第158條之4規定，本於人權保障及公共利益之均衡維護原則，判斷其證據能力之有無[5]。

---

3 王兆鵬，刑事訴訟法講義，元照出版，2003年9月，頁266-271。
4 陳運財，偵查與人權，元照出版，2014年4月，頁65-66。
5 參照最高法院109年度台上字第1536號刑事判決。

一般偵辦毒品案件，若有線報或溯源擴大偵辦，通常爲令狀或無令狀搜索兼而爲之；線上巡邏員警則以同意搜索、緊急搜索（如圖16-1）或逮捕現行犯後之附帶搜索（如圖16-2）爲主要查緝毒品方式。

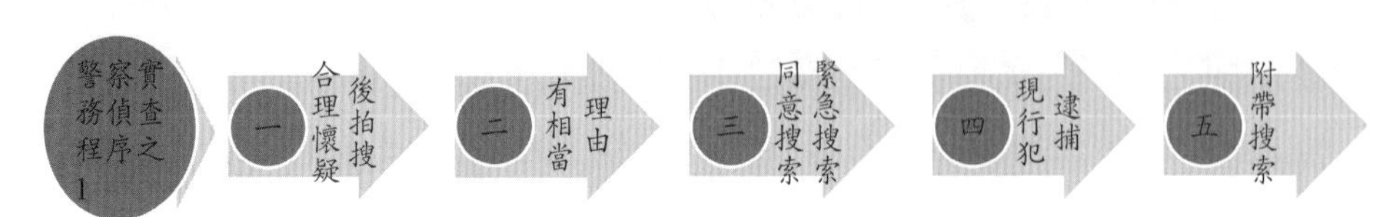

圖16-1　警察實務偵查程序模式一

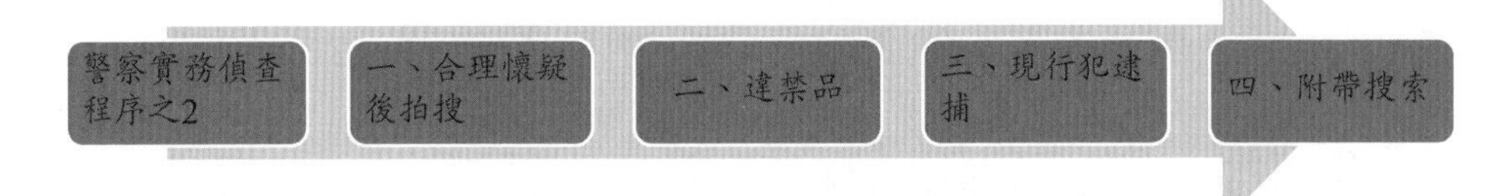

圖16-2　警察實務偵查程序模式二

然本案例與上述警察實務偵查程序其先後順序有所不同，本案係在無法確定口袋內是否爲違禁品情況下，在有相當理由認有犯罪嫌疑而在密接逮捕前爲「人身附帶搜索」，拍搜後始以司法警察身分逮捕現行犯後，再就犯罪嫌疑人可立即觸及之處所執行「附帶搜索」，如圖16-3所示。

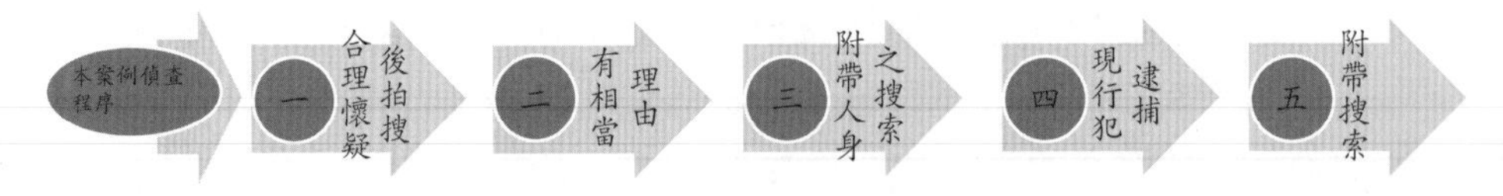

圖16-3　本案例之偵查程序模式

一般警察實務普遍之執行程序，除了依一目瞭然法則確認爲違禁品，有其緊急查扣之必要外，係先依刑事訴訟法第88條現行犯逮捕再附帶搜索，或依同意搜索、緊急搜索處理。然而，本案例係被告經身分查證、詢問、拍搜，員警由合理懷疑升高產生相當理由之後，爲防止滅證、保全犯罪證據及執法人身安全考量下，以檢查拍搜後「非常密接」之時間下執行附帶人身之搜索，發現違禁物後再以現行犯逮捕及附帶搜索等一系列動作同時完成。誠如本案判決所言：執法人員於拍（搜）觸行為後，若有「相當理由」認受檢人有犯罪嫌疑，應容許在密接的逮捕行為前，先為人身的附帶搜索，不僅不會額外對嫌犯造成安全與隱私的侵害，更符合偵查實務之所需。

同樣地，觀之拍搜、附帶搜索及逮捕先後之過程，固於自然時間上出現警員先行伸手取槍之搜索行為，再以現行犯逮捕上訴人之些微差異，然警員在發現上訴人藏放之物品為具危險性之槍枝後，旋即予以控制取得並逮捕上訴人，時間密集緊接，且未對上訴人造成安全及隱私之侵犯，自屬合法之附帶搜索範疇，亦不因上訴人嗣後補行簽署自願受搜索同意書，而排除附帶搜索之合法性認定等旨，而認扣案之槍、彈自得作為證據[6]。但司法實務亦有認為以搜索時間之密接性及急迫性作為先搜索再逮捕，仍認定為非法搜索，係經以權衡法則衡量扣案違禁物有證據能力而已[7]。

總之，刑事訴訟法及警職法等程序規範，雖未就員警先行拍觸民眾身體、再進而取出藏放於身上之物品如何評價其適法性定有明文，然對照上述一觸即知及伴隨物品檢查之案例，再參照本判決意旨，我國員警在行政警察階段之拍搜檢查若有「相當理由」認受檢人有犯罪嫌疑，應容許在密接的逮捕行為前，先為人身的附帶搜索，並非不被容許。倘若擔心個案查扣物品沒有證據能力，輔以同意搜索或緊急搜索後陳報法院審查方式執行，更能確保執法周延。

肆 本判決對實務查緝毒品犯罪之啓發

查緝毒品實務，主要是由線上員警依「執行巡邏勤務中盤查盤檢人車作業程序」之路檢盤查、交通稽查方式發現犯罪及不法證據，由行政警察

6 參照最高法院109年度台上字第1832號刑事判決。
7 參照最高法院105年度台上第3011號刑事判決。

身分轉換爲司法警察，再依刑事訴訟程序逮捕、搜索，而其判斷標準及查緝方式，說明如下：

一、啓動盤查判斷與毒品查緝有關之合理性標準

（一）觀察車輛種類：線上觀察並攔查交通工具經驗，老毒蟲因規避稽查或因長年吸毒財力困窘，多半開3萬、5萬舊車且車輛不常清洗，車內雜物凌亂；當然老毒蟲也有例外，例如藥頭有門路購入大量毒品，行情自然會比較好。目前年輕毒販轉以出租自小客車（白牌車）當做交通工具，承租人會找沒有前科的女生規避車行警覺，亦仍有年輕毒蟲性好炫耀出手闊綽，即使借貸亦以開雙B車款或時尚跑車爲交通工具。地區性之毒販則以機車爲主，並選擇深夜時段其熟悉之營業場所，深夜買賣毒品很多都是因爲本身通緝或調驗身分，故選擇深夜活動，例如24小時超商、酒店、網咖、KTV、汽車旅館等從事毒品交易。

（二）眼神及雙手：駕駛人若經攔查有類似老鼠眼飄忽閃躲眼神，則極有可能涉及毒品案件，搭配詢問觀察身體反應及應對續處。眼睛是靈魂之窗可以判斷異常，但是要特別注意對象二隻手，視線絕不離手，避免把毒品丟棄或拿出對員警不利的武器。

（三）車上飄出味道：車輛經示意停車開窗後由車內飄出的味道是員警研判的重要參據，例如大麻有一股特殊香味、安非他命有微酸味道、愷他命則爲人工香水味或塑膠味、拉K沒有味道但行爲人會像酒醉一樣神情恍惚。

（四）與警對話緊張發抖：犯嫌（毒品人口或通緝犯）看到警察常會緊張，心跳加快，不由自主動作，例如冒汗、亂叫、亂背誦他人證件，如果再深入盤問會呼天搶地的哭喊或叫爸媽救援，逃逸約30至50公尺就會重心不穩，腿軟跌倒。

（五）持續異常行爲：主動跟警察打招呼、套交情、假裝問路、請吃東西、在計程車內裝睡裝醉打電話、伸手掏東西只掏一半等。

（六）外顯生理特徵：黑眼圈、痘疤、掉牙、手臂針孔、疲態、頭髮有微酸味道。

（七）車內異常味道及聲響：行為人長期駕駛同一車輛並於車內吸食二級毒品會呈現類似櫃子發霉味加菸臭，愷他命則有燒烤塑膠味殘留很久，車上會殘留白色粉末及菸草，一般毒品駕駛人也會喜歡把音樂開得很大聲，吸引路人注意，常有炫耀心態。

（八）車內留有工具：吸管（吸愷他命）、K盤（拉K常用工具）、打火機（燒烤玻璃球）。

二、動態人、車攔查毒品可能藏匿之處或舉動

行政警察經常在動態人、車攔查緝獲毒品可能藏匿之處，實務可歸納如下：

（一）身體及攜帶物品：任何部位都有可能，但女毒犯最常藏胸部、腋下，男生最常藏內褲、口袋最底層、皮夾內層、皮帶頭、鼠蹊部等。

（二）車上能藏的地方都有可能：販毒者會將毒品以強力磁鐵吸附在油箱蓋、絨毛娃娃內、挖空書本、衛生紙盒、音響中央、機車輪弧等；單純吸食者大都以自己方便能隨時可以取得，不會為藏毒大費周章，大都可以以雙手輕易拆除或裝上的處所，例如門把手、扶手箱、飲料置物凹槽、副駕駛座前方置物箱等。

（三）見警攔查丟棄：毒品人口也會在遇警攔查時隨手丟棄毒品，或警覺有警在後尾隨時邊行駛邊丟棄，騎機車的行為人會在購買小包裝毒品後以手握住壓在機車把手，遇警尾隨即把手心毒品放開棄置加速逃逸。

三、發現可能涉及毒品犯罪之查緝技巧

員警依上述法令規定執行臨檢、盤查時，若發覺受檢人行為怪異或可疑，有相當理由認為可能涉及犯罪，依前述最高法院見解得進一步依刑事訴訟法逮捕、搜索及扣押等相關規定為司法強制處分。故就行政警察而言，運用豐富的執勤經驗合法蒐證，亦得不必以聲請令狀搜索為必要。茲歸納實務上查緝毒品過程如何與行為人交手，動之以情、訴諸於法或威之以執勤專業經驗，運用檢查之一目瞭然及拍搜手段，接續發現受檢人之違禁物品，進而具有「相當理由」認為受檢人員涉嫌犯罪為司法強制處分，整理參考做法如表16-1所示。

表16-1　盤查受檢人查緝毒品犯罪之技巧

編號	動作或技巧	做法
1	得強制離車	·請駕駛人或乘客搖下車窗，車內有明顯酒味、異味或目視發現疑似違禁品而生合理懷疑，要求駕駛人熄火下車或同意交出車鑰，但注意警力尚未足夠時，不宜請車內所有人下車，以免逃竄四散。 ·注意目視觀察駕駛人或乘客於停車後之動作，通常會將毒品以手迅速塞置在腳踏墊下、左右車門及右前乘客前置物箱、座椅後方置物袋。
2	帶班警察告知檢查事由	·我剛看到有人把這盒子交給你了。（告知目睹前一個動作） ·我從警超過五年了，這種裝玻璃球的盒子我看超過500個。（我的專業經驗很足夠） ·這一帶是毒品交易熱區，這二個月已查獲多起毒品案件，持這種盒子的民眾裝毒品爲最大宗。（我的執法累積很豐富） ·拍搜檢查身體衣服外部，爲大法官釋字第535號解釋保護警察之執勤方式，請你配合受檢。（若是拒絕，更增合理懷疑）
3	觀察入微	·第一時間攔停，在短時間內往車內目視有無可疑人事物。 ·帶班者詢問駕駛人同時，在副駕邊的員警利用時間查詢M-Police，並以目視查看車內狀況，通常毒品人口在癮頭來時，會有冒汗、緊張的身體反應，此時是戒心最薄弱、反應能力最差的時候。
4	回應受檢人	·你說是朋友的，朋友姓名？年籍？聯絡方式？住在哪裡？在哪裡給你？還有其他的？（以詢問方式步步進逼） ·觀察受檢人有無一直手插口袋（有違禁品，懼怕外露）？面對警察數度轉身，心虛背對閃躲？有無拒絕接受檢查？詢問過程觀察以形成合理懷疑，並提高到有相當理由程度。 ·受檢人會問員警有沒有搜索票，我要打電話給律師，他們會找朋友假裝律師跟你對話，畢竟有行情的毒品人口現場判斷得出來，我全程在錄影，你不可以非法搜我的人和車等，遇到以上狀況，需賴臨場機智應處。

（接下頁）

編號	動作或技巧	做法
5	動之以情	·大家心知肚明，你若自動拿出來我們會在筆錄敘明你是主動交付，這樣對你比較有利。（自首減刑） ·等一下案子是我製作筆錄，犯後態度是法官量刑重要標準，建議你仔細思考。（量刑標準）
6	查證技巧	·我的警用電腦斷線（你的證件疑似僞造），顯然無法查證身分，警方依法請你配合回勤務處所查證，最多3小時，如果你抗拒，警方得依法使用強制力；如果你仍然拒絕調查，警方將會依社會秩序維護法續處。 ·我只是依法查證身分，你怎麼那麼緊張？（借機握手）你的脈搏跳動速度太快了喔（異常行爲表徵），神情慌亂語無倫次等。
7	受檢人緊張失手或聲東擊西	·你的盒子（物品）沒有拿穩掉下來，警方目睹是毒品及吸食器，現在依毒品危害防制條例逮捕你。 ·車上有毒品的話，受檢人會主動配合請你搜他的身體，轉移你的注意力，相反的如果身上有毒品他會非常的配合請你搜他的車輛，員警必須警覺。
8	疑似攜帶危險物品	·你的褲袋（皮包）鼓鼓的，警方依據經驗判斷疑似刀片、信號彈，現在依法執行拍搜檢查你的身體及所攜帶之物，請你配合拿出受檢。 ·我們合理懷疑你有犯罪之虞，依法可以拍搜，警察不會將手插入你的口袋，但請你配合喔。 ·你的手有異常塞東西的舉動，警方依法請你打開交通工具之置物箱，我們只目視檢視，不會搜索。
9	經驗累積	·你的香菸頭卷起來，明顯加入K他命；你隨身帶著K盤、吸食器，東西拿出來。 ·你的衣服明顯散發毒品的臭酸異味（你的手有針孔、皮膚有暗瘡等），依我們的執法經驗研判你疑有吸食或服用毒品。如車上僅聞到K味或其他毒品味，要發動搜索時，採同意搜索或報請緊急搜索。 ·毒品人口常捨不得將用過的夾鏈袋丟掉，袋子內多有毒品殘渣，以快篩劑測試呈現陽性反應。 ·我看到你從車內丟出物品喔！看到你從身上丟掉物品喔！我們來確認你丟出什麼物品。 ·毒蟲身上有東西的時後會急著找地方施（打）用或躲避查緝，騎乘機車時往往會連續違規或車速異常快，要攔查毒品車輛並不難，先跟一下子，一定會有違規行爲，攔下之後，靠經驗及符合程序「纏」著耗時間，極有可能達成查緝目的。

（接下頁）

編號	動作或技巧	做法
		‧發現有疑似毒品人口車輛時，盡可能用尾隨跟蹤的方式，等行為人停車再攔查，確保執勤安全。 ‧攔查現場如有2名以上受檢人，要注意他們之間的接近及交談，有時會在你不注意時把毒品交給同行女性友人，放在男警無法碰觸之處，另外執勤員警避免相互交談，因為受檢人也會教學相長，學習員警的專業並設法應處。
注意事項		‧必須全程以密錄器連續錄音錄影，把警察依據法令執行臨檢盤查及搜索方式，使用口語重複表達（邊說邊做）。執行手段及使用強制力，必須符合比例原則。 ‧行政警察轉換為司法警察立場，恪遵警職法及刑事訴訟法規定。

伍 結語

警察在街頭或公共得出入之場所執勤，狀況瞬息萬變，是否行使職權與行使職權時所選擇之手段，其裁量之餘地，則應就各個案件影響層面之廣狹、執行者面臨之狀況是否緊急，如不行使職權所可能造成之危害程度等以及其他一切情狀各別具體判斷。惟警察執行勤務時，常處於不可測之風險中，甚至生死懸於一線之間，其決斷須依其個人素養、學識、經驗，即時反應，無從在當下以縝密理論反覆思索驗證[8]。

縱使本判決支持執法人員於拍（搜）觸行為後，有相當理由認有犯罪嫌疑在密接逮捕前可為附帶搜索，但因不同個案有不同情節，個別法官嚴謹審查後經常認定，員警非可據以拍搜之檢查手段而合理化恣意搜索行為，法官依論理法則及經驗法則就個案審查員警在類似本案查緝過程中，並非全然支持先行附帶搜索再密接的時間內以現行犯逮捕再續行附帶搜索。在相關見解不一的情況下，本文認為還是宜先以有相當理由之現行犯逮捕再附帶搜索為處理原則，當然亦可運用同意搜索或緊急搜索，例外始

8 參照最高法院106年度台上字第1626號刑事判決。

容許在行政警察階段執行美國之一觸即知附帶搜索或日本之附隨檢查，兼顧保障人權及治安維護之目的。

再者，目前司法實務判斷員警所為行政處分是否合理，法院是以「合理性」標準判斷警察行為之「合法性」，亦即應考慮警察執法現場的「專業」觀察、直覺反應，受檢人員是否有緊張、逃避行為以及其他異常行為表徵，有無民眾報案、根據線報，並綜合當時客觀環境，是否足以產生前述合理懷疑，而為必要攔阻、盤詰及查驗身分，苟因此發現具體的違法犯罪情事，進而具有「相當理由」認為受檢人員涉嫌犯罪，即得依刑事訴訟法逮捕、搜索及扣押等相關規定為司法強制處分。

是以，員警若能將上判決意旨背誦應用，執法過程描述行為人「異常」態樣並隨時把「根據我的專業觀察異常表徵與客觀環境綜合判斷」用語掛在嘴邊，完整蒐錄並接續描述其應對過程肢體與言詞的異常反應，將能提高合理懷疑及相當理由心證；另外時時注意偵辦移送之個案，在各級法院後續裁判認定狀況，尤其證據能力判斷部分，將有助於未來實務執行時，在各個查緝環節都能遵守正當法律程序，把依法行政融入實務經驗之中。特別是毒品查緝是線上執勤員警必須學習的專業技能，倘若實務經驗如能以「法理為基底」再加上「次數的堆疊」，形成「經司法審查成功」的經驗，將有助於模式複製，一再成功，獲得信心。

行政警察實施身分查證、攔阻、詢問、檢查等相關任意處分，因詢問方式可能有「警察已經有相當理由，可以逮捕、搜索」的對話，受檢人難免或多或少有來自行政檢查瞬間轉換司法強制處分之壓力，警察在有相當理由時，考量必要性、相當性、緊急性，於具體狀況下對受檢人以符合比例原則的方式，實施有形力或物理力的檢查、拍搜、一目瞭然措施，仍該當是任意處分，這是例外被允許的手段，警察身兼兩種身分轉來轉去交叉運用。但仍要深刻體認強制處分不是逼迫屈服，任意處分亦非恣意妄為，方能朝著法治國目標前進。

（本文初稿曾發表於警光雜誌，第793期，2022年8月）

第十七章 網路釣魚抓販毒案例

壹 案例事實與爭點

甲基於販賣第二級毒品以營利之犯意，於2021年5月13日17時許，透過通訊軟體GRINDR（有「男性搜尋系統」（Guy+Finder）之意，本章稱GRINDR）暱稱「Hi（火箭圖示）now 0 28」和喬裝爲毒品買家之員警聯繫，約定以新臺幣6,500元販賣甲基安非他命2公克及500元之費用幫助施打甲基安非他命二次後，依約於同日18時30分許抵達○○汽車旅館311號房，甲於上開房間內將甲基安非他命以電子磅秤秤重、分裝及收取員警交付之購毒價金7,000元後，旋遭員警乙當場逮捕，甲販賣第二級毒品之行爲因而未遂，並扣得相關證物。

本案爭點：員警乙偵辦本案是屬「釣魚（或稱誘捕偵查）」或是「陷害教唆」？亦即本案爭點在於甲此次與警方在通訊軟體GRINDR對話之前，是否原本即具有販毒犯意，而因警方「釣魚」後遭逮捕，抑或甲係因警方「陷害教唆」方萌生販毒之意。如爲前者，甲應成立販賣第二級毒品未遂之罪；倘係後者，自不得僅以甲因警方挑唆萌生販賣第二級毒品之犯意而入甲於罪。

貳 「誘捕偵查」與「陷害教唆」之區別

針對現行利用網際網路的新興犯罪，警方爲了偵辦刑案，必須採取科技偵查或誘捕等隱性偵查措施，始能系統性達成除暴安良目的。然而警察職權行使法第3條第3項規定：「警察行使職權，不得以引誘、教唆人民犯罪或其他違法之手段爲之。」而該條之立法條文說明爲：「警察實務上所使用類似『釣魚』之偵查方法，常引發爭議，爰參酌美國、日本及我國司法實務上之判例、判決見解，於第3項明定警察行使職權，不得以引誘、教唆等違法（即對原無犯意之人民實施『誘捕』行爲）之手段爲之。」因此，有關其適用，一般論者將之區分爲「釣魚（或稱誘捕偵查）」與「陷害教唆」兩類型，實務上肯認不得「陷害教唆」，但得對原有犯意者實施「釣魚（或稱誘捕偵查）」[1]。

現行實務認爲「陷害教唆」，係指行爲人原不具犯罪之故意，純因司法警察之設計教唆，始萌生犯意，而實行犯罪構成要件之行爲者而言。因其係以引誘或教唆犯罪之不正當手段，使原無犯罪故意之人萌生犯意而實行犯罪行爲，再蒐集犯罪證據，予以逮捕偵辦，手段顯然違反憲法上對於基本人權之保障，且已逾越偵查犯罪之必要程度，對於公共利益之維護並無意義，因此所取得之證據資料，應不具有證據能力。至刑事偵查技術上所謂之「釣魚（或稱誘捕偵查）」，則指對於原已犯罪或具有犯罪故意之人，以設計引誘之方式，使其暴露犯罪事證，而加以逮捕或偵辦者而言。此之所謂「釣魚」純屬偵查犯罪技巧之範疇，並未違反憲法對於基本人權之保障，且於公共利益之維護有其必要性，故依「釣魚」方式所蒐集之證據資料，尚非法所不許[2]。

至於如何區分兩者，自最高法院92年度台上字第4558號刑事判決以來即採「主觀說」，即行爲人主觀上「原無犯罪之意思」vs.「原已犯罪或具有犯罪之意思」，區分違法陷害教唆和合法釣魚，自此之後，左右我國實務近二十年。然最近最高法院109年度台上字第4604號刑事判決認爲應由法院於個案審理中，就下列因素予以綜合審酌判斷之：1.行爲人是否存有犯罪嫌疑（例如偵查機關是否已對行爲人之犯罪嫌疑展開調查，或是因該次誘捕行爲才得知行爲人之犯罪嫌疑）；2.行爲人是否已顯露其之犯罪傾向（例如行爲人是否有相關犯罪前科而爲偵查機關所知悉）；3.誘捕

1 蔡庭榕，警察職權行使法與案例研究，許福生主編，警察法學與案例研究，五南出版，2020年，頁88。

2 參照最高法院110年度台上字第2759號刑事判決要旨。

偵查之方式及強度，是否對行爲人造成過當壓力而促使其犯罪（例如誘餌的重複性、時間久暫性、犯罪能否獲得鉅額利潤等）；4.行爲人最終之犯罪結果與誘捕偵查之範圍間是否相當（例如實際查扣之違禁物是否超過原餌訂購之數量）；5.行爲人依誘捕約定完成犯罪之時地密接性等，似乎對誘捕偵查認定，漸改採「主客觀綜合說」的見解[3]。

參 本案判決

本案例事實，依據臺灣臺中地方法院110年度訴字第1490號刑事判決，判處甲犯販賣第二級毒品未遂罪，累犯，處有期徒刑六年。但因甲不服第一審判決，提起上訴，臺灣高等法院臺中分院111年度上訴字第733號刑事判決撤銷原判決，改判甲無罪。後又因臺灣高等檢察署臺中檢察分署不服第二審判決提起上訴，最高法院111年度台上字第3890號刑事判決，撤銷原判決發回臺灣高等法院臺中分院（本章稱臺中高分院），臺中高分院111年度上更一字第65號刑事判決，駁回甲之上訴，維持第一審有罪之判決。甲不服再提起上訴，最高法院112年度台上字第1144號刑事判決「上訴駁回」而定讞。

觀之本案最主要爭點，便是甲主觀上是否原即有販毒之意思，或是原無犯意純因員警設計誘陷以唆使其萌生犯意而異其判決結果。一審認定甲主觀上原即有販毒之意思，故認爲員警之行爲屬「釣魚（或稱誘捕偵查）」而判決甲有罪，但二審卻認爲甲原無犯意純係員警誘陷屬「陷害教唆」而判決甲無罪；但最高法院111年度台上字第3890號刑事判決發回更審，最主要理由認爲有無主觀犯意雖然是審認陷害教唆或釣魚偵查之關鍵，但判斷被告甲有無主觀犯意，必須依GRINDR的對話內容、甲事前及事中是否原即有販毒作爲、警員乙、證人丙之證詞等客觀資料綜合判斷，

[3] 王士帆，犯罪挑唆之主客觀綜合說——評最高法院109年度台上字第4604號刑事判決，月旦裁判時報，第119期，2022年5月，頁71。

而將原判決撤銷，發回臺中高分院。

最後臺中高分院更一審及後來最高法院均駁回甲之上訴，而維持第一審有罪之判決。至於本案在一審與二審其間認定之差異，確實值得實務在網路釣魚抓販毒重視。

一、一審判決有罪理由

（一）販毒者在網路上暱稱會一直更換，唯一不變就是圖示

本案係由員警乙在執行網路巡邏時，發現甲在GRINDR以暱稱「Hi（火箭圖示）now 0 28」而有「火箭」圖示之販賣毒品暗示，所以員警乙就找上甲。會找上甲是因爲之前有證人來警局告發，表示在通訊軟體上只要有一個火箭或冰糖的圖案，大概都會有販毒意圖，所以我針對有顯示火箭、冰糖圖案或Hi字眼的人下去詢問。網路販毒的人大都是用圖示，常見是糖、糖果、冰塊、火箭、Hi的字眼，販毒者在網路上的暱稱會一直更換，唯一不會變的就是圖示。

（二）員警提到「找幫」甲便回答「幫什麼」、「幫打嗎」

本案剛開始員警乙先跟甲提到「找幫」，意思是問甲有沒有幫忙施打毒品，因爲員警乙做網路緝毒已經很久，根據我的辦案經驗知道暗語是這個，毒犯圈子裡只要是有在販賣毒品的，聽到「找幫」幾乎都會回覆「幫什麼」，並接著詢問「那你需要什麼東西」，如果是沒有在販賣毒品、或是根本沒有碰毒品的外行人，根本就不會知道員警乙的暗語代表什麼。本案員警乙只是問「找幫」，然後就按照甲的回答繼續問下去，甲回答員警乙「幫什麼」、「幫打嗎」，意思就是販賣甲基安非他命，而且是秤完重後順便放在針筒裡，讓人可以現場施打，甲才會回答「幫打」，就是販賣兼幫忙施打；如果只是單純販賣毒品，就會直接說1、3,000、2多少、3多少等語。甲問「有東西嗎」，員警乙回答「沒有」，是指沒有毒品，員警乙跟甲提到「但我們可付費」，意思就是甲如果願意幫忙施打毒品，員警乙願意付幫忙施打的費用，之後甲就問員警乙預算多少，並表示3,500元淨重1克再加500元幫打，員警乙就說那2克等約定販賣毒品及幫忙施打的價錢，基於以上這些對話內容，員警乙跟甲約在○○汽車旅館見面。

（三）倘甲無販賣真意自無可能在心照不宣下順利完成毒品買賣要約承諾

員警乙詢問「找幫」後，甲未多加詢問立即回覆「幫什麼」、「幫打嗎」，員警乙方順應甲之回覆再接著詢問「你有幫打」後，甲旋再回覆「可以」、「所以你要幫什麼」、「幾個人」、「有東西嗎」等顯已知悉員警乙以暗語「幫打」所詢問意思之回應，甚且主動回傳「你們預算多少」、「3,500淨重1克 + 500幫打」、「兩個6,500淨重」、「500幫你們打兩次」、「總共7,000」等訊息，表明應允毒品交易及告以多給付500元即可幫忙施打毒品，未有任何推託、拒絕之意，是甲倘無販賣毒品甲基安非他命之眞意，自無可能與員警在心照不宣之默契下順利完成毒品買賣之要約承諾，益徵甲販賣毒品之犯意，要非出於警方設計陷害始萌生，故本案員警乙與甲之毒品交易，無非係警方爲查緝販賣毒品者所爲之行爲，核其性質爲偵查技巧「釣魚」之運用，並非「陷害教唆」，揆諸前揭說明，因此查獲並蒐集所得之證據，自具有證據能力。

（四）苟非有利可圖當不願甘冒法律制裁風險而予販賣

綜合考量社會大眾均知買賣第二級毒品係非法行爲之客觀社會環境，依據上開積極證據及經驗法則綜合研判，被告甲與購毒者即喬裝買家之員警乙並無何特殊關係或特別深厚之交情，竟販賣第二級毒品甲基安非他命予員警乙，苟非有利可圖，當不願甘冒法律制裁之風險而予販賣，應認被告甲確有販賣第二級毒品以營利之意圖。

（五）本案事證明確應依法論科

本案事證明確，被告甲所辯核屬臨訟卸責之詞，抑或與本案認定事實無涉，均無礙於被告販賣第二級毒品未遂犯行之成立，應依法論科。

二、二審判決無罪理由

（一）本案警方難謂其等具有故為違反法定程序心態

本案對照證人於警詢時所述如網頁上有冰塊、火箭筒等圖示，即暗示有在販賣毒品等語，固堪認警方對甲啓動偵查之初，並非全然無據，且於偵查之初步階段，確難以即時釐清鎖定「釣魚」之調查對象，是否原即爲顯然不具有犯罪嫌疑之人，是檢警機關人員主觀上本於「釣魚」之意而實行偵查以查緝犯罪，固難謂其等具有故爲違反法定程序之心態。

（二）警方此次蒐證所得事證尚難證明甲「原」即具有販毒之意

酌以依檢察官起訴書所舉之現有事證，以警方蒐證之結果，因尚未可有足以憑認甲於本次爲警誘捕前，「原」即具有販賣第二級毒品甲基安非他命之犯罪故意，故尚難以警方此次蒐證所得之事證，論以甲有被訴之販賣第二級毒品未遂罪。

（三）證人所提供與甲所使用通訊軟體兩者暱稱並不相同

本案警方雖係依據證人提供之訊息，在通訊軟體GRINDR針對有顯示火箭、冰糖圖案或Hi字眼等人詢問而找上甲；惟依證人於警詢時所提供之其所指在通訊軟體GRINDR販賣毒品之暱稱「hi，需內洽可幫（冰塊圖樣）」之網頁內容，與甲在通訊軟體GRINDR所使用暱稱「Hi（火箭圖示）now 0 28」之個人資訊，二者並不相同，已難以證人朱○○提供予警方之其與上開通訊軟體GRINDR暱稱「hi，需內洽可幫（冰塊圖樣）」之人之對話紀錄，據以認定甲於警方找上甲之前，甲原即有販賣第二級毒品甲基安非他命之犯罪故意。

（四）單以在通訊軟體有「火箭」圖示即推認有販賣意圖並非無疑

又本案員警乙於原審審理時明確證述：本案並未有人檢舉甲上開在通訊軟體GRINDR之暱稱「Hi（火箭圖示）now 0 28」，有販賣毒品之情事等語，顯見警方僅係單以甲在通訊軟體GRINDR之暱稱中有「火箭」之圖示，即推認甲有販賣毒品之意。而證人於警詢時雖曾提及在通訊軟體GRINDR暱稱中有「冰塊」、「火箭」等圖示者，就是暗示有在販賣毒品等語，且依其提供予警方並指稱其曾與之對話並購得毒品之暱稱「hi，需內洽可幫（冰塊圖樣）」者之網頁畫面爲冰塊之圖樣，實務上固常見有以與毒品甲基安非他命外觀相似之「冰塊」或「冰糖」，作爲毒品甲基安非他命之暗語；然依證人於警詢時另稱在通訊軟體GRINDR上有「火箭」圖示者，即暗指有販賣毒品部分，並未據警方詢明其所指之「火箭」圖示，何以得以聯想或與販賣毒品者連結而具有關聯性，則是否得單以在通訊軟體GRINDR上有「火箭」圖示者，即得逕予推認爲有販賣毒品意圖之人，並非無疑。

（五）難以通訊軟體對話內容即遽認甲原犯意

細究上開警方於案發時喬裝購毒者在通訊軟體GRINDR與甲聯絡之訊息對話內容，本件係由員警先發送「Hi」之訊息後，甲回以「嗨177/66/28/0你呢？」之有關其身高、體重及疑似性向代號等資訊內容，經警方傳送「180/70/30/1」後，甲則回稱「現約嗎？感覺很優」，由此可認甲一開始有意與喬裝員警相約見面，係因其認對方之身材「很優」而有意相約見面，甲與喬裝警員約定見面之動機與目的，堪認完全與毒品無關。其後警方於甲未釋出或顯露伊有交易販賣毒品之意圖之情況下，即先行主動要約而傳送「找幫」二字，甲收到訊息後，並未直接應允並談及價格，而係以疑問之語句詢及「幫什麼 幫打嗎 還是？」，再經警方直接問及「你有幫打」後，甲雖回答「可以」，但仍未提及是否有償提供，其後再由警方主動積極表示「如何算？」、「有東西嗎」、「我們可以付費」、「多少？」後，甲始詢問「你們預算多少」、「3,500淨重1克 + 500幫打」等與價格有關之後續內容，依此對話情節，縱警方於案發時未存有以「誘捕偵查」進行犯罪偵查之違反法律正當程序之意圖，然於本案事後查無甲在此之前即原有販賣毒品之犯罪故意之事證下，自難以上揭通訊軟體GRINDR對話內容，即遽認甲爲原已犯罪或具有犯罪故意之人。

（六）甲犯行尚屬不能證明改諭知甲無罪之判決

甲於2021年5月13日18時30分許，依約抵達○○假期汽車旅館311號房後，係警方先行詢問「這裡，東西有嗎？」、「阿錢先給你啊」，甲則回稱「我還沒秤耶，我現在秤好了」，其後甲將裝有白色物體之夾鏈袋自隨身攜帶之側背包中拿出，而將白色粉末1袋放在小型電子磅秤上秤量，過程中甲尚且曾稱「超過，煩喔！差不多這樣子啦」，嗣員警交付約定之購毒價金予甲後，甲將一疊千元鈔票放入所攜帶之側背包內之前，員警告知甲「你算一下」，甲則回答「不用算了啦。謝謝」，依上開過程，甲似係在員警催促下進行有償交易，且在此之前本無販賣毒品之意，不能因警方向其購買毒品，即認伊原即存有販賣毒品之故意等語，尚非虛妄，堪為可信。由於查無其他積極確切之證據，足以證明甲確應負被訴之前開罪責，甲之犯行尚屬不能證明，故改為諭知甲無罪之判決。

肆 本案對實務啓發

一、司法警察誘捕偵查是否合法由事實審法院認定

本案最高法院第一次發回更審的理由，就臺中高分院原審之論理加以提點，明確指出疑點宜以社會經驗法則及論理法則判斷被告甲是否原即有主觀犯意，進而由臺中高分院更一審審理後維持一審有罪判決。就本案判決而言，雖然並未改變過去以主觀犯意判斷誘捕偵查是否合法見解，但判斷基準已逐漸往主客觀綜合說為之。故提醒司法警察辦案時，應持續關注新近的最高法院見解，與時俱進。特別是同一司法警察作為、事實及刑案卷資事證，在一、二審法院審理時卻由法官做出不同的解讀認定，導致在判決上出現有罪、無罪及疑義發回之不同結果，個案爭點與其說是被告甲主觀上原即有販毒意思之釣魚，或者是原無犯意遭警察設計之陷害教唆，倒不如說是不同層級法官對同一圖文、蒐證事實，因認知不同而異判斷，深值司法警察在實施誘捕偵查時，注重本身與犯罪嫌疑人之事前、事中對話之縝密蒐證，接續就司法警察詢問犯罪嫌疑人時，在自白陳述宜突顯其事前已有主觀犯意之蒐證。

司法警察也應注意法院事後審查誘捕偵查是否合法的方式為何？認清正當法律程序是什麼？手段作為如何才能不過當、不濫用？這些都是實施誘捕偵查前的功課，但比較有問題的是警察實務不是如此，通常員警接受報案或有案件來了即當機立斷，學經驗豐富的員警，誘捕不當的機會降低；沒有經驗的員警，實施的爭議性相對提高。通常法院就誘捕偵查行為的「審查基準」，應考量有無法律依據或事前監督、事後審查機制（例如毒品危害防制條例第32條之1、之2所定「控制下交付」、線民運用、逮捕

搜索之程序），案件類型有無直接被害人（例如殺人、組織幫派犯罪、恐嚇取財與毒品犯罪案件，前三者有直接被害人，後者得考量以誘捕以外的偵查方式執行），被告是否原即存有犯罪意思或犯罪傾向，誘捕行爲究僅止於類如被動紀錄或承諾（例如偵查或輔助偵查人員依法監聽，得知有毒品交易乃前往現場查獲、由犯罪中的幫眾詢問釣出指揮層級的黑幫老大，又臥底偵查或輔助偵查人員或其線民對被告業已具體成形之要約，犯嫌予以被動承諾）之被動性抑或具有主動接觸、鼓勵或說服之主動性，誘捕之方式、手段及程度是否合於相當性原則等項，綜合權衡相關事證而爲判斷。司法警察幹部就誘捕偵查的經驗判斷及領導作爲，尤其是法院對個案的事後審查基準宜有深入的研究，始能指（引）導所屬員警辦案，精進個案誘捕偵查技巧。

二、法院認定誘捕偵查逐漸趨向主客觀綜合說

臺灣高等法院臺南分院早於2013年有個案判決指出，誘捕偵查合法與否之要件，應採被誘捕人主觀犯意存否，及誘捕者客觀行爲混合之「整體評量」方式加以判斷[4]。如果觀察無誤，最高法院109年度台上字第4604號刑事判決應是我國最高法院對於犯罪挑唆之界限判斷，首次從主觀說明確轉向主客觀綜合說的指標裁判，之後相同意旨之裁判尙有最高法院110年度台上字第3118號刑事判決（同樣是GRINDR誘捕）及最高法院111年度台上字第589號刑事判決（LINE誘捕）。

如此法院審理時，若司法警察單以主觀說的立場進行誘捕行爲，比較會被判定流於恣意，被告及其辯護人若抗辯司法警察係陷害教唆時，被告相對容易抗辯成功而判決無罪。因此，司法警察在操作誘捕偵查前，即應一開始即採主客觀綜合說的立場，先分別思考主客觀條件後再謀定而後動比較妥適，以利後續法院審理時，說服法官就被告給予有罪判決，達成摘奸發伏的目的。

4 參照臺灣高等法院102年度上訴字第303號刑事判決，本案一審判決被告民眾有罪，二審以綜合主觀及客觀綜合說判斷改判無罪，臺南高分檢不服上訴，最高法院104年度台上字第264號刑事判決「上訴駁回」定讞。

三、誘捕偵查必須通過比例原則的檢驗

我國現行法迄未就誘捕偵查予以明定的情況下，依據法院判決逐漸累積而成的司法先例，雖可援引司法警察偵查任務的一般性規定，肯認釣魚行爲的合法性，但實務運作鮮少先去分辨判斷犯罪類別是否屬重大、隱密、不易發現的犯行，員警對已緝獲的毒品犯嫌若能夠溯源或者線民提供即將毒品交易的訊息，基於時效會馬上進行誘捕，因犯罪事證及毒販稍縱即逝，而且查獲的毒品案件是否爲單純持有、吸食的輕微案件，或者是否可進一步溯源偵破毒品販賣、運輸、製造之重大毒品案件，結果很難預判，因此，刑事案件是否侵害法益輕微，司法警察通常很少列入是否誘捕之考量[5]。但法院曾有依比例原則之必要性原則事後審查認爲，即便是在行爲人原已具有犯罪意思之「提供機會型」，是否採用誘捕偵查，自應愼重爲之，若有其他方式可以偵查犯罪，實不宜輕易開啓誘捕偵查程序[6]。司法警察若未愼重篩選偵查手段，未選擇對犯罪嫌疑人法益侵害較小的偵查手段及方式，逕以並非重大、隱密及不易調查的犯罪中採用誘捕偵查的方式，進而逮捕被告，在比例原則的審查下，顯然是屬於違法的誘捕偵查[7]。綜上，司法警察開啓誘捕偵查程序時，宜愼重考量以符合比例原則的手段實施，誘捕偵查基準以「誘捕標的（即案件類型）之限制」、「誘捕對象（即犯罪嫌疑人）之限制」、「誘捕方法之限制（必要性原則）」、「誘捕手段之限制（相當性原則）」、「誘捕程序之管控」等面向爲綜合判斷，更能嚴謹、妥善[8]。

誘捕偵查之採用，在一定限度內是可以被容許的，即實施誘捕者之樣態，不得逾越任意偵查的界限，換言之，犯嫌是否具有犯意雖係參據，重要者乃在於偵查程序是否合法，以及實施之程度是否過當，設若實施程度上近乎強制性引誘，使得被誘捕者掉入陷阱而犯罪時，誘捕人員之行爲

5 過去運用釣魚取締色情，認定爲合法之誘捕，參照最高法院96年度台上字第1770號刑事判決。

6 參照臺灣高等法院107年度上訴字第745號刑事判決。

7 參照臺灣高等法院104年度上易字第1902號、108年度上易字第77號刑事判決

8 吳燦，誘捕偵查與指認，司法周刊，第1856期，2017年6月。

縱屬依法令之行爲，亦應被認定爲違法[9]。是否實施誘捕偵查，在司法警察實務上相對不會重視「比例原則」的考量，縱使警察在事前認爲已考量前述比例原則的因素，但通常是法院在事後審查說了算數，已無法追溯補救，最後終得汲取案例的見解，作爲實務精緻執法的學科教育重點。

四、陷害教唆者不成立教唆犯

刑事法上所謂之「陷害教唆」，係指司法警察以「誘人入罪」之意思，挑唆一個「原無犯罪念頭」之人，對尚未發生或正在進行中的犯罪，經由明示或默示之意思表示，「惹起」被教唆人犯罪決意進而實施犯罪行爲。此種蒐證因手段違反法定程序之作爲，因此所取得之證據資料不具證據能力，司法實務上若無其他不法事證，通常被陷害教唆的被告會被判無罪。倘犯罪行爲人本即有犯罪之意思，司法警察僅係讓行爲人犯行「提前」浮現，並非藉此惹起行爲之犯意，與「陷害教唆」迥然不同，則驅使「巧妙」之手段、方法，使潛在化之犯罪浮出於水面上，而加以檢舉摘發，係偵查技巧之合理運用，在此情況下所取得之證據，非不得作爲認定犯罪之依據。警察在犯罪查緝上經常使用誘捕偵查，若有不愼、失控經法院認定係陷害教唆行爲者或犯罪挑唆者，是否有刑事責任，值得討論。以本案判決來看，不管結果是有罪、無罪及發回更審，判決書並未發現對誘捕者有提出任何教唆罪責的內容。

犯罪挑唆的字面意思是基於陷害之目的所爲之教唆，例如行爲人一方面佯裝有意購毒或買槍，同時另一方面通知司法警察埋伏，俟被教唆人聽從教唆者之意思而販賣毒品或槍枝時，當場以現行犯逮捕，這樣的情形，由於危險物品或違禁品之交付其實都在司法警察控制下進行，所以亦有稱之爲控制下交付。以運輸毒品而言，「控制下交付」與「陷害教唆」最大的差異，在於「控制下交付」之司法警察爲監控前，毒品犯罪已在實行中，偵查機關在整個毒品運送過程中，原則上並未主動積極參與，而僅係消極地對於業已發生之運輸毒品案件，從旁監視犯罪之動向，不致發生

---

9 黃朝義，刑事訴訟法，新學林出版，2016年9月，頁323-324。

國家機關對於犯嫌施以唆使或協助其犯罪行為，係就已掌握之犯罪按兵不動，故具有正當性及合法性；反之，「陷害教唆」大部分發生在司法警察的偵查階段，因相關犯罪尚未發生，係其主動並積極參與誘發犯嫌之犯意，進而實行犯罪構成要件之行為，自應予以禁止[10]。前者警方並未介入，都以旁觀者的角度監控犯罪過程，最後在關鍵時刻人贓俱獲；後者卻是警方介入犯罪挑唆，但由於陷害教唆者早已認知，被教唆者的行動並不至於造成傷害、侵害法益，所以並非教唆故意，從而也不會構成教唆犯罪。

縱然司法警察採行陷害教唆之辦案方式，有害司法正義，但因不具有自己犯罪或和他人共同犯罪之意思，尚不構成間接正犯或共同正犯，且因被教唆者不會成立犯罪，司法警察亦無成立教唆犯之餘地；至於是否應負行政責任或其他犯罪挑唆以外之刑責，乃屬另一問題[11]。以本案判決為例，雖然警方實施的行為被臺中高分院認定是陷害教唆，但審理時司法警察未被追訴刑責，被告亦無類似抗辯，因此，不會認定警方需負刑責，歷年來各級法院判決亦都是如此認定[12]，甚至幾乎沒有被提出國家賠償的個案[13]，當然，陷害教唆下的主行為若是能完全在司法警察的控制下進行，會是一種理想的狀態，但事實上也可能是有風險的，例如基於誘捕之目的所為之教唆殺人，在這種情況下，若風險超過容許範圍，依然不排除教唆故意的構成[14]。早期亦有學者主張陷害教唆者係出於陷害他人的動機而為犯罪挑唆，惡性重大，有處罰之必要，至少應負教唆未遂的刑責[15]。以上兩種例外情況，值得司法警察實施誘捕偵查之警惕。

五、線民在誘捕偵查行動中的角色

線民（或以其他名稱如「檢舉人」、「告發人」而與國家機關合

10 最高法院111年度台上字第2118號刑事判決。
11 最高法院102年度台上字第317號刑事判決。
12 參照臺灣高等法院111年度上訴字第3499號刑事判決。
13 不成立個案，參考臺中地院100年度國字第17號民事判決；成立陷害教唆，聲請冤獄賠償被駁回，參考臺灣高等法院99年度賠字第18號決定書。
14 黃榮堅，基礎刑法學（下），元照出版，2006年9月，頁884-885。
15 林山田，刑法通論，作者自印，2003年11月，頁119。

作）所爲之犯罪挑唆行爲，是否可認定係司法警察之行爲，應視其對系爭陷害教唆之支配程度而定，即個案中司法警察對該線民之委託、指使關係以及控制程度之強弱，倘若挑唆犯罪係在司法警察實質支配底下，該線民之行爲同屬國家機關手足之延伸而具有國家性[16]。舉例來說，員警爲求績效，授意並與線民王某設計邱某在某遊藝場販賣毒品，警方與王某互相應和加以逮捕，製造破獲販毒案件之績效，王某並順利脫身，本案王某係依警方授意而獻策，配合執行並相互加工，警方對本件挑唆犯罪行爲有實質之支配關係，其線民挑唆犯罪爲可歸責於國家之行爲；另司法警察於本件實行誘捕偵查前，並未對邱某毒品犯嫌有何調查作爲，邱某交出毒品係因王某挑唆而來，其於本件誘捕偵查前並無販賣毒品之意向，而王某所爲乃國家誘捕偵查之手足之延伸，因認本件係違法之誘捕偵查，因此取得之證據資料，俱無證據能力[17]。惟若線民或舉發人出於私人動機主動設計教唆犯罪，司法警察僅被動地接收所通報之犯罪活動，並未涉及挑唆亦無事實上支配犯罪，則與陷害教唆之情形不符。例如勾稽檢舉人及2位警察證人於第一審之證詞，檢舉人並非本案線民，爲圖檢舉獎金，主動對外佯稱買家，透過友人尋找購槍管道，並於取得2位販槍者出面交付槍彈準備進行交易之情資時，主動向司法警察提出檢舉，警方僅止於被動收受之地位，對檢舉人並無委託、指使或事實上之支配關係，其後埋伏查緝之所爲，無「陷害教唆」之適用[18]。

本案判決中證人丙之角色，屬於向警方告知同志如何以GRINDR販賣毒品及其中專有用詞的意思，並非檢舉某人販賣毒品，亦無協助警方誘捕，屬於上述「單純提供犯罪資訊」，不能認定是國家機關手足延伸。實務上，警察有時會被線民利用來挾怨報復，這種狀況演變成「陷害教唆」的機率增加，查緝不法的手段可能衍生成爲犯罪挑唆，不得不愼。

16 最高法院104年度台上字第266號刑事判決。
17 最高法院104年度台上字第264號刑事判決。
18 最高法院103年度台上字第972號刑事判決。

伍 結語

本文從實務見解歸結如下：第一，實務將陷害教唆及釣魚辦案分別以觀，釣魚偵查比較屬於刑事訴訟法規範的偵查手段，陷害教唆則爲刑事實體法之概念，但最高法院以此作爲偵查行爲概念之分類；第二，誘捕偵查方法之合法性界限在於「機會提供型」或「犯意誘發型」，如僅係提供機會，屬合法之釣魚辦案，若係對原無犯意之人，誘發、教唆而產生犯意，則係違法之陷害教唆；第三，釣魚之辦案技巧，只要不違反警察職權行使法第3條之規定，亦非使用刑事訴訟法強制偵查之手段，法院肯認係合法偵查手段；第四，最高法院以有無證據能力作爲誘捕偵查的法律效果，釣魚偵查非無證據能力，陷害教唆則不具證據能力；第五，誘捕偵查手段必須符合比例原則，亦應以正當法令程序實施，否則應被認定是陷害教唆；第六，對於兩者之判斷基準，逐漸改採主客觀綜合說。

上述實務見解，確實值得司法警察在實施誘捕偵查前，深入了解與精進，以避免警察行使職權，以引誘、教唆人民犯罪或其他違法之手段爲之。

（本文初稿曾發表於警光雜誌，第803期，2023年6月）

第十八章
處理聚眾鬥毆案例

壹 案例事實

凌晨1時，甲男等5人及乙男等3人，在某公園處發生口角衝突，甲男等人拿起隨身攜帶折疊刀攻擊乙男等人，乙男遂透過社群通訊軟體集結5名友人到場助勢互毆。你是當地轄區派出所所長，接獲值班台員警通報後，應如何處理？

貳 刑法聚眾鬥毆修正前之現象

隨科技進步，聚眾鬥毆案件經常是透過社群通訊軟體等進行串連集結，由於時間快、人數多且流動性高，不容易事先進行預防，使得案件頻繁、規模擴大，亦可能波及無辜之人並影響社會秩序，造成社會大眾治安不佳觀感。

縱使刑法修正前，公然聚眾，意圖爲強暴脅迫，已受該管公務員解散命令3次以上，而不解散者，在場助勢者依刑法第149條規定，可處六月以下有期徒刑、拘役或9,000以下罰金；首謀者，處三年以下有期徒刑。而公然聚眾，施強暴脅迫者，在場助勢者，依刑法第150條規定，處一年以下有期徒刑、拘役或9,000元以下罰金；首謀及下手實施強暴脅迫者，處六月以上五年以下有期徒刑。若是聚眾鬥毆致人於死或重傷者，在場助勢而非出於正當防衛者，依刑法第283條規定，可處三年以下有期徒刑，下手實施傷害者，仍依傷害罪規定處斷。再加上警政署一再要求各直轄市、縣（市）政府警察局強勢執法，對聚眾鬥毆滋事案件，指揮快速打擊犯罪警力迅速到場壓制，對現行犯以強制力加以逮捕法辦，對在場咆哮或助勢者依警察職權行使法帶案管束，至於傷害而不提告者依社會秩序維護法第87條究辦。並要求各警察局於案件發生處置後應釐清鬥毆動機，分析鬥毆背後因素，全面清查掌握所有涉案人背景資料，如涉有幫派活動者應列管蒐報不法事證加以檢肅，以展現政府打擊不法決心。

然而，司法實務一向對刑法上「公然聚眾」採取嚴格限縮解釋立場，以「公然狀態聚集多數人，且有隨時可以增加之狀況，若參與之人均係事前約定，人數既已確定，便無隨時可以增加之狀況，自與聚眾之情形不合」，導致現實生活中透過社群通訊軟體進行串連集結，或多數人偶然集結打架，均缺乏「隨時增加」的構成要件，難以修法前刑法妨害秩序罪章相繩。又刑法第283條聚眾鬥毆罪，需因無法證明誰下手且客觀上有致人於死或重傷者，才有處罰在場助勢者。導致聚眾鬥毆者僅能以傷害或毀損罪送辦，惟傷害或毀損罪屬告訴乃論，雙方人馬互毆後往往不提告，最後也只能依社會秩序維護法第87條裁處，如此對聚眾鬥毆顯然嚇阻力有所不足，形成處罰漏洞，與社會認知不符[1]。

參 刑法聚集強暴脅迫之修正

爲有效以刑法壓制街頭、夜店、KTV等場所聚眾鬥毆之不法氣燄，還給社會大眾安寧和諧的生活空間，並作爲執法人員之法制後盾，2020年1月15日修正公布刑法第149條及第150條，首先將「公然聚眾」一詞修正爲「於公共場所或公眾得出入之場所聚集三人以上」，明確定義場所及人數，且將「在公共場所或公眾得出入之場所」有「聚集」之行爲爲構成要件，亦即行爲不論其在何處、以何種聯絡方式聚集，其係在遠端或當場爲之，均爲本條之聚集行爲，且包括自動與被動聚集之情形，亦不論是否係

1 鄭善印，員警處理街頭鬥毆案例研析，許福生主編，警察情境實務執法案例研析，五南出版，2021年，頁251。

事前約定或臨時起意者均屬之，以利於實務判斷。其次，對攜帶兇器、危險物品施行以及在往來交通馬路上追逐鬥毆之行爲加重處罰。其修正之條文及立理由，如表18-1所示。

表18-1　刑法第149條及第150條新舊條文對照表

修正條文	現行條文	說明
第149條 **在公共場所或公眾得出入之場所聚集三人以上，**意圖爲強暴脅迫，已受該管公務員解散命令三次以上而不解散者，在場助勢之人處六月以下有期徒刑、拘役或**八萬**元以下罰金。首謀者，處三年以下有期徒刑。	第149條 公然聚眾，意圖爲強暴脅迫，已受該管公務員解散命令三次以上，而不解散者，在場助勢之人，處六月以下有期徒刑、拘役或九千元以下罰金；首謀者，處三年以下有期徒刑。	一、隨著科技進步，透過社群通訊軟體（如LINE、微信、網路直播等）進行串連集結，時間快速、人數眾多且流動性高，不易先期預防，致使此等以多數人犯妨害秩序案件規模擴大，亦容易傷及無辜。惟現行條文中之「公然聚眾」，司法實務認爲必須於「公然」之狀態下聚集多數人，始足當之；亦有實務見解認爲，「聚眾」係指參與之多數人有隨時可以增加之狀況，若參與之人均係事前約定，人數既已確定，便無隨時可以增加之狀況，自與聚眾之情形不合（最高法院28年上字第621號判例、92年度台上字第5192號判決參照）。此等見解範圍均過於限縮，學說上多有批評，也無法因應當前社會之需求。爰將本條前段修正爲「在公共場所或公眾得出入之場所」有「聚集」之行爲爲構成要件，亦即行爲不論其在何處、以何種聯絡方式（包括上述社群通訊軟體）聚集，其係在遠端或當場爲之，均爲本條之聚集行爲，且包括自動與被動聚集之情形，亦不論是否係事前約定或臨時起意者均屬之。因上開行爲對於社會治安與秩序，均易造成危害，爰修正其構成要件，以符實需。 二、爲免聚集多少人始屬「聚眾」在適用上有所疑義，爰參酌組織犯罪防制條例第2條第1項及其於106年4月19日修正之立法理由，認3人以上在公共場所或公眾得出入之場所實施強暴脅迫，就人民安寧之影響及對公共秩序已有顯著危害，是將聚集之人數明定爲3人以上，不受限於須隨時可以增加之情形，以臻明確。

（接下頁）

修正條文	現行條文	說明
		三、按集會遊行係人民之基本權利，受憲法與集會遊行法之保障，應與本條係處罰行爲人具有爲強暴脅迫之意圖而危害治安者有所區隔。因此，一般集會遊行之「聚眾」人群行爲，本不具有施強暴脅迫之意圖，自無構成本罪情事，併予指明。 四、另本條之罰金刑予以提高，以符合罰金刑級距之配置，並酌作文字及標點符號修正。
第150條 **在公共場所或公眾得出入之場所聚集三人以上，**施強暴脅迫者，在場助勢之人，處一年以下有期徒刑、拘役或**十萬**元以下罰金；首謀及下手實施者，處六月以上五年以下有期徒刑。 **犯前項之罪，而有下列情形之一者，得加重其刑至二分之一：** **一、意圖供行使之用而攜帶兇器或其他危險物品犯之。** **二、因而致生公眾或交通往來之危險。**	第150條 公然聚眾，施強暴、脅迫者，在場助勢之人，處一年以下有期徒刑、拘役或九千元以下罰金；首謀及下手實施強暴脅迫者，處六月以上五年以下有期徒刑。	一、修正原「公然聚眾」要件，理由同修正條文第149條說明一至三。倘3人以上，在公共場所或公眾得出入之場所聚集，進而實行強暴脅迫（例如鬥毆、毀損或恐嚇等行爲）者，不論是對於特定人或不特定人爲之，已造成公眾或他人之危害、恐懼不安，應即該當犯罪成立之構成要件，以符保護社會治安之刑法功能。另提高罰金刑，以符合罰金刑級距之配置，並酌作文字及標點符號修正，將原條文列爲第1項。 二、實務見解有認本條之妨害秩序罪，須有妨害秩序之故意，始與該條之罪質相符，如公然聚眾施強暴脅迫，其目的係在另犯他罪，並非意圖妨害秩序，除應成立其他相當罪名外，不能論以妨害秩序罪（最高法院31年上字第1513號、28年上字第3428號判例參照）。然本罪重在安寧秩序之維持，若其聚眾施強暴脅迫之目的在犯他罪，固得依他罪處罰，若行爲人就本罪之構成要件行爲有所認識而仍爲本罪構成要件之行爲，自仍應構成本罪，予以處罰。 三、參考我國實務常見之群聚鬥毆危險行爲態樣，慮及行爲人意圖供行使之用而攜帶兇器或者易燃性、腐蝕性液體，抑或於車輛往來之道路上追逐，對往來公眾所造成之生命身體健康等危險大增，破壞公共秩序之危險程度升高，而有加重處罰之必要，爰增訂第2項。至新增第2項第2款之

（接下頁）

修正條文	現行條文	說明
		加重處罰，須以行爲人於公共場所或公眾得出入之場所聚集3人以上，而施強暴脅迫爲前提，進而致生公眾或交通往來之危險始足該當，亦即致生公眾或交通往來之危險屬本款之結果；此與本法第185條「損壞或壅塞陸路、水路、橋樑或其他公眾往來之設備或以他法致生往來之危險」之規定，係行爲人以損壞、壅塞、或以他法致生往來危險等行爲，在構成要件上，有所不同，附此敘明」。

肆 刑法第150條修正後之適用情形

刑法第150條聚集施強暴脅迫罪修正施行後，處罰條件從嚴變寬，但警政署統計新法施行後，以司法警察機關以本罪移送人數相較，地方檢察署辦理妨害秩序罪2020年起訴率爲18.1%。如此低起訴率，引來當時媒體之報導，並認爲最主要是實務上仍有不少檢察官採舊法「公然聚眾」爲構成要件，而非新法「3人以上」；且認爲沒有「主觀上有妨害秩序故意」，標準狹隘，對聚眾鬥毆缺乏嚇阻力，因而警政署函文法務部，建議轉知各地檢署揚棄舊法實務見解，妥爲適用法律[2]。

之後各地檢署經過研商討論後，認爲「不起訴處分理由最主要還是被告等不是基於妨害秩序目的聚集（如只是去唱歌不具不法性），僅係後來其中部分成員有偶發性衝突，此部分與妨害秩序罪構成要件不符」。例如甲等5人與乙等2人在某KTV走廊間，因嗆聲「看三小」，2人發生口角，2人中1人持彈簧刀作勢攻擊對方，遭對方5人壓制施暴，由於行爲人聚集目的是去唱歌歡樂，只因偶發性衝突而施暴，故聚集時欠缺對將實施強暴脅迫有所認識，應爲不起訴之處分[3]。

2 參照聯合報2021年1月17日報導。

3 許福生，相互鬥毆判決案例之研析，軍法專刊，第67卷第5期，2021年10月，頁23。

由於聚眾施強暴脅迫事件已成爲當前臺灣社會治安的重要議題，然而修法後本罪如此低的起訴率，確實有違當時推動修法之背景乃因當時街頭暴力頻仍，社會大眾無法容忍，用意在打擊遏制街頭暴力案件，從嚴追究處罰。縱使警政署不斷統一觀念及做法，契合法律構成要件，以利地檢署起訴，並要求各警察局利用各種機會，敦請檢察官講授本罪構成要件、蒐證要領、證據能力及偵辦技巧，以提升偵辦品質。法務部也加強宣導「聚集目的」（如本來做何事？爲何來？如何來？從何來？何時來？誰叫你來？如何叫？何時叫？在何處叫？事前叫？臨時叫來？爲何不走？在現場做什麼？有無動手？）以及「妨害秩序」（如有無可能波及他人？附近交通阻礙？其他人走避？有無影響顧客？不敢上門？繞路而行？路人急忙叫報警？）等蒐證重點。然而，依警政署最新統計，2021年1月至10月起訴率仍爲29.8%（起訴案件定罪率均逾九成，但其中九成以上得易科罰金）。不起訴原因以「無妨害秩序之故意」（172件，占75%）爲最多，此亦爲法院據以作爲無罪判決之理由；「非聚集不特定多數人、無隨時增加可能」（41件，占18%）次之；再次爲無具體事證（30件，占13%）部分：如人數不足3人、錄影不清晰、未扣得犯罪工具等；犯罪地點非公共場所或公眾得出入之場所（12件，占5%）；未對公眾造成危害、未波及他人（12件，占5%），如圖18-1所示[4]。

這樣的結果，確實又再次引起媒體之注意，而以「街頭暴力定罪率低檢警互怨 蘇揆重話兩造會商總動員」爲題報導，指出「警方指檢方不辦，檢方則怪警方蒐證不齊全」[5]。甚有立委在立法院質詢法務部長，認爲這就是讓歹徒放心犯案，看到警察也不用怕，因爲很容易就可以獲得不起訴，就算起訴也只要罰錢了事，這到底是檢察官不熟悉法律，還是修法後的法律文字根本有適用的問題？法務部長則回覆適用上應該沒問題，而是警、檢往往認知上有差距，所以要加強兩者互相溝通；對於個案的要件是否符合法律規定、證據是否齊全，都要更密切溝通。畢竟，犯罪要形

4 許福生，聚集施強暴脅迫罪司法實務適用現況之分析，警光雜誌，第790期，2022年5月，頁24。

5 參照新新聞2022年1月3日獨家報導。

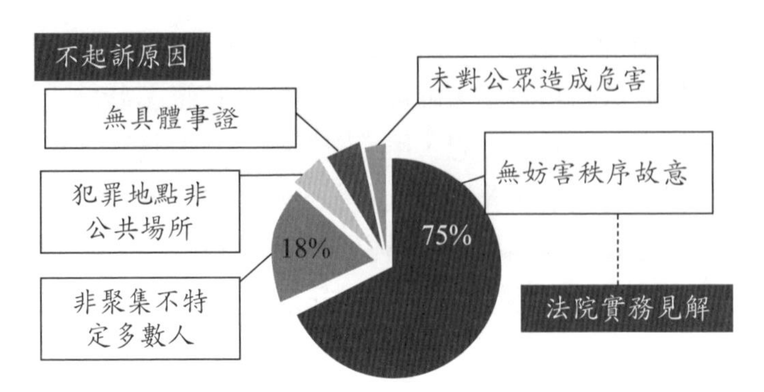

圖18-1　不起訴原因及法院無罪主要見解

資料來源：內政部警政署刑事警察局。

成，除了要有客觀的事實還得要有主觀犯意。尤其是比較修法前後，警方查獲的案件人數是增加數倍，這代表法制沒問題，但仍要與檢察官研究執行技巧、加強蒐證齊全，只要把事實查證清楚，證據蒐集齊全，讓法官能夠從重量刑，這樣就足以遏止社會暴力發生[6]。

之所以如此，最主要是以往實務主流之見解，認爲聚集時即須對將實施強暴脅迫有所認識，如行爲人原非爲實施強暴脅迫之目的而同在一處，本無將實施強暴脅迫行爲之認識，僅因偶然、突發原因，而引發3人以上同時在場實施強暴脅迫行爲，即與刑法第150條第1項之罪之構成要件不符。所幸最高法院110年度台上字第6191號刑事判決指出，縱使主觀上自須有妨害秩序故意，但不以起於聚集行爲之初爲必要，如此也可導正將來低起訴率之困境，也符合當初修法之意旨，深值肯定[7]。

伍　警察街頭聚眾鬥毆案件之處置

街頭聚眾鬥毆案件發生，造成當地治安、交通等問題，倘兩造雙方事

6　參照中國時報2021年11月24日報導。

7　許福生、蕭惠珠，行車糾紛聚眾鬥毆案例之研析，警光雜誌，第796期，2022年11月，頁67。

後企圖報復，案件持續擴大蔓延，進而衍生第二次聚眾鬥毆案件或犯罪事件；另現今網路普及、社群軟體通訊發達，透過網路於短時間糾眾滋事，更易助長是類犯罪氣燄。為防堵聚眾鬥毆案件，依據「警政署街頭聚眾鬥毆案件處置執行計畫」，可分為下列三階段處置作為。

一、第一階段（事前）

（一）掌握相關情資始能機先防範即時處理：1.因社群軟體聯絡發達，滋事分子動員迅速，為避免是類犯罪持續蔓延，應善用網路情蒐資訊，事先預防案件之發生；另針對重複滋事分子，加強查訪約制及情資蒐報；2.針對深夜娛樂場所，各警察機關應先行對業者實施安全宣導，如具危安風險之消費客群，宜錯開動線，避免客人酒後發生口角衝突；加強宣導轄內夜店、PUB等易滋生鬥毆處所，勿涉毒品、暴力情事，並請業者自律內部安管人員勿與客人發生衝突，遇有不法情事應立刻與警察單位聯繫；3.掌控宮廟等宗教團體組織活動（如大甲媽祖出巡遶境）情資，機先防範相關暴力行為。

（二）各警察局依所轄地區特性、治安狀況等綜合考量，由局長親自規劃於易發生街頭聚眾鬥毆案件處（場）所、路段及時段，由幹部帶班重點式、密集式臨檢、路檢等強勢執法勤務。

（三）涉案人具治安顧慮人口身分者，由刑責區或警勤區員警每月查訪，強化對治安顧慮人口之掌控及約制。

二、第二階段（事中）

（一）發生街頭聚眾鬥毆案件時，各警察局主官（管）應負起全般責任，採取主動、強勢作為，立即啓動快打部隊，派遣各線上警力趕赴現場，並指派分局偵查隊當日輪值幹部到場予以協助指導，嚴正執法，貫徹公權力。

（二）現行犯應以強制力即時逮捕，或依警察職權行使法帶回駐地管束，即時消弭鬥毆現場；涉案人若已逃逸者，應即時調閱監視錄影畫面，以車追人，通知相關人到案說明，防止後續報復行為，情節重大者（如涉及槍擊、殺人案件）報請檢察官指揮偵辦。

（三）各警察機關處置轄內街頭聚眾鬥毆案件時，應即通報（通報方式不限）轄區其他分局加強注意防範，避免衍生二次鬥毆案件。

三、第三階段（事後）

（一）是類案件發生後，須全面清查掌握主事者及相關共犯背景資料，釐清鬥毆動機，廣泛蒐集犯罪情資並分析鬥毆背後因素，是否有組織幫派幕後操控，並至警政署「街頭聚眾鬥毆資料庫」建檔案件相關資料。

（二）對街頭聚眾鬥毆涉案人員深入了解其相關幫派背景、首謀以及共犯背景之資料，加強調查幫派堂口及據點或所寄生行業據點、聚合處所等進行重點檢肅，結合第三方警政作爲，刨根溯源剷除其金流，務期從源頭斬斷幕後不法組織。

現若以高雄市政府警察局爲例，並依此執行計畫律定查處街頭暴力事件處置流程如下圖18-2所示：

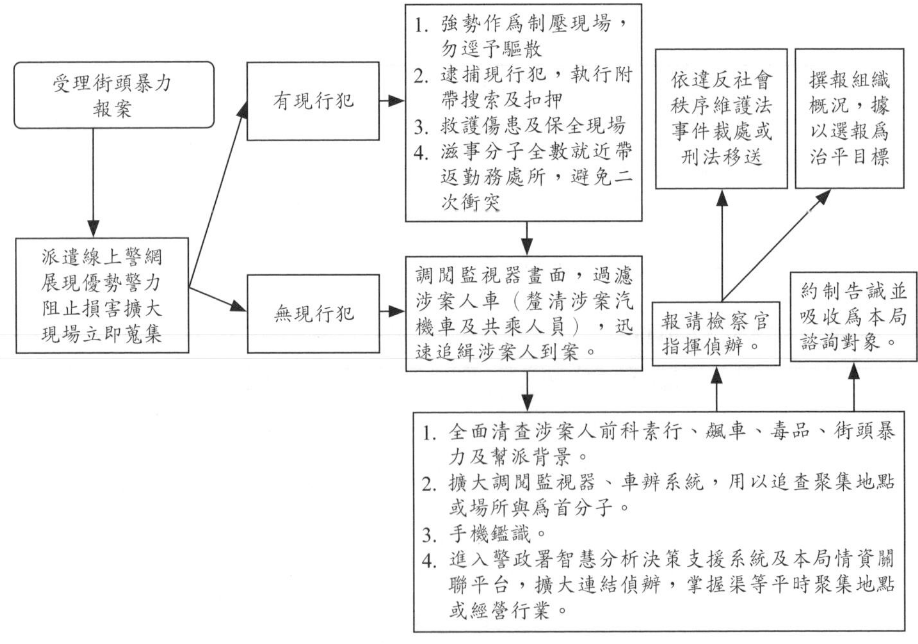

圖18-2　高雄市政府警察局查處街頭暴力事件處置流程

陸 開頭案例之處理

一、值班人員受理聚眾鬥毆案件，應立即通報所長及勤務指揮中心。

二、勤務勤指中心應立即調派線上警網，啓動「快速反應打擊部隊」前往處置，展現優勢警力，阻止損害擴大；並令分局偵查隊當日輪值幹部，到場協助指導及立即蒐證。

三、你是派出所所長接到通報後，應迅速抵達現場，擔任起現場指揮官，以強勢作爲制壓現場，勿逕予驅散。經現場判斷雙方在公共場所公園聚集3人以上且有使用折疊刀攻擊正在相互鬥毆，客觀上已符合觸犯刑法第150條之現行犯，應以現行犯逮捕所有相互鬥毆者，並執行附帶搜索及扣押，展現嚴正執法態度，貫徹公權力；現場若有受傷者，應啓動救護傷患、戒護人犯及保全現場蒐證。

四、將滋事分子全數帶返派出所並分開偵訊，避免二次衝突，且依現場事證，製作筆錄，將涉嫌違反刑法第150條者移請偵查隊處置。而在筆錄製作過程中，應加強蒐集妨害秩序聚集目的證據，特別是宜查明是否以口頭、LINE等社群通訊軟體邀約多人到場參與施強暴脅迫，以提高聚眾鬥毆起訴定罪率。

五、涉案人若有逃逸者，應即時調閱監視錄影畫面以車追人，通知相關人到案說明，防止後續報復行爲；案件情節重大者，如涉及槍擊或殺人案件，移請偵查隊應報請檢察官指揮偵辦。

六、協助偵查隊全面清查掌握涉案者背景資料，並請偵查隊至警政署「街頭聚眾鬥毆資料庫」建檔及分析，俾利後續規劃勤務及警力配置。務必釐清施強暴脅迫或鬥毆動機，究明發生事件原因，因毒品交易、賭債糾紛、重利借貸、經紀公司等原因引發鬥毆均應向上溯源，持續偵辦查明所依附之行業和金流來從源頭阻斷，根斷金流才能達到嚇阻作用。

（本文初稿曾發表於警光雜誌，第775期，2021年2月）

第十九章
行車糾紛聚眾鬥毆案例

壹 案例事實與爭點

甲於某日駕駛自用小客車搭載乙、丙及丁，行經某路段，因與戊所騎機車發生糾紛，甲竟駕駛自用小客車追逐戊機車約400公尺後，強行阻擋戊機車且以強暴方式妨害其自由離去之權利。嗣乙、丙下車後分持棍棒、丁則徒手一起毆打戊，造成戊閉鎖性骨折之傷害（傷害部分未據告訴）。適員警巡邏行經上址，甲見狀即駕車搭載乙、丙及丁逃離，經警調閱監視器畫面，始循線查悉上情。

本案爭點：第一，現行警察如何處理聚眾鬥毆行爲？第二，聚眾施強暴脅迫罪之法律性質爲何？第三，聚眾施強暴脅迫罪之客觀要件及主觀要件爲何？

貳 相關法令及實務作爲

一、相關法令規範

街頭鬥毆對社會治安之危害，引起政府部門重視，故2019年5月29日修正公布刑法第283條「聚眾鬥毆罪」規定：「聚眾鬥毆致人於死或重傷者，在場助勢之人，處五年以下有期徒刑。」由於本條之罪，需在場助勢之人與實行傷害行爲人間均無關係，且難以認定係幫助何人，再加上聚眾鬥毆客觀上必須「致人於死或重傷時」才有處罰在場助勢之人，倘若只輕傷，在場助勢者，不罰。但一般類此鬥毆，雖有死亡或重傷情事，至多爲輕傷而已，且普通傷害罪屬告訴乃論，當事人大多不提告，以致此修正無法有效嚇阻「街頭鬥毆」者[1]。

因此，政府爲有效以刑法壓制聚眾鬥毆之不法氣燄，2020年1月15日修正公布刑法第149條及第150條，首先將「公然聚眾」一詞修正爲「於公共場所或公眾得出入之場所聚集三人以上」，明確定義場所及人數，且將「在公共場所或公眾得出入之場所」有「聚集」之行爲爲構成要件，亦即行爲不論其在何處、以何種聯絡方式聚集，其係在遠端或當場爲之，均爲本條之聚集行爲，且包括自動與被動聚集之情形，亦不論是否係事前約定或臨時起意者均屬之，以利於實務判斷。其次，對攜帶兇器、危險物品施行以及在往來交通馬路上追逐鬥毆之行爲加重處罰。

二、處理有現場實務做法

由於街頭聚眾鬥毆常因偶發性行車糾紛、酒後互看不順眼或情緒發洩、討債糾紛、男女感情爭風吃醋、廟會活動拜廟順序或陣頭互相較勁等諸多因素衍生，具有不可預測性、破壞蔓延性、跨區域滋擾、二次或三次糾紛、造成民眾恐懼不安等特性，甚至警察執勤受到威脅、傷害，故建立事前警力集結機制、事中妥善處理、事後依法究辦及刨根溯源，系統性解決聚眾鬥毆策略便相當重要。

（一）事前建立區域聯防機制

爲調度優勢警力以展現公權力，並能於鬥毆事件初始時快速壓制、即時逮捕，各警察局依內政部警政署訂頒之「各警察機關啓動快速打擊犯罪部隊實施計畫」制定區域聯防機制，按事件嚴重性分四級：1.甲級：警察局支援警力；2.乙級：增加第二梯次警力；3.丙級：鄰近分局支援案發分局；4.丁級：丁1級：案發地分局自行啓動；丁2級：案發地派出所啓動。

指揮官律定則以地區責任制爲原則，甲、乙、丙級支援警力應受現場指揮官（案發地分局長）指揮，丁1級由分局偵查隊長指揮，丁2級則由派出所所長指揮。

1 鄭善印，員警處理街頭鬥毆案例研析，許福生主編，警察情境實務執法案例研析，五南出版，2021年，頁251。

爲應聚眾鬥毆事件不可預測性及跨轄支援需要，且案發地正副所長並非24小時均在所輪值或等候出勤，實務上會將同分局所有派出所及警備隊警力視爲同一組快打部隊，由勤務指揮中心接獲各單位前一日勤務表時，將每個時段「最高職級」幹部臚列成表列管，當接獲案件時，調度該時段線上警力最高職級幹部爲第一時間指揮官趕抵現場初期指揮並回報狀況，接續再通知案發地輪值正副所長接手擔任指揮官，避免初期數分鐘內無案發地幹部帶班而群龍無首，造成事件擴散。至案發地正副派出所所長接管後若研判事件無法有效控制，則回報勤務指揮中心續通知偵查隊長或分局長到場應處，並視狀況通知他轄警力增援。

（二）勤務指揮中心肩負情蒐功能及研判分級調度能力

勤務指揮中心接獲報案時詳實詢問現場糾紛情形，如有無持械、鬥毆人數、有無毀損車輛或店家等情事，能有效研判係單純口角糾紛或公園吵架，需否調集線上快打警力到場或指揮線上巡邏警力前往處置。

（三）第一梯次快打警力集結

1. 分派任務：經勤務指揮中心線上指定爲指揮官幹部，即可於線上直接以無線電分派各組線上警力擔服交整、管制、查證身分或使用強制力逮捕管束等任務並說明集結地，以利各員做好心理準備及備妥應勤工具。

2. 應勤準備：快速集結時，恪守道路交通安全規則規定開啓警示燈、警鳴器並於行經路口及行人穿越道時依法減速通過，備妥防護型噴霧器、哨子、警棍、戒具、管制線、指揮棒、微型攝影機等，趕往現場時即提前開啓微型攝影機錄下片頭並全程蒐證，確定攝影機蒐錄角度及牢固。

3. 通報增援：與指揮官同網警力指定爲聯絡官，應依指揮官指示回報勤務指揮中心現場是否已控制或需增援警力。

4. 集結推進：第一梯次警力應聽候指揮官指示於事故現場附近先行集結再統一推進，避免落單或2人先行前往，推進時由指揮官下達一致口令，如「退後」、「趴下」、「離開」等，現場警力並動作一致及複誦命令，展現警方氣勢。

（四）後續增援警力

1. 接管指揮：由增援到場警力最高職級者接管指揮應處，仍由指揮官同網警力或由指揮官指定人員擔任聯絡官，回報現場情況或繼續增援警力。

2. 點名帶頭者：命令滋事鬥毆者停止動作趴下或靠牆蹲好，現場逮捕帶頭滋事者，若拒不配合強勢壓制依現場狀況使用警棍打擊非致命部位或使用噴霧器控制，進行逮捕或管束，必要時運用警車、人牆或警棍隔離滋事者雙方，在場助勢者亦一併帶回究辦；如現場滋事者均已逃逸，仍應依監視器影像積極究辦。

3. 命令圍觀者離開現場：命令其他圍觀者與案情無關者不得聚眾喧嘩妨害公務進行或命令解散，至於顯與滋事有關者命令配合查證身分以釐清案情。

4. 全景蒐證：指定專人全景及高空蒐證，包括現場車輛車牌、行為人臉部及衣著特徵、是否造成周邊交通阻礙、波及路人走避或繞道而行、砸店破壞門窗損及店家營業、毀壞附近車輛物品等。

5. 疏導交通：善用哨子驅離圍觀民眾並派員疏導周邊交通秩序，事件擴大時改道行駛或調撥車道，必要時拉管制線禁止人車進入，以免鬥毆者和路過者癱瘓道路。

6. 帶離滋事（或被圍毆者）者：控制現場後立即帶離（查證身分、管束、逕行通知或逮捕）滋事者或被圍毆者，先讓火苗離開，現場證據妥善帶回，必要時隔離雙方滋事者，以免民眾聚集包圍派出所。

7. 強制力分級應用：針對現場圍觀需查證身分者到現場施暴者態樣，建立層級式強制力應用如表19-1所示。

表19-1 警察人員強制力運用參考一覽表

級別	行為人	強制力使用
第一級	配合警力	表明身分、溝通
第二級	言語無異常，肢體略呈現不滿	言詞勸說或命令
第三級	言詞不滿，略有危害	未接觸的輕度控制
第四級	動作消極不配合	有接觸之中度控制
第五級	行動抗拒，有傷害之虞	運用逮捕技術重度控制
第六級	暴力攻擊，未達嚴重傷害	警械、柔道應用或戰術脫離
第七級	嚴重傷害或有重傷害之虞	使用致命強制力

三、處理沒有現場實務做法

許多偶發性街頭行車糾紛、酒店敬酒糾紛、幫派揪眾火拼場景，讓周邊圍觀民眾驚心動魄，嚴重影響社會安寧秩序，但警察一到場即鳥獸散，或者警察到場已無滋事者在場，以臺中街頭富二代駕駛瑪莎拉蒂行車糾紛爲例，滋事者持球棒打人，警方獲報到達時，只剩傷者在場。警方必須事後立即以監視器、行車紀錄器、查訪被害人、在場人還原事實眞相，全力蒐集不法事證，在檢察官指揮下儘速緝兇。偵辦類似個案，因媒體大肆報導，輿論已形成警察執法不力負評，讓警察在偵辦緝捕肇事者時倍感壓力，臺北市松山之亂亦是典型案例。已無現場個案偵辦，著重在儘量蒐集完整事證、統合警力緝兇、報請檢察官指揮偵辦及適度輿情處理等危機處理，依刑事訴訟法及相關犯罪偵查程序處理。

四、偵處作為

不管是有現場啓動快打部隊現場逮捕，或者是沒有現場緝兇，偵處作爲著重在完整依程序蒐證，以符合刑法第149條、第150條及其他犯罪構成要件，轄區警察首長依還原眞相、誠實面對、依法處理原則，報請檢察官指揮偵辦及負責個案輿情危機處理，並由刑大及偵查隊協助指揮協調。

（一）持續監控現場並告誡約制雙方：轄區線上警力持續清點裝備並

於現場監控至狀況恢復後始得收勤，避免雙方再回頭聚集。

（二）完整蒐證專人偵辦：各分局偵查隊設置聚眾鬥毆案件專責人員，於案件發生時，結合派出所共同偵辦，彙集通訊社群軟體、證人、行車紀錄器、密錄器及監視器等證據深入追查為首者、助勢之人犯案動機、人際脈絡及平時活動區域等，針對「聚集」過程筆錄詢問重點為：1.本來做何事？為何來？如何來？2.從何來（外地、隔街、隔壁房、隔桌等）？3.何時來？誰叫你來？如何叫？何時叫？4.在何處叫？事前叫？臨時叫來？5.為何不走？在現場做什麼？有無助手？

（三）重大案件檢警共創群組：面對重大輿情案件，在案發第一時間成立檢警專案群組，在群組內彙整案件資訊，由檢察官線上指揮調度偵辦並即時使用強制處分，在最短時間將犯嫌查緝到案，且能第一時間緊扣構成要件，提升聲押獲准率。

（四）妨害秩序蒐證重點：透過偵查蒐證了解滋事動機、攜帶之危險物品，形成滋事者之故意、認識，緊扣構成要件，筆錄重點含：1.有無可能波及他人？2.附近交通阻礙？其他人走避？3.有無影響顧客？不敢上門？4.繞路而行？路人急忙叫報警？5.損及店家器物？影響營業？

（五）移送作業求縝密：建立聚眾鬥毆處理流程及案件檢核表，明確律定相關處理步驟及案件重點，讓起訴後提升有罪確信心證，以利定罪，檢核表內容分列如下：

1. 糾眾對象（Who）：行為人身分、主謀、彼此間關係、組織素行等。
2. 在場原因（What & Why）：案發緣由、聚集原因、滋事動機。滋事動機，有直接、間接原因，有近因亦有遠因，有潛伏因素，亦有偶發因素。
3. 時間（When）：集結時間、案發時間、是否有二次鬥毆時間等。
4. 地點（Where）：營業場所、幫派聚點、街道巷弄、公園廣場等。
5. 工具與聯繫（How & Which）：通訊設備、犯案凶器、車行軌跡、攜帶物品、金流清查、毀損情形、危害公共秩序蒐證資料等。

（六）建請檢察官審酌如有幫派背景及暴力前科、情節嚴重影響社會秩序者，勿輕易予以交保，若予交保，亦應建議命其定時向所轄派出所報到，以約束避免再犯；若法官判處六個月以下徒刑得易科罰金，於執行時也勿輕予易科罰金。

（七）輿情處理：指定專人因應新聞及網路巡邏，遇有不實言詞主動澄清，避免偏頗訊息廣傳影響機關形象或打擊員警作為。

五、後續應處

（一）建立滋事資料庫：列管重要鬥毆案件並應用各類分析系統建檔，整合發展治平組織或安居緝毒對象等，例如以關聯式分析系統透過犯嫌親屬朋友關係，查緝未到案犯嫌；運用滋事案件防處管理系統分析多次共同滋事人，深入追查是否涉組織犯罪等。

（二）店家行政指導：製作宣導海報或信函張貼於易滋事場所、錄製宣導影片協請歌唱業者於民眾消費開機時播放，以利民眾了解警方作為及滋事法律效果，緩解鬥毆情緒。

（三）關懷訪查與約制：通知鬥毆涉案人到案時，提供「關懷通知書」告知，內容包括涉及滋事案件次數或係首次滋事、刑法妨害秩序罪刑責、如持續再犯將以組織犯罪偵處等，提醒涉案人相關法律責任；另再運用「約制訪查表」，視需要送達住居所或工作場所，查訪同住親屬、雇主，以期發揮家屬與社會職場約制關懷成效。

（四）運用第三方警政：就經常性鬥毆處所研析是否為幫派堂口、據點，涉有毒品犯罪或其他有治安顧慮等營業場所查察，若有其他行政不法違規項目者，由各目的事業主管機關依權責裁罰，由縣市政府納入地方治安會報或相關會議追蹤，並成立公共安全聯合稽查小組，由副首長召集警察局、消防局、工務局、經濟發展局、城鄉發展局、環保局及違章建築拆除大隊等單位召開公安會議，運用各項行政作為，有效消弭危害治安因子，據以發揮治安最大成效。

參 本案判決

本案在第一個地點行車糾紛後的馬路展開追車，在第二個地點追到後爆發街頭聚眾鬥毆，適警察巡邏巧遇，滋事者立即逃離現場，警察事後依相關監視器、行車紀錄器及查訪專案緝兇，移新北地檢署偵辦後起訴。臺灣新北地方法院109年度審訴字第2386號刑事判決，認定被告甲所為係犯刑法第304條第1項之強制罪及同法第150條第2項第1款、第1項後段之攜帶兇器在公共場所聚集3人以上下手實施強暴罪之想像競合犯，應依刑法第55條之規定，從一重之攜帶兇器在公共場所聚集3人以上下手實施強暴罪處斷。被告甲、乙、丙與丁間，就上開攜帶兇器在公共場所聚集3人以上下手實施強暴之犯行，有犯意聯絡、行為分擔，應論以共同正犯。

本案甲、乙、丙3人上訴後，臺灣高等法院110年度上訴字第1585號刑事判決，認為本案不構成刑法第150條之罪，其主要理由為：1.聚集時即須對將實施強暴脅迫有所認識，如行為人原非為實施強暴脅迫之目的而同在一處，本無將實施強暴脅迫行為之認識，僅因偶然、突發原因，而引發3人以上同時在場實施強暴脅迫行為，即與刑法第150條第1項之罪之構成要件不符；2.本案難認其等原是為實施強暴脅迫之目的而聚集，且於聚集時即對將實施強暴脅迫有所認識；3.對於構成妨害秩序罪仍有合理懷疑存在，故諭知無罪。

本案臺灣高等檢察署不服二審無罪判決提起上訴，最高法院110年度台上字第6191號刑事判決，認為二審法院適用法則不當且有證據調查未盡及理由不備之違法，因而發回更審，其主要見解如下：

一、主觀上自須有妨害秩序故意但不以起於聚集行為之初為必要

本罪既屬妨害秩序之一種犯罪，則聚眾實施強暴脅迫之人，主觀上自須具有妨害秩序之故意，亦即應具有實施強暴脅迫而為騷亂之共同意思，始與該條罪質相符。惟此所稱聚眾騷亂之共同意思，不以起於聚集行為之初為必要。若初係為另犯他罪，或別有目的而無此意欲之合法和平聚集之群眾，於聚眾過程中，因遭鼓動或彼此自然形成激昂情緒，已趨於對外界

存有強暴脅迫化，或已對欲施強暴脅迫之情狀有所認識或預見，復未有脫離該群眾，猶基於集團意識而繼續參與者，亦均認具備該主觀要件。且其等騷亂共同意思之形成，不論以明示通謀或相互間默示之合致，亦不論是否係事前揪集約定，或因偶發事件臨時起意，其後仗勢該群眾結合之共同力，利用該已聚集或持續聚集之群眾型態，均可認有聚眾騷亂之犯意存在。

二、客觀上此暴力威脅外溢作用使公眾或不特定他人產生危害、恐懼不安感受方可

依本罪之規定體例，既設於刑法第二編分則第七章妨害秩序罪內，則其保護之法益自係在公共秩序及公眾安寧、安全之維護，使其不受侵擾破壞。是本罪既係重在公共安寧秩序之維持，故若其實施強暴脅迫之對象，係對群眾或不特定人為之，而已造成公眾或他人之危害、恐懼不安致妨害社會秩序之安定，自屬該當。惟如僅對於特定人或物為之，基於本罪所著重者係在公共秩序、公眾安全法益之保護，自應以合其立法目的而為解釋，必其憑藉群眾形成的暴力威脅情緒或氛圍所營造之攻擊狀態，已有可能因被煽起之集體情緒失控及所生之加乘效果，而波及蔓延至周邊不特定、多數、隨機之人或物，以致此外溢作用產生危害於公眾安寧、社會安全，而使公眾或不特定之他人產生危害、恐懼不安之感受，始應認符合本罪所規範之立法意旨。如未有上述因外溢作用造成在該場合之公眾或他人，產生危害、恐懼不安，而有遭波及之可能者，即不該當本罪之構成要件。至犯本罪所實施之強暴脅迫，而有侵害其他法益並犯他罪者，自應視其情節不同，分別依刑法第50條之規定以實質數罪併合處罰，或依競合關係論處之。

三、本案有適用法則不當之違法

原判決認須於聚集時即對將實施強暴脅迫有所認識方足構成本罪，自有適用法則不當之違法。

四、本案有有證據調查未盡及理由不備之違法

原判決未就是否已達因外溢作用而對於周遭公眾安寧、社會安全造成恐懼不安之危害情狀爲必要之調查，復未爲完足之說明，而有證據調查未盡及理由不備之違法。

肆 本案評析

一、刑法第150條之性質與構成要件

刑法第150條性質屬聚眾犯，聚眾犯之發展，可回溯至19世紀一般社會大眾對社會上、經濟上權力不平等感到不滿，結合這些不滿欲求所發展出來的勞工和政治運動，造成社會大眾因對於群眾暴力集結感到恐懼，而將聚眾當作極爲危險而恐怖的對象，因而聚眾就爲刑事立法加以考慮，我國刑法第149條及第150條便屬於這一類防止社會騷擾之罪，並被預設其等行爲會危害地方秩序，1935年刑法考量騷擾罪本質亦爲妨害秩序下，將兩罪納入妨害秩序罪章，並界定性質爲純粹妨害秩序行爲，同時增修兩罪的「公然聚眾」要件，以強調其等性質爲擾亂地方秩序，與他罪有別。又本罪保護社會和平秩序法益，即在人群中蔓延敵對的心態威脅到不特定個人人身利益。故不論是舊法的聚眾，抑或新修法的「聚集三人以上」，均係多人在一定空間舉行或凝聚成共同行動，並對外彰顯出支配群體的干擾秩序意志，即在人群中蔓延法敵對的心態[2]。

由於刑法第150條係規定在妨害秩序罪章，自立法體系觀之，本罪所保護之法益，自係社會安寧秩序與公眾免於恐懼之自由，而刑法第150條第1項後段對於首謀及下手實施強暴、脅迫者，法定刑爲六月以上、五年以下之有期徒刑，最低法定刑爲有期徒刑六月，且無選科其他主刑之空間，相較於刑法第304條第1項強制罪、刑法第277條第1項之傷害罪及刑法第283條規定聚眾鬥毆致人於死或重傷在場助勢者，此等犯罪法定刑均較

2 許澤天，論刑法「聚眾犯」概念與近期相關修法，臺灣法學，第416期，2021年6月，頁2-4。

刑法第150條第1項後段爲輕，故適用上，宜審愼判斷適用，但亦不可過度限縮而違本罪之修正目的。

是以從本罪屬聚眾犯及保護社會和平秩序法益觀之，是否構成本罪時，仍應從本罪立法目的依個案情節判斷之，客觀要件是否符合「在公共場所或公眾得出入之場所聚集三人以上施強暴脅迫」及「所爲足以危害地方安寧秩序程度」，主觀要件是否「有妨害社會安寧秩序認識但不以起於聚集行爲之初爲必要」及「有妨害秩序之意欲或容任意思」方是。

二、導正妨害秩序故意不以起於聚集行為之初為必要

刑法聚眾施強暴脅迫罪修正施行後，處罰條件從嚴變寬，但警政署統計以2021年1月至10月起訴率爲例，仍只有29.8%（起訴案件定罪率均逾九成，但其中九成以上得易科罰金）。不起訴原因以「無妨害秩序之故意」（172件，占75%）爲最多，此亦爲法院據以作爲無罪判決之理由；「非聚集不特定多數人、無隨時增加可能」（41件，占18%）次之；再次爲無具體事證（30件，占13%）部分：如人數不足3人、錄影不清晰、未扣得犯罪工具等；犯罪地點非公共場所或公眾得出入之場所（12件，占5%）；未對公眾造成危害、未波及他人（12件，占5%）[3]。

其中針對「無妨害秩序之故意」，以往實務主流之見解如同本案二審所言，聚集時即須對將實施強暴脅迫有所認識，如行爲人原非爲實施強暴脅迫之目的而同在一處，本無將實施強暴脅迫行爲之認識，僅因偶然、突發原因，而引發3人以上同時在場實施強暴脅迫行爲，即與刑法第150條第1項之罪之構成要件不符。所幸本案經高檢署上訴後，最高法院判決指出，縱使主觀上自須有妨害秩序故意，但不以起於聚集行爲之初爲必要[4]，如此也可導正將來將起訴率之困境，確實最高法院對於聚集目的之此見解，鬆綁過往實務上嚴格限縮條件見解，也符合當初修法之意旨，深值肯定。

---

3 許福生，聚集施強暴脅迫罪司法實務適用現況之分析，警光雜誌，第790期，2022年5月，頁24。

4 最高法院110年度台上字第6191號刑事判決。

三、外溢作用足以危害於社會安寧秩序為未來蒐證重點

本罪修法前，實務見解認本罪須達足以危害地方之安寧秩序程度始足構成。因而本案在黨團協商會議時，司法院建議保留修正草案中關於「致生危害於公安」之文字，因爲其是具體危險犯，跟第149條抽象危險不太一樣，且實務上法官在審理時也是要作此判斷，它是在社會法益中妨礙公共秩序這一個篇章裡，把它明定會比較清楚。至於法務部則認爲不要「致生危害於公安」之文字，因法院在實務上還是可以操作及運作，且前項都沒有此規定，反而是比較嚴重的、加重的還需要危害於公安嗎？最後協商會議依據法務部之建議，修正爲「在公共場所或公眾得出入之場所聚集三人以上，施強暴脅迫者」，刪掉「致生危害於公安」。從此討論中似乎立法上有意將刑法第150條定性爲抽象危險犯之性質，但卻未在立法理由明確表示，如此也留下本條可解釋空間。

先前實務上，有認爲本罪條文將「公然聚眾」，放寬爲「在公共場所或公眾得出入之場所聚集三人以上」，不以過往實務見解認爲「係指參與之多數人有隨時可以增加之狀況，若參與之人均係事前約定，人數既已確定，便無隨時可以增加之狀況」爲限，且進而實行強暴或脅迫（如鬥毆、毀損或恐嚇等行爲），不論是對於特定人或不特定人爲之，已造成公眾或他人之危害、恐懼不安，且行爲人主觀上就此有所認識而仍爲本罪構成要件之行爲者，即該當本罪之構成要件[5]。然而，先前實務上亦有見解認爲本罪成罪空間已大幅度擴張且法定刑實質已較重，若再採純粹擬制的抽象危險概念，顯有輕重失衡之問題，應以引發抽象危險的適格性（又稱爲「適性犯」），來對本罪成罪空間進行適度限縮，以避免刑罰權發動之失控[6]。

最後本案最高法院見解認本罪保護之法益，係在公共秩序及公眾安寧、安全之維護，使其不受侵擾破壞，必須暴力威脅情緒或氛圍所營造之攻擊狀態，有此外溢作用產生危害於公眾安寧、社會安全，而使公眾或不

5 參照臺灣高等法院110年度上訴字第416號刑事判決。
6 參照臺灣新竹地方法院110年度訴字第174號刑事判決。

特定之他人產生危害、恐懼不安之感受，始應認符合本罪所規範之立法意旨。本文基於刑法謙抑性原則及本罪保護法益之考量，認爲以引發抽象危險的適格性概念來縮本罪之適用是適當的，故行爲人所造成之秩序危害須足以危害地方之安寧秩序程度方可，肯定最高法院之此見解。

如此，未來如何強化外溢效果之蒐證，成爲本罪能否定罪之重點所在。如同臺灣高等法院111年度上訴字第1319號刑事判決所言：其等在道路上聚集多人施以強暴行爲，爲公眾所得共見共聞，並有多起報案紀錄，報稱有一群人打架或械鬥，更有人稱疑似聽到槍聲（見報案紀錄），內湖分局警員據報到場後，並遭與被告同至現場之蔣○○駕車逆向撞及，此據蔣、賴於偵查中證述甚明，並經檢察官當庭勘驗監視器、警員密錄器錄影檔案畫面屬實，可徵被告及其聚集到場者形成之暴力威脅情緒或氛圍所營造之攻擊狀態，已有波及蔓延至周邊不特定、多數或隨機之人或物，此外溢作用並已使公眾或不特定之他人產生危害、恐懼不安之感受，至爲灼然，即已該當刑法第150條聚眾施強暴脅迫罪之構成要件。

「然如依案發時監視錄影畫面顯示……在衝突發生期，亦可見KTV員工、清潔人員及路人陸續通行案發現場，並未有見狀驚恐走避或閃躲之動作，亦未受到波及……，可徵本案尚未達產生社會安寧秩序之危害或使公眾因而恐懼不安之程度……。本案因檢察官舉證不足，而諭知無罪之判決[7]」。故如一審係因蒐證不足而判決無罪，應繼續增補事證並建議檢察官上訴以提高定罪率。倘若第一時間確已查證並無因鬥毆外溢致妨害公共秩序安寧，則改以社會秩序維護法互相鬥毆移送，亦可抑制動輒鬥毆風氣，亦係適法處分。

伍 結語

本案最高法院110年度台上字第6191號刑事判決表示，主觀上雖須有

7 參照臺中地方法院109年度訴字第2585號刑事判決。

妨害秩序故意但不以起於聚集行爲之初爲必要，鬆綁過往實務上嚴格限縮條件見解，深值肯定；只是本判決又加入聚集到場者形成之暴力威脅情緒或氛圍所營造之攻擊狀態，已有波及蔓延至周邊不特定、多數或隨機之人或物，此外溢作用並已使公眾或不特定他人產生危害、恐懼不安感受方可。如此未來如何強化此外溢效果蒐證，成爲本罪能否定罪重點所在，深值實務重視。

（本文初稿曾發表於警光雜誌，第796期，2022年11月）

第二十章
「M化車」蒐證案例

壹 案例事實與爭點

甲與乙等4人共組詐騙恐嚇集團，機房設在乙住處，向A誆稱其子涉毒遭綁需付贖金，A因即時聯繫上其子確認安全無虞而未付款。警方接獲A報案，調取A使用門號與甲等所用人頭門號相關通聯紀錄、申登人資料等，即時定位特定位置，再搭配「M化車」鎖定。警方依最強訊號埋伏在乙住家附近，發現曾涉及詐騙集團人士開車進出，遂聲請搜索票後前往乙住處搜索，並扣得相關證物。

本案爭點：第一，使用「M化車」取得位置是否干預基本權？第二，使用「M化車」蒐證現行有無法律明確授權依據？第三，因「M化車」直接取得之證據（資訊）有無證據能力？第四，以「M化車」取得之資料（訊）後用以聲請搜索令狀其所得證據有無證據能力？

貳 「M化車」之作用

由於使用「M化車」定位的誤差最小可到1公尺範圍內，連嫌犯位於哪一樓層與房間都可能精準判定，因而M化車目前便爲警方作爲擄人勒贖、組織犯罪、毒品等重大刑案及緊急救難案件使用[1]。依內政部警政署刑事警察局108年12月13日刑通字第108023155號函對於「M化車」使用說明，略以：1.「M化車」在偵辦案件運用上，係使功率可達範圍內手機將

[1] 廖訓誠、陳芳振、顏宥安，犯罪偵查技術，2016年，頁216。

其視爲一虛擬基地台，藉此令手機向其註冊，並於此同時截取IMEI（手機序號）、IMSI（國際標準識別碼）等資訊後再釋放回正常基地台，惟該截取資訊僅爲系統自行識別使用，並無可供查詢之門號資訊，亦無法連結辨識第三人資料；2.運用「M化車」辦案，係由偵查人員將已知之手機系統識別資訊（如IMSI及IMEI）輸入系統內建立名單，由系統於偵搜範圍內進行比對過濾，經比對出現已知目標手機後，再由系統與目標手機連線，並依連線訊號強弱判定手機位置。另第三人註冊於系統內之識別資訊於系統關閉後即自動清除；3.現階段，警方於實務上使用「M化車」進行偵查時，皆係依內政部警政署刑事警察局訂定之「執行M化定位勤務作業流程」辦理[2]。

參 本案之判決

警方於調查某詐欺恐嚇集團時，爲尋找詐騙集團地點，出動「M化車」以「精確測出該門號發話位址」方式定位，在桃園龍潭破獲詐騙集團機房，4名被告被依恐嚇取財罪起訴，桃園地方法院106年度易字第164號刑事判決（本章稱桃院判決）認爲，使用「M化車」取得位置干預基本權，且依卷內事證無法確認被告4人犯罪，判決無罪。惟臺灣高等法院109年度上易字第1683號刑事判決（本章稱高院判決）認爲，「M化車」若只以訊號定位，並無行爲人影像或通話，並未妨害秘密，認定偵查手法合憲，改判被告等4人二至三年不等徒刑[3]。但本案上訴人不服臺灣高等法院判決提起上訴，最高法院110年度台上字第4549號刑事判決撤銷原判決，發回臺灣高等法院，臺灣高等法院111年度重上更一字第42號刑事判決駁回上訴人上訴，維持一審無罪判決。

本文在此以本案桃院及高院之第一次判決說明如下。

2 參照桃園地方法院106年度易字第164號刑事判決。

3 參照王宏舜，「M化車」蒐證爭議，聯合報2021年2月21日報導。

一、本案桃院之見解

縱使本案檢察官認「M化車」使用與GPS追蹤器不同，並持美國法「合理隱私期待」，認為並沒有違反隱私期待；且法未明文者不代表不得作為論告理由。然而，桃院並不認同檢察官看法，其判決見解如下：

（一）使用「M化車」偵查作為造成基本權干預

大法官釋字第689號解釋理由意旨，一般行為自由、生活私密領域不受侵擾及個人資料自主、隱私等權利，均屬憲法第22條保障個人人格自由發展基本權保護範圍。

「M化車」其原理係利用「虛擬基地台」方式，透過已知的IMEI或IMSI，藉「M化車」與目標設備之間訊號連結，進而定位目標設備，藉此定位所欲偵查對象。該定位科技方法，係藉訊號之強弱連結以探知資訊，其實際發動時間乃取決於偵查機關，且不分目標係在何處而有異，因而導致目標設備、對象所在之位置資訊，不限時間、地點，均得由偵查機關透過「M化車」使用，持續達到定位追蹤以及蒐集、處理與利用該等資料之目的，故使用「M化車」，已對目標對象隱私等基本權，造成並非輕微干預。

（二）使用「M化車」干預並無明確法律授權依據

目前偵查機關就「M化車」使用，所依據規範是「執行M化定位勤務作業流程」，並無法律層次規定。依據辦案經驗，在使用「M化車」「本身」，未曾有聲請調取票作為；且「M化車」使用亦「無法」藉由「調取通聯條款」予以正當化。乃因「M化車」使用原理，並「非」國家介入通訊參與者間「秘密通訊狀態（過程）」干預處分；「M化車」使用，既係以虛擬基地台「直接」連結目標對象訊號、即時性地定位追蹤，亦與向第三人即電信事業「調取」過去通聯紀錄的類型不符。

再者，法未明文偵查方式，也不表示當然可以作為，其關鍵在於法未明定時，應從偵查作為干預基本權質量程度、風險層面考量，並依具體情狀為相同或不同處理。本案使用「M化車」科技偵查處分，既已相當程度干預隱私等基本權，應有法律具體授權，始得為之；否則無異開放所有法未明文科技偵查手段，均無待立法者決定即可執行，而使「科技進展」一概取代「法律保留」保障，並不妥適。

（三）本案因使用「M化車」而直接取得證據「無」證據能力

本案「M化車」使用，既然根本性地欠缺法律授權，則警方據此測點、獲知者，倘若作爲證據使用，等同由法院認同違反法治國基本原則干預處分。從而基於法治國、法律保留原則誡命，本案因「M化車」直接取得之證據（資訊）應認無證據能力，不得作爲證據使用。

再者，證人於審理中，雖有證述因「M化車」使用後而直接獲知過程及資訊，但倘若予以使用該證詞，等同係對相同證據內容，轉換形式而「復活」前述不得使用之證據（從書面變成言詞），故爲貫徹前述證據使用禁止意旨，亦不得作爲證據。

（四）本案於「聲請搜索票後」執行所得證據仍「有」證據能力

本案警方於報請檢察官指揮前，其偵查方式並沒有限於「M化車」本身，而是透過卷內通聯紀錄、使用者資料、基地台位址、現場埋伏、觀察、目視情狀及相關車輛資訊、車主前案紀錄等資料，據以聲請本件搜索票；且警方因此報請檢察官指揮、聲請本案搜索票，亦獲得法院准許。從而，本案警方使用「M化車」作爲，其程序是依循慣例所致，而未刻意違法。另警方客觀上也依據其他證據資料而縮小偵查範圍、特定搜索標的，並非單純或大部分依據「M化車」偵查結果爲之；故相關搜索、扣押取得證據，與「M化車」連結已相對薄弱。再者，警方也是因善意信賴法院所發出搜索令狀而執行搜索、扣押，故本案警方因執行搜索所獲證據，均有證據能力。

（五）依卷內事證無法確認被告4人犯罪而諭知無罪

本案依卷內事證，無法證明被告4人在案發當時是否在「本案地址」內，由於不能證明被告4人犯罪，自應諭知被告4人無罪判決。

二、本案高院之見解

（一）一審引用釋字第689號解釋不足以排除M化車證據能力

依據釋字第689號解釋論述邏輯，可得出如下結論：**法的闡述與適用，不能僅有人權保障廣度，也須同時把握憲法高度。隱私權保護並非絕對**，仍須與憲法保護其他權利、所欲追求的價值與公益要求等，綜合判斷，合理權衡。

本號解釋正足以正當化警察機關接獲被害人報案，調取被害人使用門號與犯嫌所用人頭門號相關通聯紀錄、申登人資料，並於分析申登人申辦之所有門號、搭配使用序號IMEI碼及通聯紀錄顯示基地台位置之後，發現涉案門號通聯基地台位置均位於特定幾個地址，於是將上述門號申登人申辦門號及搭配使用序號，鍵入「M化車」在上述幾個特定基地台位置周邊測點，偵查犯罪，具有正當性。換言之，治安機關對於有事實足認有特定犯罪嫌疑犯罪行爲，因偵查犯罪需要，而採用現代科技設備，如對隱私權並未構成重大、不合比例之侵害，也未逾越依社會通念所認不能容忍界限，即屬該號解釋意旨所揭示：符合憲法第23條比例權衡原則。

（二）使用「M化車」取證有證據能力

現今犯罪手法日益翻新、設備日新月異，檢警職司保護社會大眾人身自由財產安全，相較於作奸犯科少數犯罪人，安分守己社會多數大眾，應是期待偵查犯罪機關有足夠能力、設備，打擊犯罪。本案查獲過程，並非僅只依靠M化車，其實是先依被害人報案、提供通訊電話資訊、調閱監視器、進行人臉辨識、查調通聯記錄、分析時間順序、基地台，然後才向市刑大及檢察官聲請調取票，使用M化車配合偵查。

並且**M化車僅僅是以訊號定位，無法顯示地址，也無精確定位，更無行爲人行動影像或對話內容，好比災難生存跡象搜索的訊號顯示，究其實質並無妨害秘密可言**；何況，M化車顯示某路、某街附近訊號最強，警方並未因此逕行逮捕，因M化車並不顯示地址，警方是依訊號埋伏，發現上址有異常的大量餐盒進出、停放於該址附近之某號牌車輛駕駛進入上址，該車輛車主曾涉及詐騙集團案件經移送偵辦，核屬員警依據專業判斷，認定此址是犯罪集團聚集管理的場所，因此聲請搜索票。取得搜索票之後，警方仍持續埋伏，發現多人進入、車輛聚集，依專業敏銳判斷時機已成熟，才進行搜索。

查獲過程，**M化車訊號定位系統只是將警方已知犯罪地點加以限縮**，並且M化車定位並**不會顯示與隱私有關的內容**。新聞報導尚且得因特定事件報導、揭發犯罪行爲，具有一定公益性，屬於大眾關切並具有新聞價值，即認具有正當理由；何況，警方使用M化車是爲偵查已經發現的犯罪行爲，保護公共利益，基於公益合理權衡，依刑事訴訟法第158條之4，應認M化車的偵查作爲，具有證據能力。

（三）認定被告等4人犯行事證明確改判有罪

高院最後綜合證據資料歸納判斷，認本案地址僅限特定經識別之人進出，且具有犯罪集團聚集地特性；恐嚇取財機房位在上址，被告等人並聚集於此；被告乙房間床下扣得「年籍資料名單」證實是供恐嚇取財集團實行恐嚇取財犯行之重要文件，足認被告4人於該址實行恐嚇取財或恐嚇取財未遂犯行，事證明確，可以認定，改判被告等4人二至三年不等徒刑。

肆 本案之評析

一、使用「M化車」干預基本權

「M化車」原理係利用「虛擬基地台」的方式，藉由使受監控手機向其註冊，並於此同時截取IMEI、IMSI等資訊後再釋放回正常基地台，並將截取資訊作爲系統自行識別使用。縱使高院指出，「M化車」只是以訊號定位，無法顯示地址、精確定位，無行爲人行動影像或對話內容，好比災難生存跡象搜索的訊號顯示，實質上未妨害秘密。然而，觀之「M化車」主要係透過與目標設備之間訊號連結，進而定位目標設備，藉此鎖定所欲偵查對象，且該定位科技方法，不分目標係在何處而有異，導致目標設備、對象所在位置資訊，不限時間、地點，均得由偵查機關透過「M化車」之使用，持續達到定位追蹤以及蒐集、處理與利用該等資料之目的。如此與通訊保障及監察法第3條之1所謂位置資訊，屬於通訊紀錄的態樣之一，該資訊會於通訊結束後所產生，記錄該次通訊所使用的基地台，且此一資訊並非相當精準，僅能推之電信使用者概略位置，其精確性確實有所不同[4]。

如此以「M化車」加以監控、分析而所得之資料，因能精確地顯示個人所在位置，而屬定位資訊，其侵害憲法第22條保障個人人格自由發展之一般行爲自由、生活私密領域不受侵擾及個人資料之自主、隱私等權利自明，故本文認同桃院認定，使用「M化車」偵查作爲已造成基本權干預。

二、使用「M化車」目前無法律明確授權依據

由於使用「M化車」干預基本權，依「強制處分法定原則」，強制偵查必須現行法律有明文規定者，始得爲之，倘若法無明文，自不得假借偵查之名，而行侵權之實（參照最高法院106年度台上字第3788號刑事判決）。目前偵查機關就「M化車」使用，所依據規範是「執行M化定位勤務作業流程」，並無法律層次規定；且「M化車」使用，亦與向第三人即電信事業「調取」過去通聯紀錄的類型不符，無從引用「調取通聯條款」作爲授權依據，故現行以「M化車」干預處分，明顯違反法律保留原則。

至於高院對於使用「M化車」有無法律明確授權依據，並無正面回應，只表示警方使用M化車是爲偵查已經發現的犯罪行爲，保護公共利益，基於公益合理權衡，依刑事訴訟法第158條之4，應認M化車的偵查作爲，具有證據能力。高院縱使對此並無正面回應，但依刑事訴訟法第158條之4規定：「除法律另有規定外，實施刑事訴訟程序之公務員因違背法定程序取得之證據，其有無證據能力之認定，應審酌人權保障及公共利益之均衡維護。」如此不也顯示高院也認同使用「M化車」蒐證，因無法律明確授權依據，所以是「違背法定程序取得之證據」，只是基於公益合理權衡後，認「M化車」的偵查作爲，具有證據能力而已。

4 顏廷屹，調取通信紀錄之法律規範與運用之研究，警大刑事所碩士論文，2020年12月，頁115。

再者，檢方認爲，法未明文的調查程序不等於不得作爲，否則如指紋鑑定、筆跡鑑定等，均能以「合理隱私期待」而認定調查違法。然桃院認爲法未明文的偵查方式也不表示當然可以作爲，其關鍵乃在於應從偵查作爲干預基本權質量程度、風險層面考量，並依具體情狀爲相同或不同處理，使用「M化車」科技偵查處分，既已相當程度干預隱私等基本權，仍有待法律具體授權始得爲之，以符合「強制處分法定原則」。

三、證據能力有無之權衡法則

確實，使用「M化車」偵查作爲，干預人民行爲自由、生活私密領域不受侵擾及個人資料自主、隱私等基本權，且無法律授權，違反法律保留原則，因而使用「M化車」蒐證所取得證據，是違背法定程序取得之證據，只是應如何認定其有無證據能力，一、二審存有差異。

按違法蒐集證據，原則上應否定其證據能力，在證據法則上爲「違法蒐集證據之排除法則」或稱之「證據排除法則」。證據排除法則理論依據主要有：1.憲法保障說：認爲使用違法蒐集之證據，是違反憲法正當法律程序；2.司法廉潔說：認爲使用違法蒐集之證據，是司法機關背離了國民的信賴而損及司法廉潔性；3.抑制效果說：認爲證據排除法則之目的係在於嚇阻政府不法權力行使。儘管上述三說皆有其無法圓滿說明之處，但是證據排除法則是根據這些理論建立起來的，因此證據排除法則理論依據，應以抑制效果說爲核心，同時考量保障說及司法廉潔說，綜合分析考量[5]。至於證據排除法則之排除標準，主要有：1.絕對排除說：當違法蒐集之證據被認爲違反正當法律程序時，該證據應立即地加以排除；2.相對排除說：以違法情節之重大性，且從抑制違法偵查的觀點而言，如容許作爲證據並不適當者應予排除；3.權衡原則說：係指任何違反取證規定的案件中，均須作個案衡量，才能決定證據是否應加以排除[6]。

本案係在法未明定使用「M化車」蒐證時，桃院基於法律保留原則

5 許福生，員警執行搜索扣押案例研析，許福生主編，警察情境實務執法案例研析，五南出版，2021年2月，頁494。

6 陳運財，違法證據排除法則之回顧與展望，月旦法學雜誌，第113期，2004年10月，頁42。

誡命，認本案因「M化車」直接取得之證據（資訊）無證據能力；但並未排除M化車衍生證據的證據能力，亦即不採取毒樹果實理論，與最高法院108年度台上字第3611號刑事判決所採取標準一致，即另案監聽所得資料「在本案中」雖無證據能力，但其「衍生證據」「在另案中」有證據能力，並不受「另案監聽之內容不得作爲證據」影響[7]。

然而，縱使無法律授權依據，警方違背法定程序取得之證據，其證據能力之有無，除非法律有明定絕對排除或原則排除，否則仍應審酌人權保障及公共利益之均衡維護。縱使使用「M化車」蒐證干預基本權且無法律明確授權依據，但本案使用「M化車」僅屬蒐證過程之一，尙有其他證據爲憑，所得證據相對與「M化車」連結薄弱，基於公益合理權衡，應依刑事訴訟法第158條之4權衡法則，認定M化車的偵查作爲，具有證據能力。

伍 未來展望——科技偵查法制化刻不容緩

依刑事訴訟法第158條之4權衡法則，個案來認定M化車取證證據能力，非長久之計，畢竟乃是違背法定程序取得之證據。因此，根本解決之道，未來「M化車」在立法規範上明定授權依據，將是無法迴避課題。誠如，桃院判決書所言：「科技偵查」在資訊科技時代的重要性，但授權偵查機關發動干預處分「法律」制定，屬於立法機關憲法權責，包括本案「M化車」在內科技偵查方式，其犯罪追訴與權利保障的平衡點，確實有賴立法機關儘速衡酌、決定，加以立法規範。

中華警政研究學會於2020年12月30日舉辦「科技偵查法制」圓桌論壇，邀請林鈺雄教授引言，林教授表示科技偵查非立法不可了！立法意義有二，一是給予授權，二是納入管制；有明確法律授權與管制，才是法治國的正途，才能兼顧犯罪追訴與人權保障。筆者也呼應林教授看法，要快艇追快艇，避免游泳追快艇偵查困境，特別是現代科技發展，不該是讓罪

7 毛松廷，科技偵查法制圓桌論壇發言，中華警政研究學會2020年會刊，2021年5月，頁306。

犯得心應手，卻讓執法人員束手無策！[8]

因此，科技偵查法制化刻不容緩。本此理念，在法務部2020年9月擬定之「科技偵查法草案」第5條規定，偵查中檢察官認為有必要時，得使用全球定位系統或其他具有追蹤位置之科技設備或技術實施調查。至於檢察事務官、司法警察官或司法警察，因為調查犯罪情形及蒐集證據，必要時，可以報請檢察官許可後實施。如此，發動權放在檢察官身上，科技偵查草案並未要求「法官保留」，偵查機關只有在實施的期間累計超過二個月，才需以書面記載具體理由，由檢察官聲請法院許可。且從立法理由觀之：「除全球定位系統外，偵查機關以其他具備追蹤位置功能之設備或技術，例如行動電話軟體定位、定位偵防車（M化車）、物聯網或任何其他設備或技術進行追蹤位置，均受本法效力所及，應遵守本法之規範。」是以本文所探討之M化車，即有本條草案之適用。

只是如此規定，是以無須令狀為原則，須要令狀為例外，原則與例外全然倒置，如此也引來諸多的批評。例如社團法人臺中律師公會即發表聲明表示：「本草案第二章監視、攝錄與追查位置，第5條賦予偵查機關得使用全球定位系統或其他具有追蹤位置功能之科技設備或技術進行偵查，不但完全規避刑事訴訟法之令狀原則，甚至賦予偵查輔助機關得以調查之必要為由，逕行實施，再於實施後三日內報請檢察官許可，如此立法幾乎視人民受憲法保障之隱私權如無物。……再者，本草案第二章並未就適用案件類型、受監察對象加以規範，是否係為不問案件類型，偵查主體均可任憑己意追蹤、定位人民，不問是否係犯罪嫌疑人、被告、證人或關係人？如此粗糙之立法，竟仍先賦予偵查主體可未經法院審核，逕先實施兩個月後，始再由法院加以審核，甚至賦予偵查輔助機關逕行實施後再行申請許可之權限，現行類似法規以刑事訴訟法第131條為例，亦明確指出此乃基於案件現場之急迫性所必須，為令狀原則之例外規定，否則不容偵查機關恣意發動搜索扣押，母法尚且如此謹慎，遑論體系上應屬子法之

8 探討「科技偵查法制」，中華警政研究學會警政與警察法相關圓桌論壇（三十三）相關發言紀錄，2020年12月30日，http://www.acpr.org.tw/KnowledgeBase_Law.php。

科技偵查法竟欲授權偵查機關無令狀即可侵害人民隱私權長達二個月以上[9]。」

總之，科技偵查立法規範確實有必要，但為避免科技偵查法制恐上演全民公敵，法務部以及難以置身事外的司法院，如何在法治國的架構下，參考德國於1990年代後進入精緻立法階段之相關立法例，共同協調提出可行的修正方向，確實有必要[10]。

（本文初稿曾發表於警光雜誌，第780期，2021年7月）

---

9 2020年9月14日社團法人臺中律師公會聲明，https://www.tcbar.org.tw/resources/uploads/1090914%E8%87%BA%E4%B8%AD%E5%BE%8B%E5%B8%AB%E5%85%AC%E6%9C%83-%E9%87%9D%E5%B0%8D%E7%A7%91%E6%8A%80%E5%81%B5%E6%9F%A5%E6%B3%95%E4%B9%8B%E8%81%B2%E6%98%8E%E6%84%8F%E8%A6%8B1090914.pdf，2021年8月1日造訪。

10 德國在1960年代前（概括授權階段），偵查機關常引用刑事訴訟法第163條第1項「門檻理論」作為運用某些新興秘密偵查措施的法律授權基礎。進入1960至1990年代後（特別授權階段），1968年增修刑事訴訟法時，對電話監聽措施進行了特別授權（刑事訴訟法第100條a），1980年代隨著科技的迅速發展，也為德國偵查機關創造發展新型科技偵查提供了契機，又通過刑事訴訟法第98條a自動化比對、第98條c與現存資料進行機械化比對、第163條d邊境警察檢查時所得資料之儲存及比對、第100條c使用科技工具進行特別監察。至1990年代後（精緻立法階段），2000年增修刑事訴訟法增訂第163條f，對長期監視措施進行了特別授權，當有足夠事實依據顯示發生重大犯罪，得對犯罪嫌疑人進行按計畫的監視，其可1.持續24小時以上；2.二天以上。此措施僅在以其他方式調查案情或嫌犯所在地成效甚微或有重大困難時始可採用。運用該措施，原則上由法官核准，緊急情況下由檢察官命令，法官事後確認（可對此法務部科偵法草案第5條）。第100條g作為調取分析通聯紀錄、第100條i用科技設備調查行動通訊設備。德國除在刑事訴訟法中專門規定各種秘密偵查措施外，聯邦及各州還通過制定警察職權行使法和個人資料保護法，作為犯罪預防及危害防止領域警察運用秘密手段收集個人資料的法律授權基礎，深值我國參考。參照中國刑訴法律網，論德國對技術偵查措施的法律規制，2017年5月31日，http://www.criminallaw.com.cn/article/default.asp?id=16198，2021年8月1日造訪。

第二十一章
處理觸法兒少案例

壹 案例事實與爭點

15歲郭姓少年及13歲李姓少年與11歲陳姓兒童，基於意圖爲自己不法所有犯意聯絡，在臺北市萬華區，分持西瓜刀、鐵棒等至7-11超商內，以刀架住店員脖子方式，至使店員無法抗拒，而強取收銀機內現金新臺幣萬餘元。

本案爭點：渠等將面臨如何訴訟程序及法律責任？

貳 少年事件處理法之相關規範

一、少年事件之立法

未滿12歲之人，爲兒童；12歲以上18歲未滿之人，爲少年。少年，毫無疑問地，和成年一樣具有實施犯罪能力。但是，少年犯本質、成因與特性，均與一般成人犯有所不同，故各先進國家對於少年事件處理，制定專門法律規範，以保障少年健全之自我成長，調整其成長環境，並矯治其性格。在我國法律體系上，專門處理少年事件稱爲少年事件處理法（本章稱少事法）。

1962年公布的少事法是「以教代刑」，後因相關因素致遲遲未公布施行日期。復於1971年修正全文公布實施，此時少事法是「教刑並重」，實乃「以刑罰爲主」，「以教育爲輔」，可稱爲「迷你刑法」，但也正式掀開少年法制新頁（1973年公布實施「兒童福利法」，1989年公布實施「少年福利法」）。之後，少事法雖曾於1976年、1980年修正部分條文，但1997年10月29日修正之條文，大幅變動以往條文，確立「保護優先主義」，顯示出修正之少事法已從傳統迷你刑法，轉型為具備濃厚社會福利色彩保護制度。之後又分別於2000年、2002年及2005年略作修正，惟其修正幅度不太，其中較為重要者，為有關少年法院管轄刑事案件範圍調整。

為呼應司法院釋字第664號解釋及兒童權利公約等保護兒少規定意旨，立法院於2019年5月31日三讀通過，總統於同年6月19日公布之增訂、刪除並修正少事法條文，以促進兒少在教育、社區及福利行政中能受到公平對待，尊重少年主體權及程序基本權為主要方向，主要重點包括：1.廢除觸法兒童準用少事法規定回歸教育及學生輔導機制處理；2.曝險少年去標籤，縮減司法介入事由；3.建置曝險少年以「行政輔導先行，以司法為後盾」的原則；4.尊重少年主體權及保障程序權包含：(1)少年的表意權；(2)少年對於司法程序的知情權；(3)應訊不孤單；(4)溝通無障礙；(5)候審期間與成年人隔離；(6)夜間原則上不訊問；(7)可隨時聲請責付、停止或撤銷收容；(8)受驅逐出境處分之外國少年有陳述意見機會及救濟權等規定；5.增訂多元處遇措施，推動資源整合平台；6.引進少年修復式機制；7.恢復少年觀護所之收容鑑別功能；8.其他修正重點增訂少年調查官實質到庭原則，落實協商式審理，少年隱私保障再提升及救濟權利更周延等。

此外，立法院又於2023年5月30日三讀通過，總統於同年6月21日公布增訂及修正少事法部分條文，以落實兒童權利公約、2023年2月8日修正公布之犯罪被害人權益保障法，以及司法院釋字第130號、第805號及第812號解釋等揭示之保護少年及被害人意旨。本次修法範圍包括：1.少年之移送前程序保護：少年事件於移送少年法院前，司法警察機關對少年之通知、同行或其他強制處分機制之完整程序；2.少年事件被害人之保護：少年應遵守保護被害人之命令、少年法院通知被害人出庭及陳述意見、被害人參與少年刑事案件程序方式等規定。

至於現行少事法分為五章，兼含實體法（第一章總則）、組織法（第二章少年法院之組織）、程序法（第三章少年保護事件、第四章少年刑事案件）及與少年事件相關事項之附帶規定（第五章附則）等四大面向[1]。

二、少年事件之管轄範圍

依據少事法第3條規定：「下列事件，由少年法院依本法處理之：一、少年有觸犯刑罰法律之行爲者。二、少年有下列情形之一，而認有保障其健全自我成長之必要者：（一）無正當理由經常攜帶危險器械。（二）有施用毒品或迷幻物品之行爲而尚未觸犯刑罰法律。（三）有預備犯罪或犯罪未遂而爲法所不罰之行爲。前項第二款所指之保障必要，應依少年之性格及成長環境、經常往來對象、參與團體、出入場所、生活作息、家庭功能、就學或就業等一切情狀而爲判斷。」換言之，少事法管轄範圍，主要包含少年觸法事件及少年曝險行爲事件，統稱爲少年事件。少年事件，由專業之少年法院（庭），依少事法處理之。

又現行少事法爲保障兒童權利公約所揭示少年健全成長發展權，首先去除其虞犯之身分標籤，改以關注其是否處於犯罪邊緣而曝露於危險之中，需要特別照顧和保護，而有保障「曝險少年」健全自我成長的必要，並繼而建置行政先行機制，於2023年7月1日前沿現制仍由少年法院處理，其後則先由少年輔導委員會結合福利、教育、心理、醫療等相關資源，對曝險少年施以適當期間之輔導，如評估確有必要，始請求少年法院處理[2]。

另外，舊少事法第85條之1有處理7歲以上未滿12歲兒童觸法行爲，但2019年修正時，已刪除該條規定，並於2020年6月19日生效，意味著未滿12歲兒童觸法行爲，已回歸國民教育、學生輔導機制及兒童與少年福利與權益保障法處理，排除少事法適用。

三、少年事件之種類

少年事件主要分爲「少年保護事件」與「少年刑事案件」二大種

1 許福生，少年事件處理法，許福生主編，刑事特別法與案例研究，五南出版，2019年8月，初版，頁313-366。

2 許福生，論曝險少年之行政輔導先行，刑事法雜誌，第63卷第6期，2019年12月，頁48。

類。少年保護事件指少年觸法行爲未經移送檢察官者，或少年曝險行爲採行政先行，惟經少年輔導委員會輔導評估後請求少年法院處理者，依少事法規定，施以保護處分之事件。少年刑事案件，指14歲以上未滿18歲之少年觸法行爲，因有少事法第27條之情形，由少年法院移送於有管轄權之法院檢察署檢察官，依刑事訴訟法程序追訴、科處刑罰之案件（如圖21-1）。

此外，當14歲以上未滿18歲之人有觸犯刑罰法律之行爲時，究竟是依保護事件程序或刑事處分程序加以處理，必須先交由少年法院（庭）

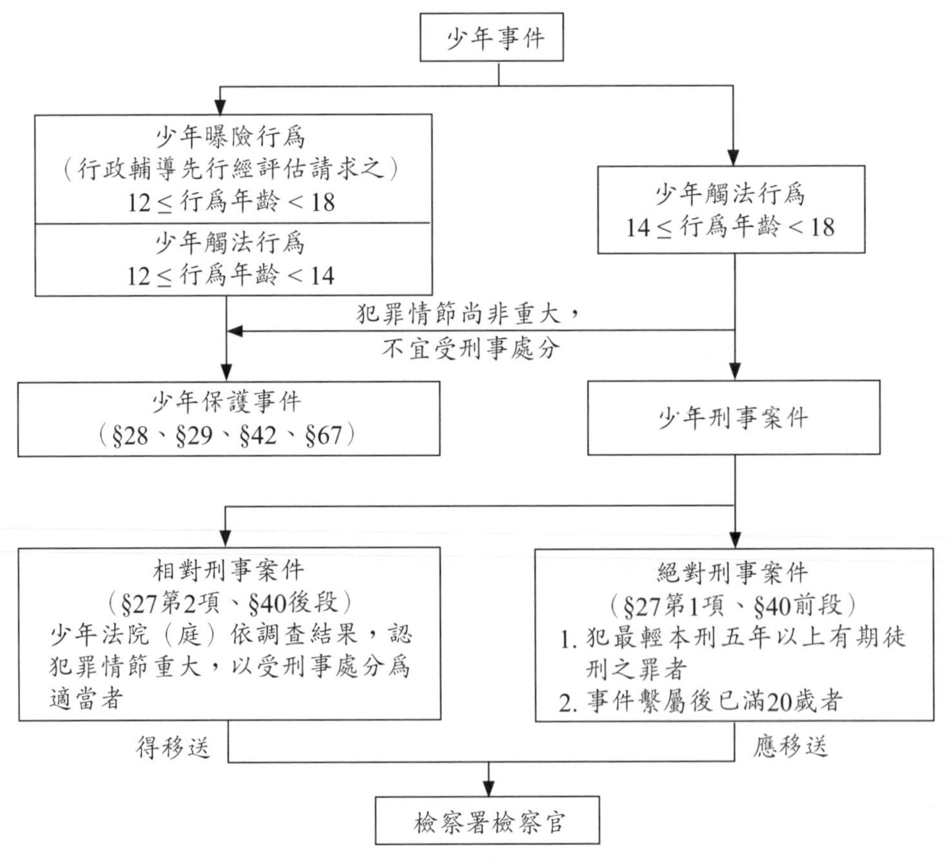

圖21-1　少年事件管轄範圍

資料來源：作者自繪。

審核而後決定，唯有當少年法院（庭）放棄「先議權」，將該事件裁定移送予檢察官之後，檢察官方能介入，此爲少年法官之權限，稱爲「先議權」。

四、少年事件之處理程序

少年事件之處理程序，包括保護程序與刑事程序。保護程序是指少年法院受理的少年案件，經過調查、審判，作出終局決定的程序。少年案件的保護程序分爲：1.由警察等發現受理少年案件的程序；2.由少年法院調查、審判少年案件的程序；3.輔育院等執行處分決定的程序，這三個程序總稱爲「保護程序」。刑事程序是指少年法院把案件逆送給檢察官後，檢察官按照刑事訴訟法規定進行提起公訴、開庭審理、作出有罪或無罪判決的程序。

現警察機關如逮捕、拘提少年，應自逮捕、拘提時起24小時內，指派妥適人員，將少年連同卷證，送請少年法院處理。但法官命其即時護送者，應即護送。其餘非現行犯部分則以函送之方式，送卷不送人。當然警察機關對逮捕或接受符合刑事訴訟法第92條第2項但書所定之少年現行犯、準現行犯，得塡載不護送報告書，以傳眞或其他適當方式，報請法官許可後，不予護送，逕行釋放。但法官未許可者，應即護送（參照少年法院與相關機關處理少年事件聯繫辦法第15條、第16條）。

少年法院接受移送、報告或請求之事件後，應先交由少年調查官進行調查程序，調查之內容爲該少年與事件有關之行爲、該少年之品格、經歷、身心狀況、家庭情形、社會環境、教育程度以及其他必要之事項，於指定之期限內提出報告，並附具建議。少年法院依調查之結果，依下列架構爲如下處理[3]（如圖21-2）：

（一）認爲無付保護處分之原因或以其他事由不應付審理者，應爲不付審理之裁定（參照少事法第28條第1項）。

（二）認爲情節輕微，以不付審理爲適當者，得爲不付審理之裁定，並爲轉向處分（參照少事法第29條第1項）。

---

3 許福生，同註1，頁326-327。

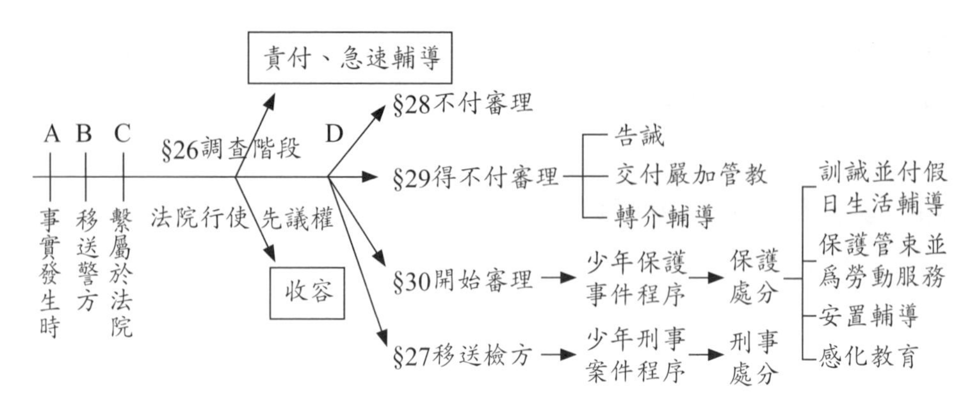

圖21-2　少年法院調查後之處理

資料來源：作者自繪。

（三）認爲應付審理者，應爲開始審理之裁定（參照少事法30條），並依少年保護事件程序審理。審理結果的裁定可分爲：1.移送於有管轄權之地方檢察署檢察官；2.諭知不付保護處分；3.諭知保護處分。

諭知保護處分者應以裁定諭知下列保護處分：1.訓誡，並得予以假日生活輔導；2.交付保護管束並得命爲勞動服務；3.交付安置於適當之福利、教養機構、醫療機構、執行過渡性教育措施或其他適當措施之處所輔導；4.令入感化教育處所施以感化教育。

（四）就14歲以上少年之觸法行爲，判別所犯是否爲最輕本刑爲五年以上有期徒刑之罪，或少年是否已滿20歲，或是否犯罪情節重大、依少年品行、性格、經歷等情狀，是否以受刑事處分爲適當，以決定應適用少年保護事件程序抑或少年刑事案件程序處理（參照少事法第27條）。

參　本案之處理

一、所犯法條

刑法第328條第1項規定：「意圖爲自己或第三人不法之所有，以強暴、脅迫、藥劑、催眠術或他法，至使不能抗拒，而取他人之物或使其交付者，為強盜罪，處五年以上有期徒刑。」又刑法第330條第1項規定：「犯強盜罪而有第三百二十一條第一項各款情形之一者，處七年以上有期徒刑。」刑法第321條第1項各款情形包含：「……一、侵入住宅或有人居住之建築物、船艦或隱匿其內而犯之。二、毀越門窗、牆垣或其他安全設備而犯之。三、攜帶兇器而犯之。四、結夥三人以上而犯之。五、乘火災、水災或其他災害之際而犯之。六、在車站、港埠、航空站或其他供水、陸、空公眾運輸之舟、車、航空機內而犯之。」

刑法第330條第1項規定，有第321條第1項第3款「攜帶兇器」情形而強盜者，其所謂「兇器」之種類並無限制，凡客觀上足對人之生命、身體、安全構成威脅，具有危險性者，均屬之。又「結夥三人以上」而強盜者，其「人數」之計算，係以在場共同實行或在場參與分擔實行犯罪之人為限[4]；不包括共謀共同正犯、無責任能力人、無犯罪故意之人或被強迫加入參與之人。故本案西瓜刀及鐵棒，依客觀上一般社會通念，已足對人之生命、身體、安全構成威脅，具有危險性者，屬「攜帶兇器而犯之」；又因13歲李姓少年與11歲陳姓兒童均為無責任能力人，故不符合「結夥三人以上」。

因此，就本案發生的事實來判斷，15歲郭姓少年及13歲李姓少年與11歲陳姓兒童，基於意圖為自己不法所有之犯意聯絡，持西瓜刀等兇器而犯搶劫超商，他們3人的行為已共同觸犯刑法第330條第1項之攜帶兇器犯強盜罪之加重強盜罪，處七年以上有期徒刑，屬少年及兒童觸法事件。

二、郭姓少年之處理

按本案如警方調查結果，認郭姓少年已15歲，且觸犯刑罰法律屬最輕本刑為五年以上有期徒刑之罪（加重強盜罪之法定刑為七年以上有期徒刑），應移送該管臺北地方法院少年及家事法庭，少年及家事法庭受理後啓動調查程序，若審前調查結果認定確實是構成加重強盜罪，應依少事法第27條第1項之規定，移送於有管轄權之臺北地方檢察署，並由檢察官依

4　參照最高法院100年度台上字第2672號刑事判決。

刑事訴訟法之規定加以偵查、追訴，經檢察官提起公訴並由臺北地方法院少年及家事法庭進行審判，此案即稱爲典型的絕對少年刑事案件。少年刑事案件之法律效果，仍應依刑法有關主刑、從刑之規定，但應注意少年不得處死刑或無期徒刑（刑法第63條）、不得宣告褫奪公權或強制工作（少事法第78條）、得減輕其刑（刑法第18條第2項）。

此外，少年刑事案件之調查、審理基本精神，仍應適用少事法第1條之規定，以保障少年健全之自我成長，調整其成長環境，並矯治其性格爲目的。又少年如經法院判處有期徒刑確定後，將來之執行機構，則在矯正學校，而非一般監獄。目前少年有期徒刑之執行機構，在高雄明陽中學，執行期間可至少年滿23歲爲止，如少年滿23歲，而其刑期尚未執行完畢者，所餘刑期，移由監獄執行。另外，爲避免少年受長期監禁，因機構化結果，而影響其適應通常社會環境之能力，少年之假釋條件，亦有特別規定，即受徒刑之執行而有悛悔實據者，有期徒刑逾執行期三分之一後，得予假釋（少事法第81條第1項）。

換言之，本案郭姓少年將由少年法官移送檢察官，再由檢察官起訴後由少年法官依刑事案件程序，判處有期徒刑之刑，並於少年矯正學校高雄明陽中學執行[5]。

三、李姓少年之處理

本案如警方調查結果，認13歲李姓少年，觸犯加重強盜罪，應移送該管臺北地方法院少年及家事法庭，少年及家事法庭受理後啓動調查程序，若審前調查結果認定確實是構成加重強盜罪，因13歲李姓少年未滿14歲，未達刑事責任年齡（參照刑法18條第1項規定，未滿14歲人之行爲不罰），應由少年法官依少年保護事件程序處理（參照少事法第27條第3項）。少年保護事件並無檢察官之參與，係由少年調查官調查少年個人、家庭、學校、社區及交友等狀況，並提出調查報告及處遇之建議，少年法官則依協商式之審理精神，以少年爲中心考量，選擇如訓誡並付假日生活

[5] 蔡坤湖，少年刑事案件與少年保護事件，月旦法學教室，第125期，2013年3月，頁16-17。

輔導、保護管束並命爲勞動服務、安置輔導、感化教育等之保護處分。

少年保護處分之目的，亦在保障少年健全之自我成長。少年法官應依其專業，結合教育、社福、心理等專業人員，經由與少年、少年父母、少年調查官及其他專業人員的討論、協商，找出最能達到保護少年之處遇方法。其中，假日生活輔導、保護管束等屬社區式處遇，影響少年之「家庭權」較小，通常爲少年法官優先選擇，但如果少年之家庭環境，短期內無法修復，則會考慮安置輔導或感化教育之機構式處遇。至於在選擇少年保護處分時，應考量下列幾個原則：1.干預最少原則；2.家庭社區處遇優先原則；3.閉鎖式機構最後手段原則等[6]。

換言之，本案李姓少年將由少年法官依保護事件案件程序處理，選擇交付保護管束、安置輔導或感化教育等最適當之保護處分。

四、陳姓兒童之處理

少事法於2019年修正後，針對7歲以上未滿12歲兒童觸犯刑罰法律行爲，已於2020年6月19日起回歸國民教育、學生輔導機制及兒童與少年福利與權益保障法處理，不再移送少年法庭並排除少事法適用，改以學生輔導、保護、處遇措施取代司法介入。

因此，警察今後處理11歲陳姓兒童觸犯共同加重強盜行爲時，除記錄相關人事時地物外，應通知家長、學校及社政人員到場協處，回歸國民教育、學生輔導機制及兒童與少年福利與權益保障法處理，不再移送該管少年法庭（院）處理之。如有被害人提出有關兒童是否爲現行犯之疑義及後續損害賠償問題，只能請其依民法規定，向其家長提出損害賠償之訴。但因本案有涉犯同案之15歲郭姓少年及13歲李姓少年，故可製作證人筆錄，且持有之西瓜刀等違禁物、查禁物，仍可依刑事訴訟法、社會秩序維護法及相關法令扣案處理。

如此，內政部警政署爲規範警察機關辦理兒童偏差行爲作業程序，切實保障兒童權益，並因應少事法第87條第2項有關七歲以上未滿十二歲

6 蔡坤湖，少年保護事件，月旦法學教室，第136期，2014年2月，頁17。

兒童回歸適用兒童及少年福利與權益保障法之規定，同時行政院及司法院亦依少事法第86條第4項規定，於110年2月24日會銜訂定發布「少年偏差行爲預防及輔導辦法」，爲落實透過教育及輔導方式辦理是類案件，訂定「警察機關處理兒童偏差行爲案件作業程序」。

肆 結語

少年，毫無疑問地，和成年一樣具有實施犯罪的能力。但是，由於少年年齡較輕，身心尚未成熟，社會經驗不足，人格尚在形成，須接受家庭和社會的保護，有鑒於此，我國特別制定了少事法，以處理少年觸法或曝險行爲。

因此，就以本案例而言，如警方調查結果15歲郭姓少年觸犯加重強盜行爲時，應移送該管臺北地方法院少年及家事法庭，少年及家事法庭受理後啓動調查程序，若審前調查結果確實是構成加重強盜罪，應依少事法第27條第1項之規定，移送於有管轄權之臺北檢察署，再由檢察官起訴後由少年法官依刑事案件程序，判處有期徒刑之刑，並於少年矯正學校高雄明陽中學執行。13歲李姓少年將由少年法官依保護事件案件程序處理，選擇交付保護管束、安置輔導或感化教育等最適當之保護處分。11歲陳姓兒童，除記錄相關人事時地物外，應通知家長、學校及社政人員到場協處，回歸國民教育、學生輔導機制及兒童與少年福利與權益保障法處理，警方不再移送少年法庭（院）處理之。

（本文初稿曾發表於警光雜誌，第781期，2021年8月）

警察機關處理兒童偏差行為案件作業程序

（第一頁，共四頁）

一、依據：

（一）兒童權利公約第四十條、兒童權利委員公約第十號、第二十四號一般性意見書、我國兒童權利公約首次國家報告國際審查結論性意見第九十六點。

（二）少年偏差行為預防及輔導辦法（以下簡稱輔導辦法）。

（三）司法院秘書長九十八年九月二十一日秘台廳少家一字第〇九八〇〇二〇〇七六號及同年十月二十三秘台廳少家一字第〇九八〇〇二三二七七號函釋、一百零九年三月四日秘台廳少家一字第一〇九〇〇〇四四五三號函釋。

二、分駐（派出）所流程：

流　　程　　　權責人員　　　作業內容

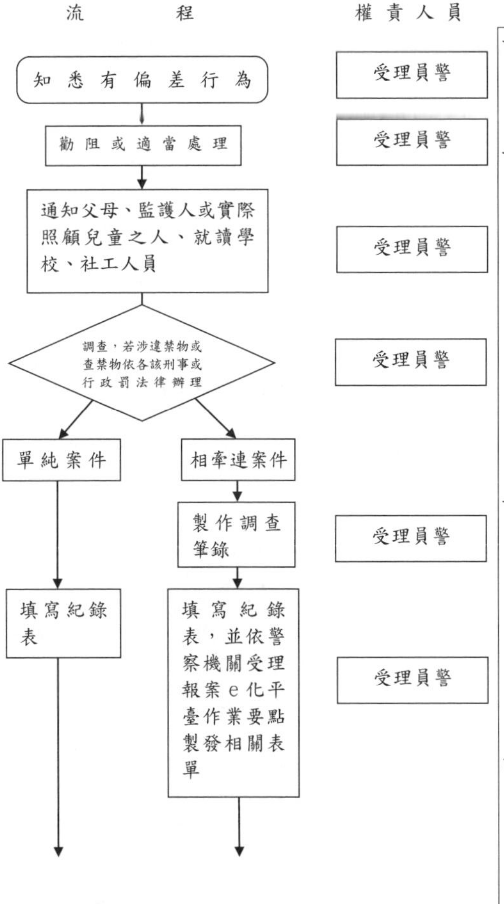

一、勸阻制止：

警察機關知悉兒童有偏差行為（如勤務中發現或接獲民眾報案或其他機關〔單位〕通報）得先勸阻或其他適當處理。

二、通知到場：

（一）通知父母、監護人或實際照顧兒童之人、就讀學校到場陪同兒童，告知偏差行為事實，並應予以陳述意見之機會，以釐清案情。

（二）通知到場方式不拘，若家長或親友無法或不願配合到場說明時，應循其他管道進行側面調查及瞭解，另應載明於處理兒童偏差行為紀錄表（以下簡稱紀錄表）等相關文書紀錄中。並可依一一三保護專線緊急通報外，比照「警察機關尋獲失蹤兒少處理及通知社工協處作業流程」通知社工到場處理。

三、初步調查：

（一）受理案件後，應即對案件調查，是否有少年或十八歲以上之人涉入，以區分後續單純或相牽連案件之程序處理。

（二）涉及違禁物或查禁物，執法人員於事中（現場）可分別依各該刑事或行政罰法律加以扣押或扣留，並製作兒童「證人」筆錄，嗣後再分別依各該法律由法院宣告沒收或由各該行政罰法律所定之主管裁罰機關沒入。

四、處理流程：

（一）單純案件：

1. 案內為偏差行為者皆為之兒童，屬單純案件。
2. 製作紀錄表及工作紀錄簿。

（二）相牽連案件：

（續下頁）

（續）警察機關處理兒童偏差行為案件作業程序

（第二頁，共四頁）

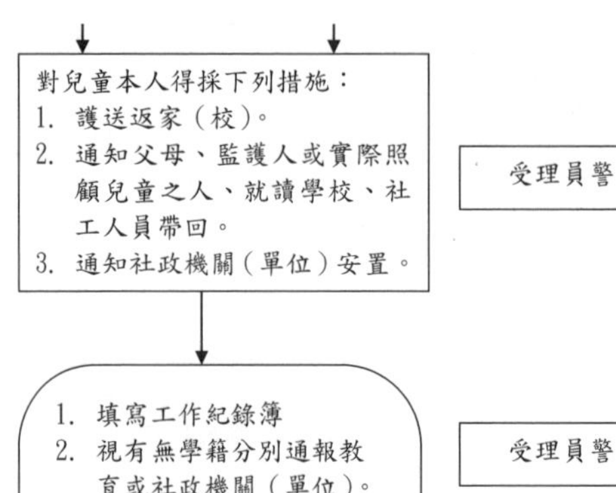

1. 兒童與少年或十八歲以上之人共犯一罪或數罪，屬相牽連案件。
2. 經兒童或到場陪同之人同意，製作案內兩造當事人調查筆錄，並得對兒童製作「證人」筆錄。如兒童在製作證人筆錄時，與到場陪同人(如家長)意見不一時，應一併載明於筆錄中。
3. 針對兒童製作紀錄表。少年或十八歲以上之人另依「警察機關受理報案e化平臺作業要點」、「警察機關受理報案e化平臺作業程序」辦理。

五、警察機關依個案情形得護送兒童本人返家（校）或通知父母、監護人或實際照顧兒童之人、就讀學校領回或通知社政機關（單位）救助及安置。

六、通報轉介社政或教育機關（單位）、陳報分局處理：

（一）使用「警政婦幼案件管理系統」通報社政機關，應於案情陳述欄位詳述兒童偏差行為狀況，並副知分局家庭暴力防治官，以利社政機關辦理後續評估開案及轉介輔導事宜。

（二）通報教育單位方式以傳真或電子郵件為之均可，惟均須經電話聯繫確認受通報單位已收受通報。

七、注意事項：

（一）處理案內兒童所為偏差行為，如同時符合兒童及少年福利與權益保障法（以下簡稱兒少福權法）相關規定者，應依該法及相應之作業程序辦理（如符合兒少福權法第五十三條及第五十四條情形，應依兒少福權法及處理兒童及少年保護及高風險家庭案件作業程序辦理），並依該法第六十九條注意維護案內兒童個人資訊之隱私，不得洩漏或公開。

（二）兒童偏差行為若涉及性侵害案件，調查程序應依性侵害犯罪防治法及處理性侵害案件作業程序辦理，餘處置作為仍應依本作業程序進行；另具學生身分者，統一由社政機關通知教育單位妥處。

（三）遇有爭議事項時，為證明相關決定時的判斷憑據，應錄音或錄影，以防事後產生爭執。

（續）警察機關處理兒童偏差行為案件作業程序

（第三頁，共四頁）

三、分局流程：

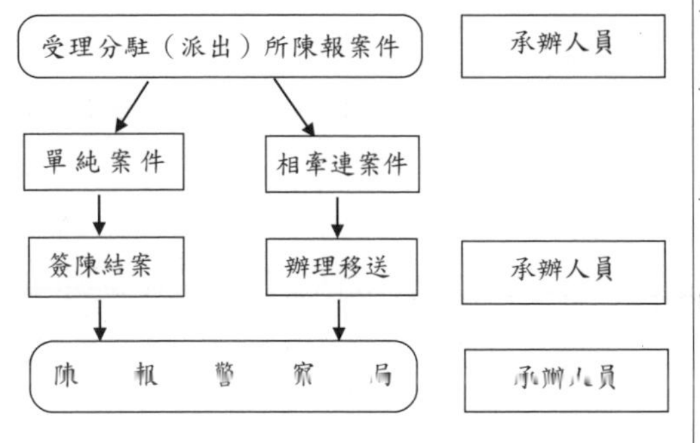

一、單純案件：
　　簽陳分局長辦理結案。
二、相牽連案件：
　　兒童列為「證人」，將其調查筆錄檢附於相牽連案件之偵查報告卷宗內辦理移送。
三、陳報警察局：
　　辦理案件簽結或移送完竣當日，應將全案卷宗影送警察局少年隊及婦幼隊存查。
四、注意事項：
　（一）處理案內兒童所為偏差行為，如同時符合兒少福權法相關規定者，應依該法及相應之作業程序辦理（如符合兒少福權法第五十三條及第五十四條情形，應依兒少福權法及處理兒童及少年保護及高風險家庭案件作業程序辦理），並依該法第六十九條注意維護案內兒童個人資訊之隱私，不得洩漏或公開。
　（二）後續轉介教育機關（單位）之「偏差行為通知書」文書作業，依各地方政府通報轉介機制辦理。

四、使用表單：
　（一）處理兒童偏差行為紀錄表。
　（二）偏差行為通知書。
　（三）依各案類製發相關表單。
　（四）工作紀錄簿。
五、注意事項：
　（一）兒童：依兒少福權法第二條規定，係指未滿十二歲之人。
　（二）少年：依少年事件處理法（以下簡稱少事法）第二條、兒少福權法第二條後段規定，係指十二歲以上未滿十八歲之人。
　（三）偏差行為：依輔導辦法第二條第一項，有下列行為之一者：
　　1. 少事法第三條第一項第一款觸犯刑罰法律之行為。
　　2. 少事法第三條第一項第二款規定之行為。
　　3. 有下列不利於健全自我成長或損及其他人權益行為之一，認有預防及輔導必要者：
　　（1）與有犯罪習性之人交往。
　　（2）參加不良組織。
　　（3）加暴行於人或互相鬥毆未至傷害。
　　（4）藉端滋擾住戶、工廠、公司行號、公共場所或公眾得出入之場所。
　　（5）於非公共場所或非公眾得出入之職業賭博場所，賭博財物。
　　（6）深夜遊蕩，形跡可疑，經詢無正當理由者。
　　（7）以猥褻之言語、舉動或其他方法騷擾他人。
　　（8）無正當理由跟追他人，經勸阻不聽。
　　（9）逃學或逃家。
　　（10）出入酒家（店）、夜店、特種咖啡茶室、成人用品零售店、限制級電子遊戲場及其他涉及賭博、色情、暴力等經社政主管機關認定足以危害其身心健康之場所。
　　（11）吸菸、飲酒、嚼檳榔或使用其他有害身心健康之物質。
　　（12）觀看、閱覽、收聽或使用有害其身心健康之暴力、血腥、色情、猥褻、賭博之出版品、

（續）警察機關處理兒童偏差行為案件作業程序

（第四頁，共四頁）

圖畫、影片、光碟、磁片、電子訊號、遊戲軟體、網際網路內容或其他物品。

(13) 在道路上競駛、競技或以蛇行等危險方式駕車或參與其行為。

(14) 超過合理時間持續使用電子類產品，致有害身心健康。

(15) 其他不利於健全自我成長，或損及他人權益或公共秩序之行為。

前述（三）3 所稱預防及輔導必要，應參酌少事法第三條第二項規定，依兒童之性格及成長環境、經常往來對象、參與團體、出入場所、生活作息、家庭功能、就學或就業等一切情狀而為判斷。

（四）通知陪同人到場及兒童保護措施優先順序：原則上順位依輔導辦法第五條規定，「父母或監護人」最優先，「實際照顧兒童之人」其次（視實際情況，有可能是指定親友、兒童的陣頭師父、雇主等），最後才是「就讀學校、社工人員」（各地方習慣不同，有的是通知學校，也有的是通知社會局），惟該順位應依兒童權利公約及少事法的「兒少最佳利益」核心理念出發，個案判斷少年實際需求與意願調整順序。若各單位意見不一致時，仍應依個案狀況協調衡量各種選擇的利益及損害之衡平、兒童自主決定之程度、保護及安全等因素後，選擇對兒童本人利益最高之決定。

（五）防疫期間應加強下列防護措施：

1. 相關人員進入辦公處所時，應先測量額溫，超過三十七點五度或不配合測量者，不得進入，改擇辦公處所外適當地點辦理。
2. 兒童及少年有發燒或疑似罹患嚴重特殊傳染性肺炎者，應提供口罩配戴，並通知衛生單位依相關法規協處。
3. 承辦人員與有感染嚴重特殊傳染性肺炎之虞或類此症狀者接觸時，應配戴口罩等相關必要之防護裝備，勤務結束後，應清消應勤裝備，以保持衛生安全。

訂定說明：

一、配合兒童權利公約揭示保護精神、我國兒童權利公約首次國家報告國際審查結論性意見第九十六點及因應少事法修正刪除第八十五條之一有關七歲以上未滿十二歲兒童有觸犯刑罰法律適用少事法少年保護事件之規定，同時參照輔導辦法意旨，為維護兒童最佳利益，避免渠等偏差行為之預防及輔導工作逕由警政或司法手段處理，改以社政與教育系統於前端為處置及輔導作為，特訂定本作業程序。

二、參照輔導辦法第十八條準用第五條、第六條第一項第三款及第二項規定意旨，司法警察人員執行職務時，知悉兒童偏差行為，得先勸阻或為其他適當處理，初步調查後，若涉違禁物或查禁物依各該刑事或行政罰法律辦理，並得採適當方式通知父母、監護人或實際照顧少年之人、就讀學校、社工人員。

三、若案件單純則由受理員警填寫「處理兒童偏差行為紀錄表」，再視有無學籍分別通報教育（方式不拘，惟均須經電話聯繫確認受通報單位已收受通報）或社政（警政婦幼案件管理系統）機關後，陳報分局辦理結案。兒童本人則可護送返家（校），或通知父母、監護人或實際照顧兒童之人、就讀學校或其他適當之人帶回，抑或通知社政機關（單位）安置。如涉及與少年或十八歲以上之人共犯案件知悉牽連案件等必要情形，兒童始得以證人身分製作筆錄。

四、分局則簽陳分局長辦理結案，轉介教育機關(單位)部分則以「學生偏差行為通知書」通報轉介機制辦理。

附表 1

（司法警察機關名稱）處理兒童偏差行為紀錄表

獲悉時間		年　月　日　時　分			獲悉單位及人員	獲悉單位： 處理人員：		
受案來源		□被害人報案 □受他人檢舉 □勤務中發現，主動查處 □其他						
偏差行為兒童	姓名		性別	□男 □女	身分證字號			
	出生日期	年　月　日（　歲）			教育程度	□無就學 □幼兒園 □國小		
					就讀學校		所屬班級	
	國籍別	□本國籍 □大陸籍 □外國籍（　　籍） □無國籍						
	家長姓名		家庭狀況	□單親 □雙親 □失親	經濟狀況	□貧寒 □勉持 □小康 □中產 □富裕		
	戶籍（現住）地址	市縣　區市鎮鄉　里村　鄰 路街道　段　巷　弄　號　樓之			家長連絡電話	住家： 行動：		
案件資料	案件性質	□單純案件（案內偏差行為者皆未滿 12 歲之兒童） □本案無其他未滿 12 歲兒童涉入。 □案內共同偏差行為之其他未滿 12 歲兒童尚有　人。			□牽連案件（未滿 12 歲兒童與 12 歲以上之人共犯一罪或數罪） 案內共同偏差行為之其他未滿 12 歲兒童有　人、 12 歲以上未滿 18 歲之少年　人、 18 歲以上之人有　人。			
	案件類型	□少年偏差行為預防及輔導辦法第 2 條第 1 項第 1 款（如竊盜）□第 2 條第 1 項第 2 款（如攜帶刀械）□第 2 條第 1 項第 3 款（如逃學逃家）						
	偏差行為原因	□出於自發性行為 □受他人誘使 □過失誤傷 □好奇好玩 □其他						
	發生時地	時間：　年　月　日　時　分　場所： 地點：　市縣　區市鎮鄉　里村　鄰　路街道　段　巷　弄　號　樓之						
	處理過程	□　年　月　日由父母、監護人／實際照顧兒童之人／就讀學校／社工人員： 到場，並通報直轄市、縣（市）政府□社政單位　通報接收人　。 □教育單位　通報接收人　。 □　年　月　日由父母、監護人／實際照顧兒童之人／就讀學校／社工人員： 陪同製作調查筆錄，案內兒童為「證人」。 □其他：						
	處理結果	□護送返家（校）□父母、監護人／實際照顧兒童之人／就讀學校／社工人員帶回 □社政機關安置 □其他：						
案情摘要								

查處單位		審核單位	
處理員警：	主管核章：	業務承辦人：	業務主管核章：

訂定說明：本表作為受理員警處理兒童偏差行為案件紀錄證明之用。

附表 2

<table>
<tr><td colspan="6">○○ 警察局○○分局 學生偏差行為通知書
中華民國 年 月 日 字第 號</td></tr>
<tr><td>學生姓名</td><td></td><td>性別</td><td></td><td>法定代理人姓名</td><td></td></tr>
<tr><td>身分證字號</td><td></td><td>出生日期</td><td></td><td>聯絡電話</td><td></td></tr>
<tr><td>住址</td><td colspan="5">_____市縣______區市鎮鄉_____里村_____鄰______路街道_____段___巷____弄____號 ___樓之___</td></tr>
<tr><td rowspan="2">就讀學校名稱</td><td colspan="5">□就學 □休學</td></tr>
<tr><td colspan="5">______縣市，校名：________________
□國小 □國中 □高中職 □大專 □其他：</td></tr>
<tr><td rowspan="2">行為時地</td><td colspan="5">時間： 年 月 日 時 分</td></tr>
<tr><td colspan="5">地點：_____市縣______區市鎮鄉_____里村_____鄰______路街道____段_____巷____弄____號 ___樓之___</td></tr>
<tr><td>行為摘要—
□少年偏差行為預防及輔導辦法第2條第1項第1款
□少年偏差行為預防及輔導辦法第2條第1項第2款
□少年偏差行為預防及輔導辦法第2條第1項第3款</td><td colspan="5">說明—</td></tr>
<tr><td>處理情形</td><td colspan="5"></td></tr>
<tr><td colspan="6">此致
○○市（縣）政府教育局（處）/校外生活輔導委員會
（機關條戳）</td></tr>
</table>

內政部警政署 110 年 7 月 26 日警署刑防字第 1100113099 號函頒修正

說明：

一、本表適用時機為未滿 18 歲學生違反少年偏差行為預防及輔導辦法第 2 條第 1 項第 1 款至第 3 款，而被警察機關查獲者。

二、應依據兒童及少年福利與權益保障法第 69 條、少年事件處理法第 83 條至第 83 條之 2 規定注意保密事宜。

三、未成年者應填寫法定代理人、現在保護少年之人或其他適當之人資料。

四、處理性侵害案件無須填報本表，請依據性侵害犯罪防治法辦理通報事宜。

訂定說明：本表係警察機關通報教育機關之用。

第二十二章 處理曝險少年案例

壹 案例事實

13歲少年因家庭功能不彰，常在外流蕩，以致拉K成癮，某日在公園內施用K他命爲警查獲。

本案爭點：2023年7月1日後如何處理13歲少年拉K成癮案？

貳 13歲少年拉K成癮屬曝險少年

在我國法律體系上，專門處理少年事件之法律規範稱爲少年事件處理法（本章稱本法或少事法）；少事法立法目的，乃爲保障少年健全之自我成長，調整其成長環境，並矯治其性格，採全件送致主義而禁止檢察官先議權；至於本法稱少年者，謂12歲以上18歲未滿之人。

依據少事法第3條規定：「下列事件，由少年法院依本法處理之：一、少年有觸犯刑罰法律之行爲者。二、少年有下列情形之一，而認有保障其健全自我成長之必要者：（一）無正當理由經常攜帶危險器械。（二）有施用毒品或迷幻物品之行爲而尚未觸犯刑罰法律。（三）有預備犯罪或犯罪未遂而爲法所不罰之行爲。前項第二款所指之保障必要，應依少年之性格及成長環境、經常往來對象、參與團體、出入場所、生活作息、家庭功能、就學或就業等一切情狀而爲判斷。」換言之，少事法管轄範圍主要包含少年觸法行爲（舊法有處理7歲以上未滿12歲兒童觸法行爲但現已刪除）、少年曝險行爲（即本條第1項第2款各目行爲），統稱爲少年事件。

早期我國針對有觸犯刑罰之虞之少年，稱爲虞犯少年。2019年少事法修正時，爲保障兒童權利公約所揭示的少年健全成長發展權，首先去除其虞犯之身分標籤，改以關注其是否處於犯罪邊緣而曝露於危險之中，需要特別的照顧和保護，而有保障「曝險少年」健全自我成長的必要，並繼而建置行政先行機制，於2023年7月1日前沿現制仍由少年法院處理，其後則先由少年輔導委員會（本章稱少輔會）結合福利、教育、心理、醫療等相關資源，對曝險少年施以適當期間之輔導，如評估確有必要，始請求少年法院處理[1]。

因此，13歲少年甲拉K成癮，由於K他命屬於第三級毒品，依毒品危害防制條例第11條之1規定，少年施用第三級者，應依少事法處理。又依少事法第3條第1項第2款第2目之規定，有施用毒品或迷幻物品之行爲而尚未觸犯刑罰法律者屬曝險事由之一；如此少年有施用K他命屬於第三級毒品之行爲，且依其性格及成長環境、經常往來對象、參與團體、出入場所、生活作息、家庭功能、就學或就業等一切情狀而爲判斷，認有保障其健全自我成長之必要者屬「曝險少年」；而曝險少年，於2013年7月1日後其處理，則適用行政輔導先行，司法爲後盾支應。

參 曝險少年行爲之處理方式

2019年少事法修正，認爲少年如有本法第3條第1項第2款各目事由時（即無正當理由經常攜帶危險器械、有施用毒品或迷幻物品之行爲而尚未觸犯刑罰法律、有預備犯罪或犯罪未遂而爲法所不罰之行爲），係處於觸犯刑罰法律邊緣而曝露於危險之中，依「兒童權利公約」及「聯合國預防少年犯罪準則」（利雅得準則）等規定，所揭示司法最後手段原則，故國家對於需要特別關照與保護之曝險少年，應積極制定優先以行政輔導方式爲之，不輕易訴諸司法程序之措施，並整合一切相關資源，盡力輔導，以

1 許福生，論曝險少年之行政輔導先行，刑事法雜誌，第63卷第6期，2019年12月，頁57。

保障其健全之成長與發展。我國目前各直轄市、縣（市）政府設有少年輔導委員會，具輔導少年多年實務經驗，有本法第3條第1項第2款偏差行爲之少年，本屬其輔導對象，由少輔會先行整合曝險少年所需之福利、教育、心理等相關資源，提供適當期間之輔導，可避免未觸法之曝險少年過早進入司法程序，達成保障少年最佳利益之目的，故增訂第18條第2項，讓司法警察官、檢察官或處理各類型事件之法院於執行職務時知悉少年有第3條第1項第2款情形者，得通知少輔會處理之。然現行少輔會現爲任務編組，其幕僚單位大多爲各直轄市、縣（市）政府警察局少年隊，所需經費由警察局編列預算支應，運作方式不一；惟本條修正施行後，關於曝險少年之輔導先行措施，應有專責單位負責辦理，該單位並應有充足之相關專業人力及物力資源，始敷所需，而有於修正施行前之準備期間盤整檢討之必要；乃增訂第8項明定之，並授權行政院會同司法院訂定少年輔導委員會之設置、輔導方式、辦理事務、評估及請求處理等事項之辦法，俾利運作[2]。

故修正通過的少事法第18條規定：「司法警察官、檢察官或法院於執行職務時，知有第三條第一項第一款之事件者，應移送該管少年法院。司法警察官、檢察官或法院於執行職務時，知有第三條第一項第二款之情形者，得通知少年住所、居所或所在地之少年輔導委員會處理之。對於少年有監督權人、少年之肄業學校、從事少年保護事業之機關或機構，發現少年有第三條第一項第二款之情形者，得通知少年住所、居所或所在地之少年輔導委員會處理之。有第三條第一項第二款情形之少年，得請求住所、居所或所在地之少年輔導委員會協助之。少年住所、居所或所在地之少年輔導委員會知悉少年有第三條第一項第二款情形之一者，應結合福利、教育、心理、醫療、衛生、戶政、警政、財政、金融管理、勞政、移民及其他相關資源，對少年施以適當期間之輔導。前項輔導期間，少年輔導委員會如經評估認由少年法院處理，始能保障少年健全之自我成長者，得敘明理由並檢具輔導相關紀錄、有關資料**及證據**，請求少年法院處理之，並持續依前項規定辦理。**少年輔導委員會對於少年有第三條第一項第**

2 參照少事法第18條立法說明。

二款行爲所用、所生或所得之物，得扣留、保管之，除依前項規定檢具請求少年法院處理者外，應予沒入、銷毀、發還或爲適當之處理；其要件、方式、程序及其他相關事項之辦法，由行政院會同司法院定之。直轄市、縣（市）政府少年輔導委員會應由具備社會工作、心理、教育、家庭教育或其他相關專業之人員，辦理第二項至第六項之事務；少年輔導委員會之設置、輔導方式、辦理事務、評估及請求少年法院處理等事項之辦法，由行政院會同司法院定之。於中華民國一百十二年七月一日前，司法警察官、檢察官、法院、對於少年有監督權人、少年之肄業學校、從事少年保護事業之機關或機構，發現少年有第三條第一項第二款之情形者，得移送或請求少年法院處理之。」（立法院於2023年5月30日又三讀通過修正本條部分規定如粗體所示）。

因此，員警於執行職務時，知少年有拉K成癮之情形，認有保障其健全自我成長之必要者，得通知少年住所、居所或所在地之少輔會處理之。少輔會受理後需於十四日內辨識能否開案輔導，一個月內擬定個別化服務計畫、連結網路資源共同輔導，在輔導期間，如經評估認由少年法院處理，始能保障少年健全之自我成長者，得敘明理由並檢具輔導相關紀錄及有關資料，請求少年法院處理之，並持續依規定輔導之。少年法院在由少輔會請求後，可爲應不付審理的裁定或得不付審理的裁定或開始審理的裁定；認爲應付審理者，應爲開始審理之裁定，並依少年保護事件程序審理，審理結果可分爲不付保護處分、諭知保護處分。如此，針對本案件13歲少年拉K成癮於2013年7月1日後，其處理方式應採行政輔導先行，司法爲後盾支應，若最後少輔會請求少年法官介入後，將由少年法官依保護事件程序處理，選擇如訓誡並付假日生活輔導、保護管束並命爲勞動服務、安置輔導等最適當之保護處分。

肆 少輔會成爲處理曝險少年專屬機構

曝險少年行政輔導先行機制，於2023年7月1日正式施行，對於曝險少年行為之處理，先由少輔會結合福利、教育、心理、醫療等相關資源，對曝險少年施以適當期間之輔導，如評估確有必要，始請求少年法院處理。如此少輔會對曝險少年之處理會兼具「知悉主動介入」、「整合相關資源」、「適當期間輔導」、「評估」、「請求」及「持續辦理介入整合輔導」等功能。此立法變動，也將使少輔會由以往扮演跨網絡之「督導協調者」及「資源整合者」角色，轉變為整合相關資源以輔導曝險少年為主，並兼顧預防曝險少年功能，且成為請求法院處理曝險少年專屬機構。

然而，縱使少輔會為曝險少年主要負責單位，但是依少事法第25條規定，少年法院因執行職務，得請警察機關、自治團體、學校、醫院或其他機關、團體為必要之協助；以及少事法第42條第5項規定，少年法院為諭知何種保護處分或禁戒處分的裁定前，認有必要時，得徵詢適當之機關（構）、學校、團體或個人之意見，亦得召開協調、諮詢或整合符合少年所需之福利服務、安置輔導、衛生醫療、就學、職業訓練、就業服務、家庭處遇計畫或其他資源與服務措施之相關會議。因此。少年法院亦得請求少輔會協助輔導「觸法少年」，少輔會亦得配合提供行政協助。

伍 少輔會服務對象擴大至偏差少年

2019年少事法修正，認為少年如有本法第3條第1項第2款所定曝險行為，宜由行政院整合相關資源，採取必要之輔導與預防措施，爰參考現行「少年不良行為及虞犯預防辦法」及本法修正規定，增訂本法第86條第4項規定：「少年偏差行為之輔導及預防辦法，由行政院會同司法院定之。」以利實務運作。

因應少事法第86條第4項修正，行政院會同司法院於2021年2月24日發布施行「少年偏差行為預防及輔導辦法」，用條列方式明列少年偏差行為種類，除少事法所定之觸法、曝險行為以外，更納入不利於健全自我成長或損及他人權益行為等15目偏差行為樣態，實質上已大幅擴大了少輔會之服務對象。其各類偏差行為之定義與預防及輔導轉銜流程圖，如圖22-1所示[3]。

陸 少輔會設置及輔導實施之相關規範

因應少事法第18條修正，行政院會同司法院業於2022年9月14日公布「少年輔導委員會設置及輔導實施辦法」（本章稱本辦法），並於2023年7月1日起開始執行，本辦法主要規範說明如下。

一、角色功能

本辦法第2條規定，直轄市、縣（市）政府應設少年輔導委員會，整合所屬社政、教育、衛政、戶政、警政、民政、勞政、財政、毒品危害防制等機關（單位）業務及人力，並統合金融管理、移民及其他相關資源，辦理下列事項：1.對有本法第3條第1項第2款行為之少年開案輔導；2.召集聯繫會議，督導及協調前款少年輔導事項；3.編製年度工作報告；4.向少年法院提出處理之請求；5.兒童及少年福利與權益保障法或其他法律規定得辦理之事項。

此外，本辦法第6條又規定，少輔會得採取或協助辦理下列事項：1.輔導相關之調查及訪視；2.危機介入；必要時轉介權責機關依法提供安置服務；3.社會與心理評估、諮商、身心治療及其他處置；4.召開協調、諮詢或整合符合少年所需之社會福利、衛生醫療、就學、就業、法律服務或其他資源與服務措施之相關會議；5.依法提供少年及其家庭必要之社會福利、保護、衛生醫療、就學、就業、法律諮詢等服務；6.少年有身心特殊需求者，提供或轉介特殊教育及身心障礙服務；7.案件之轉銜與追蹤及管理；8.規劃及執行少年有本法第3條第1項第2款行為之預防；9.其他有關輔導及服務之事項。

3 許福生、葉碧翠，論少年事件處理法中偏差行為之概念，刑事法雜誌，第65卷第1期，2021年2月，頁42。

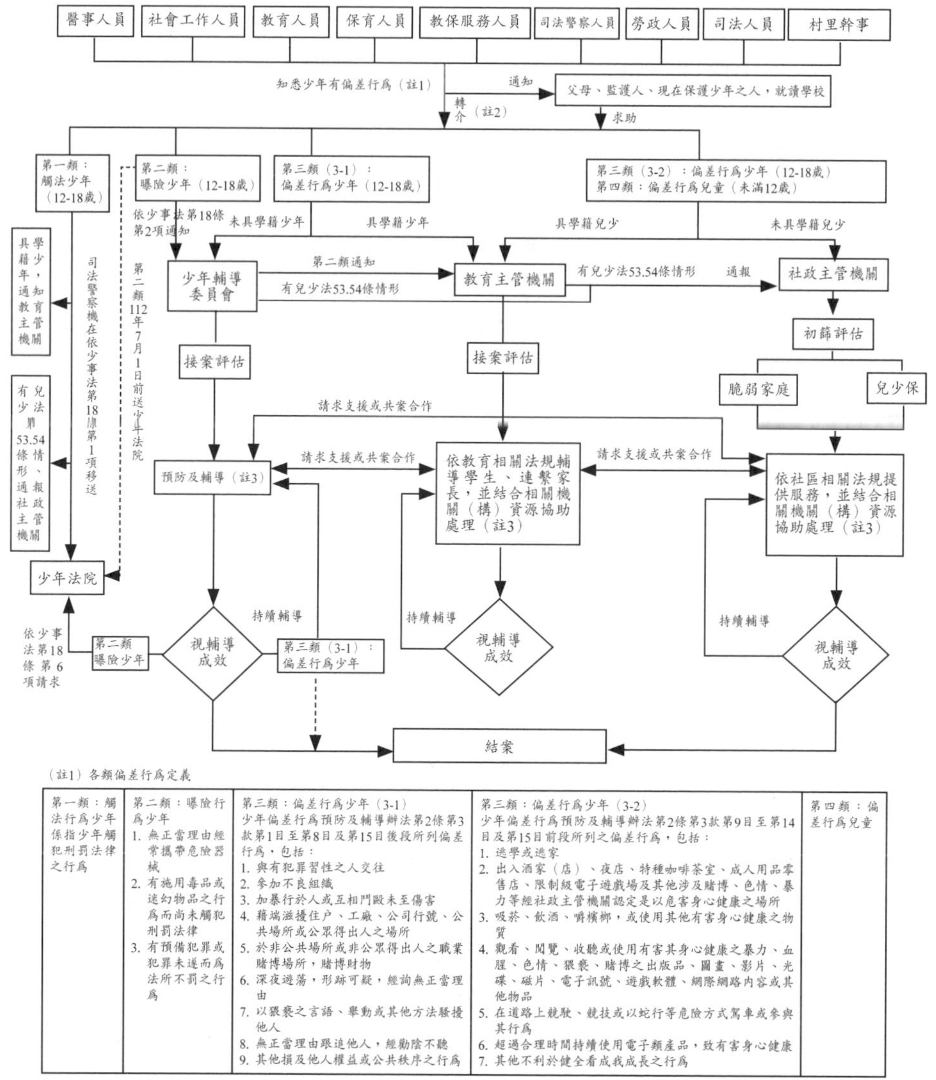

（註1）各類偏差行爲定義

第一類：觸法行爲少年係指少年觸犯刑罰法律之行爲	第二類：曝險行爲少年 1. 無正當理由經常攜帶危險器械 2. 有施用毒品或迷幻物品之行爲而尚未觸犯刑罰法律 3. 有預備犯罪或犯罪未遂而爲法所不罰之行爲	第三類：偏差行爲少年（3-1） 少年偏差行爲預防及輔導辦法第2條第3款第1目至第8目及第15目後段所列偏差行爲，包括： 1. 與有犯罪習性之人交往 2. 參加不良組織 3. 加暴行於人或互相鬥毆未至傷害 4. 藉端滋擾住户、工廠、公司行號、公共場所或公眾得出入之場所 5. 於非公共場所或非公眾得出入之職業賭博場所，賭博財物 6. 深夜遊蕩，形跡可疑，經詢無正當理由 7. 以猥褻之言語、舉動或其他方法騷擾他人 8. 無正當理由跟追他人，經勸阻不聽 9. 其他損及他人權益或公共秩序之行爲	第三類：偏差行爲少年（3-2） 少年偏差行爲預防及輔導辦法第2條第3款第9目至第14目及第15目前段所列之偏差行爲，包括： 1. 逃學或逃家 2. 出入酒家（店）、夜店、特種咖啡茶室、成人用品零售店、限制級電子遊戲場及其他涉及賭博、色情、暴力等經社政主管機關認定足以危害身心健康之場所 3. 吸菸、飲酒、嚼檳榔，或使用其他有害身心健康之物質 4. 觀看、閱覽、收聽或使用有害其身心健康之暴力、血腥、色情、猥褻、賭博之出版品、圖畫、影片、光碟、磁片、電子訊號、遊戲軟體、網際網路內容或其他物品 5. 在道路上競駛、競技或以蛇行等危險方式駕車或參與其行爲 6. 超過合理時間持續使用電子類產品，致有害身心健康 7. 其他不利於健全看成我成長之行爲	第四類：偏差行爲兒童

（註2）少輔會、教育主管機關以及社政主管機關於接獲個案轉介，應先初步了解個案情形，本於權責提供協助，倘有必要得依下列原則辦理：
1. 發現有兒少法第53、54條情事，應於24小時內通報直轄市、縣（市）主管機關。
2. 少輔會評估少年有第三類（3-1）、（3-2）或第四類偏差行爲且具學籍者，得轉介教育主管機關；第三類（3-2）或第四類偏差行爲且未具學籍者，得轉介社政主管機關。
3. 教育主管機關評估少年有：(1)第一類及第二類偏差行爲（112年7月1日前）得出司法警察機關依少事法規定移送少年法院；(2)第二類（112年7月1日後）及第三類（3-1）偏差行爲且無學籍者，得轉介少輔會；(3)第三類(3-2)及第四類偏差行爲且無學籍者，得轉介社政主管機關。
4. 社政主管機關接獲轉介，倘爲在案輔導中個案，應繼續提供服務，若其具學籍者，應通知學校；若非屬在案中之個案，評估少年有第二類（112年7月1日後）偏差行爲時，得轉介少輔會；第三類（3-1）偏差行爲且無學籍者，得轉介少輔會處理，具學籍者則轉介教育主管機關；第一類及第二類（112年7月1日前）得由司法警察機關依少事法規定移送少年法院。

（註3）少輔會、教育主管機關以及社政主管機關於輔導個案期間，得依其需求請求其他網絡單位支援，透過跨網絡會議，連結相關單位資源，共同擬定計畫，分工合作；如在案輔導中之個案因其他新的事由涉及其他網絡單位依需介入協助者，得與該網絡單位共案提供服務。

（註4）依據少年偏差行爲預防及輔導辦法第18條，兒童準用上開流程圖，爰定於第四類。

圖22-1　少年偏差行為預防及輔導轉銜流程圖

資料來源：衛生福利部。

從而可知，少輔會主要功能爲整合相關資源從事曝險少年輔導工作及向少年法院提出處理之請求，並規劃及執行少年曝險行爲之預防工作。

二、組織設計

本辦法第3條規定，少輔會置委員15人至25人，其中1人爲主任委員，由直轄市長、縣（市）長擔任，1人爲副主任委員，由直轄市副市長、縣（市）副縣（市）長擔任；其餘委員分別就下列人員派兼或遴聘之：1.社政、教育、衛政、毒品危害防制、警政、民政、勞政機關（單位）首長；2.具社會工作、醫護、心理、特殊教育或其他與少年輔導工作相關知識或經驗之學者、專家、民間團體及機構代表；3.少年法院（庭）庭長、主任調查保護官；4.少年代表1人或2人。

本次規定較特別的是，邀請少年代表參加每三個月的少輔會委員會議，能爲落實兒童權利公約提升少年表意權意旨，且兒童及少年福利與權益保障法第10條亦有相關規定，針對少年輔導相關福利政策協調、研究、審議、諮詢及推動，事涉兒少本人之權益，應有少年代表共同與會。

另本辦法第5條規定，少輔會置執行長1人，由直轄市、縣（市）政府副秘書長以上層級人員擔任，承主任委員指示，綜理少輔會業務及委員會議決議之執行；副執行長3人至4人，由社政、教育、衛政、警政機關（單位）副首長擔任。少輔會得依實際業務需求分設行政及輔導等組辦事；各組組長由主任委員調派社政、教育、警政機關人員或聘任專業人員擔任之；各組置專責組員至少1人，由相關專業人員擔任。

本次修訂重點及立法理由爲明定少輔會置執行長及副執行長，執行長由直轄市、縣（市）政府副秘書長以上層級擔任，副執行長則以與少年輔導關聯性較高之社政、衛生、教育、警政副首長擔任，強化整合當地跨機關、網絡資源。由於少年輔導工作係涉及跨領域事務，非單一機關所能承擔，且考量執行長下應有1人具備統籌工作及襄助執行長功能，爲避免層級過於繁複影響組織效能，得由執行長依本項指定其中1名副執行長負責監督指導全般工作；抑或由地方依其需求就細部組織設計自行訂定設置要點（如圖22-2）。

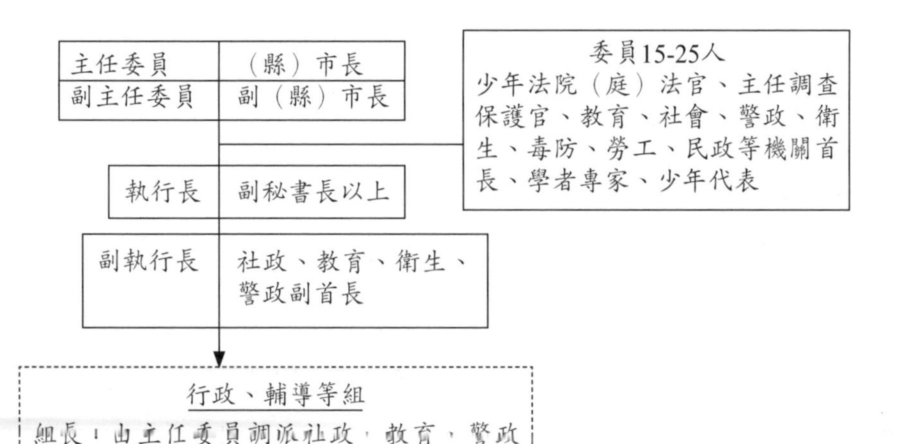

圖22-2　少輔會組織設計

資料來源：內政部警政署刑事警察局。

三、輔導流程

本辦法參照少事法第18條第2項至第5項規定，少輔會應對少年有曝險行爲者施以輔導，並規定於受理後需於十四日內辨識能否開案輔導，一個月內擬定個別化服務計畫、連結網路資源共同輔導、評估輔導成效、輔導失敗得請求少年法院協助、結案指標及結案後的後續處理，本辦法第8條至第15條其相關規定如下：

（一）受理後十四日內開案輔導

少輔會接獲司法警察官、檢察官、法院、對少年有監督權人、少年之肄業學校或從事少年保護輔導相關機關（構）轉介少年案件，或少年本人主動請求協助後，應於受理後十四日內決定是否開案輔導，並將決定結果通知原通知或請求之機關（構）、學校或個人。因此，時屬「開案審核」

階段，定明十四日內應作成開案與否之決定，至於曝險行為以外之行為是否受理，則依兒童及少年福利與權益保障法、學生輔導法等法律及少年偏差行為預防及輔導辦法等有關規定辦理。

（二）擬定個別化服務計畫

針對曝險少年，應綜合考量少年之身體、心理、社會等成長狀況，採多元輔導方式，由個人、家庭、團體、社區、社會等不同系統層次介入，以滿足其就學、照顧、健康、就業、休閒、心靈、社會參與、家庭支持、經濟安全及其他相關支持等需求，於一個月內擬定個別化服務計畫，並適時調整計畫內容。

（三）連結網路資源共同輔導

針對曝險少年，結合網路資源共同輔導，進行危機介入、評估與處置、預防服務等，並視需要邀集社政、教育、衛政等相關資源單位進行個案討論會議。

（四）評估輔導成效

就危機及困難個案得邀請學者專家協助評估成效並製作報告。

（五）請求法院協助

曝險少年經採取或協助相關輔導措施後，確已非少輔會所能處理，且持續時間應達一個月以上，經幹事或委員會議評估後，需備妥相關文件（個案基本資料表、個別化服務計畫、輔導歷程摘要報告及輔導成效評估報告），請求法院協助，以避免行為惡化。但少輔會於開案審核後至進行輔導期間，少年有觸犯刑罰法律之行為，應檢具前項資料，向當地少年法院提出請求。

（六）輔導結案指標

1. 經輔導成效評估輔導目標已達成，且持續三個月以上未再發現可能危害其健全自我成長之事態。

2. 輔導對象年滿18歲，且非少年保護事件或少年刑事案件當事人。

3. 輔導對象死亡。

4. 轉介其他縣市少輔會。

5. 請求法院後，法院指示無續行輔導必要。

6. 行蹤不明經協尋逾三個月。

7. 離開國境逾一個月。

（七）結案後處理措施

1. 辦理結案時，應通知輔導對象本人或對少年有監督權人。

2. 輔導對象年滿18歲仍有接受社會福利、衛生醫療、就學就業或其他資源與服務之需求者，於辦理結案時得轉介其他機關或機構處理。

3. 除因現實上無法提供服務而結案者外，對於已辦理結案之案件，應繼續追蹤至少半年或至輔導對象年滿18歲爲止。

依本辦法規定，內政部警政署刑事警察局針對各直轄市、縣市政府少輔會輔導曝險少年，訂定「少年曝險行爲通報輔導作業流程」（如圖22-3），在輔導過程中，連結相關資源單位或進行轉介服務，以預防少年偏差行爲，提升個人及家庭功能，期待透過完整通報，深化兒少保護意識，確保通報順暢，達到輔導行政先行、司法爲後盾之效。

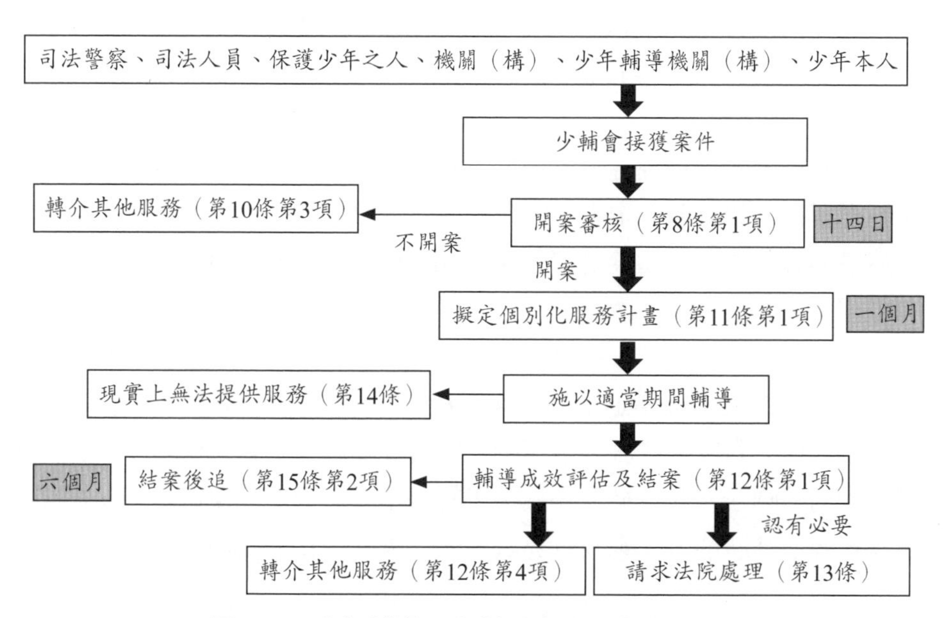

圖22-3　少年輔導工作辦理事項及處理流程

資料來源：內政部警政署刑事警察局。

柒 臺北市政府少輔會輔導現況

依據臺北市政府少輔會2022年9月27日第101次委員會議資料所示，臺北市2019年7月1日至2022年6月30日輔導曝險少年共計40人，以士林、南港各7人（17.5%）與內湖6人（15%）較多，其中曝險少年類型以「有施用毒品或迷幻物品之行爲而尚未觸犯刑罰法律」26人次（63.4%）最多。此外，由於曝險少年行爲多元化，經常與觸法與偏差行爲相互重疊，經統計40名曝險少年中，接受臺北市政府少輔會開案輔導前後有觸法經驗者，計28名（占70%），單純只有曝險行爲的少年僅12名（占30%），顯見少年犯罪態樣的多樣化，少年曝險行爲、觸法行爲與偏差行爲三者關係密不可分[4]。

另外，從臺北市政府少輔會的統計數據亦可看出，曝險少年共案輔導的比例相當高，由於曝險少年很容易遊走於偏差行爲或犯罪行爲間，在接受開案輔導的40名曝險少年中，經常有數個不同的社福、教育及司法機關共同介入輔導，其中以法院23人次（41.1%）最多，其次是社會局委外的「少年服務中心」等社福機構19人次（33.9%），學校教育單位8人次（14.3%）排名第三。

由此可知，少年輔導資源過於重疊及共案輔導的比例極高，爲避免少年輔導資源過於分散，未來應由少輔會統合跨機關間之合作，爲曝險少年打造最適宜的個別化服務計畫（Individualized Support Plan, ISP）。少輔會根據專業評估結果，產生一份符合曝險少年個人生活條件與輔導需求的執行方案，其服務流程大致可分爲諮詢建檔、評估、訂定計畫、實施、評量、轉介及結案／後續追蹤等七大階段；ISP也是少輔會與曝險少年家長或法定代理人對少年實施評估與輔導的書面契約，更是爲曝險少年提供輔導規劃的藍圖。如此可結合曝險少年的基本資料表、開案評估表、服務需求及資源連結狀態表、家長意見調查表、曝險少年興趣調查表、個別化服

4 參照臺北市政府少輔會2022年9月27日第101次委員會議資料。

務評量紀錄表、轉介表、結案評估表等各式表格，並與各相關機關彙整成電腦化系統管理，以強化對曝險少年的輔導統合工作。

捌 結語

為因應「少年偏差行為預防及輔導辦法」，以及「本辦法」之施行，行政院現正請內政部統籌訂定「預防兒童及少年犯罪方案」，藉以重新擬定架構及預防策略，期盼將原先預防策略改採跨體系多機構分級分工處理原則，建構完善三級預防策略，並透過本次修正，整合國家在兒少保護制度跨體系相關資源，以「預防」及「減少」兒少發生犯罪行為，避免其成年後，成為犯罪人口。

特別是近十年來12歲以上未滿18歲之少年犯罪人數，整體而言略呈現下降趨勢，惟因少子化緣故，整體少年人口總數減少，每10萬少年人口之犯罪人口率反而略有增加，從2014年每10萬人有637.87人，上升至2021年774.88人；另少年犯罪原以個案、臨時起意之犯罪態樣為主（例如竊盜、傷害及毒品案類），惟現今犯罪態樣有組織化且多半為事前預謀犯罪（例如參與詐欺集團犯罪及涉入組織幫派），確實是需嚴肅面對之問題。

另從臺北市少輔會開案輔導經驗觀之，顯見少年犯罪態樣的多樣化，少年曝險行為、觸法行為與偏差行為三者關係密不可分：況且從少事法修法精神觀之，少輔會主軸應在輔導、危機介入處理、協調整合資源、社區犯罪預防，以預防曝險少年再犯與復歸社會。是以，針對當前兒少犯罪問題，曝險少年輔導先行措施施行後，少輔會屬請求法院處理曝險少年專屬單位，故應有充足之相關專業人力及物力資源，始敷所需。然礙於現行預算、人事編制等原因，少輔會很難落實為直轄市、縣市政府一級機關，故目前各直轄市、縣市是以任務編組為主，主任委員為縣市長，固定每三個月開一次委員會議；縱使本辦法設計以副秘書長以上層級來當執行長做整合，並置副執行長及依實際需要設行政及輔導等組辦事，然鑒於少輔會的角色功能應是回到以輔導曝險少年爲主，故主責單位應是回到教育或社政會比較好一點，惟最終本辦法是保持地方彈性，回到由各直轄市、縣市政府自行制定，礙於現況，中央目前又是由內政部主責，最終輔導可能均落入警察主責狀況，與少輔會之角色功能可能有所衝突。

觀念變了，人、錢、組織才能到位，對於曝險少年不只「行政先行」也要「行政隨行」，曝險少年也是福利保障的對象，警察原則上只適合擔任初步的將個案導入服務流程，實際的輔導還是要靠教育或福利行政系統接手，行政體系需內部自我調適，接住每個偏差少年。

因此，各直轄市、縣市政府在輔導可能走向迷途的偏差少年，應作好足夠的因應，對曝險少年應盡最大力量以輔導爲主要原則，請求少年法院處理爲例外。如此，中央與地方應共同協力，落實執行「少年偏差行爲之輔導及預防辦法」，以及妥善規劃「少年輔導委員會之設置、輔導方式、辦理事務、評估及請求少年法院處理」等事項便很重要，方可避免福利及司法體系雙方撒手不管，所產生的斷崖現象發生；否則若新制上路後因應不足，將成爲2023年5月14日聯合報報導所言「少事法新制將上路 少輔者憂跑腿行詐情況會更嚴重」，因「黑幫可能利用行政先行的漏洞，吸收年紀更小者當跑腿小弟」，這當然是我們最不願樂見的，我們應有決心「預防」及「減少」兒少犯罪行爲發生。

（本文初稿曾發表於警光雜誌，第804期，2023年7月）

臺北市少年曝險行為通報輔導作業流程

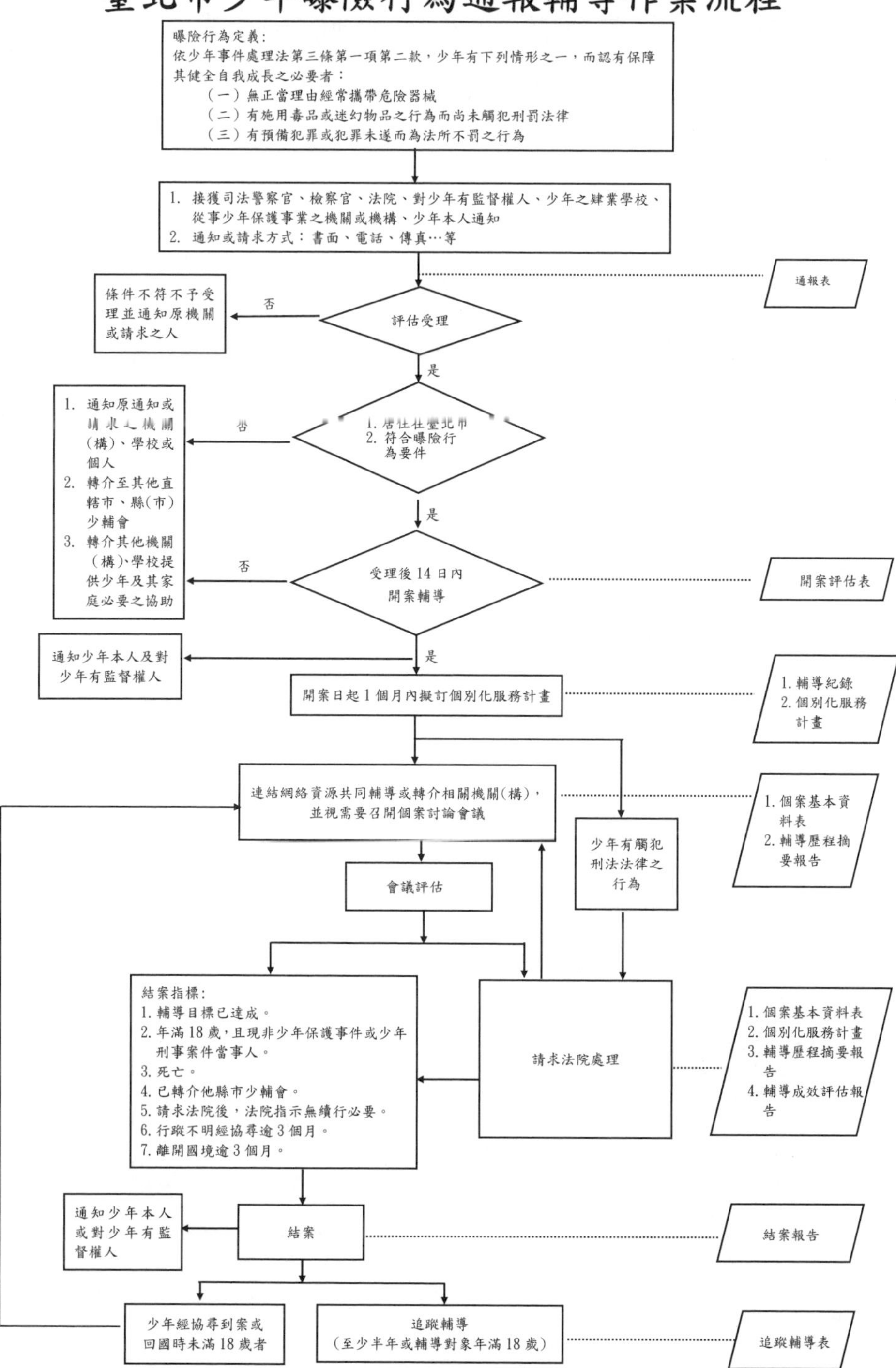

臺北市少年曝險行為通報輔導作業流程

一、受理通報

(一)依少年事件處理法第三條第一項第二款少年有下列情形之一，而認有保障其健全自我成長之必要者：

1、無正當理由經常攜帶危險器械。

2、有施用毒品或迷幻物品之行為而尚未觸犯刑罰法律。

3、有預備犯罪或犯罪未遂而為法所不罰之行為。

(二)少輔會接獲司法警察官、檢察官、法院、對少年有監督權人、少年之肄業學校、從事少年保護事業之機關或機構、少年本人，以書面、電話、傳真…等方式通知或請求協助。

(三)填具通報表，載明少年基本資料與曝險行為等相關資訊。

二、評估受理：

(一)經確認少年居住在本市且行為符合曝險行為要件直接受理，並通知原通知或請求之機關(構)、學校或個人。

(二)少年居住於外縣市，轉介至其他直轄市、縣（市）少輔會。

(三)少年行為不符合曝險行為要件，不予受理並通知原機關或請求之人。或依少年需求轉介其他機關（構）、學校提供少年及其家庭必要之協助。

三、開案輔導

(一)受理後14個工作日內完成開案評估表，決定是否開案輔導，並將決定結果通知原通知或請求之機關（構）、學校或個人。

(二)受理後依規定於開案日期1個月內擬定個別化服務計畫及適時調整計畫內容。

(三)開案輔導期間應每月至少安排訪視少年1次，撰寫輔導紀錄，並於3個月內完成個案基本資料表。

四、輔導評估

(一)針對曝險少年，結合網路資源共同輔導，進行危機介入、評估與處置、預防服務…等，每半年撰寫輔導歷程摘要報告，定期檢視輔導情形，並視需要邀集社政、教育、衛政等相關資源單位進行個案討論會議。

(二)曝險少年經採取輔導等相關措施其行為仍未改善，經會議評估後，認為由少年法院處理始能保障少年健全之自我成長者，檢具相關文件(包含個案基本資料表、個別化服務計畫、輔導歷程摘要報告及輔導成效評估報告)，向當地少年法院提出請求後，應繼續輔導，並於報經少年法院指示無續行必要時，辦理結案。

五、結案

(一)符合下列指標者可結案。

1、經輔導成效評估輔導目標已達成。

2、輔導對象年滿18歲，且現非少年保護事件或少年刑事案件當事人。

3、輔導對象死亡。

4、已轉介其他縣市少輔會。

5、請求法院後，法院指示無續行輔導必要。

6、行蹤不明經協尋逾3個月。

7、離開國境逾3個月。

(二)結案後處理措施：

1、開案輔導案件符合結案指標之情形，得作成結案報告辦理結案。

2、辦理結案時，應通知輔導對象本人或對少年有監督權人。

3、輔導對象年滿18歲仍有接受社會福利、衛生醫療、就學就業或其他資源與服務之需求者，於辦理結案時轉介其他機關或機構處理。

4、除因現實上無法提供服務而結案者外，對於已辦理結案之案件，應繼續追蹤至少半年或至輔導對象年滿18歲為止。

5、少年因行蹤不明或離開國境逾3個月者，得先辦理結案，但經協尋到案或回國時未滿18歲者，應再開案輔導。

第二十三章
處理偏差少年案例

壹 案例事實

黑道大哥過世，某日舉行公祭，由於他交友廣闊，會場擠滿將近2,000名黑衣人，包括各大黑道幫派全部動員出席，你是轄區警察首長，接獲消息，於是調派優勢警力到場預防衝突、要求強勢執法盤查，並事前呼籲參加公祭者，不得動員少年前往，惟現場仍然來了近百名少年欲入場，身爲現場指揮官的你，如何處理這些欲參加公祭之少年？

貳 少年偏差行爲之概念

爲因應少年事件處理法（本章稱少事法）第18條有關少年偏差行爲輔導、第26條少年觀護所鑑別功能、第29條第1項第3款轉介輔導單位、第42條第1項第3款交付安置對象、第5項及第6項整合資源等規定之修正，少年法院有與司法警察、教育、衛生福利、少年矯正等相關機關密切聯繫之必要，修正少事法第86條第3項規定：「少年法院與相關行政機關處理少年事件聯繫辦法，由司法院會同行政院定之。」又少年如有少事法第3條第1項第2款所定曝險行爲，宜由行政院整合相關資源，採取必要之輔導與預防措施，參考現行「少年不良行爲及虞犯預防辦法」及少事法修正規定，增訂少事法第86條第4項規定：「少年偏差行爲之輔導及預防辦法，由行政院會同司法院定之。」以利實務運作，可謂是少年司法的大變革[1]。

---

1 許福生，論曝險少年之行政輔導先行，刑事法雜誌，第63卷第6期，2019年12月，頁64。

因此，配合少事法第86條第4項規定，行政院、司法院於2021年2月24日會同訂定發布「少年偏差行爲預防及輔導辦法」（本章稱本辦法）。本辦法乃爲維護少年最佳利益，避免其偏差行爲之預防及輔導工作逕循現有警政或司法手段處理，改以社政與教育系統於前端爲處置及輔導作爲，區別其具學籍者，依學生輔導法等教育相關法規辦理；未具學籍身分者，依兒童及少年福利與權益保障法等有關規定辦理，並循先預防後輔導之執行作業。另考量兒童權利公約揭示保護精神、兒童權利公約首次國家報告國際審查結論性意見第96點及因應本法修正刪除第85條之1有關7歲以上未滿12歲兒童有觸犯刑罰法律適用本法少年保護事件之規定，而兒童邁入少年之成長過程具延續性，少年偏差行爲可能於兒童時期業已發生，爲完備兒童偏差行爲預防及輔導體系，參照兒童及少年福利與權益保障法第7條主管機關權責、第43條與第47條禁止兒童及少年所爲行爲、第52條偏差行爲輔導等規定及預防少年兒童犯罪方案意旨，將未滿12歲之兒童納入準用本辦法相關規定。本辦法主要規定要點如下：1.偏差行爲之定義（第2條）；2.建立中央及地方跨機關之聯繫會議機制（第3條）；3.中央與地方相關機關應健全少年偏差行爲預防及輔導體系（第4條）；4.執行職務人員發現少年偏差行爲之初步處理原則（第5條）；5.偏差行爲之預防及輔導分工原則（第6條）；6.教育、社政、衛生、少年輔導委員會、警政、勞工主管機關之預防或輔導責任（第7條至第12條）；7.父母或監護人之預防及輔導責任（第13條）；8.相關機關應提供多元性預防方案（第14條至第17條）；9.未滿12歲之人準用本辦法相關規定（第18條）。

至於我國有關「偏差行爲」（deviant behavior）的法令及概念，除此次修正之少事法第86條第4項授權行政院會同司法院訂定本辦法外，現行法令惟有兒童及少年福利與權益保障法第52條第1項第2款、校園安全及災害事件通報作業要點第3點、校園霸凌防制準則第4條出現；另在學生輔導法第4條、心理師法第13條、第14條、高級中等學校學生輔導辦法第4條則有「行爲偏差」用語，但均未有明確定義。觀之少事法第86條第4項立法理由爲少年如有第3條第1項第2款所定曝險行爲，宜由行政院整合相關資源，採取必要之輔導與預防措施，爰參考現行「少年不良行爲及虞犯預防辦法」及少事法之修正規定，以利實務運作。由上述立法理由內容觀之，似乎將少年「偏差行爲」限縮於無正當理由經常攜帶危險器械、有施用毒品或迷幻物品之行爲而尚未觸犯刑罰法律、有預備犯罪或犯罪未遂而爲法所不罰之行爲等三種「曝險行爲」。但卻又表明參考現行「少年不良行爲及虞犯預防辦法」及本法修正規定增訂本項，因而原有屬於「少年不良行爲及虞犯之預防辦法」所指之少年「不良行爲」或「虞犯行爲」，是否應納入本辦法的「偏差行爲」以整合相關資源採取必要之輔導與預防措施，在本辦法訂定過程，引起諸多討論。

按「偏差行爲」，廣義地說，是指違反法律或社會倫理的行爲或品行。況且偏差行爲的概念在不同領域之運用有不同的解釋，並沒有所謂「絕對偏差」的觀點，是一個相對性的概念，常因情境、時間、文化背景不同而有不同意義，故無法明確且具體定義之，僅能列舉，並應與時俱進，配合當下時空環境檢討修正。且從學理及實務面來看，少年曝險行爲也絕非只有少事法所規範之三種類型，故政府或民間福利機關在處理兒少相關事務時，應以兒童及少年最大的福址爲優先考量，並提供觸法少年、曝險少年及偏差少年所需的關懷及照護，殆無疑義。所以，少事法第86條授權所定之本辦法，其所稱偏差行爲，不宜過度限縮，基本上可參考兒童及少年福利與權益保障法、少事法曝險行爲及原虞犯行爲及不良行爲之概念加以修正，但考量少年健全成長的概念，也不宜過度標籤；並可配合時空環境之變遷於行政院及司法院跨院際政策協商平台會議定期檢討之[2]。

本此理念，最後本辦法所稱「偏差行爲」，係採取廣義見解，包括凡違反法律之行爲屬正式偏差行爲，以及未違反法律但已違反社會與文化規範之行爲稱非正式偏差行爲。故偏差行爲包括本法第3條第1項第1款規範之觸犯刑罰法律行爲、第2款認爲有保障少年健全自我成長之必要行爲，以及已規範於兒童及少年福利與權益保障法或未規範之非正式偏差行爲；且此不利於健全自我成長或損及他人權益非正式偏差行爲，需考量有

2 許福生、葉碧翠，論少年事件處理法中偏差行爲之概念，刑事法雜誌，第65卷第1期，2021年2月，頁46。

預防及輔導必要方是，至於所定預防及輔導必要，應參酌本法第3條第2項規定，依少年之性格及成長環境、經常往來對象、參與團體、出入場所、生活作息、家庭功能、就學或就業等一切情狀而爲判斷。而其偏差行爲定義，目前行政院將其分爲如下四類，如表23-1所示：

表23-1　各類偏差行為定義

第一類：觸法行爲少年	係指少年觸犯刑罰法律之行爲。
第二類：曝險行爲少年	1. 無正當理由經常攜帶危險器械。 2. 有施用毒品或迷幻物品之行爲而尚未觸犯刑罰法律。 3. 有預備犯罪或犯罪未遂而爲法所不罰之行爲。
第三類：偏差行爲少年（3-1）	少年偏差行爲預防及輔導辦法第2條第3款第1目至第8目及第15目後段所列偏差行爲，包括： 1. 與有犯罪習性之人交往。 2. 參加不良組織。 3. 加暴行於人或互相鬥毆未至傷害。 4. 藉端滋擾住户、工廠、公司行號、公共場所或公眾得出入之場所。 5. 於非公共場所或非公眾得出入之職業賭博場所，賭博財物。 6. 深夜遊蕩，形跡可疑，經詢無正當理由。 7. 以猥褻之言語、舉動或其他方法騷擾他人。 8. 無正當理由跟追他人，經勸阻不聽。 9. 其他損及他人權益或公共秩序之行爲。
第三類：偏差行爲少年（3-2）	少年偏差行爲預防及輔導辦法第2條第3款第9目至第14目及第15目前段所列之偏差行爲，包括： 1. 逃學或逃家。 2. 出入酒家（店）、夜店、特種咖啡茶室、成人用品零售店、限制級電子遊戲場及其他涉及賭博、色情、暴力等經社政主管機關認定足以危害其身心健康之場所。 3. 吸菸、飲酒、嚼檳榔，或使用其他有害身心健康之物質。 4. 觀看、閱覽、收聽或使用有害其身心健康之暴力、血腥、色情、猥褻、賭博之出版品、圖畫、影片、光碟、磁片、電子訊號、遊戲軟體、網際網路內容或其他物品。

	5. 在道路上競駛、競技或以蛇行等危險方式駕車或參與其行爲。 6. 超過合理時間持續使用電子類產品，致有害身心健康。 7. 其他不利於健全自我成長之行爲。
第四類：偏差行爲兒童	

說明：少輔會、教育主管機關以及社政主管機關於接獲個案轉介，應先初步了解個案情形，本於權責提供協助，倘有必要得依下列原則辦理：1.發現有兒少法第53、54條情事，應於24小時內通報直轄市、縣（市）主管機關；2.少輔會評估少年有第三類（3-1）、（3-2）或第四類偏差行爲且具學籍者，得轉介教育主管機關；第三類（3-2）或第四類偏差行爲且未具學籍者，得轉介社政主管機關；3.教育主管機關評估少年有：(1)第一類及第二類偏差行爲（2023年7月1日前）得由司法警察機關依少事法規定移送少年法院；(2)第二類（2023年7月1日後）及第三類（3-1）偏差行爲且無學籍者，得轉介少輔會；(3)第三類（3-2）及第四類偏差行爲且無學籍者，得轉介社政主管機關；4.社政主管機關接獲轉介，倘爲在案輔導中個案，應繼續提供服務，若其具學籍者，應通知學校；若非屬在案中之個案，評估少年有第二類（2023年7月1日後）偏差行爲時，得轉介少輔會；第三類（3-1）偏差行爲且無學籍者，得轉介少輔會處理，具學籍者則轉介教育主管機關；第一類及第二類（2023年7月1日前）得由司法警察機關依少事法規定移送少年法院。

資料來源：行政院定稿之少年偏差行爲預防及輔導轉銜流程圖附註說明。

參 少年被動員參與黑道大哥公祭屬偏差行爲

依據本辦法偏差行爲種類，除少年的觸法行爲及曝險行爲應予預防及輔導外，若少年與有犯罪習性之人交往或參加不良組織，而有不利於少年健全自我成長或損及他人權益之行爲，有預防及輔導必要者，亦應予預防及輔導。

納入少年「與有犯罪習性之人交往」此款偏差行爲，最主要是考量犯罪是經由學習，且與他人溝通過程中交互作用學習而來，實務中少年因結識已觸法之少年或成年人，易受影響而有錯誤價值觀及行爲，容易受友伴慫恿、鼓吹或教唆而觸法，故少年經常往來之友伴應作爲重要考量依據，應予輔導以協助導正其偏差行爲及價值觀。同樣地，納入少年「參加不良組織」此款偏差行為，是考量少年身心發展尚未成熟，常常容易誤入陷阱或為人所利用而違法參加不良組織，故為避免其參加不良組織從事違法行為，應加強預防及輔導相關作為。至於所稱不良組織，參照社會秩序維護法第64條第5款、內政部警政署80年8月21日警署刑司字第50825號函釋，指對於大眾生活及社會生存之規範與秩序有所妨害之不良組織而言。

因此，就本案例而言，少年若被動員參與黑道大哥公祭，客觀上顯現其與有犯罪習性之人交往或參加不良組織者，確實有不利於少年健全自我成長或損及他人權益之行為，已屬於本辦法所稱之偏差行為。依據本辦法第5條之規定，警察人員於執行職務時，發現少年有偏差行為，得先勸阻或為其他適當處理，並得採適當方式通知父母、監護人或實際照顧少年之人、就讀學校。各機關（構）辦理少年偏差行為之預防及輔導，若少年有與有犯罪習性之人交往或參加不良組織者，得由少年輔導委員會辦理；少年具學籍者，教育機關（構）應依學生輔導法等相關教育法規辦理預防及輔導工作。況且，教育、社政主管機關及少年輔導委員會依本辦法輔導之少年，應建立個案資料，並定期評估其輔導成效；個案結案後仍應提供所需服務並建立支持系統，以保障其健全之自我成長。

肆 本案現場指揮官對此少年之處置

因應防制幫派公開活動，身為轄區警政首長，事前需加強警力部署，預防有心人士鬧事，防止幫派鬥毆，維護喪家治喪安全，研擬強勢必要作為；另呼籲參加公祭者，不得帶領或誘使少年前往，倘若帶領或誘使者可能違反兒童及少年福利與權益保障法第49條第1項第13款「帶領或誘使兒童及少年進入有礙其身心健康之場所」，可處新臺幣6萬元以上60萬元以下罰鍰，並得公布其姓名或名稱。另少年如被動員前來參加黑道大哥公祭活動，屬本辦法第2條第三類的偏差行為，警方除可在現場勸阻或為其他適當處理如將其帶返勤務處所，並得採適當方式通知父母、監護人、實際照顧少年之人帶回；另可抄錄其基本資料，轉由少年輔導委員會進行輔導，若少年具學籍者製作「偏差行爲通知書」通知就讀學校，並由教育機關（構）應依學生輔導法等相關教育法規辦理預防及輔導工作。如此強勢行爲，最主要是要告知所有幫派組織，基於少年健全成長，不適合動員少年參與類似公祭，依據本辦法會在現場勸阻少年或將其帶返勤務處所，並採適當方式通知父母、監護人、實際照顧少年之人或就讀學校帶回，少年是進不了會場，黑道老大帶少年來撐場反而適得其反、自討無趣。事實上，近來臺南及新北警方爲因應某黑道組織告別式，便是採取此作爲，深值肯定。

伍 結語

許多幫派組織趁參加喪禮場合，動員、串聯全國幫眾，特別是動員少年前來助勢，彰顯黑道勢力，確實嚴重影響民眾觀感。故公祭當天，應採取強勢必要作爲，在會場四周及路口應依警察職權行使法及其他相關規定，進行路檢、盤查等勤務，從事身分查證，嚴防不法分子再度爆發衝突與滋事。況且查證身分後，遇到幫派組織動員少年前來參加公祭者，因少年此行爲已屬於偏差行爲，依據本辦法可在現場勸阻或帶往附近派出所，建檔後通知家長或就讀學校帶回輔導；但執行時應合乎比例原則規定，即所採方法不得逾越所欲達成執行目的之必要限度，且應以對少年權益侵害最少適當方法爲之；又如現場若有少年欲直闖公祭會場，不願接受盤查時，需注意係以阻止犯罪、危害之發生或避免急迫危險，而有即時強制之必要始得爲之。又教育、社政主管機關及少年輔導委員會依本辦法輔導之少年，應建立個案資料，並定期評估其輔導成效；個案結案後仍應提供所需服務並建立支持系統，以保障其健全之自我成長。且各機關（構）應以少年之最佳利益爲優先考量，並得依少年需求連結相關資源，共同擬定計畫，分工合作，以斷絕少年參加不良組織之源頭。

（本文初稿曾發表於警光雜誌，第788期，2022年3月）

第二十四章
使用警械致死案例

壹 案例事實與爭點

員警甲輪值轄區巡邏勤務，接獲值班警員通報疑似有人變賣贓物後到場，發現在場車輛之車主乙是通緝犯，且因竊盜案件通緝中，乃向附近住戶探詢是否有見到車主，住戶示意乙剛已返回車上，員警甲立即基於逮捕通緝犯之意思，趨前至該自用小客車左後方，並持警槍上膛警戒，惟此際乙已發動引擎並倒車準備離去，員警甲見狀旋即衝上駕駛座旁將該車前左側車門打開，乙見身著員警制服之員警甲開其車門，立即將車門拉回關上，員警甲再度打開該車門，喝令乙「停車」、「不要動」，乙不聽制止，員警甲遂對空鳴開1槍示警，乙仍不理，續踩油門迅速倒車，以順時針方向倒車繞過員警甲欲逃離現場。

甲誤認乙倒車是要撞擊自己，故基於防衛自身及制止乙脫逃之意思，對乙之腿部近距離接續射擊3槍，乙遭受槍傷後，仍持續倒車拒捕，並於完成倒車後加速駛離現場逃逸，員警甲隨即騎乘警用機車沿乙逃逸之方向追捕，旋在距離上址約560公尺外，發現乙所駕車輛已偏離道路而墜入左側田埂間，乙坐在駕駛座內並陷入昏迷狀態，員警甲見狀隨即主動通知值班警員上情並請救護人員到場救治，後雖經救護車緊急送醫急救，仍因損傷下肢動靜脈血管出血致出血性休克死亡，惟事後鑑定通緝犯乙在事件發生當下有服用安非他命。

本案爭點：第一，員警在執行職務面對拒捕犯人使用槍械導致其死亡結果，其屬於依法令行為正當化之界限為何？第二，若非依令行為使用槍械，其法律效果為何？

貳 本案判決

一、二審之判決

本案一[1]、二審[2]事實認定與法律效果並沒有太大差別，因此就以二審判決作爲整理重點如下。

（一）員警甲槍擊造成乙出血休克是主要死因

針對乙之死亡，二審依鑑定意見，死者遭槍擊致共造成10個槍口，主要造成大腿血管破裂出血，內臟血液會流光達出血性休克，明確認定出血性休克爲直接之主死因，並非因被害人服用甲基安非他命，而使原不可能發生死亡結果之被害人產生死亡結果之情形，被告此項辯解，爲不足採。被告本件槍擊行爲與被害人之死亡結果間，具有相當因果關係甚明。被告所辯因被害人施用高劑量甲基安非他命始造成死亡一節，不足採。

（二）用槍過當不得以依法令行為阻卻違法

縱使員警甲的槍擊行爲是造成乙出血休克主要死因，接續需討論的是甲造成乙死亡的行爲，能否適用任何阻卻違法事由？二審法院考量了「依法逮捕犯罪嫌疑人之公務員，遇有抵抗時，雖得以武力排除之，但其程度以能達逮捕之目的爲止，如超過其程度，即非法之所許，不得認爲依法令之行爲（最高法院30年上字第1070號判例參照）」。

由於甲在逮捕過程中使用了警槍，故法院進一步討論警械使用條例相關規定指出：按警察人員執行職務時，遇有依法應逮捕、拘禁之人拒捕、脫逃時，得使用槍械，固爲警械使用條例第4條第1項第3款所明定。惟同條例第6條亦規定：「警察人員應基於急迫需要，合理使用槍械，不得逾越必要程度。」二審法院並進而表示「比例原則」之內涵包括：「適合性原則」，即使用槍械必須基於急迫需要，且能有效達成行政目的；「必要性原則」，即依當時情況，必須沒有其他侵害法益較小之方式時，始得

---

1 參照臺灣桃園地方法院103年度矚訴字第19號刑事判決。

2 參照臺灣高等法院104年度上訴字第787號刑事判決。

使用槍械，並非警察人員爲逮捕拒捕或脫逃之現行犯即得毫無限制使用槍械，且縱有使用之需要，仍應選擇侵害人民法益最小之方式爲之；「利益相當原則」，即所欲達成之行政目的，必須與不得不侵害之法益輕重相當。

至於「比例原則」之具體操作二審法院認爲：被告欲將其逮捕，既遇被害人拒捕，不聽對空鳴槍之警告仍極力脫逃，於此急迫情形下，雖得依上開條例第4條第1項第3款規定使用槍械，且使用槍械亦能有效達成逮捕被害人之目的，惟當時被害人並未持械，也未對被告施以任何攻擊之行爲，被告實際上未受到任何立即之危害，此業如前述，且欲執行逮捕，本應斟酌情形使用不致危及人命之追捕方式達成，衡以被害人倒車拒捕之過程中，被告始終站立於被害人車輛之駕駛座車門旁，距離甚近之情形，則被告原可選擇避開汽車，再迅速透過巡邏警網圍捕，或趁周遭無波及他人之危險而可持槍朝被害人車輛之輪胎射擊，以阻止被害人駕車逃離，並非有立即使用槍械對人身射擊之必要。

最終，二審法院認定：被告因積極執行職務以求行政目的之達成，其出發點固無不當，然其未選擇對被害人侵害最小之方式，即率而對人下肢連開3槍，用槍之方式逾越必要程度，致所欲達成之行政目的，與侵害之法益輕重失衡，是被告使用槍械之行爲未合乎上揭警械使用條例第6條之規定，不爲法律所容許，不得以依法令之行爲主張阻卻其違法性。惟其逾越必要程度用槍，仍應審酌有無阻卻違法事由之錯誤情形。

（三）不能主張正當防衛但有誤想防衛情形

本案甲雖然不能主張依法令之行爲阻卻其違法性，但仍可考慮正當防衛的阻卻違法事由，惟構成正當防衛必須先有防衛情狀，甲必須客觀上面臨現在不法侵害[3]。二審調查相關證據後法院認爲：「被害人雖有倒車拒捕之舉動，然因現場有建築物及雜物堆砌，被害人僅得以倒車方式退至後方聯外道路上始能逃離……觀諸其倒車行徑，係刻意以順時針方向繞過被

3 許恒達，員警槍擊拒捕通緝犯的正當防衛爭議——評最高法院105年度台非字第88號刑事判決與其歷審裁判，月旦法學雜誌，第276期，2018年5月，頁26。

告，顯然被害人當時意在離開現場，實際上並無對被告直接衝撞或攻擊之情形……且被害人以順時針方向倒車，避開左側車門外之被告，事實上並無對被告衝撞之故意，從而本案被害人之倒車拒捕行爲，對被告實際上並未造成生命、身體之不法侵害，亦即事實上當時尚無現在不法侵害之情事存在，被告因而無從以正當防衛主張可以對被害人身體開槍射擊。」

換言之，法院認爲乙倒車行徑不會直接衝撞甲，且主觀上也無衝撞被告之故意，故無現在不法侵害之情事存在，惟法院接著論述甲主觀認知指出：當時被告與被害人二人短暫接觸，被告急於使被害人停車就範，被害人則急於駕車逃逸，緊急之間，被告本能性反應產生被害人極可能直線倒車（而非實際上之順時針方向倒車），預見立即有遭車門直接撞倒之危險，而有誤想防衛之情形，此想法，客觀而言，並無不合理之處。亦即法院認爲甲開槍致乙死亡的行爲構成誤想防衛。

至於誤想防衛的法律效果，二審法院認爲：誤想防衛本非正當防衛，蓋其欠缺正當防衛要件之現在不法侵害，故誤想防衛不阻卻違法性，然而對於此種情形，即不知所實行者爲違法行爲，是否得以阻卻故意，因學說對於容許構成要件錯誤之評價所持理論的不同，而異其後果。在採限縮法律效果之罪責理論者，認爲容許構成要件錯誤並不影響行止型態之故意，而只影響罪責型態之故意，亦即行爲人仍具構成要件故意，但欠缺罪責故意，至於行爲人之錯誤若係出於注意上之瑕疵，則可能成立過失犯罪。最高法院29年上字第509號判例意旨以行爲人出於誤想防衛（錯覺防衛）之行爲，難認有犯罪故意，應成立過失罪責，論以過失犯，即與上開學說之見解相仿（參考最高法院102年度台上字第3895號刑事判決）。

（四）負業務過失致人於死罪責且符合自首要件

最後二審法院認定被告員警甲：「其傷害行爲因欠缺違法性認識，阻卻犯罪之故意，而不構成傷害罪或傷害致死罪；惟被告對於依職權使用槍枝，仍有一定之注意義務，是應審酌被告是否違反該注意義務致造成被害人法益侵害之結果，而應負過失責任。且被告係警員，持警槍執行查緝犯罪勤務，爲其日常業務之一部，係從事業務之人，其於執行業務中，因過失致被害人於死亡，核其所為，係犯刑法第276條第2項之業務過失致人於死罪[4]。又被告於開槍肇事後，隨即通知值班警員上情並請求救護人員到場救治被害人，此有流程時序表及通聯紀錄……足認被告符合自首之要件，依刑法第62條前段規定減輕其刑。」

二、三審之判決

二審法院判決後，檢察官與被告均上訴至最高法院，乃因檢察官認為本案應構成故意犯而非過失犯且量刑過輕，而被告則主張應構成正當防衛且持槍射擊乙下肢，並未逾越必要程度。惟最高法院仍從形式上觀察，原判決並無違背法令之情形存在，且並無認定事實未憑證據之情形，屬事實審法院自由裁量之事項，既未逾法定刑度，且無違背公平正義情形，故直接駁回上訴，本案即告確定[5]（如表24-1）。

三、非常上訴之判決

檢察總長在本案確定後，又針對乙在本案發生前，曾經施用安他命而喪失行車控制能力一事，認為原審並未詳細審視影響甲刑責的證據，從而提起非常上訴。檢察總長認為：上開鑑定報告所稱被害人達「中毒性休克」、「意識不清」之狀況，是否表示被害人已無判斷行為之能力？若被害人已無行為判斷能力，則其遇警攔截，自己都未能控制、預測其下一步之舉動，能否排除其亦有衝撞被告之可能？以當時被告與被害人對峙時間甚短，能否由被害人駕車離開現場之情形於事後推論被害人之倒車拒捕行為對被告實際上並未造成生命、身體之不法侵害？此攸關被告是否正面臨生命、身體之不法侵害及被告應採取之防衛方法之判斷，原審未予查明，不無於審判期日調查之證據而未予調查之違法。

---

4 刑法第276條規定已於2019年5月29日修正公布並於同月31日生效，將刑法第276條第2項之「從事業務之人，因業務上之過失犯前項之罪者，處五年以下有期徒刑或拘役，得併科三千元以下罰金」之規定予以刪除，修正後刑法第276條規定為「因過失致人於死者，處五年以下有期徒刑、拘役或五十萬元之下罰金」。

5 參照最高法院104年度台上字第3901號刑事判決。

表24-1　歷審法院判斷員警誤擊拒捕通緝犯用槍是否過當思維

用槍當時情境	竊盜通緝犯拒捕遭員警對空鳴槍示警，仍不理續踩油門迅速以順時針方向倒車繞過員警欲逃離現場，後遭近距離接續射擊大腿3槍後仍逃逸約560公尺後傷重致死
員警用槍與通緝犯死亡是否有因果關係？	是 員警甲槍擊造成通緝犯出血休克是主要死因
是否符合得使用警槍之時機？（警械使用條例第4條）	是 通緝犯正要倒車逃跑，且有衝撞員警之可能，符合警械使用條例第4條第1項第3款所明定之用槍時機
有無急迫需要？（警械使用條例第6條前段）	是 員警欲將其逮捕但仍拒捕不聽對空鳴槍之警告仍極力脱逃，於此急迫情形下得依規定使用槍械，且使用槍械亦能有效達成逮捕被害人之目的
手段是否合理、必要？（警械使用條例第6條後段）	否 未選擇對通緝犯侵害最小之方式，即率而對人下肢連開3槍，用槍之方式逾越必要程度，致所欲達成之行政目的，與侵害之法益輕重失衡，是員警使用槍械之行爲未合乎警械使用條例第6條之規定
是否阻卻違法？（依法令之行為或正當防衛）	否 不得以依法令之行爲阻卻違法，惟其逾越必要程度用槍雖不能主張正當防衛，但有誤認有不法侵害之情事存在，符合誤想防衛情形
認定結果	有罪 欠缺罪責故意，成立業務過失致死罪

資料來源：作者自繪。

不過，最高法院並未接受檢察總長意見，認爲：「羅某於案發前不僅能駕駛自用小客車至案發現場，於案發當時亦能辨識穿著警察制服之被告，並判斷自己因案遭通緝，惟恐遭被告逮捕，而能順利操作、啓動自用小客車，並以順時針方向倒車欲往聯外道路行進……況羅某當時是否有上述『中毒性休克』及『意識不清』之情形，僅係其當時主觀上之生理與意識狀況，尚不足以影響原確定判決依憑第一審勘驗筆錄，而據以認定『羅某當時並無駕車對被告衝撞或攻擊之動作，且羅某係以順時針方向倒車欲往聯外道路行進，並繞過左側車門旁之被告而急速駕車駛離現場，被告站立於開啓之駕駛座左側車門外，事實上並無遭碰撞或拖行之情形，其生命、身體並未遭受實際之傷害』之客觀事實，亦不足以改變原確定判決對於被告當時所爲尙不符合正當防衛之判斷結果。」基此最高法院認爲並無應於審判期日調查之證據而未予調查之違法情形，故駁回非常上訴[6]。

參 本案省思

確實，警察人員執行職務，在得使用槍械時，仍應基於急迫之需要，且不得逾越必要之程度，以防止濫用槍械而侵害人民權益。最終本案法院的判決仍認爲員警甲槍擊造成乙出血休克是主要死因，用槍過當不得以依法令行爲阻卻違法，不能主張正當防衛但有誤想防衛情形，最後應負業務過失致人於死罪責。至於判決評價基礎是被告使用槍械之行爲未合乎警械使用條例第6條之規定，即合法使用槍械須符合「急迫需要」、「手段合理」這二要件，又可槍擊人體致命處，僅限於「最急迫」時情況，方可爲之，況且基於事後調查得知乙有順時針倒車避過甲，否定存在防衛情狀，但有誤想防衛情形存在。誠然，國家授權公權力的強制作用，應以最小的侵害爲準則，但最小之侵害，不能僅以結果論爲判斷方式，否則若仍堅持對於拒捕通緝犯脫逃用槍，用槍結果必須符合用槍時預定之必要損害程度始能免責，倘若超出此程度而生「加重」結果，如本案因射中腿部造成通緝犯失血過多致死，便稱用槍之方式逾越必要程度且與侵害之法益輕重失衡，而不得以依法令之行爲主張阻卻其違法性。如此，必然會發生是否即須容忍所有任由應逮捕拘禁之人脫逃均不能使用警槍之事實發生，而只能如判決所言：「再迅速透過巡邏警網圍捕，或趁周遭無波及他人之危險而可持槍朝被害人車輛之輪胎射擊，以阻止被害人駕車逃離，並非有立即使用槍械對人身射擊。」如此是否能實現國家刑罰權所賦予得使用強制

6　參照最高法院105年度台非字第88號刑事判決。

力的目的？恐令人疑慮！對於對抗犯罪所允許的強制手段，其干預強度的授權，應較一般行政目的實現的行爲，會有更大的寬容性[7]。

因此，判斷員警用槍是否過當？應先從使用警械的法律授權條件觀察，若屬正當法律授權的範圍，且其使用行爲也遵守誡命上的要求，則其行爲便屬正當行爲，縱使所生之侵害結果，非屬預期，仍不能倒果爲因而科以刑責，否則所謂依法令之行爲不罰，將淪爲空談[8]。

此外，判斷是否逾越法令之授權，應從身歷其境「理性警察」的行爲作爲判斷基準，結果僅是參考輔助作用之一而已，而非以後見之明判斷。如同「警察人員使用槍械規範」，要求各機關對於警察人員使用槍械適法性之判斷基準，應以用槍當時警察人員之合理認知爲主，事後調查或用槍結果爲輔。同樣地，最高法院96年度台上字第5765號刑事判決，亦認爲是否合於急迫之需要及必要之程度，則須綜合全部之主、客觀情況資以判斷，而非僅以事後察知之客觀事實以檢討判斷其是否合於槍械之正當使用。

誠如張景義用槍案法官所言：「況此一風險之產生，乃係因黎員拒絕遵從執法警員命令下車，一再拒捕並欲倒車逃離致危害人群及用路人安全所致，理應自行承擔，而非由爲保護民眾生命、身體安全而開槍制止之執法警員承擔此項注意義務，方屬事理之平。」期望未來法院審理類似本案時，能充分考量當時情況之「不可控制之風險」，重視身歷其境員警合理認知[9]。是以，本案之判決，仍有檢討之處。

---

7 方文宗，警械使用正當性之刑法界限，東海大學法學研究，第57期，2019年5月，頁51-61。

8 柯耀程，用槍過當？——評最高法院一〇四年度台上字第三九〇一號、臺灣高等法院一〇四年度上訴字七八七號、桃園地方法院一〇三年度矚訴字第一九號刑事判決，月旦裁判時報，第45期，2016年3月，頁39。

9 最高法院108年度台上字第1017號刑事判決、臺灣高等法院107年度上訴字第242號刑事判決。

肆 本案開啓本條例之修法

警械使用條例係規範我國警察人員執行職務使用警械之準據，警察法第9條第6款規定警察有依法使用警械之職權，同法施行細則第10條第1項第5款規定使用警械依警械使用條例之規定行之，而刑法第21條第1項規定依法令之行爲，不罰；故警察人員依警械使用條例之規定使用警械之行爲，爲依法令之行爲，而依法令之行爲，不罰。惟本條例至上次2002年6月26日修正公布後已逾二十年，考量社會環境已今非昔比，對於規範不足及實務功能欠缺等不合時宜之處，確實有必要檢討修正，以符合警察勤務需要及民眾合理期待。

由於本案引發媒體高度關注，立法院便提出應成立「警械使用鑑定委員會」之提案，內政部警政署遂於2016年開啓本條例之修法工作。再加上2022年8月22日發生令人遺憾不捨的臺南殺警案後，立法院便於2022年9月30日三讀通過警械使用條例部分條文修正案，總統於同年10月19日公布修正第1條、第4條、第11條條文；增訂第10條之1至之3條文；並刪除第12條條文（依本條例使用警械本屬依法令而爲合法行爲毋庸重複規定），其修正重點包含如下：

一、警械種類由內政部定之

警察人員執行職務時得依本條例使用警械；使用時應著制服或出示足資識別之警徽或執行職務之證明文件。但情況急迫時，不在此限。警械，包含警棍、警刀、槍械及其他器械；其種類，由內政部定之，使事權一致（參照本條例第1條）。

二、放寬警械使用範圍

明定發生本條例第4條第1項第4款、第5款之情形，若警察人員執行職務，無法有效使用警械時，得使用其他足以達成目的的物品，該物品於使用時視爲警械，以符合勤務現場實際需要（參照本條例第4條第3項）。

三、得逕行射擊時機明確化

明文列舉員警執勤時，認犯嫌或行為人有將危及員警或他人生命或身體，得使用槍械逕行射擊的四個時機，包含：1.以致命性武器、危險物品或交通工具等攻擊、傷害、挾持、脅迫警察人員或他人時；2.有事實足認持有致命性武器或危險物品意圖攻擊警察人員或他人時；3.意圖奪取警察人員配槍或其他可能致人傷亡之裝備機具時；4.其他危害警察人員或他人生命或身體，情況急迫時。讓員警執行職務時，主觀上認為犯嫌或行為人有特定行為或情狀，不即時制止將危及員警或他人生命或身體安全時，得不經鳴槍警告，使用槍械逕行射擊，不再遲疑，先發制人，以確保員警安全（參照本條例第4條第4項）。

四、設置調查小組並提供教育訓練及倫理促進建議

內政部應遴聘相關（構）代表及專家學者組成調查小組，得依職權或依司法警察機關的申請，就所屬人員使用警械致人死亡或重傷爭議事件的使用時機、過程與相關行政責任進行調查及提供意見；且調查小組對於警械使用妥適性之判斷，得考量使用人員當時之合理認知；其組織及運作方式，由內政部定之，以便能更公正、客觀地調查使用警械的爭議事件，釐清使用警械之妥適性，以保障當事人權益。再者，調查小組得提供司法警察機關使用警械之教育訓練及倫理促進等建議事項，以回饋警察教育訓練及倫理促進（參照本條例第10條之1）。

五、救護義務與進行調查並提供涉訟輔助及諮商輔導

警察人員使用警械，致現場人員傷亡時，應迅速通報救護或送醫，並作必要之保護或戒護。然所屬機關接獲通報後，應進行調查並提供警察人員涉訟輔助及諮商輔導，以協助員警涉訟及諮商輔導（參照本條例第10條之2及第10條之3）。

六、回歸國賠機制且維持僅限第三人始得請求補償

警察人員執行職務時違反本條例規定使用警械，致侵害人民自由或權利時，依「國家賠償法」規定辦理。若警員行為出於故意，賠償義務機關

得向其求償。另依本條例規定使用警械，致第三人生命、身體或財產遭受損失時，第三人得請求補償。但因可歸責該第三人的事由時，得減輕或免除其金額。至於補償項目、基準、程序及其他相關事項之辦法，由內政部定之。使員警使用警械所需負擔的賠償，回歸國家賠償機制，讓用槍員警免於直接面對訟累，讓國家作爲員警靠山（參照本條例第11條）。

伍 使用警械注意事項

本條例第1條規定，警察人員執行職務時得依本條例使用警械；使用時應著制服或出示足資識別之警徽或執行職務之證明文件；但情況急迫時，不在此限。警察人員執行職務時，得依本條例第2條規定使用警棍指揮、第3條規定使用警棍制止、第4條規定使用警刀或槍械、第5條規定執行取締、盤查等勤務時使用警械。況且本次修正新增第4條第4項，明定員警遇有危及自身或他人生命、身體之急迫危險，得使用槍械逕行射擊之四個時機。

換言之，警察人員在執行職務，客觀上有使用警刀或槍械之情事存在時，即得使用警刀或槍械，必要時得併使用本條例第1條第2項所定其他器械，況且執行職務時，所防衛之土地、建築物、工作物、車、船、航空器或他人之生命等遭受危害或脅迫時，或警察人員之生命、身體、自由、裝備遭受強暴或脅迫，或有事實足認有受危害之虞時，無法有效使用警械時，得使用其他足以達成目的的物品，該物品於使用時視爲警械。縱使如此，使用警刀或槍械時，仍應遵守如下使用警械之程序及注意事項等限制：

一、事前：1.出示身分（本條例第1條第1項）；2.先命停止舉動或高舉雙手（本條例第5條）；3.判斷有無急迫需要（本條例第6條前段）。

二、事中：1.手段合理即使用警械應符合比例原則（本條例第6條後段）；2.警察人員使用警械之原因已消滅者應立即停止使用（本條例第7

條）；3.警察人員使用警械時應注意勿傷及其他之人（本條例第8條）；4.警察人員使用警械時如非情況急迫應注意勿傷及其人致命之部位（本條例第9條），但若符合本條例第4條第4項得使用槍械逕行射擊之四個時機，因前提已經符合本條例第9條所定情況急迫的要件，未再課予員警應注意勿傷及其人致命部位之特別注意義務。

三、事後：1.應將經過情形，即時報告該管長官，但使用警棍指揮者，不在此限（本條例第10條）；2.警察人員使用警械，致現場人員傷亡時，應迅速通報救護或送醫，並作必要之保護或戒護（本條例第10條之2）；3.所屬機關接獲通報後，應進行調查並提供警察人員涉訟輔助及諮商輔導（本條例第10條之3）；4.使用警械因而致人傷亡或財產損失之賠償或補償措施（本條例第11條）。

陸 本案催生「警械使用調查小組」

一、增設「警械使用調查小組」

鑒於警察人員執行職務使用警械是否符合法定客觀情狀、急迫要件及使用程度是否符合比例原則等，均涉及法律、警械之機械物理特性、使用對象與現場情境之危險及急迫性、使用人之生理與心理反應及現場跡證重建等專業領域。爲釐清警察人員使用警械之妥適性，此次修法增訂由內政部遴聘相關領域機關（構）代表及專家學者組成任務編組性質之「調查小組」，依職權或依所屬機關申請就使用警械致人死亡或重傷爭議事件之使用時機、過程與相關行政責任進行調查及提供意見，增設「警械使用調查小組」，以建立更公正、客觀、專業調查機制，保障員警與相關當事人之權利。

二、判斷得考量使用人員當時之合理認知

調查小組對於警察人員使用槍械妥適性判斷基準之原則，不僅限於事後調查結果爲主要判斷考量之依據，而得以警察人員用槍當時之合理認知

作爲調查槍械適法性之主要判斷考量，避免以事後察知客觀事實結果來論斷。

三、提供教育訓練及倫理促進等建議

調查小組透過本機制之運作，可蒐集累積相關案例，對於使用警械之教育訓練及倫理促進等部分，提出具體建議事項，供內政部警政署及中央警察大學作爲使用警械教育訓練教材及倫理促進之建議。

如此修正，確實也符合「聯合國執法人員使用武力和槍械的基本原則」，要求各國政府和執法機關應對與使用武力和槍械有關的道德倫理問題不斷進行審查研究，以及各國政府執法機關應確保進行有效的審查，並確保獨立的行政或檢控部門可以在適當情況下行使管轄權，在造成有死亡和重傷或其他嚴重後果時，應立即向負責行政審查和司法管理的主管當局送交詳細報告等規範。

四、其組織及運作方式由內政部定之

原本本條例行政院版修正草案，當時考量行政效率及資源有限性，以有死亡或重傷的重大爭議案件爲限，且爲保持彈性，「警械使用調查小組」功能、組成及運作方式，授權內政部以行政規則訂之。只是此調查機制對外仍可發生一定法律效果，應有明確法律授權依據較妥，所以此次修正通過之條文，明定調查小組「其組織及運作方式，由內政部定之」，採用法規命令授權由內政部定之，而非行政規則方式立法，深值肯定。

目前內政部依據本條例第10條之1第3項授權依據，於2023年4月19日發布「警械使用調查小組組織及運作辦法」，其重點包含：1.調查小組之任務（第2條）；2.調查小組之組成委員、任期及解聘事由（第3條至第5條）；3.調查小組召開會議相關事宜與出席人數規定及自行迴避事由（第6條至第8條）；4.參與相關調查及會議之人員保密義務（第9條）；5.調查小組業務編制人員之規定（第10條）；6.調查小組開啓調查之程序及流程（第11條至第13條）；7.調查小組會議決議作成之規定及報告之公開（第14條及第15條）；8.調查小組教育訓練之建議（第16條）；9.調查小組之行文名義（第17條）。

柒 結語

本案判決認為員警未選擇對通緝犯侵害最小之方式，即率而對人下肢連開3槍，用槍之方式逾越必要程度，致所欲達成之行政目的，與侵害之法益輕重失衡，是員警使用槍械之行為未合乎警械使用條例第6條之規定。然而，這樣的判決必然會發生是否即須容忍所有任由應逮捕拘禁之人脫逃均不能使用警槍之事實發生，而只能如判決所言：「再迅速透過巡邏警網圍捕，或趁周遭無波及他人之危險而可持槍朝被害人車輛之輪胎射擊，以阻止被害人駕車逃離，並非有立即使用槍械對人身射擊。」如此是否能實現國家刑罰權所賦予得使用強制力的目的？恐令人疑慮！

但也因本案及發生令人遺憾不捨的臺南殺警案後，立法院終於2022年9月30日三讀通過警械使用條例部分條文修正案，其修正重點包含：1.警械種類由內政部定之，使事權一致；2.放寬警械使用範圍，以符合勤務現場實際需要；3.明確化得逕行射擊時機，讓員警得不經鳴槍警告而逕行射擊，不再遲疑，以確保員警安全；4.設置警械使用調查小組，以便能更專業客觀地調查使用警械的爭議事件，且警械使用妥適性之判斷，得考量使用人員當時之合理認知，以保障當事人權益，並得提供司法警察機關使用警械之教育訓練及倫理促進等建議事項；5.現場有人員傷亡時應迅速通報救護或送醫，並進行調查與提供警察人員涉訟輔助及諮商輔導；6.回歸國賠機制，讓用槍員警免於直接面對訟累，讓國家作為員警靠山。特別是為釐清警察人員使用警械之妥適性，設置警械使用調查小組，且調查小組對於警械使用妥適性之判斷，得考量使用人員當時之合理認知，並得提供司法警察機關使用警械之教育訓練及倫理促進等建議事項，相當可採。

最後，我們也期待透過本次修法，特別是增訂「逕行射擊」規定，能更保障員警合法用槍權利及妥適維護員警執勤安全。

（本文初稿曾發表於警光雜誌，第796期，2022年11月；
警大法學論集，第38期，2020年4月）

執行職務使用槍械作業程序

（第一頁，共四頁）

一、依據：

（一）警械使用條例第一條、第三條至第十條之三

（二）警察人員使用槍械規範

（三）內政部警政署九十五年十月二十七日警署刑(鑑)字第○九五○○○五七二五號函(使用警械致人傷亡，比照重大刑案現場勘察採證)

二、分駐（派出）所流程：

流　程　權責人員　作業內容

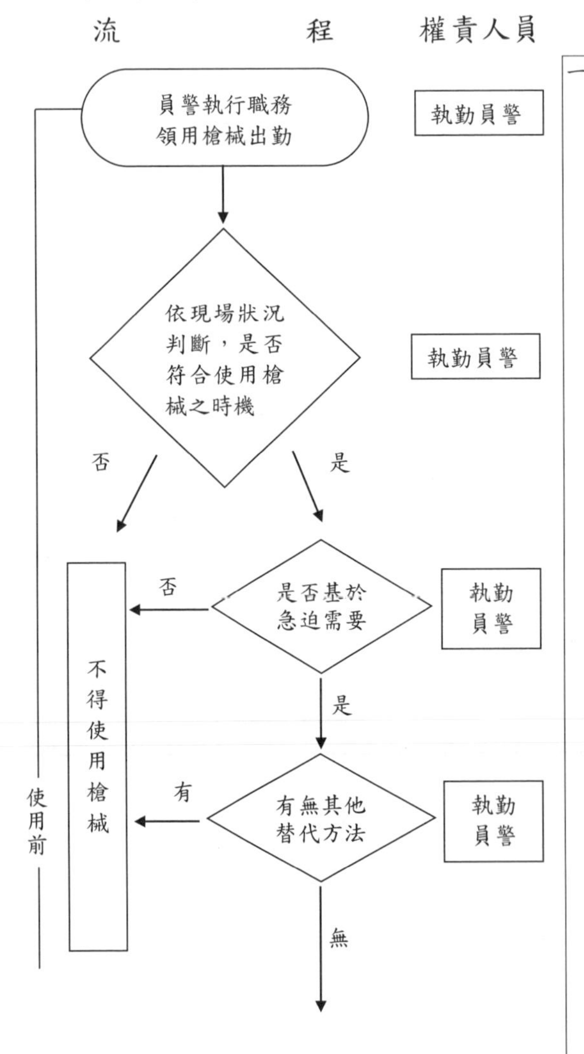

一、員警執行職務得使用槍械之時機：

(一)為避免非常變故，維持社會治安時。

(二)騷動行為足以擾亂社會治安時。

(三)依法應逮捕、拘禁之人拒捕、脫逃，或他人助其拒捕、脫逃時。

(四)警察人員所防衛之土地、建築物、工作物、車、船、航空器或他人之生命、身體、自由、財產遭受危害或脅迫時。

(五)警察人員之生命、身體、自由、裝備遭受強暴或脅迫，或有事實足認為有受危害之虞時。

(六)持有兇器有滋事之虞者，已受警察人員告誡拋棄，仍不聽從時。

(七)協助偵查犯罪，或搜索、扣押、拘提、羈押及逮捕等須以強制力執行；或依法令執行職務，遭受脅迫，非使用槍械不足以制止時。

(八)依法令執行取締盤查等勤務時，如有必要得命其停止舉動或高舉雙手，並檢查是否持有兇器。如遭抗拒，而有受

（續下頁）

（續）執行職務使用槍械作業程序

（第二頁，共四頁）

流程	權責人員
無 ↓	
不得逾必要之程度	執勤員警
1. 觀察現場狀況，應注意勿傷及其他民眾 2. 非情況急迫，應注意勿傷及對方致命之部位	執勤員警
使用槍械原因消滅時，應立即停止使用	執勤員警
現場人員傷亡時，應迅速通報救護或送醫，並作必要之保護或戒護	執勤員警
將經過情形即時報告所屬長官	執勤員警及單位主管

（使用中）（使用後）

作業內容

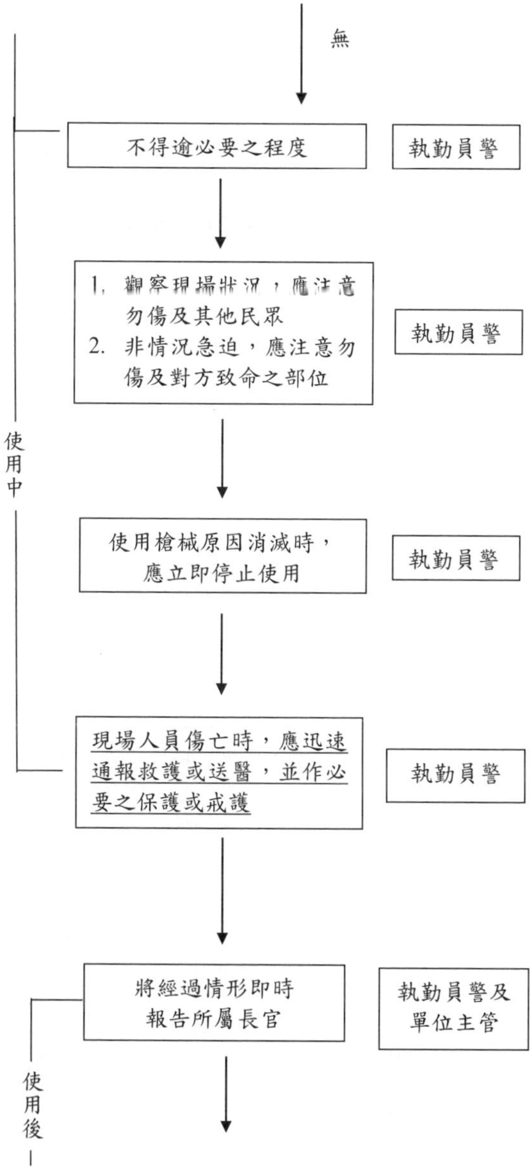

到突擊之虞時。

二、警察人員執行職務時，遇有下列各款情形之一者，得鳴槍制止：

（一）發生暴力犯罪且持續進行時。

（二）群眾聚集挑釁、叫囂、互毆或意圖包圍警察人員，情勢混亂時。

（三）犯罪嫌疑人意圖逼近、挾持、攻擊警察人員或他人，或有其他不當舉動時。

（四）犯罪嫌疑人意圖駕駛交通工具攻擊警察人員或他人，或駕駛行為將危及其他人、車時。

（五）犯罪嫌疑人持有兇器或其他危險物品，受警察人員告誡拋棄，仍不遵從時。

（六）警察人員防衛之重要設施有遭受危害之虞時。

（七）其他治安事件於警察人員或他人有遭受危害之虞時。

三、前二點情形，警察人員執行職務時，認犯罪嫌疑人或行為人有下列各款情形之一，將危及警察人員或他人生命或身體時，得使用槍械逕行射擊：

（一）以致命性武器、危險物品或交通工具等攻擊、傷害、挾持、脅迫警察人員或他人時。

（二）有事實足認持有致命性武器或危險物品意圖攻擊警察人員或他人時。

（續下頁）

（續）執行職務使用槍械作業程序

（第三頁，共四頁）

流程	權責人員	作業內容
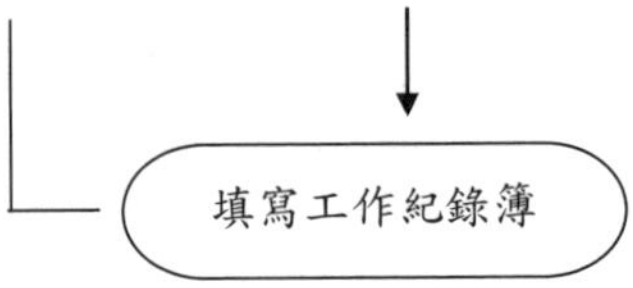 填寫工作紀錄簿	執勤員警	（三）意圖奪取警察人員配槍或其他可能致人傷亡之裝備機具時。 （四）其他危害警察人員或他人生命或身體，情況急迫時。 四、發生第一點各款情形之一，認為以使用警棍制止為適當者，得使用警棍制止之。於必要時，得併使用其他經核定之器械。 五、使用槍械應注意事項如下： （一）應基於急迫需要，合理使用槍械，不得逾越必要程度。 （二）應注意勿傷及其他之人。 （三）如非情況急迫，應注意勿傷及其人致命之部位。 （四）用槍之原因已消滅時，應立即停止使用。 六、警察人員使用槍械，致現場人員傷亡之情形，應迅速通報救護傷患或將其送醫救治，及保全現場為必要之保護或戒護等即時處置作為。 七、使用槍械後應將經過情形即時報告該管長官並填寫工作紀錄簿備查。

三、分局流程：

流程	權責人員	作業內容
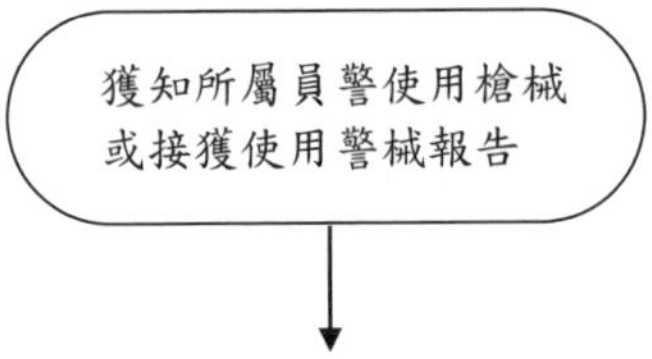 獲知所屬員警使用槍械或接獲使用警械報告	督察人員或業務承辦人	一、分局督察人員或業務承辦人於獲知所屬員警使用槍械或接獲使用警械報告後，對於本案有關之其他後續事宜，應給予協助。 二、遇有致人傷亡情形時，比照重大刑案現場勘察採

（續下頁）

（續）執行職務使用槍械作業程序

（第四頁，共四頁）

流程	權責人員	作業內容
↓ 1. 即時協助員警處理後續事宜 2. 如有致人傷亡情形，比照重大刑案現場勘察 ↓	1. 督察人員或業務承辦人 2. 刑事鑑識人員	證，強化槍擊現場有關跡證物之蒐集。 三、警察機關接獲通報所屬人員使用警械致現場人員傷亡時，應立即進行用槍相關情形之事實調查，釐清責任歸屬，層報警政署督察室彙辦；另提供專人協助警察人員涉訟法律輔助及心理諮商輔導事宜。
調查用槍情形之事實，層報警政署督察室彙辦，並提供專人協助涉訟法律輔助及心理諮商輔導	督察人員或業務承辦人	

四、使用表單：員警工作紀錄簿。

五、注意事項：

（一）使用槍械時，須依規定穿著制服，或出示足資識別之警徽或執行職務之證明文件。但情況急迫時，不在此限。

（二）一百零五年八月四日訂頒警察人員使用槍械規範，規定警察人員執行各項職務時，研判自身或他人可能遭受襲擊時得「持槍警戒」（第四點），以及警察人員執行職務時得「鳴槍制止」之情形（第五點）。

（三）九十一年六月二十六日修正警械使用條例，刪除須事先警告（對空鳴槍）之規定，一百十一年十月十九日修正警械使用條例，新增警察人員執行職務得「逕行射擊」情形之規定；惟員警使用槍械前，應確認是否符合警械使用條例規範之使用時機，使用時則應注意比例原則，不得逾必要程度，並顧及各應注意事項，且保持高度警覺，小心謹慎，正確使用槍械，以保障自身及民眾之安全。

第二十五章

處理犯罪組織聚集不解散案例

壹 案例事實

你是某轄區派出所所長，接獲民眾檢舉有幫派成員在轄區某餐廳包廂用餐，並在用餐時不斷高喊「天道自在人心、是非自有公論」等口號，引起走過包廂外用餐人注目，你帶班前往現場了解後，有發現並蒐證到相關幫派名義，你可否依組織犯罪防制條例第3條第4項「犯罪組織聚集不解散罪」規定要求解散？

貳 組織犯罪與犯罪組織

犯罪學對於犯罪行爲類型的區分，可分爲個體犯罪與集團犯罪，至於集團犯罪應有幾人以上始可構成，則依各國法律規定之不同而有所差異。若言犯罪乃是人類社會的一種病態社會現象，且此現象由個人犯罪演變至團體犯罪且呈現組織化現象時，組織犯罪即會產生。再由犯罪學的觀點而言，從事組織性犯罪行爲的團體乃稱之爲「犯罪組織」，其主要目的是以利用非法手段奪取不法利益，與一般企業雖然具有組織結構，其基本目的若不是「利用非法手段」來奪取不法利益，則不可稱之爲組織犯罪。況且組織犯罪因其背後往往具有一股黑勢力的組織性存在，且具有持續性或牟利性之有結構性組織，而與一般任意性的犯罪行爲有所不同；且此種有結構性組織特質，使其能更有效達到犯罪目的，其危害亦較一般犯罪爲大，成爲現行刑事政策防制重點。因此，「組織犯罪」則爲與犯罪組織自身直接相關之犯罪行爲如發起、主持、操縱或指揮犯罪組織，性質上屬行爲犯的一種組織罪，以及犯罪組織及其成員所實施刑法所規定之其他犯罪行爲[1]。

至於我國社會上常使用的「黑道幫派」名稱，可泛指「經常以暴力爲後盾而牟利爲生之犯罪組織或集團」，現行法律並未明確定義黑道幫派，反而是組織犯罪防制條例第2條定義所謂「犯罪組織」。依照1996年12月11日公布施行「組織犯罪防制條例」（本章稱本條例）第2條原規定：「本條例所稱犯罪組織，係指三人以上，有內部管理結構，以犯罪爲宗旨或以其成員從事犯罪活動，具有集團性、常習性及脅迫性或暴力性之組織。」然依照聯合國打擊跨國有組織犯罪公約（本章稱公約）第2條，所稱「有組織犯罪集團」，係由3人或多人所組成、於一定期間內存續、爲實施一項或多項嚴重犯罪或依本公約所定之犯罪，以直接或間接獲得金錢或其他物質利益而一致行動之有組織結構之集團；所稱「嚴重犯罪」，指構成最重本刑四年以上有期徒刑以上之刑之犯罪行爲；至於「有組織結構之集團」，指並非爲立即實施犯罪而隨意組成之集團，但不必要求確定成員職責，也不必要求成員之連續性或完善之組織結構。故於2017年4月19日將本條例第2條修正公布爲：「本條例所稱犯罪組織，指三人以上，以實施強暴、脅迫、詐術、恐嚇**爲手段或最重本刑逾五年有期徒刑之刑之罪，所組成具有持續性及牟利性之有結構性組織。前項有結構性組織，指非爲立即實施犯罪而隨意組成，不以具有名稱、規約、儀式、固定處所、成員持續參與或分工明確爲必要。**」又2018年1月3日，再次修正公布爲：「本條例所稱犯罪組織，指三人以上，以實施強暴、脅迫、詐術、恐嚇爲手段或最重本刑逾五年有期徒刑之刑之罪，所組成具有持續性**或**牟利性之有結構性組織。前項有結構性組織，指非爲立即實施犯罪而隨意組成，不以具有名稱、規約、儀式、固定處所、成員持續參與或分工明確爲必要。」

---

[1] 許福生，組織犯罪概念與成因分析，月旦法學教室，第122期，2012年12月，頁39。

參 組織犯罪形成與發展演進

一、理性選擇組織犯罪理論

在為數眾多組織犯罪形成理論中，美國新墨西哥大學政治學Peter A. Lupsha教授的「理性選擇組織犯罪理論」較為完整且解釋力較高，其理論對於我國組織犯罪的產生與發展具有適用性。Peter A. Lupsha教授認為，組織犯罪在一定的地形條件，加上外在重要的經濟及政治因素影響下，組織犯罪便會透過三個階段而演化：即「掠奪時期」（Predatory）、「寄生時期」（Parasitical）和「共生時期」（Symbiotic），任何一個組織犯罪團體均需經過一個或超過一個以上階段的演化。1.掠奪時期，犯罪團體往往只是街頭聚合，和政治體系連結不多，主要根基於「地盤」、街坊鄰里或甚至某種「行業」，衝突最多，暴力的使用僅有廣狹和程度上的差別；2.寄生時期，組織犯罪的雛形開始形成，犯罪團體為減低其風險，會利用各種手段方法尋求腐化執法或政治體系，其觸角則延伸至整個城市或區域，同時開始吸收附屬組織，並對政治體系進行腐化和賄賂；3.共生時期，政治體系為了減低風險會反過來試圖吸收組織犯罪團體，成為政府外的附屬機構。組織犯罪與政治和經濟體系可能是糾纏在一起而難以區分，組織犯罪開始進行合法化和整合至合法社會體系的工作，也因此受到各方利益團體的保護，執法或欲將其剷除可說困難重重[2]。

組織犯罪的成因，可說原本只是一群較低自我控制欠缺道德倫理責任感的人，生活在較低下階層中，為求謀生，若有人號召，便會集結在一起，出於理性選擇從事一些趨樂避苦的行為，藉以提供非法保護以獲取利益。而其所提供的最重要服務，可視為是幫助企業家壟斷市場，藉以減少衝突並創造更高的利潤，且在一定的地形條件，再加上外在重要的經濟及政治因素影響下，組織犯罪便會經歷「掠奪時期」、「寄生時期」和「共生時期」等三個階段而演化。特別是組織犯罪是建築在非法的有組織暴力基礎上，其所使用的暴力行為，均不是市場行為，亦不遵從任何市場規

[2] 許春金，犯罪學，中央警察大學印行，2003年9月，修訂1版，頁743-744。

則，即使在它向合法經濟滲透的時候，也是蔑視一切市場規則，而只是憑藉非法權力的暴力本質牟取最大的利潤，這亦是任何組織犯罪無法爲社會所容許的最大原因[3]。

二、我國之發展

我國組織犯罪之發展，歷經「流氓崛起及混亂時期」（1945-1954）、「幫派發展時期」（1955-1984）、「幫派重組及轉型時期」（1985-1990）、「組織犯罪化時期」（1991-1999）及「組織犯罪國際化」（2000至今）等時期。從其發展演變，可發現黑道原本是人類社會一種型態，然因具暴力本質，從事不法活動，而無法見容於社會，因而當社會逐漸感覺到黑道勢力坐大，無法有效管理時，政府便會採取掃黑行動，以掃除黑道。觀之臺灣這幾十年來一系列「伏妖專案」、「除四害專案」、「捕鼠專案」、「一清專案」、「迅雷專案」、「治平專案」、「掃除黑金行動方案」，以及近期因發生街頭聚眾鬥毆、槍擊押人及「臺版柬埔寨案」詐騙凌虐致死等案，爲淨化治安以穩定民心，執行同步掃黑行動等掃黑方案，均是鑒於當時黑道日益坐大，期望藉由「直接取締方式」，針對黑道分子賴以維生之「錢」、「人」、「物」嚴加取締，以壓制其組織擴大，進而斷絕其組織存在。此種掃黑基本型態乃是，依循著當時黑道生態→制定法令→依據法令實施掃黑專案→黑道生態重整與轉型→針對重整黑道生態修正專案執行模式及制定或修正法令→依據新法令實施掃黑專案等不斷掃黑。然而，黑道爲求生存，亦會隨著時代變遷及政府掃黑行動而變，從低階逐漸往高階而變，而從「掠奪時期」發展至「寄生時期」最後往「共生時期」演化[4]。

組織犯罪違法態樣，自早期以流氓角頭型態霸占地盤、火拼、敲詐勒索、收取保護費、包娼、包賭、經營地下酒家、舞廳、酒廊；隨著經濟活絡，開始經營地下錢莊、討債公司、期貨公司、涉足演藝圈、西餐廳包

---

3 許福生，同註1，頁43。

4 許福生，論兩岸共同打擊有組織犯罪問題，黃東熊教授八秩華誕祝壽論文集，2012年，頁446。

檔（秀）、工程圍標、綁標，甚至販運槍毒、以暴力介入股票、營建或以借貸方式牟取經營權。近年來更因科技發展、資通匯流、跨國（境）交通便利，逐漸形成組織化的型態，隱身於各行各業經營，利用行業管理法規缺漏或不足情形，以合法掩護非法，牟取不法利益，除介入都更、土地開發、光電利益外，並進行電信網路及跨境犯罪、洗錢、走私販賣槍毒等[5]。又自2008年陳雲林來臺黑衣人護衛起，臺灣陳抗活動開始滲透帶幫派社團色彩之團體，後續陸續發生2014年太陽花學運、2015年夏張會、反課綱學運、2016年食安公聽會、2017年香港社運人士黃○鋒來臺及臺大校園衝突事件等，幫派色彩之團體參與陳抗活動達到高峰。近年來又出現不斷演化的詐騙集團，其手法令人髮指，如2022年發生震驚社會的「臺版柬埔寨」詐騙凌虐致死案。

三、我國警方之作為

為因應組織犯罪發展之變革，我國警方先前便有提出「除暴專案——掃黑三打策略」，即：1.立即處理即時壓制（一打）；2.聚焦打擊向上溯源（二打）；3.向下拋根斷絕金流（三打），且也導入第三方警政概念，規劃除暴專案[6]。

2022年1月11日並函修正「警察機關防制幫派組織犯罪工作計畫」，以達「紮根建檔」、「溯源刨根」、「分進合擊」目的，以「系統性掃黑」策略，運用幫派組合情資蒐報、危害風險評估、防制幫派公開活動、數位鑑識分析、金流調查等作為，掌握轄內幫派組織網絡，針對人（幫派分子）、金流（不法利得）、行業（經營、圍事或經常出入處所）與資通媒介（幕後金主、系統商、資訊網路共犯與傳輸內容）標的，依不同轄區治安特性實施有效打擊。另警政署已於2022年10月24日責請刑事警察局、各直轄市、縣（市）政府警察局成立掃黑專責隊，統一事權、發揮偵查最

5 駱立凡，幫派份子處理法制之研究，中華警政研究學會警政與警察法相關圓桌論壇（三十五）會議紀錄，2021年3月12日，頁11-13，http://www.acpr.org.tw/PDF/Panel_20210312_Criminal%20Street%20Gang%20Act.pdf。

6 張雅綸，我國抗制幫派犯罪活動之「除暴專案」實施現況，刑事雙月刊，第83期，2018年4月，頁19。

大能量，並統合蒐證情資，藉由各種掃黑強化作為，展現「幫派犯罪零容忍」的執法決心[7]。

肆 2023年本條例修正重點

面對我國組織犯罪不斷演化，持續完善掃黑法制，實屬刻不容緩。1996年公布施行首部抗制組織性犯罪之本條例專法，並於2017年為有效打擊跨境電信詐騙犯罪，於是參照公約所稱「有組織犯罪集團」之定義，擴大其概念而將其納入規範；且在施行不及一年時，為防止特定犯罪集團介入政黨從事暴利性政治陳抗之新型態幫派犯罪活動，2018年又將「所組成具有持續性及牟利性之有結構性組織」修正為「所組成具有持續性**或**牟利性之有結構性組織」，擴大其認定範圍，以因應組織犯罪之發展，而規範有關組織犯罪之定義、組織性犯罪之犯罪型態、其他處罰之型態（如利用犯罪組織權勢犯罪之態樣、招募行為及加重違反他人意願之罰責、資助犯罪組織者、法人涉及之處罰）、組織成員參加組織犯罪財產之沒收、包庇犯罪組織之公務員、公職人員的處罰、程序規定（如組織成員之自首、提供資料、自白、檢舉人之保護、證人、被害人之保護）、軍事審判程序準用之及其他規定（如檢舉獎金、連坐條款、簽訂國際協定），以作為打擊組織犯罪之執法依據。

然而，組織犯罪具有眾暴寡、強凌弱之特性，危害社會甚大，邇來更有戕害人權之犯罪組織及共犯集團，招攬國人至國外從事電信詐欺、性剝削、勞力剝削等案件，嚴重衝擊社會治安，更重創我國國際形象；日前亦有黑道幫派高調聚會，刻意壯大聲勢，公然挑戰公權力，引發民眾不安及社會不良觀感。有鑑於此，立法院又於2023年5月9日三讀通過「組織犯罪防制條例部分條文修正案」，總統於同年月24日公布施行，期待透過「加

7 黃明昭，玉兔迎春添新象 厚植專業捍民心—署長112年新春賀詞與勉勵，警光雜誌，第798期，2023年1月，頁3。

強規範密度」及「擴大沒收範圍」，以澈底剝奪組織犯罪之不法所得，強力抑制組織犯罪集團氣焰。至於本次本條例部分條文修正之重點，說明如下[8]：

一、刪除強制工作相關規定，以符合司法院釋字第812號解釋意旨。

二、增訂以言語、舉動、文字或其他方法，明示或暗示其為犯罪組織之成員，或與犯罪組織或其成員有關聯，在公共場所或公眾得出入之場所聚集3人以上，已受該管公務員解散命令3次以上而不解散之行為處罰，最重可處有期徒刑三年，得併科新臺幣300萬元以下罰金，以反制犯罪組織之氣焰，並周延公共安全之維護。

三、增訂意圖使他人出中華民國領域外實行犯罪而犯招募他人加入犯罪組織罪。最重可處七年有期徒刑，得併科新臺幣2,000萬元以下罰金，以遏止犯罪組織勢力擴張。

四、擴大具公務員身分犯招募他人加入或資助犯罪組織之行為，加重處罰之規定。

五、擴大沒收範圍，澈底斷絕不法犯罪誘因。

六、修正偵查及歷次審判中均自白始得減輕其刑之規定，以符合鼓勵自白及使訴訟程序儘速確定之刑事政策。

七、修正犯本條例之罪，經判決有罪確定者，即不得登記為公職人員候選人，以杜絕黑道參政。

伍 犯罪組織聚集不解散罪之構成要件

鑒於近來黑道幫派高調舉辦春酒、聚會、公祭等大型活動，聚集大量幫派分子，刻意壯大聲勢、高調炫富、公然挑戰公權力，造成出入會場附近民眾不安，引發社會不良觀感，為反制黑幫氣焰，並因應當前國內幫派擴張勢力之方式改變，符合我國民眾對社會治安之期待，兼顧人權保障、

8 參照2023年5月9日法務部新聞稿內容。

比例原則、手段目的相當、法律明確性；本條例參照日本暴力團對策法第29條立法精神：「被認定爲暴力團成員之人不得從事以下行爲：(1)被認定爲暴力團成員之事務所不得從周圍或外面可看到內部，亦不得標示或放置國家公安委員會定義之使周圍住民或是行人感受到不安之物品。(2)在事務所或周邊不得有使周圍住民或是行人感到不安的暴行爲或語言。(3)強迫他人將辦公室作爲債務履行地或其他國家公安委員會規則所規定事務之執行場所。」以及刑法第149條規定：「**在公共場所或公眾得出入之場所聚集三人以上**，意圖爲強暴脅迫，**已受該管公務員解散命令三次以上而不解散者**。」對於以言語、舉動、文字或其他方法，明示或暗示其爲犯罪組織之成員，或與犯罪組織或其成員有關聯，在公共場所或公眾得出入之場所聚集3人以上，已受該管公務員解散命令3次以上而不解散之行爲，予以處罰，以強化規範密度及周延公共安全之保護，增訂本條例第3條第4項第2款規定：「以第二項之行爲，**爲下列行爲之一者，亦同**：二、**在公共場所或公眾得出入之場所聚集三人以上，已受該管公務員解散命令三次以上而不解散**。」（第2項之行爲爲「以言語、舉動、文字或其他方法，明示或暗示其爲犯罪組織之成員，或與犯罪組織或其成員有關聯」）如此，本款犯罪組織聚集3人以上不解散罪之構成要件，包含如下：

一、以言語、舉動、文字或其他方法明示或暗示其為犯罪組織之成員或與犯罪組織或其成員有關聯

本要件之犯罪組織不以現存幫派爲必要，況且其犯罪主體不限於幫派成員，任何人均可，但須符合本條例第3條第2項明示或暗示其爲犯罪組織之成員或與犯罪組織或其成員有關聯之定義。

明示態樣如甲等人先後出入該超商內、外，並在場自稱係「竹聯幫豹堂」之人，明示渠等爲犯罪組織之成員，要求店長出面並解釋前一日自稱「○○」之人之眞實身分，亦前往櫃檯找店長及驅趕客人，並聲稱：「今天沒有要賣東西、休息、都出去」等語，復表示乙積欠之賭債僅清償6萬元，仍有10萬元需處理等語，要求乙履行未給付之10萬元賭債[9]。

[9] 參照臺灣高等法院109年度上訴字第2770號刑事判決。

暗示態樣如丙基於恐嚇危害安全、以文字暗示其爲犯罪組織之成員（如「我可以不理這件事，叫他們去拜託別人，一組人換過一組人，不管過多久，都隨時還會有人去找麻煩」、「躲就好了喔躲得掉嗎」），而要求履行債務之犯意，以此方式暗示其爲犯罪組織太陽會之成員而要求丁履行債務[10]。

二、在公共場所或公眾得出入之場所聚集3人以上

本罪構成要件之行爲必須聚集3人以上有群聚性行動，所以被稱爲聚眾犯或聚合犯。一般而言，聚眾犯是藉由許多人在時間、空間和身體的接近，其群體成員受到特定心理狀況影響，而具有共同意識情感，爲某共同目的而行動的群體所爲的犯罪[11]。由於聚眾犯與群眾心理有緊密關係的程度非一般犯罪可比，屬於必要共犯之一種[12]。

依刑法第149條及第150條立法理由說明，此「聚集」之行爲，不論其在何處、以何種聯絡方式（包括社群通訊軟體）聚集，其係在遠端或當場爲之，均爲該當此處之聚集行爲，且包括自動與被動聚集之情形，亦不論是否係事前約定或臨時起意者均屬之。惟在此所謂聚集，並非單純描述3人共同在場之「狀態」，而係指3人以上前往同一地點，或邀集他人在自己所在地點聚合之「行爲」[13]。

「公共場所」係指供不特定多數人共同使用或集合之場所，如公園、道路、廣場等；「公眾得出入之場所」係指特定多數人或不特定人得隨時出入之場所，如餐廳、酒館、KTV大廳、百貨公司等；於適用本罪時，應依個案事實認定犯罪地點究屬於公共場所或屬於公眾得出入之場

10 參照臺灣基隆地方法院111年度易字第506號刑事判決。

11 李錫棟，聚眾犯在參與關係上之相關問題——以騷亂罪爲例，甘添貴教授八秩華誕祝壽論文集編委會，刑事法學的浪潮與濤聲：刑法學——甘添貴教授八秩華誕祝壽論文集，元照出版，2021年4月，頁733。

12 必要共犯之犯罪型態，常屬於爲了保護社會法益和國家法益等超個人法益之犯罪；又必要共犯從行爲人意思表示方向，固可區分爲聚合犯或對向犯，然而從法益侵害的觀點來看，不管是聚合犯或對向犯，法益的侵害方向其實是一致的。參照王皇玉，刑法總則，新學林出版，2020年8月，頁415。

13 參照臺灣士林地方法院109年度訴字第311號刑事判決。

所。換言之，「公眾得出入之場所」，係指非屬公共場所，而特定多數人或不特定之人於一定時段得進出之場所，與所有權歸屬無涉。如就案發地點為工廠外之廣場，有碎石道路與新馬路相連，該廣場及碎石道路對外未設阻隔或障礙，亦無禁止他人進入之告示或標誌，顯與一般供人隨意通行之聯外道路、空地無異，縱該廣場為私人所有，仍不失為公眾得出入之場所[14]。

三、已受該管公務員命令解散3次以上而不解散

該管公務員，指依法令或機關內部規範，有權發布解散命令之公務員，非以其個人名義，而是代表國家機關發布命令，不限於同一人。

解散命令須使在場眾人得以得知認識該解散命令，命令為文書或口頭，直接或間接，均非所問，且每次解散命令必須有適當間隔。至於受解散命令至少須3次以上，最多達多少次，並無規定，可至無數次。故受解散命令3次而不解散者，固成本罪，若已遵命解散，即不構成本罪；然於受解散命令至4次、5次以上者，如已解散，亦應認為不成立本罪。否則，3次命令不解散，罪已成立，迨4次、5次之命令始解散者，則認為其與犯罪成立無關，豈立法之本旨[15]？

陸 開頭案例之處理

一、一般警察機關對幫派藉婚喪喜慶場所從事公開活動，多能事前規劃約制，並於事中蒐證掌握，對參與人員亦能掌握是否具幫派背景及現場事證能完整蒐證，並踐行命令解散程序。但本案係民眾檢舉屬臨時現場，所長帶班到場後，在未能掌握是否確屬該幫派團體，不宜逕用本條文要求現場終止聚餐而令其解散。

二、按包廂是否屬公眾得出入之場所，須視包廂是否上鎖、行經包

14 參照最高法院110年度台上字第5875號刑事判決。

15 陳煥生、劉秉鈞，刑法分則實用，一品文化，2020年，頁129。

廂門外走道之人是否均可透視包廂內情形，遞送餐點、茶水之服務人員等旁人是否得隨意進出該包廂，足認已達不特定人或特定多數人得以共見共聞之「公然」狀況等情形而定，如其爲不特定人或特定多數人得以自由進出，則可判定屬公眾得出入之場所。因而一般餐廳之包廂，是符合特定多數人得以自由進出，屬公眾得出入之場所，若現場有聚集3人以上聚餐，符合本罪構成要件之一判認，但仍應注意包廂內蒐證合理期待隱私權之保障。

三、包廂用餐隱密爲之，參考日本暴力團對策法第29條立法精神，是否從包廂外，得以看出裡面爲幫派成員之聚會而決定，因爲本條在保護公共秩序，若不會引起附近、鄰近民眾不安或恐慌，而該等成員僅是從事聚會目的活動，且未有其他違反行爲，保守爲之[16]。

四、犯罪組織不以現存者爲必要，依現場客觀事實合理判斷認較一般民眾聚集易生危害時，應對現場用餐者實施盤查，並同步蒐證。如蒐證過程明顯掌握現場足資佐證爲犯罪組織或其成員關聯之事證（如足以顯示犯罪組織之標誌、旗幟、穿著足以顯示犯罪組織之服飾或僞以企業爲名暗示爲犯罪組織等），可依本罪條文踐行命令解散程序（參照「犯罪組織聚集三人以上不解散案件處置作業程序」）。

五、倘若已有明確事證知道在內之人有犯罪行爲，當然可依法執行逮捕，貫徹對組織犯罪零容忍堅決執法立場，但需考量是否有相對優勢警力足以壓制現場，警力不足時，應調派警力迅速趕往支援。

六、若依現場客觀事證，未明顯違反本條例或刑法相關規定，而有必要防止犯罪、危害之發生或避免急迫危險者，得依警察職權行使法相關規定採取對人行政管束或扣留危險物品等作爲。

16 參照李秀玲，組織犯罪防制條例第三條第四項說明，法務部。

柒 結語

日前竹聯幫明仁會高調舉辦春酒展示經濟實力，藉以達招募幫眾行銷目的，同時經由媒體報導，不止混淆大眾價值觀，且影響政府執法威信。特別是現行新興黑道其違法態樣與手法已從傳統暴力討債、經營圍事娛樂業、從事都更、土地開發、光電利益，轉爲籌組詐欺集團、跨境洗錢、線上賭博及販賣新興毒品，以多角化方式獲取組織金源，跨越國界，其不法利益更大、查緝更不易，且公然藉組織活動招募或吸引成員，如此掃黑的法制與策略，也需隨著黑道犯罪手法改變而調整。

因此，針對組織犯罪邇來招攬國人至國外從事電信詐欺及高調聚會等行爲，立法院三讀通過「組織犯罪防制條例部分條文修正案」，特別針對黑道分子高調舉辦春酒，可採取「先行政後司法」手段，對於以言語、舉動、文字或其他方法，明示或暗示其爲犯罪組織之成員，或與犯罪組織或其成員有關聯之行爲，而在公共場所或公眾得出入之場所聚集3人以上，如舉辦春酒或告別式等類似活動機會，彰顯犯罪組織聲勢、滋擾現場秩序，令周圍民眾感到不安或恐慌，若已受該管公務員解散命令3次以上而不解散者，處以刑罰。從而警察同仁當熟悉「犯罪組織聚集不解散罪」構成要件與處置作爲，善用此執法利器，以反制黑幫氣焰。

如同前四海幫主綽號「弟哥」舉辦的公祭，經臺北市警方期前約制，轉達不得有足以辨識幫派旗幟、徽章以及服飾等，否則將會舉牌警告等措施；周邊依法劃設管制區，對參加人員進行盤查、蒐證，並未出現與幫派相關的旗幟、文字或標誌等物，也未發現有未成年者被動員到場等不法情事，過程平和落幕，似也達到本條之立法目的[17]。

最後，面對新興黑道現行不法金流來源已轉型至電信詐欺、線上賭博等犯罪，運用科技偵查才能有效斷黑道金源，只是我國目前尚無科技偵查法源依據，呼應公約第20條規定「並在其認爲適當的情況下使用其他特

17 參照自由時報2023年6月9日即時報導。

殊偵查手段，如電子或其他形式的監視，以有效地打擊有組織犯罪」。如此，未來應在本條例新增使用「追蹤位置技術」及「設備端通訊監察」等規定，以有效瓦解組織犯罪集團[18]。

（本文初稿曾發表於警光雜誌，第779期，2021年6月；
警光雜誌，第806期，2023年9月）

[18] 許福生，要讓黑道又怕又痛 掃黑才能有成效，自由時報自由廣場，2023年4月12日。

犯罪組織聚集三人以上不解散案件處置作業程序

（第一頁，共三頁）

一、依據：

（一）組織犯罪防制條例第三條。

（二）刑法第一百四十九條。

（三）警察職權行使法第六條、第七條、第九條至第十一條、第十九條至第二十八條。

（四）內政部警政署函頒「警察機關防制幫派組合公開活動實施要點」。

（五）內政部警政署函頒「幫派組合調查處理實施要點」。

二、分駐(派出)所流程：

流程	權責人員
受理或接獲通報	值班員警
通報勤指中心派員支援 或 啟動快打警力趕赴現場	值班員警
公共場所或公眾得出入之場所聚集三人以上	
以言語、舉動、文字或其他方法，明示或暗示其為犯罪組織之成員，或與犯罪組織或其成員有關聯	執勤員警
第一次命令解散	現場指揮官 / 執勤員警

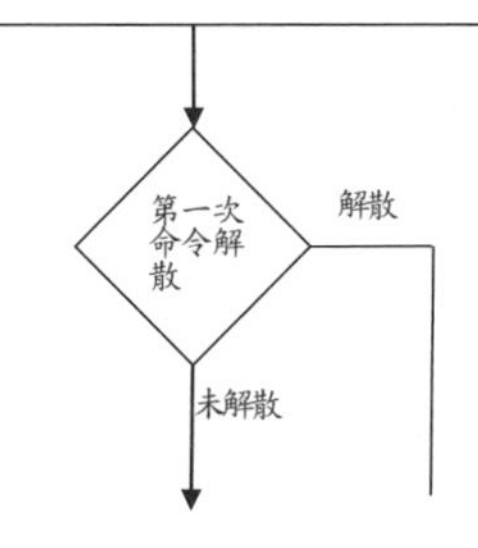

（續下頁）

作業內容

一、準備階段

（一）值班人員受理或接獲犯罪組織聚集三人以上案件，應立即通報所長(代理人)及勤務指揮中心(以下簡稱勤指中心)調派警力前往處置。

（二）線上警力不足時，調派備勤警力迅速趕往支援。

二、處理步驟

（一）分局偵查隊當日輪值幹部到場協助指導。

（二）構成要件判認：

1. 無論行為人於何處及以何方式聯絡(包括社群通訊軟體)；係在遠端或當場為之；係主動或被動；係事前約定或臨時起意，均構成「聚集」行為。另僅須人數聚集達三人以上即為已足，不限於隨時可增加人數之情形。
2. 組織犯罪防制條例第三條(犯罪組織聚集三人以上不解散罪)之違法態樣為聚集之行為人以言語、舉動、文字或其他方法，明示或暗示其為犯罪組織之成員，或與犯罪組織或其成員有關聯，故應強化蒐證現場足資佐證為犯罪組織或其成員關聯之事證（例如：足以顯示犯罪組織之標誌、旗幟、穿著足以顯示犯罪組織之服飾或偽以企業為名暗示為犯罪組織等）。
3. 犯罪組織不以現存者為必要。疑似犯罪組織或其成員聚集於公

(續)犯罪組織聚集三人以上不解散案件處置作業程序

(第二頁，共三頁)

流程 | 權責人員 | 作業內容

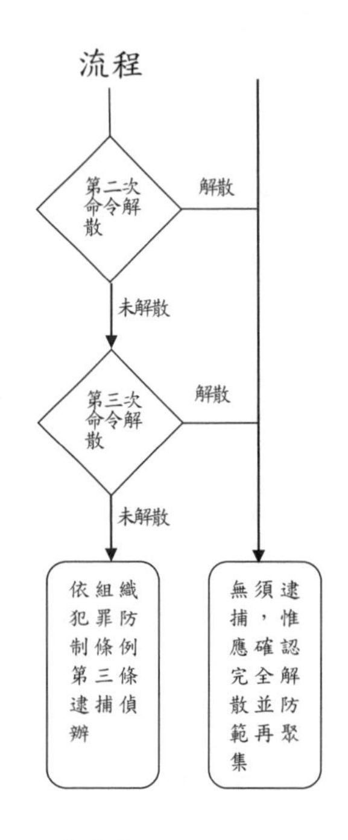

權責人員： 現場指揮官／執勤員警

共場所或公眾得出入之場所，依客觀事實合理判斷認較一般民眾聚集易生危害時，應對現場行為人實施攔檢盤查，並同步蒐證。如查證過程掌握有明示或暗示為犯罪組織之成員，或與犯罪組織或其成員有關聯，應立即蒐集事證，並要求解散。

4. 解散命令：
(1)應由現場指揮官為之。
(2)應全程蒐證，命令下達不拘形式(書面或口頭均可，非如集會遊行案件須舉牌為之)，惟應以在場行為人可得認識之方式為之，且明確表達要求聚集人員離去之意思。
(3)各命令間隔應視現場人數、急迫情形、持械威脅與否等諸般情狀綜合研判，給予解散之適當時間。
(4)於三次命令解散前解散者，必要時仍得視現場客觀事證，依最適當法令查處。

三、分局流程：

通報轄區其他分局，防範再聚集 → 釐清動機 清查背景 → 建檔分析 重點檢肅

三、結果處置：

權責人員： 勤務指揮中心

(一)依現場客觀事證，涉嫌違反組織犯罪防制條例第三條、刑法第一百四十九條或其他刑事法令者，即依刑事訴訟法第八十八條或第八十八條之一規定處置。

權責人員： 執勤員警／偵查隊

(二)依現場客觀事證，未明顯違反組織犯罪防制條例或刑法相關規定，而有必要防止犯罪、危害之發生或避免急迫危險者，得依警察職權行使法第十九條第一項第三款(預防暴行或鬥毆)、第四款(公共安全有可能受到危害非管束不能預防危害)，對行為人即時實施行政管束(行政組)；並得扣留現場之危險物品、凶器或軍器(警察職權行使法第二十一條、第二十二條)。

權責人員： 偵查隊／行政組

(續下頁)

(續)犯罪組織聚集三人以上不解散案件處置作業程序

(第三頁,共三頁)

(三)全面清查掌握犯罪組織或其成員背景資料,釐清聚集動機,並至本署「組織犯罪資料應用系統」建檔及分析,俾利後續注蒐及檢肅犯罪組織(偵查隊)。

四、使用表單:

(一)受理各類案件紀錄表。

(二)員警出入及領用槍枝彈藥無線電機警用行動電腦登記簿。

(三)e化報案三聯單。

(四)逮捕通知書。

(五)執行管束通知書。

(六)調查筆錄。

(七)陳報單。

(八)移送書。

(九)員警工作紀錄簿。

五、注意事項:

(一)集會遊行係具有特定訴求、主張或其他正當目的之人民基本權利,受憲法及集會遊行法之保障,與組織犯罪防制條例第三條係處罰明示或暗示其為犯罪組織或與其成員有關聯,在公共場所或公眾得出入之場所,聚集三人以上進而危害治安者有所區隔,因此,如經申請許可、偶發性或緊急性之集會遊行,依其情形,原則上適用集會遊行法及其相關規定處理。

(二)出勤前妥為整備相關應勤裝備,包含蒐證型(微型攝影機)及防護型應勤裝備等,並迅速抵達現場,展現嚴正執法態度,貫徹公權力。

(三)得下達解散命令之現場指揮官,於啟動快打警力時,依「各警察機關啟動快速打擊犯罪部隊實施計畫」律定;未啟動時,由勤務表編排之帶班幹部擔任。

第二十六章
維護校園安全案例

壹 案例事實

2020年10月28日晚間，就讀長榮大學的馬來西亞籍女學生，於返回校外宿舍時遭人強擄，性侵殺害後棄屍在高雄市阿蓮區山區，引起臺灣及馬來西亞廣泛關注。針對類似案例，如何運用犯罪預防模式相關作爲，以維護校園安全？

貳 犯罪預防模式分析

一、犯罪預防模式之意義

犯罪預防係指設計那些可預防、控制、排除及降低實際發生犯罪數量與犯罪恐懼感的所有活動，這些活動不僅可著重於個人情況改善，同時亦涵蓋其社會與物理環境整頓，並可在犯罪發生事前、事中及事後進行，以達到不想（Won't）犯罪、不必（Needn't）犯罪、不敢（Daren't）犯罪、不能（Can't）犯罪及不再犯罪（No more crime）「五不」預防策略[1]。

在互動百科中搜尋，可發現模式（pattern）是指從生活經驗中經過抽象和昇華提煉出來的核心知識體系，模式其實就是解決某一類問題的方法論，把解決某類問題的方法總結歸納到理論高度，那就是模式。所以模式是一種指導，在一個良好的指導下，有助於你完成任務，作出一個優良的設計方案，達到事半功倍的效果，而且會得到解決問題的最佳辦法。因此，犯罪預防模式乃是犯罪預防的指導方法，有助於我們設計那些可預

1 許福生，犯罪學與犯罪預防，元照出版，2018年2月，修訂2版，頁24。

防、控制、排除及降低實際發生犯罪數量與犯罪恐懼感所有活動的方案，以達到預防犯罪的最佳辦法。

犯罪預防模式既然是犯罪預防的指導方法，便有其理論依據。而犯罪學上最古老的一種分類法則，就是把理論分為古典犯罪學派和實證犯罪學派兩種。古典犯罪學派著重於個人自由意志理性選擇、法律條文、政府結構及人權；實證犯罪學派理論則著重於犯罪行為的生物、生理及社會成因、治療及矯正。因此，從古典犯罪學派便可導出刑事司法模式（或法律懲罰模式或嚇阻模式），及情境預防模式（或機械物理環境模式）；實證犯罪學派便可導出發展性預防模式（或生物、心理矯治預防模式），及社區預防模式（或社會學預防模式或肅清病源預防模式）。此外也可以藉用公共衛生之三級預防模式或是風險社會之犯罪預防模式來劃分[2]。

二、從犯罪學理論劃分之犯罪預防模式

從犯罪學理論劃分之犯罪預防模式，可依古典犯罪學派及實證犯罪學派分類，分為刑事司法犯罪預防、情境犯罪預防、發展性犯罪預防和社區犯罪預防，再加上風險管理模式等五類，如表26-1所示[3]。

（一）刑事司法是為法律層面，強調傳統警政及刑事司法機構的嚇阻、隔離策略，即強調刑罰之迅速性、確定性及嚴厲性，如提高逮捕率、實施重罰政策、強化監所之運作。雖可發現向來刑事司法體系對於犯罪之防制功能相當有限，且易招致死刑及長期拘禁刑的負面效果，況且犯罪發生後，不管是對於犯罪者之處遇或犯罪被害人之支援，均屬於事後的補救措施，往往傷害已經造成，亦很難回復到原來地步，惟仍不可忽視其來自於國家的強制力與公權力威嚇的展現。

（二）情境犯罪預防是為情境層面，強調事前的犯罪預防，並期望藉由環境的設計以減少犯罪機會和增加犯罪的困難度或風險，來改變犯罪者與被害人互動情境的發生，以期有效預防犯罪及強化被害預防，便成為當前犯罪預防之主要策略之一。

2 許福生，同註1，頁241。
3 許福生，同註1，頁256。

表26-1　從犯罪學理論劃分之犯罪預防模式

分類	理論依據	層面	策略
刑事司法犯罪預防	古典犯罪學派	法律層面	1. 強調傳統警政及刑事司法機構的嚇阻、隔離策略。 2. 強調刑罰之迅速性、確定性及嚴厲性，如提高逮捕率、實施重罰政策、強化監所之運作。 3. 刑事司法對於犯罪防制效果有限，且易招致死刑、長期拘禁負面之效果，惟仍不可忽視其來自於國家的強制力與公權力威嚇的展現。
情境犯罪預防	古典犯罪學派	情境層面	1. 藉由情境設計以減少犯罪機會和增加犯罪的困難度或風險。 2. 透過情境設計，來改變犯罪者與被害人互動情境的發生。 3. 可強化被害預防。
發展性犯罪預防	實證犯罪學派	個體層面	1. 防止個人犯罪傾向的產生，去除有害個人成長危險因子而提升保護因子。 2. 進行早期辨識，並對此特徵從事早期的預防，雖然實施起來很困難，但卻是可能的。
社區犯罪預防	實證犯罪學派	社會層面	1. 改變影響犯罪的社區環境和機構，目的在重組社區及強化非正式社會控制。 2. 強調公私協力、分權化組織、問題解決模式，以提升社區意識和歸屬感爲方向，共同維護社區安全，以達全方位處理犯罪問題。
風險管理犯罪預防	風險社會	市民自身	1. 私人因素的廣泛涉入。 2. 將犯罪作爲一種風險因素進行評估。 3. 尋求日常生活程序的修正。 4. 使公民爲犯罪負責。

資料來源：作者自製。

（三）發展性犯罪預防是爲個體層面，則將犯罪可能之辨識提早至個體生命前期就開始加以處理，將有害於個體成長之危險因子予以去除而提升保護因子，如設計各種計畫，避免過動或衝動及智商或學業成就等發展性風險因素的產生；縱使進行早期辨識，並對此特徵從事早期的預防，雖然實施起來很困難，但卻是可能的，確實值得我們投入更多的注意力到此發展式犯罪預防的新領域。

（四）社區犯罪預防是為社會層面，指在改變影響犯罪的社區環境和機構，以重組社區及強化非正式社會控制為目的，強調公私協力、分權化組織、問題解決模式，以提升社區意識和歸屬感為方向，為共同維護社區的安全，來達到全方位處理犯罪問題以預防犯罪。

（五）風險管理模式是為市民自身層面，特別是在此風險社會下，市民為自身的安全而立於風險管理的位置上，因而私人因素的廣泛涉入，且將犯罪作為一種風險因素進行評估及尋求日常生活程序的修正，而促使公民為犯罪負責。

三、從目標導向公共衛生劃分之三級犯罪預防模式

以目標導向之犯罪預防模式，係由學者Brantingham及Faust藉公共衛生疾病預防模式（Public Health of Disease Prevention）所提出的三個層次的預防處理方式。公共衛生疾病預防的觀點在第一層次（初級）預防，是針對整體民眾提供避免疾病的發生，如對一般民眾施打預防針和公共衛生教育；第二層次（次級）預防的焦點則是擺在那些風險較高的個體，如對貧民區居民實施身體檢查，以早期發現症狀給予治療；第三層次（三級）預防則是對於那些已經患病的病患予以立即的治療，避免其進一步惡化。因此，運用公共衛生疾病預防概念在預防犯罪工作上，亦可依適用對象的不同而分為下列三個層次（如表26-2）[4]：

（一）第一層次（初級）犯罪預防，針對一般民眾，著重在鑑定出提供犯罪機會及促使犯罪發生的物理與社會環境因素，並予以規劃、設計和改善，以減少犯罪的發生。

（二）第二層次（次級）犯罪預防是指對潛在犯罪人予以早期辨識，並在其從事非法活動前加以干預。

[4] 許福生，同註1，頁249-251。

（三）第三層次（三級）犯罪預防係指對眞正的犯罪予以干預，進行矯治與輔導以避免其再犯，刑事司法體系的逮捕、起訴、監禁、矯治處遇，皆屬於此一層次的範圍。

表26-2　目標導向之公共衛生犯罪預防模式

	對象	目標	具體作為
第一層次（初級）犯罪預防	一般民眾	規劃、設計與改善環境因素以減少犯罪機會及誘因。	1. 環境設計：建築設計、燈光改善、鑰匙改進、通道控制、財產識別。 2. 鄰里守望相助：市民參與巡邏、監控 3. 一般威嚇：增加警力、加重刑罰。 4. 公共教育：預防犯罪教育與訓練內涵。 5. 私人警衛：保全、城堡形社區。
第二層次（次級）犯罪預防	潛在高風險犯罪者	問題行爲及地區之早期識別與預測。	1. 識別與預測：個人問題早期識別與預測。 2. 犯罪區域分析：高犯罪區域之鎖定、鄰里爭議調解。 3. 轉向運動：社區及刑事司法體系轉向。 4. 學校早期發現與預防。 5. 潛在問題學生輔導。
第三層次（三級）犯罪預防	犯罪者	針對罪犯予以干預、矯正與輔導，避免再犯。	1. 特別威嚇。 2. 隔離。 3. 矯治處遇。

資料來源：作者自製。

分成三層次犯罪預防對於防治犯罪具有關鍵影響，首先透過環境設計以減少犯罪聚合，再來是對那些可能產生偏差與犯罪之虞者加以預測、鑑定和干預來防止進一步惡化，對於那些已經犯罪者則加強輔導、矯治來避免再犯。此外，犯罪預防對象有針對加害人、被害人和或處所，因而三級預防策略針對此三種不同對象亦應有所區隔，如表26-3所示。

表26-3　針對三種不同對象之三級預防策略

	加害人導向	被害人導向	處所導向
初級預防（一般大眾）	親職教育	被害預防宣導	社區巡守
次級預防（風險團體／個人）	曝險／中輟少年輔導	潛在被害人預測	KTV／酒吧暴力預防
三級預防（已發生者）	犯罪者處遇	被害復原	治安死角環境改善

資料來源：作者自製。

參　本案例之研析

臺南長榮大學馬籍女大生遭擄殺案，引起國人高度重視校園安全維護等議題。本案案發地點，位於臺南長榮大學校門口外，往校外宿舍區通道約500公尺處治安死角，被害人爲外籍女性大學生，加害人則是有偷竊女性內衣褲竊盜累犯，現若分析該案問題，可歸納爲「處所」、「被害人」及「加害人」三大面向校安問題，因而未來犯罪預防在校園安全維護之運用，亦應以此三大面向去構思。

一、「處所」部分

本案發生於宿舍區與校區連通路線，但路燈及錄影監視系統等安全設備不足，且晚間時段人煙稀少，易形成校園安全死角；但此安全死角亦未因先前險遭梁嫌擄走陳姓女大生報案後有所改善，此事件顯示提高安全城市與公共空間的性別暴力防治敏感度，已是刻不容緩事宜。

二、「被害人」部分

在校外租賃宿舍大專院校女學生，夜間單獨行走於暗巷，成爲高被害風險對象，難以預防潛在犯罪者襲擊，再加上本案被害人爲外籍來臺留學生，亦可能因爲文化及語言差異，不易接收重要人身安全知識與資訊，身處於此情境下若「被害警覺意識」再不足的話，很容易陷入險境。

三、「加害人」部分

本案梁姓犯嫌先前所犯偷竊女性內衣褲竊盜案，縱使經判決確定但卻分別處以易科罰金而「無入監服刑」，以致於與「治安顧慮人口查訪辦法」第2條所規定查訪期間以「刑執行完畢」或假釋出獄後三年內爲限不符，亦即曾犯竊盜罪治安顧慮人口之查訪工作，係由警勤區員警於「刑執行完畢」或「假釋出獄後」三年內，針對查訪對象之工作、交往及生活情形每月查訪1次，由於梁嫌「無入監服刑」，導致梁嫌現未具「治安顧慮人口」身分而需接受查訪；再加上梁嫌於2020年9月30日曾於同一臺鐵便道徒手試圖擄走另一陳姓女大生性侵，但卻因對方抵抗、尖叫而失敗，縱使該名被害人有向警方報案，若當時警察在受理陳姓女大生報案，能夠更有警覺，將嫌疑人傳喚到案，即便無法有證據直接連結，但至少可嚇阻嫌疑人，讓其嚇到，也許可避免這次案件發生。

肆 校園安全之防治作爲

一、警政署提報之校園安全維護策進作為

本案發生後，警政署爲強化校園周邊安全，落實各警察機關協助各級學校強化安全維護工作，於2020年11月2日召開全國連線「校園安全維護視訊會議」，要求各警察局要以最嚴謹的態度、最迅速期限內提出五項策進作爲：1.杜絕匿報違者嚴懲；2.統合警力機先妥處；3.全面檢視安全設備；4.結合民力加強巡查；5.強化聯繫落實宣導。

況且要求各警察機關針對下列三大面向，強化維護校園安全作爲，以預防是類案件再次發生：1.「校園安全環境改善」，如全面實施校安檢測、聯繫學校共維校園安全等；2.「師生安全防護措施與宣導」，如加強巡查治安熱點、辦理家長安心座談會、傳授婦幼安全知能與技能、提升預防犯罪敏感度、確實分析研判治安顧慮人口資料、加強性侵害加害人登

記報到及查訪、強化受理婦幼少年失蹤人口或被害案件與協尋機制等；3.「外籍學生友善協助」，如召開外籍學生安心座談會及宣導安全教育、推動英文報案APP等。

二、校園安全跨單位合作機制

爲進一步強化校園安全維護工作，有賴跨部會共同合作，故中央層級應落實中央跨部會維護校園安全聯繫會報，地方層級應落實直轄市、縣（市）政府校園安全會報，學校層級應落實校內學生三級預防工作，以提升婦幼案件敏感度，緊密聯繫、通力合作，強化中央跨部會維護校園安全功能，統整地方教育、警政、社政、衛生資源，持續改善補強校園安全設備，落實管考校園安全檢測，強化校園防衛能力、偏鄉學校導入公車繞行等；並針對校安情資及易生危害對象，機先預防妥處，並提升學生人身安全知能，以提供學生安全就學環境。

三、環境犯罪學問題分析三角圖之運用

確實，不論從犯罪學理論或從目標導向公共衛生犯罪預防模式，犯罪事件或校園安全防治作爲，均須從犯罪者、被害人及犯罪情境（場所）統合來研究，不可只重視犯罪者，而忽視被害人及犯罪情境（場所）因素。如同Clarke及Eck所著「犯罪分析60步驟」，便提出問題分析三角圖（problem-analysis triangle，又稱爲犯罪三角圖），確實可方便實務界運用六大面向以發展出合適的防治對策；亦即可藉由強化監控者角色來抑制潛在犯罪者再犯罪，防衛潛在被害人以降低成爲合適標的物可能性，以及管理改善場所的弱點因素以降低犯罪發生率，以避免慣性犯罪者（野狼）在犯罪熱點（賊窩）去尋找重復被害人或合適標的物（活靶）問題發生（如圖26-1）[5]。

問題分析三角圖概念源自於犯罪學中日常活動理論（routine activity theory），日常活動理論認爲下列三者若在時空聚合，犯罪即很有可能發生：1.合適標的物（suitable target），如房子內有價值昂貴易被偷取財物

5 許春金，犯罪預防與犯罪分析，三民書局，2008年，初版，頁295。

存在；2.欠缺有能力監控者（capable guardian），如房子主人不在家；3.有動機犯罪者（motivated offender），如剛剛失業青年在現場（如圖26-2）。如此問題分析三角形的三邊，即分別代表犯罪者、標的及場所。加害者、標的及場所三者間關係，能夠幫助警察把犯罪問題具體化，並提示哪裡需要更多訊息，有助於犯罪預防。當我們把注意力擴及問題三個要素時，內部三角形可協助我們確保分析全部三個要素，而不會只著重於犯罪嫌疑人及逮捕層面上，也能廣泛地兼顧從被害標的與場所特性來探究。

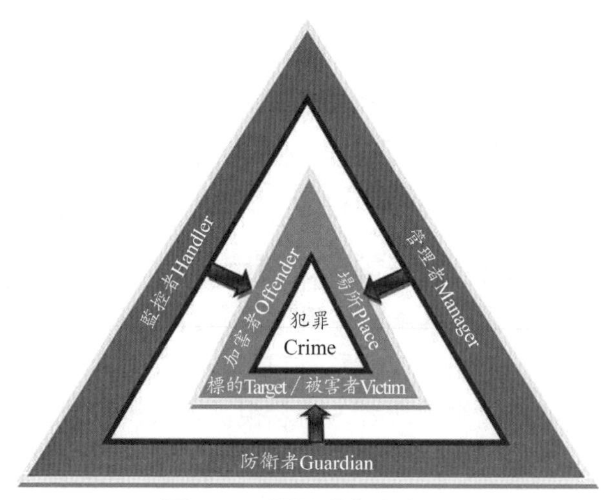

圖26-1　問題分析三角圖

資料來源：許春金，犯罪預防與犯罪分析，三民書局，2008年，初版，頁294。

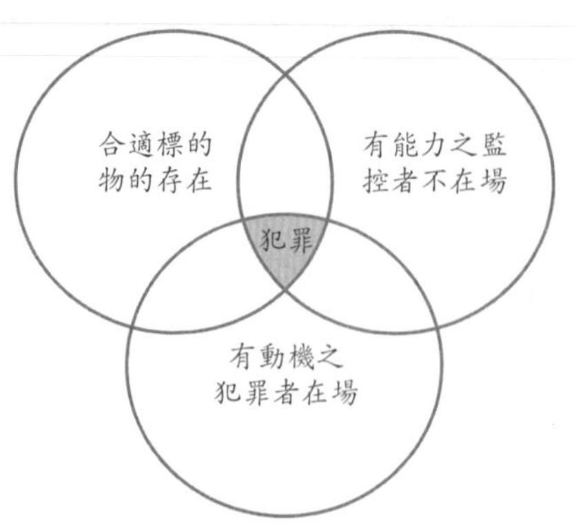

圖26-2　日常活動理論三變項互動圖

這樣的觀點，如同行政院蘇貞昌前院長在主持2020年第1次治安會報，針對警政署「校園安全維護策進作爲」報告指示說：防範憾事發生，最重要的因素是「人」與「態度」，巡邏不在於看到犯人、破獲犯罪，而是看到環境、預見犯罪如何防制。當員警依專業訓練與經驗判斷發現環境有所不足，如雜草過高可能有安全疑慮、監視器不足或路燈故障等情況，應及早提出，否則後果就如所謂「破窗理論」，容易引誘犯罪一樣的道理。

藉由環境設計來預防犯罪的主要理論依據爲理性選擇理論，目的在於營造不適合犯罪之情境，而犯罪預防的對象是具體的特定犯罪，其方法是直接對可能發生犯罪的環境進行設計、管理和操控以減少機會。Clark於1983年揭示情境犯罪預防概念時，僅提出犯罪發生的三個途徑，即分別爲監控（surveillance）、強化標的（target hardening）及環境管理（environmental management）。之後Clark於1992年便將情境犯罪預防技術具體化爲三類情景12項犯罪預防的基本技術，以：1.增加犯罪阻力（increasing the effort）；2.增加犯罪風險（increasing the risk）；3.減少犯罪收益（reducing the rewards）作爲犯罪預防策略。Clark及Homel又於1997年針對前述12項技術加以改良，將原先著重於物理因素再納入了心理性及社會性因素，且將原先的三類情景也重新命名以反映犯罪者的感受，即分別爲增加犯罪者所感知的犯罪阻力、增加犯罪者所感知的犯罪風險及減少犯罪者所預期的犯罪收益，另加入能「激發犯罪者罪惡感或羞恥心」一類情景。其後，於2003年Clark及Cornish參考Wortley的意見，認爲先前之技術過於強調那些能夠「控制或抑制犯罪」發生的原因，而忽略「促使或導致犯罪」發生的原因（如催促因素、壓力因素、允許因素、挑釁因素等）。因而將先前的第四類情景「激發犯罪者罪惡感或羞恥心」更名爲「移除犯罪藉口」（remove excuses），另又增加一類情景來涵蓋犯罪的促發因素，命名爲「減少犯罪刺激」（reduce provocation），應用除了針對財產犯罪外，還包括一些暴力犯罪，更兼顧到如何針對刺激物的控制及協助犯罪者面對同儕之壓力（如表26-4）[6]。

---

[6] Steven P. Lab, Crime Prevention: Approaches, Practices and Evaluations, Routledge, 2015, p. 219-225.

表26-4 25項情境犯罪預防技術

增加犯罪阻力	增加犯罪風險	減少犯罪收益	減少犯罪刺激	移除犯罪藉口
強化標的 ·龍頭鎖、防止汽車啓動的裝置 ·防盜隔幕 ·防破壞包裝	擴充監控 ·例行提醒、夜行結伴、有人居留之跡象、攜帶手機 ·家户聯防相助	隱匿標的 ·車輛不停放於街道上 ·性別中立化電話簿 ·無標誌運鈔車	減緩挫折與壓力 ·有效率的排隊與有禮貌的服務 ·擴充座椅 ·柔和的音樂與光線	訂定規範 ·租賃條約 ·騷擾防治規範 ·旅館登記
管制通道 ·入口通話裝置 ·電子通行證、行李安檢	增加自然監控 ·改善街道照明 ·防衛空間的設計	移除標的 ·可拆式汽車音響 ·婦女庇護區 ·電話預付卡	避免爭執 ·隔離球迷間的可能衝突 ·降低酒吧的擁擠 ·制定計程車收費標準	敬告守則 ·「禁止停車」 ·「私人土地」 ·「撲滅營火」
過濾出口 ·有票根才可出口 ·出境文件 ·磁化商品標籤	減少匿名 ·計程車司機的身分識別證 ·免付費的申訴電話 ·學校制服	財物識別 ·財產標註 ·車輛牌照與零件註冊 ·畜養動物標記	減少情緒挑逗 ·暴力色情影片的控管 ·提升球場內的模範行爲 ·禁止激進的毀謗	激發良心 ·路旁超速板 ·關稅簽名 ·「偷竊商品是違法的行徑」
移轉嫌犯 ·道路封閉 ·分隔女廁 ·分散酒吧	職員助用 ·設置管理人員 ·便利商店夜間安排兩位店員 ·獎勵維護紀律職員	干擾市場 ·監視當舖 ·分類廣告控管 ·街頭攤販領照	減少同儕壓力 ·「白痴才酒醉駕車」 ·「說不，沒有關係」 ·在學校中分散麻煩人物	協助遵守規則 ·簡易圖書借書手續 ·方便使用的公共廁所 ·方便使用的垃圾桶
管制器械 ·「智慧型」槍枝 ·失竊後便不能使用的行動電話 ·嚴格管制少年購買噴漆	強化正式監控 ·闖紅燈照相機 ·防盜警鈴 ·保全警衛	否定利益 ·防盜墨水標籤 ·清洗塗鴉 ·減速路口	避免模仿 ·公物破壞後立即修繕 ·電視內安裝節目過濾器 ·避免作案模式之散佈	管制藥酒 ·於酒吧內酒測 ·侍者調解 ·無酒精活動

資料來源：許春金，犯罪學，三民書局，2013年，頁783。

以我國爲例，目前實務上針對犯罪預防及校園安全的維護上，所實施的「推動社區治安工作實施計畫」、「治安風水師方案」、「金融機構安全檢測」、「防範犯罪環境評估檢測專案」、「彰化縣推動大學租屋安全認證」、「新竹市三區共構協力式警政治理」、「新北市基層關懷網（跨機關弱勢安全網絡）」等，都是藉由環境設計來預防犯罪具體運用，並獲得一定成效，值得採信。

因此，在維護校園及婦幼安全上，持續運用犯罪問題分析三角，針對場所部分，強化情境犯罪預防策略運用以有效管理場所，以及強化熱點分析以妥適規劃勤務。針對被害人部分，強化被害警覺意識安全教育宣導，因我們可以保證一輩子不犯罪，但我們無法保證一輩子不被害，以防衛被害人。針對加害人部分，強化潛在威脅婦幼安全名單分析以掌握行蹤，另亦須建構完善高關懷青少年輔導網絡，擴大篩選高關懷青少年輔導對象，透過學校及各局處主動篩選清查及通報機制，建立高關懷青少年資料庫及處置平臺，及早發現需要協助青少年，藉合作機制及資源連結，提供整合處遇協助，共同攜手守護校園安全。

伍 結語

校園及婦幼安全維護需以「跨域治理」的網絡機制，透過協力、參與、夥伴關係等總動員方式，才能有效解決。因此，除了警方持續強化與學校共同聯合巡查校園安全、透過宣導及座談傳授婦幼安全知能勤務作爲，並暢通外籍學生溝通管道外，針對有戀物癖之竊盜累犯，因法院輕判而未入監服刑，導致不屬於「刑執行完畢」之「治安顧慮人口」身分而不能查訪，也不屬於性侵害犯罪加害人身分而無法納入輔導治療、登記報到查訪之漏洞，確實值得有關單位重視儘快補此漏洞。

同樣地，中央各部會、地方政府與各級學校應提升校園安全及婦幼案件敏感度，緊密聯繫、通力合作，強化中央跨部會維護校園安全功能，統整地方教育、警政、社政、衛生資源，強化校園安全防護及緊急應變機制妥適處置，落實校內學生三級預防工作，才能眞正維護校園及婦幼安全。

（本文初稿曾發表於警光雜誌，第775期，2021年2月）

第五編

警察勤業務交通類

第二十七章
欄停實施酒測案例

壹 案例事實與爭點

乙女某日開車從停車場開到北市松智路與松廉路口前，遭員警以未打方向燈爲由攔停稽查。員警認爲車上酒味重，對女子實施酒測，測定値爲0.21 mg/L，舉發女子酒駕。舉發後，臺北市交通事件裁決所裁罰鍰3萬元，吊扣駕駛執照二十四個月，並應參加道路交通安全講習。乙女不服，提起行政訴訟主張，她開車從停車場出來時，已依規定使用方向燈，員警無合理懷疑即隨機攔停，況且員警當時在松廉路口徘徊，單純爲取締車輛，無差別攔停，已經違法。

本案爭點：第一，員警攔停實施酒測之正當法律程序爲何？第二，個別盤查與集體盤查之區別爲何？

貳 本案判決

本案例事實，依據臺灣臺北地方法院110年度交字第1號行政判決如下。

一、合法實施酒測係區分「攔停」及「實施酒測」二階段

按汽機車駕駛人，駕駛汽機車經測試檢定有酒精濃度超過規定標準情形，汽車駕駛人處3萬元以上12萬元以下罰鍰，並均當場移置保管該汽機車及吊扣其駕駛執照一年至二年，道路交通管理處罰條例（本章稱道交條例）第35條第1項第1款定有明文。次按，警察於公共場所或合法進入之場所，得對於行經指定公共場所、路段及管制站者，查證其身分；警察依前

條規定，爲查證人民身分，得採取攔停人、車、船及其他交通工具；警察對於已發生危害或依客觀合理判斷易生危害之交通工具，得予以攔停並要求駕駛人接受酒精濃度測試之檢定，警察職權行使法（本章稱警職法）第6條第1項第6款、第7條第1項第1款、第8條第1項第3款分別定有明文。由此可見，我國法之合法實施酒測係區分「攔停」及「實施酒測」二階段，前者又可區分爲「行經酒測站之集體攔停（第6條第1項第6款、第7條第1項第1款）」及「隨機攔停（第8條第1項）」。

二、交通工具已發生具體危害或依客觀合理判斷易生危害始得對實施酒測

按警察對於行經「酒測路檢點」、「酒測管制站」之駕駛人，固無須合理懷疑即得查證其身分，並攔停人及交通工具（參警職法第6條第1項第6款、第7條第1項第1款），與「隨機攔停」（random stop）必須「合理懷疑」（reasonable suspicion）交通工具已發生危害或依客觀合理判斷易生危害，始得攔停迥異（參警職法第8條第1項）。而其後員警對駕駛人「實施酒測（包含以簡易酒精檢知器及酒測器酒測）」，無論駕駛人先前係經「集體攔停」或「隨機攔停」，依警職法第8條第1項第3款規定，警察均須「合理懷疑」交通工具已發生具體危害或依客觀合理判斷易生危害，始得對駕駛人實施酒測。

三、得對實施酒測之判斷基準——已發生事故或傷亡或財損或依具體個案認有發生危害之危險者

至關於「合理懷疑」之概念，參考美國聯邦最高法院在Terry v. Ohio案（392 U.S. 1 (1968)）、Alabama v. White案（496 U.S. 325 (1990)）之見解，係指高於直覺（hunch），低於相當理由（probable cause）之標準，只要員警考量整體情況（totality of the circumstances），依其個人經驗有正當理由合理相信行爲人之行爲已發生具體危害或易生危害，即屬之。又所謂「已發生具體危害」，係指已發生交通事故或肇致人員傷亡、財物毀損；「依客觀合理判斷易生危害」，則指危害尚未發生，但依具體個案情況，認有發生危害之危險者。

四、欠缺客觀合理懷疑情況下之「隨機攔停」顯屬違法

本件員警於停車場門口徘徊，而以「隨機攔停」方式舉發攔停乙女車輛未顯示方向燈行駛，因而對乙女進行攔查，並告知乙女車上酒味重，要求乙女吐氣後，乃詢問乙女有無飲酒、並以簡易酒精檢知器要求乙女吹氣，隨後並對原告實施酒測。然觀之路出口監視器影像所製之勘驗結果，可見員警攔查乙女前，乙女之車輛自信義廣場停車場松廉路出口開出來時已顯示方向燈，故本件員警攔查乙女當時，乙女已顯示方向燈，縱乙女車輛係先顯示右邊方向燈再顯示左邊方向燈，惟亦無已發生危害或有蛇行、車速異常等駕駛行爲，而得合理懷疑其易生危害，員警由乙女車輛外觀及乙女之行爲，難謂已有正當理由合理相信乙女車輛已發生具體危害或易生危害，自未達「合理懷疑」之程度，從而，員警在無任何合理懷疑以及具體危險之情況下攔停乙女，乙女本無停車接受員警查驗身分及接受酒精濃度測試檢定義務。況員警於乙女車輛從停車場出來之前，即於停車場出口之松廉路上徘徊，並在乙女車輛已顯示方向燈之情況下，仍將乙女車輛予以攔停，向乙女表示該車輛未顯示方向燈，員警上開攔查行爲，恐有守株待兔之嫌，難認員警僅係欲取締乙女未依規定顯示方向燈之違規行爲，而係以主觀臆測乙女屬可疑酒駕之人，且員警在欠缺客觀合理懷疑情況下即攔停乙女，與無需合理懷疑即得攔停之「集體攔停」無異，惟信義廣場停車場松廉出口並未合法設置「酒測路檢點」或「酒測管制站」，是員警對乙女攔停並實施酒測之程序，顯屬違法。

五、員警違法攔停之法律效果屬得撤銷之瑕疵應予以撤銷

警職法就攔停、酒測所定之法定程序，以及違反道路交通管理事件統一裁罰基準及處理細則第19條之2規定，就員警對汽車駕駛人實施酒測及拒絕配合酒測所定之程序，依司法院釋字第535號解釋及第699號解釋，自屬正當行政程序之一環，如警察未踐行前開程序，即不符合正當行政程序。警察違法攔停、酒測，係侵害人民之一般行爲自由、財產權及隱私權，該程序瑕疵非屬輕微，惟亦非重大明顯一望即知之瑕疵，未達行政程序法第111條無效之程度。又員警得對駕駛人合法集體攔停之酒測站或酒

測路檢點，依警職法第6條第2項規定，必須事先經主管長官指定；員警得對駕駛人合法隨機攔停、酒測，依警職法第8條第1項第3款規定，亦必須事先建構合理懷疑事由，均無從事後補正治癒集體攔停／隨機攔停、酒測之合法性，故員警因違法攔停、酒測所爲之舉發，非屬無關緊要、重大明顯無效或得補正之瑕疵，而屬違法得撤銷之瑕疵。所以，臺北市交通事件裁決所以該舉發爲基礎所爲之原處分，即因警察機關之舉發違反正當行政程序而應予以撤銷。

參 本案評析

一、取締酒駕之相關法令規範

警職法公布施行以來與道交條例等相關法令，已成爲員警執行取締酒後駕車勤務主要法律依據。換言之，警察取締酒駕法令，主要是依據警職法第6條（身分查證）、第7條（查證身分之必要措施）、第8條（攔停交通工具採行措施）、道交條例第35條（針對汽機車酒駕）及第73條第2項、第3項（針對慢車酒駕）處罰規定、道路交通安全規則第114條、第120條、違反道路交通管理事件統一裁罰基準及處理細則第10條至第12條、第16條、第19條之1、第19條之2等行政法規，以及刑法第185條之3（不能安全駕駛罪）與刑事訴訟法相關程序規定等刑事法規。另爲統一酒駕執法作爲，俾使員警恪遵正當法律程序，內政部警政署函頒「取締酒後駕車作業程序」及「取締酒駕拒測處理作業程序」等作業規定，規範員警於一般勤務中實施交通稽查或依客觀合理判斷易生危害之交通工具攔停稽查，遇有疑似酒後駕車者，始由執勤員警指揮其暫停、觀察，並依前揭作業程序辦理，如研判駕駛人未飲用酒類或其他類似物，則指揮車輛迅速通過，除有明顯違規事實外，不得執行其他交通稽查，以符合法治國依法行政原則[1]。

1 劉嘉發，警察取締酒駕案例研析，許福生主編，警察情境實務執法案例研析，五南出版，2021年，頁124-133。

二、全面攔檢酒測之商榷

縱使已有上述法規及作業規定作為執法依據，惟在警察情境實務運作上，仍存有些爭議問題，其中實務上最常面臨的便是可否僅依警職法第8條規定實施「全面攔檢酒測」？或可依警職法第6條至第8條併用進行「全面攔檢酒測」？然而，從警職法第8條對於攔停交通工具之要件規定觀之，可攔停之判斷要件係「對於已發生危害或依客觀合理判斷易生危害之交通工具」，故員警應依個案判斷該交通工具是否「已發生危害」或「依客觀合理判斷易生危害」，故僅依警職法第8條之規定，「全面攔檢酒測」，似不符合本條規定之要件。

如同臺北高等行政法院106年度交上字第247號判決所言：「警察職權行使法第8條第1項第3款關於警察得攔停交通工具並對駕駛人實施酒測之要件，參酌司法院釋字第535號解釋保障人民行動自由與隱私權利之意旨，要求警察人員『不得不顧時間、地點及對象任意臨檢、取締或隨機檢查、盤查』，因此闡釋關於警察臨檢之對象，必須針對『已發生危害或依客觀合理判斷易生危害之交通工具』，此亦為警察職權行使法第8條第1項之立法基礎。則關於警察機關依本條項規定，對交通工具予以攔停並要求實施酒測者，自應回歸本號解釋之意旨，不得不顧時間、地點及對象，任意臨檢、取締或隨機檢查、盤查，而必須依個案具體實際情狀，判斷審查臨檢、盤查、取締之交通工具是否確有『已發生危害』之情形，例如已駕車肇事；或有『依客觀合理判斷易生危害』之情形，例如車輛蛇行、猛然煞車、車速異常等。換言之，無論『已發生危害』或者『依客觀合理判斷易生危害』，皆必須具有『相當事由』或『合理事由』，可資建立駕駛人有酒駕之合理可疑性，警察機關方得要求人民接受酒測。否則，即非合法進行酒測，遭檢查人民並無配合接受酒測之義務，亦不得以處罰條例第35條第4項規定予以處罰。」

依此見解，欲對駕駛人實施酒測，必須是建立在「已發生危害」或者「依客觀合理判斷易生危害」之合理可疑性方可。故系爭車輛到達盤查點時，倘若無任何「相當事由」或「合理事由」可資建立駕駛人有酒駕合理可疑性，縱使員警示意駕駛搖下車窗，想以肉眼或鼻聞檢視車內人員狀況，遭檢查人民並無配合接受酒測義務，自不得以拒測而處罰之[2]。

然又有實務見解認爲：「系爭車輛，行經設有『酒測攔檢』告示之系爭酒測攔檢處所，經執勤員警以手持指揮棒平舉上下擺盪示意停車受檢，且該處所當時燈光明亮，足供上訴人清楚辨識員警平舉擺盪指揮棒，上訴人仍一邊駕駛，一邊將頭探出車窗外大聲咆哮，並未停車接受稽查而逕自加速駛離；系爭酒測攔檢處所，乃係舉發機關參酌監察委員等人調查研究，分析研判至臺北市信義區飲酒場所之民眾多屬非轄區內住戶，並時有飲酒後駕車行經信義快速道路連接高速公路離開臺北市，如未加以攔查，行駛高速公路後，因行車高速，恐造成嚴重事故致人傷亡，爲確保道路交通之秩序與安全，由舉發機關分局長依警察職權行使法第6條第1項第6款及第2項規定設置之管制站，並指定當日23時至翌日2時進行計畫性勤務稽查部署，且執勤員警並未對行經該處之汽車進行全面攔檢、查證汽車駕駛人身分與進行酒精測試，而係以目視判斷車輛因車道縮減而減速慢行後，對於前方車輛行進動態之掌握、起步操作及速度是否流暢，並靠短暫之攔阻，請汽車駕駛人放下車窗目視其體外表徵，再決定是否進一步攔停盤檢、查證身分或進行酒精測試，系爭管制站之設置與員警執勤方式，其目的之正當性、手段之必要性及限制之妥當性，均與比例原則無違；上訴人

2 針對此實務見解，鄭善印教授認爲依道交條例第35條第1項及第4項，並同違反道路交通管理事件統一裁罰基準及處理細則第19條之1規定，亦得設告示以執行酒測檢定，並且對違規人予以逕行舉發。只是，依道交條例訂立的測試檢定「告示」，經常與警職法第6條第1項第6款之「管制站」競合而已；既爲競合，則若有不願接受檢定之駕駛人，即使運用各種理由規避，仍然屬於道交條例第35條第4項第2款「拒絕接受第一項測試之檢定」之範圍。此時，當然可以不依警職法第8條進行酒測，而依道交條例第35條第4項第2款並同道路交通管理事件統一裁罰基準及處理細則第19條之1規定取締。倘若認定係個別違規而不符該款規定，亦有道交條例第7條第1項「道路交通管理之『稽查』，違規紀錄，由交通勤務警察，或依法令執行交通稽查任務人員執行之」之規定，以作爲稽查個別違規人之依據。是故，警職法與道交條例的酒測規定乃競合條款，法院僅偏重警職法而完全不顧道交條例相同功能之規定，實不合理（參照鄭善印，員警處理交通違規案例研析，許福生主編，警察情境實務執法案例研析，五南出版，2021年，頁170）。然而，蔡庭榕教授認爲道交條例第35條第1項與第4項似乎有準授權警察全面攔檢酒測職權之規定，然因爲道交條例鮮少有執法程序與職權之規定，此規定內容與方式，亦不屬於一般職權程序法之規定方式，其內容亦不夠明確作爲警察酒測攔檢之主要依據（參照蔡庭榕，員警實施全面攔檢酒駕案例研析，許福生主編，警察情境實務執法案例研析，五南出版，2021年，頁90）。

駕車行經設有『酒測攔檢』告示之系爭酒測攔檢處所，經執勤員警指示停車，即有停車接受稽查之義務，上訴人不依指示停車接受稽查，已違反道交條例第35條第4項前段規定，當予處罰[3]。」

警職法第6條及第7條（查證身分及其必要措施）與第8條（攔停交通工具採行措施）兩者雖同以攔停措施爲始，然前者係以防止危害及預防犯罪之治安爲目的，後者則以維護交通秩序及預防交通秩序危害爲目的，兩者本質似有不同。縱使有認爲不論是對公共場所或對交通工具，警察所進行的臨檢性質上均對人，理論上其發動要件，不會因受臨檢人所在位置是否在交通工具而有所不同；惟我國現行警職法第6條對於「公共場所」或「合法進入之場所」進行臨檢要件，確實與第8條對「交通工具」臨檢要件，有顯有不同。

又依警職法第6條查證身分要件之規定，其各款規定授權法理基礎不同，第1項第1款「合理懷疑其有犯罪之嫌疑或有犯罪之虞者」、第2款「有事實足認其對已發生之犯罪或即將發生之犯罪知情者」，及第3款「有事實足認爲防止其本人或他人生命、身體之具體危害，有查證其身分之必要者」，旨在防止「具體危害」（係指在具體案件中之行爲或狀況，依一般生活經驗客觀判斷，預料短期間內極可能形成傷害之一種狀況如幫派分子群聚）；第4款「滯留於有事實足認有陰謀、預備、著手實施重大犯罪或有人犯藏匿之處所者」、第5款「滯留於應有停（居）留許可之處所，而無停（居）留許可者」，及第6款「行經指定公共場所、路段及管制站者」，旨在預防「潛在性或抽象性危害」（係指危害可能發生之前階段如醉漢手持酒瓶於街上揮舞）。特別是第6款授權由「警察機關主管長官」依據實際情況，爲「防止犯罪，或處理重大公共安全或社會秩序事件而有必要者」，得「指定公共場所、路段及管制站」，對行經者得以進行「全面性」之集體攔檢。是以第6款合理正當性基礎與前述各款規定有所不同，是授權由警察主管機關以第6條第2項要件綜合全盤考量、篩選治安防治重點爲判斷，於事前即下令爲之，並非像其他各款是由第一線個別員

3 參照臺北高等行政法院108年度交上字第148號判決。

警，依據現場合理懷疑或有任何事實足以引起懷疑之判斷，而採行攔停之職權措施[4]。

倘若符合警職法第6條身分查證要件後，如此便可依警職法第7條規定採取下列必要措施：1.攔停（攔停人、車、船及其他交通工具）；2.詢問（詢問姓名、出生年月日、出生地、國籍、住居所及身分證統一編號等）；3.令出示證件（令出示身分證明文件）；4.檢查身體或物件（若有明顯事實足認其有攜帶足以自殺、自傷或傷害他人生命或身體之物者得檢查其身體及所攜帶之物）；5.帶往勤務處所（依詢問或令出示證件之方法顯然無法查證身分時，警察得將該人民帶往勤務處所查證；帶往時非遇抗拒不得使用強制力，且其時間自攔停起，不得逾3小時，並應即向該管警察勤務指揮中心報告及通知其指定之親友或律師）。

由於警職法第7條並無授權「酒測」之干預性措施，基於「明示其一，排除其他」法理，不能依據警職法第6條及第7條之規定進行攔檢酒測，故而仍需回到警職法第8條授權依據實施酒測。特別是警職法第8條即已明定酒測之判斷要件，必須針對「已發生危害或依客觀合理判斷易生危害之交通工具」，即須具有「相當事由」或「合理事由」，可資建立駕駛人有酒駕合理可疑性，警察機關方得要求人民接受酒測，如此自不宜再併用第6條第1項第6款「行經指定公共場所、路段及管制站者」之規定，作為全面酒測依據，除非未來修改警職法讓第6條至第8條可相互為用。然警察應可依法攔停後為任意性之五官六覺判斷，而有合致刑事訴訟法或其他相關法規之職權規定時，得依轉換依其規定為之。如因警職法第6條基於治安而有全面攔檢時，於實施集體逐一檢查過程中，發現有犯罪情事，包括刑法第185條之3酒駕之嫌疑時，則得依刑事訴訟法相關規定處置之[5]。

三、本案不符合個別攔檢酒測規定

員警如僅係設置路檢站，即對過往車輛一律攔停臨檢，因尚無所謂

---

4 參照蔡庭榕，警察職權行使法與案例研究，許福生主編，警察法學與案例研究，五南出版，2020年，頁65。

5 蔡庭榕，同註4，頁112。

「已發生危害或依客觀合理判斷易生危害」可言，只能請求駕駛人搖下車窗，配合臨檢。此時駕駛人如拒絕配合搖下車窗，員警既尚未有合理懷疑之「合法酒測」行爲，自不能僅以拒絕配合臨檢即構成「拒絕酒測」。除非在臨檢後發現「已生危害」（例如有人車禍受傷）或「依客觀合理判斷易生危害」（如車內酒氣十足、駕駛人神智不清等），始得謂有合理懷疑程度，可懷疑駕駛人有酒駕情事，此時要求其接受酒測，即通過合理懷疑之門檻[6]。

是以，「個別擇檢」或「隨機擇檢」仍需是築基於有發現「已生危害」或「依客觀合理判斷易生危害」情事時，方可實施酒測。故就本案例二而言，員警攔查乙女當時，乙女已顯示方向燈，亦無已發生危害或有蛇行、車速異常等駕駛行爲，難謂已有相當事由或合理事由相信乙女車輛已發生具體危害或易生危害，從而員警在無任何合理懷疑以及具體危害之情況下攔停乙女，而係以主觀臆測乙女屬可疑酒駕之人，是員警攔停乙女並實施酒測之程序，顯違反正當法律程序；且員警因違法攔停、酒測所爲之舉發，非屬無關緊要、重大明顯無效或得補正之瑕疵，而屬違法得撤銷之瑕疵。最後，本判決即因警察機關之舉發違反正當行政程序而應予以撤銷，誠屬正當。

---

6 參照臺灣桃園地方法院102年度交字第293號行政判決。近年來大多數法官已經逐漸趨向採取此判決之認定，即警察於無合理懷疑之前提下即強令原告配合接受酒測，不符警職法第8條規定「已發生危害或依客觀合理判斷易生危害」之合理懷疑爲要件，而認定原告自有拒絕的權利。更且，該判決事後引起媒體與大眾的極大關注，亦導引之後實務見解漸趨一致，而採取攔檢（含全面攔檢）應有合理性爲前提，而攔檢後之酒駕呼氣調查亦應另有合理懷疑之已發生危害或依據客觀合理判斷易生危害之可疑情形，始得爲之。近來更多法官見解趨於一致，而主張於非路檢點對於車輛之攔檢，不得以集體攔停，而屬個別判斷攔檢，而判斷之職權要件爲是否有「已發生危害，或依客觀合理判斷易生危害之交通工具」。因此，許多法官認爲無合理懷疑攔檢與酒測，認定警察之執法行爲違反「正當行政程序」或「正當法律程序」，而予以撤銷原處分。相對地，尚有些判決內容仍同意警察對於行經指定「酒測路段」或「酒測管制站」之駕駛人，得以依據警職法第6條第1項、第2項由分局長以上長官來指定路段或設置管制站以全面攔檢。亦即此種判決趨向於無須合理懷疑即得依警職法第6條第1項第6款規定查證其身分，並對人及交通工具爲「集體攔停」，惟該指定之酒測路段、酒測管制站形式上須經警察機關主管長官指定，實體上亦須符合「防止犯罪」或「處理重大公共安全或社會秩序事件」而有必要之情形。參照蔡庭榕，同註4，頁108-109。

肆 結語與建議

員警在「隨機攔停」乙女駕駛交通工具時，須有「合理懷疑」交通工具已發生具體危害（如已發生交通事故或肇致人員傷亡、財物毀損）或依客觀合理判斷易生危害（如未遵守交通規則認有發生危害之危險者），始得對駕駛人實施酒測。

然而，實務上全面攔停酒測之爭議，似不能以警職法第8條作爲警察機關規劃定點式取締酒駕勤務依據，也不能併用第6條至第8條進行全面攔停酒測，要攔停酒測仍需回到警職法第8條要件，必須針對「已發生危害或依客觀合理判斷易生危害之交通工具」，即須具有「相當事由」或「合理事由」可資建立駕駛人有酒駕合理可疑性方可。如此規定確實與實務現行規劃取締酒駕勤務有所落差，因實務上經員警於執勤當中藉由車行可疑徵候攔查測試爲酒駕者比例畢竟是少數，定點式取締酒駕勤務才是常態，因而警職法第6條至第8條規範內容爲符實務需求，宜重新檢討修正。

現行警察職權行使法有關「對人查證身分」係規定在第6條，爲查證人民身分得採取「必要措施」規定在第7條，對「交通工具」之攔查並採行措施規定在第8條，亦即對於「酒駕」的取締規定僅規定在第8條，且對駕駛中之交通工具，攔停要件需達到有「相當事由」或「合理事由」可資建立駕駛人有酒駕合理可疑性方可，反較使用交通工具人之攔停僅以有易生危害之「合理懷疑」（係指必須有客觀事實作爲判斷基礎根據當時事實依據專業執法經驗所作成合理推論或推理而非單純臆測；合理懷疑之事實基礎包括情報判斷、由現場觀察、由環境與其他狀況綜合研判及由可疑行爲判斷等之合理懷疑）即可，如此無視快速行使中交通工具之特性反而採取較對人身分查證較嚴格之攔停要件，似有所不妥；況且對此人、車、酒駕分開規定的立法設計，導致警察職權行使法無法相互爲用，確實是不符合實務現況，法律漏洞亟待解決[7]。

---

7 林明鏘，警察法學研究，新學林出版，2019年，2版，頁197-198。

爲使警職法對人、車、取締酒駕規範能相互爲用，並解決警察規劃定點式取締酒駕勤務缺乏明確法律授權問題，改進之道，可將警職法第8條第1項前段「警察對於已發生危害或依客觀合理判斷易生危害之交通工具，得予以攔停並採行下列措施」，修正爲「**警察對於已發生危害或依客觀合理判斷易生危害，或行經依第六條指定公共場所、路段及管制站之交通工具**，得予以攔停並採行下列措施」，如此便可作爲全面攔檢酒測之執法依據，也可解決人、車攔停要件寬嚴不一之不妥立法，深值儘速推動立法修正。

（本文初稿曾發表於警光雜誌，第772期，2020年11月；
警大法學論集，第42期，2022年4月）

取締酒後駕車作業程序

（第一頁，共九頁）

一、依據：

（一）警察職權行使法。

（二）刑法第一百八十五條之三。

（三）道路交通管理處罰條例（以下簡稱處罰條例）第七條之二、第三十五條、第六十七條、第六十九條、第七十三條及第八十五條之二。

（四）道路交通安全規則第一百十四條。

（五）違反道路交通管理事件統一裁罰基準及處理細則第十條至第十二條、第十六條、第十九條之一及第十九條之二。

（六）刑事訴訟法第八十八條及第九十五條。

二、分駐(派出)所流程：

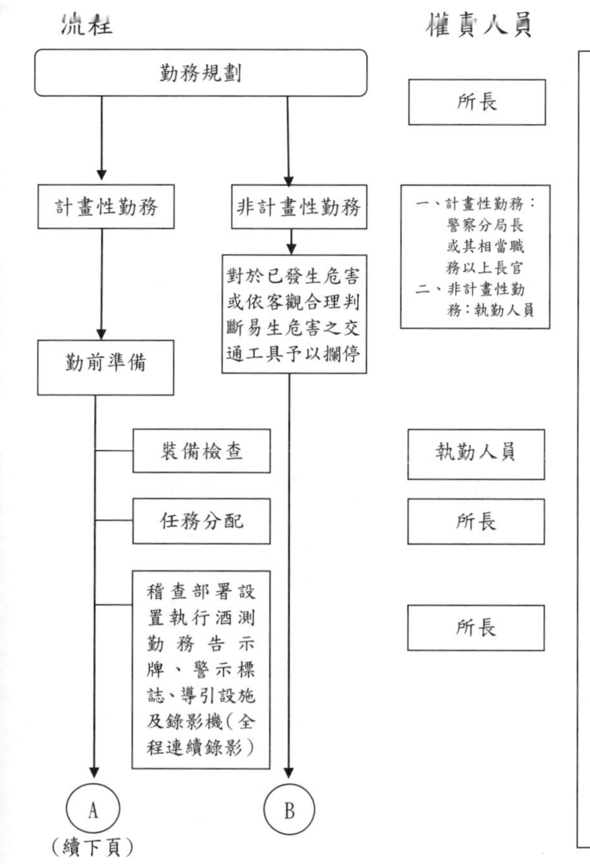

作業內容

一、勤務規劃：

（一）計畫性勤務：應由地區警察分局長或其相當職務以上長官，指定轄區內經分析研判易發生酒後駕車或酒後肇事之時間及地點。

（二）非計畫性勤務：執行前揭以外之一般警察勤務。

二、準備階段：

（一）裝備（視需要增減）：警笛、防彈頭盔、防彈衣、無線電、反光背心、槍械、彈藥、手銬、警用行動電腦、手電筒、指揮棒、酒精濃度測試器（以下簡稱酒測器）、酒精檢知器、照相機、攝影機、交通錐、警示燈、告示牌（執行酒測勤務）、刺胎器、舉發單、刑法第一百八十五條之三第一項第二款案件測試觀察紀錄表、警察行使職權民眾異議紀錄表。

（二）任務分配：以四人一組為原則，分別擔任警戒、指揮攔車、盤查、酒測及舉發，並得視實際需要增加。

（三）計畫性勤務稽查部署：

1. 稽查地點前方應設置告示牌及警示設施（如警示燈、交通錐），告知駕駛人警察在執行取締酒後駕車勤務。
2. 視道路條件、交通量及車種組成等，得以「縮減車道方式」，執行酒測勤務，並設置警示、導引設施，指揮車輛減速、觀察，並注意維護人車安全。
3. 於稽查地點適當位置設置攝影機，全程錄影蒐證。

（續）取締酒後駕車作業程序

（第二頁，共九頁）

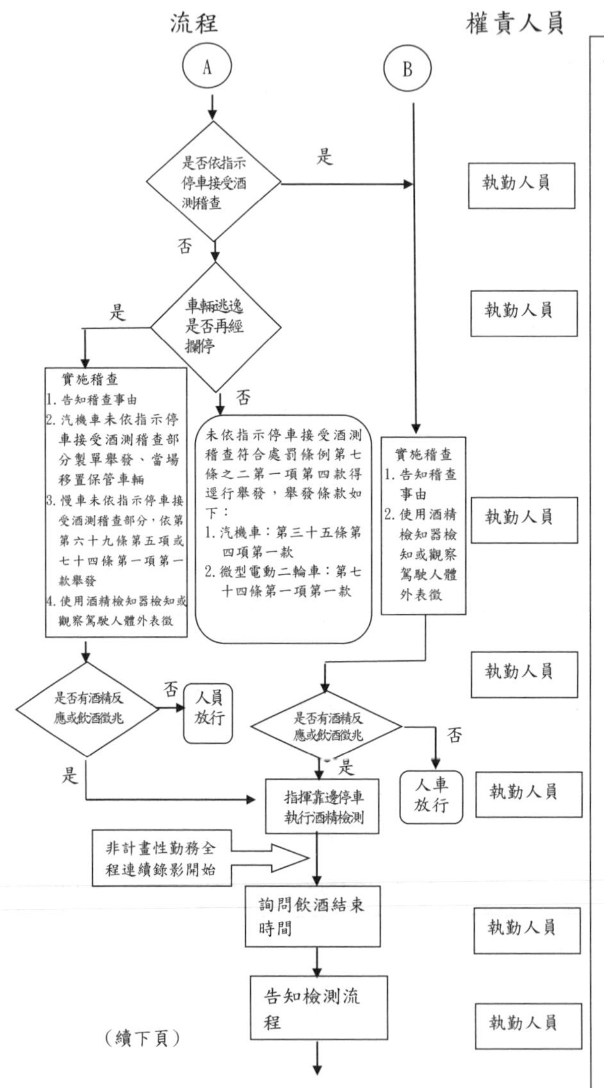

作業內容

三、執行階段：

（一）非計畫性勤務：對於已發生危害或依客觀合理判斷易生危害之交通工具攔停實施交通稽查。

（二）計畫性勤務：

1. 勤務規劃應妥適引導車流，由指揮人員指揮其暫停、觀察，其餘車輛應指揮迅速通過，以免影響行車秩序。
2. 行經設有告示執行酒測勤務處所，未依指示停車接受酒測稽查之車輛：

（1）對於逃逸之車輛經攔停者：

A. 員警著制服或出示證件表明身分，告知其行經設有告示執行酒測勤務處所，未依指示停車接受酒測稽查。

B. 針對未依指示停車接受酒測稽查部分：

（A）汽機車：依處罰條例第三十五條第四項第一款製單舉發，並當場移置保管其車輛。

（B）慢車：依處罰條例第六十九條第五項或第七十四條第一項第一款製單舉發。

C. 研判駕駛人無飲酒徵兆，人員放行。

D. 研判駕駛人有飲酒徵兆，經詢問飲酒結束時間後，依規定對其實施酒測及辦理後續相關事宜。

（2）對於逃逸之車輛無法攔停者，依處罰條例第七條之二第一項第四款逕行舉發：

A. 汽機車：依處罰條例第三十五條第四項第一款規定論處；棄車逃逸者，並當場移置保管該車輛。

B. 微型電動二輪車：依處罰條例第七十四條第一項第一款規定論處。

（三）觀察及研判：

1. 指揮車輛停止後，執勤人員應告知駕駛人，警方目前正在執行取締酒後駕車勤務，並以酒精檢知器檢知或觀察駕駛人體外表徵，辨明有無飲酒徵兆，不得要求駕駛人以吐氣方式判別有無飲酒。
2. 研判駕駛人有飲酒徵兆，則指揮車輛靠邊停車，並請駕駛人下車，接受酒精濃度檢測。
3. 研判駕駛人未飲用酒類或其他類似物，則指揮車輛迅速通過，除有明顯違規事實外，不得執行其他交通稽查。

（續）取締酒後駕車作業程序

（第三頁，共九頁）

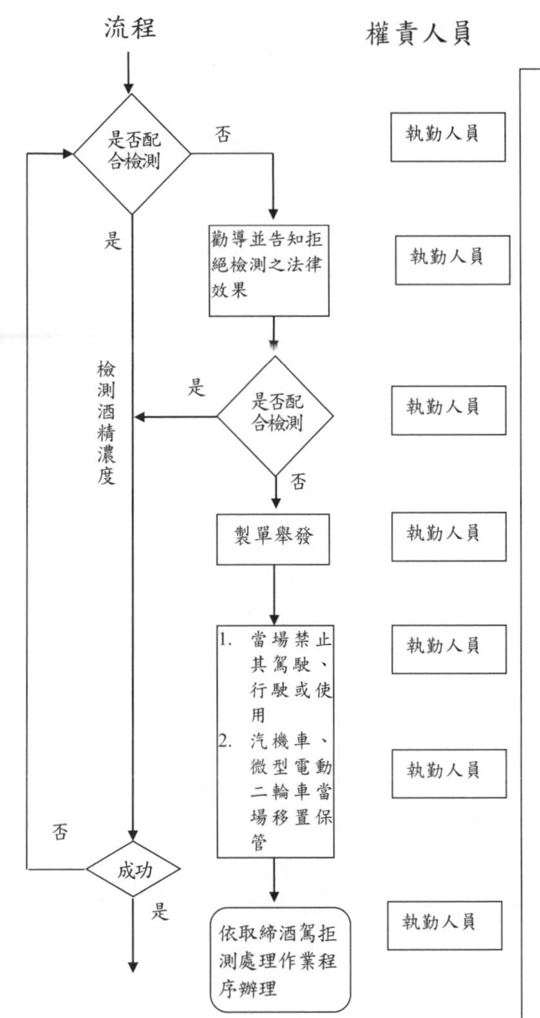

作業內容

（四）檢測酒精濃度：

執行酒精濃度測試之流程及注意事項：

1. 檢測前：

(1)全程連續錄影。

(2)詢問受測者飲用酒類或其他類似物結束時間，其距檢測時已達十五分鐘以上者，即予檢測。但遇有受測者不告知該結束時間或距該結束時間未達十五分鐘者，告知其可於漱口或距該結束時間達十五分鐘後進行檢測；有請求漱口者，提供漱口。

(3)準備酒測器，並取出新吹嘴。

(4)應告知受測者事項：

A. 告知酒測器檢測之流程及注意事項。

B. 請其口含吹嘴連續吐氣至酒測器顯示取樣完成。受測者吐氣不足致酒測器無法完成取樣時，應重新檢測。

2. 檢測開始：插上新吹嘴，請駕駛人口含吹嘴吐氣。

3. 檢測結果：

(1)成功：酒測器取樣完成。

(2)失敗：因酒測器問題或受測者未符合檢測流程，致酒測器檢測失敗，應向受測者說明檢測失敗原因，請其重新接受檢測。

（五）告知檢測結果：

告知受測人檢測結果，請其在酒測器列印之檢測結果紙上簽名確認。拒絕簽名時，應記明事由，並依規定黏貼管制，俾利日後查核。

（六）駕駛人拒測：

1. 汽機車駕駛人未肇事致人重傷或死亡時，應當場告知拒絕檢測之法律效果，內容如下：

(1)拒絕接受酒精濃度測試檢定者，處新臺幣十八萬元罰鍰，吊銷駕駛執照及吊扣該車輛牌照二年。

(2)於十年內第二次違反處罰條例第三十五條第四項規定者，處新臺幣三十六萬元罰鍰，第三次以上者按前次所處罰鍰金額加罰新臺幣十八萬元，吊銷駕駛執照及吊扣該車輛牌照二年，公路主管機關得公布姓名、照片及違法事實。

(3)租賃車業者已盡告知處罰條例第三十五條處罰規定之義務，汽車駕駛人仍有前二目情形者，依所處罰鍰加罰二分之一。

2. 汽機車駕駛人肇事致人重傷或死亡時，應當場告知拒絕檢測之法律效果，內容如下：

(1)拒絕接受酒精濃度測試檢定者，處新臺幣十八萬元罰鍰，吊銷駕駛執照及吊扣該車輛牌照二年，並得沒入車輛。

（續下頁）

（續）取締酒後駕車作業程序

（第四頁，共九頁）

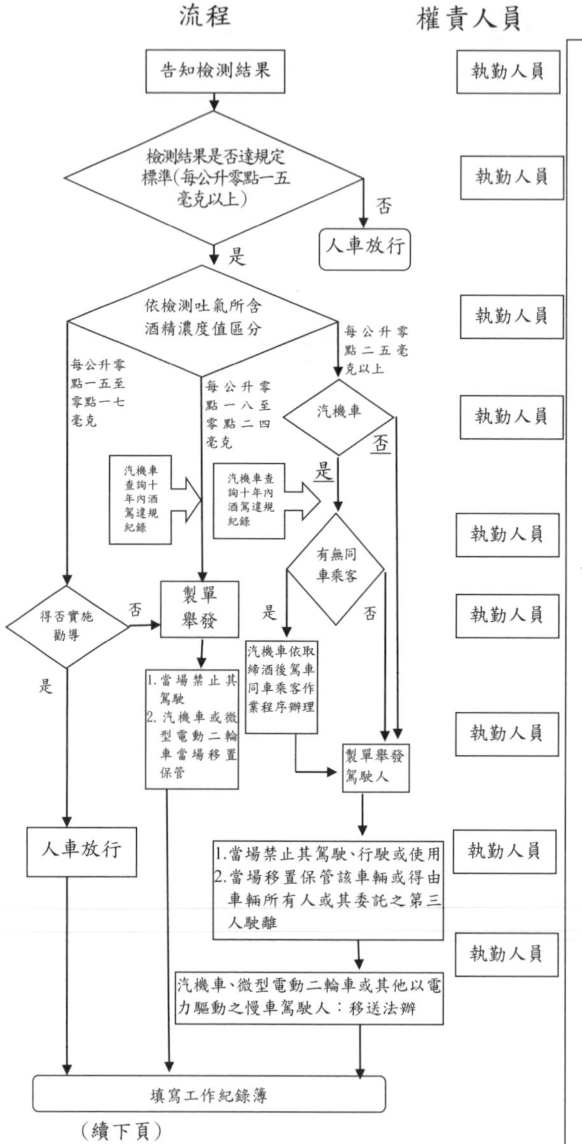

（續下頁）

作業內容

(2)於十年內第二次違反處罰條例第三十五條第四項規定者，處新臺幣三十六萬元罰鍰，第三次以上者按前次所處罰鍰金額加罰新臺幣十八萬元，吊銷駕駛執照及吊扣該車輛牌照二年，公路主管機關得公布姓名、照片及違法事實，並得沒入車輛。

(3)租賃車業者已盡告知處罰條例第三十五條處罰規定之義務，汽車駕駛人仍有前二目情形者，依所處罰鍰加罰二分之一。

3. 慢車駕駛人拒測：告知拒絕接受酒精濃度測試檢定者，個人行動器具部分，處新臺幣一千二百元以上三千六百元以下罰鍰，並禁止其行駛或使用；個人行動器具以外之其他慢車部分，處新臺幣四千八百元罰鍰，並當場禁止其駕駛；駕駛微型電動二輪車者，並當場移置保管其車輛。

4. 對於有其他情事足認服用酒類或其他相類之物，致不能安全駕駛者，已符合刑法第一百八十五條之三第一項第二款之要件，應依規定移送法辦。

四、結果處置：

(一)無飲用酒類或其他類似物或未超過標準者：人車放行。

(二)勸導代替舉發：駕駛人未嚴重危害交通安全、秩序且情節輕微，其吐氣所含酒精濃度達每公升零點一五毫克以上未滿每公升零點一八毫克之未肇事案件，且無不能安全駕駛情形者，得對其施以勸導，免予舉發，當場填製交通違規勸導單，並人車放行。

(三)違反交通法規未觸犯刑法者：駕駛人吐氣所含酒精濃度達每公升零點一八毫克以上未滿每公升零點二五毫克或血液中酒精濃度達百分之零點零三以上未滿百分之零點零五者，製單舉發，當場禁止其駕駛、行駛或使用；駕駛汽機車或微型電動二輪車者，並當場移置保管其車輛。

(四)觸犯刑法者：汽機車、微型電動二輪車或其他以電力驅動之慢車駕駛人，吐氣所含酒精濃度達每公升零點二五毫克以上或血液中酒精濃度達百分之零點零五以上者，應移送法辦

（續）取締酒後駕車作業程序

（第五頁，共九頁）

流程	權責人員	作業內容
		，製單舉發，並當場禁止其駕駛、行駛或使用；該汽機車、微型電動二輪車當場移置保管或得由該車輛所有人或其委託之第三人駛離；對於有其他情事足認服用酒類或其他相類之物，致不能安全駕駛者，已符合刑法第一百八十五條之三第一項第二款之要件，也應依規定移送法辦。 （五）汽機車駕駛人吐氣所含酒精濃度達每公升零點二五毫克以上或血液中酒精濃度達百分之零點零五以上，同車乘客依取締酒後駕車同車乘客作業程序辦理。 五、駕駛人或行為人對警察行使前揭職權之方法、應遵守之程序或其他侵害利益之情事，當場提出異議時，依下列規定給予表單： （一）製單舉發而對於交通違規稽查有異議者，應於通知單記明其事件。 （二）對於非屬交通違規稽查之其他職權行使，有異議者，並經其請求時，應填寫警察行使職權民眾異議紀錄表交付之。 六、救濟程序： 民眾對舉發違規事實不服者，應委婉予以說明，仍表不服者，應告知其陳述規定與程序。 七、將未依指示停車接受稽查、拒絕接受酒測案件登記於工作紀錄簿。

（續）取締酒後駕車作業程序

（第六頁，共九頁）

三、分局流程：無。

四、使用表單：

（一）舉發違反道路交通管理事件通知單。

（二）交通違規勸導單。

（三）受理各類案件紀錄表。

（四）刑法第一百八十五條之三第一項第二款案件測試觀察紀錄表。

（五）警察行使職權民眾異議紀錄表。

（六）工作紀錄簿。

五、注意事項：

(一)操作酒測器應注意：

1. 出勤前應先檢查日期、時間是否正確，經濟部標準檢驗局「檢定合格標章」是否逾期、污損及「檢驗合格證書」(影本)是否隨機攜帶。
2. 實施檢測，應於攔檢現場為之，且實施檢測過程應全程連續錄影。但於現場無法或不宜實施檢測時，得向受測者說明，請其至勤務處所或適當場所檢測。如受測者拒絕，應予勸告將依處罰條例第三十五條第四項第二款、第六十九條第五項或第七十三條第三項規定處罰。而除有法律規定之依據或其有客觀事實足以顯示其有觸犯刑法第一百八十五條之三之情節外，不得任意將受測者強制帶離。
3. 駕駛人吐氣所含酒精濃度經執勤員警依本作業程序完成檢測後，不論有無超過規定標準，不得實施第二次檢測。但遇檢測結果出現明顯異常情形時，應停止使用該酒測器，改用其他酒測器進行檢測，並應留存原異常之紀錄。
4. 有客觀事實足認受測者無法實施吐氣酒精濃度檢測時，得於經其同意後，送由受委託醫療或檢驗機構對其實施血液之採樣及測試檢定。
5. 酒測器每年須送經濟部標準檢驗局檢驗一次，或使用一千次後必須送廠商校正及檢定，以符施檢規範之規定。

(二)移送法辦應注意：

1. 逮捕現行犯或準現行犯：

（1）依刑事訴訟法第八十八條規定予以逮捕。

（2）逮捕詢問時，應先告知其犯罪嫌疑及所犯所有罪名（如涉嫌觸犯刑法第一百八十五條之三）、得保持緘默、得選任辯護人、得請求調查有利證據等事項。

2. 對於駕駛人酒後駕車，有刑法第一百八十五條之三情形，依下列說明事項辦理：

（1）有刑法第一百八十五條之三第一項第一款（吐氣所含酒精濃度達每公升零點二五毫克或血液中酒精濃度達百分之零點零五以上）之情形者，其經測試（檢測）事證明確，則檢具相關事證移送法辦，無需再檢附「刑法第一百八十五條之三第一項第二款案件測試觀察紀錄表」。

（2）有刑法第一百八十五條之三第一項第二款（其他情事足認服用酒類或其他相類之物，致不能安全駕駛）之情形者，或經員警攔檢駕駛人拒絕吐氣酒精濃度測試，且有「刑法第一百八十五條之三第一項第二款案件測試觀察紀錄表」所列之客觀情事，判斷足認其有不能安全駕駛之情形，均需檢附該紀錄表及相關佐證資料，依法移送法辦。

（3）所指「動力交通工具」，除汽機車外，端視其推動是否以電力或引擎動力等作用而斷。惟如涉及具體個案，應由承辦之檢察官或法官依職權判斷。（法務部一百年五月三十一日法檢字第一〇〇〇〇一四〇六三號函釋意旨參照）。

（續）取締酒後駕車作業程序

（第七頁，共九頁）

3. 對已達移送標準事證明確，顯不能安全駕駛者，輔以錄音、錄影(照相)方式存證，連同調查筆錄、吐氣或血液酒精濃度檢測數值資料，併案移送。
4. 調查違法事證時，應依相關規定辦理，佐以犯罪嫌疑人(駕駛人)不能安全駕駛之客觀情事，記載於筆錄，以強化證據力，提供辦案參考。
5. 調查詢問，應遵守刑事訴訟法第一百條之三規定：
「司法警察官或司法警察詢問犯罪嫌疑人，不得於夜間行之。但有下列情形之一者，不在此限：
（1）經受詢問人明示同意者。
（2）於夜間經拘提或逮捕到場而查驗其人有無錯誤者。
（3）經檢察官或法官許可者。
（4）有急迫之情形者。
犯罪嫌疑人請求立即詢問者，應即時為之。稱夜間者，為日出前，日沒後。」
6. 完成詢問後，將犯罪嫌疑人連同筆錄、舉發違反道路交通管理事件通知單(移送聯影本)、酒精測定紀錄單二份(影本)及刑法第一百八十五條之三第一項第二款案件測試觀察紀錄表依刑案程序移送該分局偵查隊處理。

（三）「酒駕肇事駕駛人移送法辦原則」如下：
1. 吐氣所含酒精濃度未達每公升零點一五毫克或血液中酒精濃度未達百分之零點零三者：原則上不依刑法第一百八十五條之三規定移（函）送檢察機關。但如有其他證據足以證明其確實不能安全駕駛者，應向當地管轄地檢署檢察官報告，並依其指示辦理。
2. 吐氣所含酒精濃度達每公升零點一五毫克以上或血液中酒精濃度達百分之零點零三以上者：檢附「刑法第一百八十五條之三第一項第二款案件測試觀察紀錄表」及相關佐證資料移（函）送檢察機關。

（四）駕駛人因不勝酒力於路旁車上休息，未當場查獲有駕駛行為者，應補充相關證據足可證明其有駕駛行為，始得依法舉發；如駕駛人係因發覺警察執行稽查勤務，始行駛至路邊休息，仍應依規定實施檢測。

（五）執勤技巧：
1. 出勤前應落實勤前教育，帶班幹部應明確任務分工，並確實檢查應勤裝備、停車受檢警示燈及酒測器是否正常運作。
2. 攜帶足夠之安全器材（如交通錐、警示燈、指示牌、刺胎器等），並擺放於明顯、容易辨識之位置，確實開啟車輛警示燈，並依規定擺放停車受檢指示牌(警示燈)、交通錐等設備，使駕駛人能提前發現攔檢點，並依序停車受檢。
3. 攝影機取景宜涵蓋現場全貌，並將執行酒測勤務告示牌、車輛通行過程、車牌號碼完整入鏡，俾利完整蒐證不依指示停車接受酒測稽查逃逸車輛之違規事實。
4. 執勤人員路檢盤查駕駛人時，應離開車道至安全處所，並以警車在後戒護，以達到安全維護措施。
5. 路檢盤查勤務，應有敵情觀念，擔任警戒人員，應提高警覺，防範駕駛人無預警襲擊，攔檢時發現車速過快車輛，特別注意人身安全，保持安全反應距離，遇攔檢不停車輛應迅速閃避，不可強行攔阻，以維自身安全。
6. 攔下受檢車輛，應讓受檢車輛靠路邊停放，避免他車追撞，造成傷亡，或避免突然於高速行駛中攔車，以免發生危險或造成交通壅塞。

（續）取締酒後駕車作業程序

（第八頁，共九頁）

7. 執勤人員攔檢車輛時，以觀察駕駛人外貌辨明有無飲酒徵兆為主，不得將頭探入車窗內，以避免危害自身安全。
8. 執行取締酒駕勤務遇夜間、陰雨、起霧等天候不佳或視線不良時，需有更充足的夜間照明、導引及反光設備，避免民眾無法明確目視員警攔停手勢，致接近路檢點時才緊急煞車致生危險。
9. 善用執法裝備器材，對於錄影、錄音等應勤裝備應確實攜帶，並注意執勤態度，遇有酒醉藉故滋事之駕駛人，應注意使用錄影器材全程蒐證，以確保同仁及民眾應有權益。
10. 酒醉者常有失控及具攻擊性之行為，處理時應小心應對，對酒後駕車當事人依法有執行逮捕、管束或強制到場之必要時，應加強注意戒護，防止脫逃、自殺或其他意外事端，並注意自身安全，避免遭受傷害；當事人如有傷痕或生命危險時，應注意蒐證，避免日後糾紛。
11. 對於依法應予逮捕而抗拒逮捕或逃逸者，得使用強制力及依法使用警械，但應符合比例原則，不得逾越必要程度。

（六）駕駛人拒絕停車受檢，意圖衝撞路檢點及執勤員警時應注意：

1. 勤前教育時應明確分配各路檢人員任務(包含指揮管制、檢查、警戒、蒐證等)及其站立位置。
2. 攔檢車輛之執勤地點，應選擇空曠且明亮位置。
3. 到達稽查點，帶班人員應考量執勤地點之道路狀況，妥適安排現場巡邏車及警示設施之擺放位置，並開啟警示燈及依序擺放電子告示牌、交通錐或預防衝撞設施（如刺胎器）等，擺放時應面向車流，注意往來行車狀況，以確保自身安全。
4. 攔檢點警示燈及路檢告示牌至巡邏車擺設距離，應保持適當之安全距離，擺放要明顯且齊全，員警應注意自身及民眾站立之相關位置，並立於安全警戒區內，以利即時反應、迴避任何突發危險狀況。
5. 路檢時員警應提高警覺，注意被攔檢車輛動態，採取必要措施，勿以身體擋車強行攔停，且每一次攔檢以一部車輛為原則。
6. 攔檢指揮管制手勢要明確，對於行車不穩、顯有酒後駕車徵兆之車輛，以手勢配合警笛聲指揮並攔停檢查。
7. 使用錄影（音）設備蒐證。

（七）如屬非計畫性勤務時，得不受前揭專屬於固定地點執勤所需之各項裝備器材等規範限制，惟仍應提高警覺注意安全。

（八）因應嚴重特殊傳染性肺炎（COVID-19）疫情期間，必要時應注意：

1. 同仁執行酒測勤務時，應一律佩戴口罩。攔停駕駛人後，應保持一定距離，觀察過濾駕駛人有無飲酒徵兆，有飲酒徵兆者，則指揮車輛靠邊停車熄火，並請駕駛人下車接受酒精濃度檢測，執行檢測時，應一律戴防護手套。
2. 使用酒測器前，酒測器應予適當消毒(以 1：100 比例稀釋過後的漂白水進行外觀擦拭，不可使用酒精擦拭，以避免產生偽陽性結果或酒測器無法歸零校正)。

（續）取締酒後駕車作業程序

（第九頁，共九頁）

3. 取出全新未拆封之新吹嘴，並向受測者說明酒測器檢測流程後執行，使用過之吹嘴，應用塑膠袋包覆後卸除，並妥善處理，不可隨便丟棄。
4. 實施檢測後，同仁應以肥皂水、洗潔液或乾洗手液清潔，避免民眾吹氣時，飛濺口沫殘留在手部，造成事後接觸到口鼻傳染，以保護員警自身安全。
5. 駕駛人涉有犯罪嫌疑或違犯社會秩序維護法，為現行犯或準現行犯需予以逮捕時，應參照本署偵處『嚴重特殊傳染性肺炎及紓困振興特別條例』刑責案件應注意事項辦理。
6. 駕駛人為罹患或違反居家隔離、居家檢疫者，應即通報勤務指揮中心調派防護衣到場並通知衛生機關處理；於勤務結束後，應清消應勤裝備，以保持衛生安全。
7. 民眾確有配合返回駐地處理之必要者，進入駐地前一律先測量額溫，額溫超過三十七點五度或不配合測量者，不得進入駐地，應擇駐地外適當地點處理。

第二十八章
處理酒駕案例

壹 案例事實與爭點

甲某日10時許即在某處飲酒，並於同日11時多許駕駛自用小客貨車先載一同事前往A處，後又再載另一同事前往B處，嗣於同日13時50分許，在某路口追撞前方同向車道上停等紅燈之自用小客車，導致該車再往前追撞同樣在停等紅燈之自小客車。警方據報到現場處理，見甲面有酒容、酒氣之情形，乃於同日14時6分測得其吐氣所含酒精濃度達0.23 mg/L，並進行「刑法第185條之3案件測試觀察紀錄表」。試問甲該當何罪？警方處理後應「隨案移送」或以「函送」地檢署偵辦？

本案爭點：第一，本案可否以酒精代謝速率回推認定甲於駕車時之酒精濃度已逾0.25 mg/L而成立刑法第185條之3第1項第1款（本章稱本條第1款）之罪？第二，本案再經警方進行「刑法第185條之3案件測試觀察紀錄表」當客觀判定甲面有酒容、酒氣、神情恍惚、精神不濟而不合格時可否成立刑法第185條之3第1項第2款（本章稱本條第2款）之罪？第三，警方酒測後應將甲「隨案移送」或以「函送」地檢署偵辦？

貳 刑法第185條之3之規範

一、1999年的「首次入罪化」

我國刑法於1935年公布施行之初，並未處罰酒後駕車行爲，1999年4月21日爲維護交通安全，增設服用酒類或其他相類之物過量致意識模糊駕駛交通工具之處罰規定，以防止交通事故之發生，而於刑法第185條之3

（本章稱本條）公布增訂：「服用毒品、麻醉藥品、酒類或其他相類之物，不能安全駕駛動力交通工具而駕駛者，處一年以下有期徒刑、拘役或三萬元以下罰金。」可謂首次以刑法手段，抑制醉態駕駛行為。

二、2008年的增訂「併科罰金」且提高「罰金數額」

2008年1月2日修正公布本條將原規定處「三萬元以下罰金」修正為「或科或併科十五萬元以下罰金」，藉著罰金加重，抑制酒後駕車。

三、2011年的「提高刑度」且增訂「加重結果犯」

2008年修正後，依然發生酒照喝車照駕情形，故於2011年11月30日又修正公布本條，不只是將低度或科或併科的罰金提高為「二十萬元以下」之外，高度的有期徒刑部分，也提高為「二年以下」，另外增訂第2項規定「因而致人於死者，處一年以上七年以下有期徒刑；致重傷者，處六月以上五年以下有期徒刑」。

本次修法，不只「刑罰加重」且增訂「加重結果犯」類型，以期有效遏阻酒駕行為，維護民眾生命、身體及財產安全。況且依修正後之現行規定，凡觸犯本條第1項之現行犯，因法定最重本刑已提高至二年以下，已不符合刑事訴訟法第92條第2項但書之例外規定，故觸犯本條第1項之罪之現行犯，警方逮捕後，一律需移送檢察官[1]。

四、2013年的「構成要件精緻化」與「提高加重結果犯刑度」

經過二次修法，酒駕案件仍不斷發生，故於2013年6月11日又修正公布本條規定：「駕駛動力交通工具而有下列情形之一者，處二年以下有期徒刑，得併科二十萬元以下罰金：一、吐氣所含酒精濃度達每公升零點二五毫克或血液中酒精濃度達百分之零點零五以上。二、有前款以外之其他情事足認服用酒類或其他相類之物，致不能安全駕駛。三、服用毒品、麻醉藥品或其他相類之物，致不能安全駕駛。因而致人於死者，處三年以上十年以下有期徒刑；致重傷者，處一年以上七年以下有期徒刑。」

---

1 陳煥生、劉秉鈞，刑法分則實用，一品出版，2020年，頁196。

此次修法將過去構成要件不夠明確，且備受詬病的立法設計加以精緻化，並進一步將不能安全駕駛行爲標準化爲三種類型，而在修正理由表明不能安全駕駛罪係屬抽象危險犯，不以發生具體危險爲必要，並增訂酒精濃度標準值，以此作爲認定「不能安全駕駛」之判斷標準，避免法院判決歧異而使部分民眾心存僥倖。至於行爲人未接受酒精濃度測試或測試後酒精濃度未達前揭標準，惟有其他客觀情事認爲確實不能安全駕駛動力交通工具時，仍可構成本罪。又將原刑度刪除「拘役或科罰金之選科」規定，修正爲「處二年以下有期徒刑，得併科二十萬元以下罰金」。另修正原條文第2項就加重結果犯之處罰，提高刑度，以保障合法用路人之生命身體安全。

五、2019年的「提高五年內再犯加重結果犯處罰」

另又爲抑制是類酒駕再犯行爲，以防杜酒駕等不能安全駕駛行爲之社會危害性，於2019年6月19日又再修正公布本條，增訂第3項規定：「曾犯本條或陸海空軍刑法第五十四條之罪，經有罪判決確定或經緩起訴處分確定，於五年內再犯第一項之罪因而致人於死者，處無期徒刑或五年以上有期徒刑；致重傷者，處三年以上十年以下有期徒刑。」

六、2022年的「續修正加重刑度」

爲持續遏止國人酒駕習慣，2022年1月28日續修正通過本條第1項「酒駕行爲最重處三年有期徒刑、得併科三十萬元以下罰金」；第2項修正爲「因而致人於死者，最重處十年有期徒刑、得併科二百萬元以下罰金，因而致人於重傷者，最重處七年有期徒刑、得併科一百萬元以下罰金」；第3項修正爲「曾犯酒駕罪而十年內再犯，因而致人於死者，最重處無期徒刑、得併科三百萬元以下罰金，因而致人於重傷者，最重處十年有期徒刑、得併科二百萬元以下罰金」，讓酒駕者付出代價。

參 本案判決

本案參照臺灣花蓮地方法院105年度花交簡字第29號刑事判決要旨，說明如下。

一、本條之罪係「抽象危險犯」

根據臨床實驗證明，人在飲酒後，對駕駛車輛會產生降低視覺圓錐角及延長反應時間的影響，是以2013年本條修正理由認爲不能安全駕駛罪係屬抽象危險犯，不以發生具體危險爲必要，故增訂酒精濃度標準值，以此作爲認定「不能安全駕駛」之判斷標準；至於行爲人未接受酒精濃度測試或測試後酒精濃度未達前開標準，惟有其他客觀情事認爲確實不能安全駕駛動力交通工具時，仍構成本條第2款之罪。

二、吐氣所含酒精濃度達0.25 mg/L仍擬制為不能安全駕駛

本條第1款「吐氣所含酒精濃度」，文義上認爲凡達到本條第1款濃度標準時，縱使行爲人實際上並未達於不能安全駕駛動力交通工具之程度，仍擬制爲不能安全駕駛。

三、本條第2款須根據具體情事判斷是否確實達於不能安全駕駛

就本條第2款規定「有前款以外之其他情事足認服用酒類或其他相類之物，致不能安全駕駛」而言，是否符合本款「不能安全駕駛」，必須根據具體情事以判斷是否確實達於不能安全駕駛的狀態。

四、不宜以回推之數據認定符合本條第1款之要件

現若檢察官以酒精代謝速率回推被告於駕車時之酒精濃度已逾0.25 mg/L，固有其科學依據，惟人體酒精代謝速率因人而異，每個人之體重、人體含水量、飲用酒精多寡、經過時間等等因素均會影響每個人之酒精代謝速率，科學測試僅能推估平均速率，而無法精準推估被告於駕車之時之呼氣酒精濃度，是不宜以回推之數據認定被告符合本條第1款之要件。

五、佐以警方所製本條案件測試觀察紀錄表所載可成立本條第2款之罪

本案依據被告之酒精濃度測試表，並佐以警方所製本案件測試觀察紀錄表所載，可知被告於發生車禍後甫下車時，身體外觀並無異狀，惟有出現酒容及酒氣之情狀觀之，此與一般人於服用酒類後可能出現之身體反應及樣貌，若符合情節，自堪認定。縱使被告現場所測酒側值未達本條第1款所規定0.25 mg/L以上之標準，惟因被告係早於上午11時多許即已駕車上路，嗣於13時50分許在路口追撞前方正在停等紅燈之車輛，且經在場之證人於警詢證述：「斯時因前方車輛皆在停等紅燈，所以伊駕駛之車子亦跟著靜止停等紅燈，被告之車子沒有剎車就撞到伊車子後方，導致伊之車輛向前追撞同樣在停等紅綠燈之車輛等情。」且被告於警詢中亦自承：「伊看前方號誌已是綠燈，就繼續前進但沒有發現前方之車子尚未向前移動，就直接撞上前方自小客車……伊有發現對方車輛，不清楚對方距離多遠，等注意到時有立即踩剎車，但距離太近來不及還是撞上等語，可見被告對於在道路上之車輛究竟是靜止或行進中、燈號是紅燈與否、兩車距離遠近以及可剎車距離之判斷，與一般正常駕駛者之駕駛能力已有所不同，確有神情恍惚、精神不濟、有酒容、酒味之情狀甚爲明確，顯見被告已因服用酒類而致其精神狀況已達不能安全駕駛動力交通工具之程度。」是以被告於酒後呼氣酒精濃度達0.23 mg/L之時，已因酒精影響其駕駛操控能力而與他人發生車禍，自足認其不能安全駕駛動力交通工具甚明，應係犯本條第2款不能安全駕駛動力交通工具而駕駛罪。

肆 本案評析

一、本條之罪係「抽象危險犯」

本條不能安全駕駛罪，又稱「醉態駕駛罪」，保護的法益是大眾的交通安全。至於本罪於1999年入罪化後，就一直爭論本罪是「抽象危險犯」

還是「具體危險犯」。具體危險犯，其危險屬於構成要件內容，需行爲具有發生侵害結果可能性（危險之結果）方可，辨識是否爲具體危險犯，通常條文會出現「危害公共安全」、「足以發生……危險」、「引起……危險」等類似字眼，是不是危險由法院來認定，故學理上又稱爲「司法認定的危險」；抽象危險犯，指行爲本身含有侵害法益可能性而被禁止，不問事實上是否果發生危險，一有該行爲罪即成立，這是由立法者所認定的危險，故學理上稱爲「立法上推定的危險」[2]。

本條2013年修法後，立法者將本條改分爲三款，第1款爲「絕對不能安全駕駛」，第2款、第3款爲「相對不能安全駕駛」，且在立法理由明確表明不能安全駕駛罪係屬「抽象危險犯」，不以發生具體危險爲必要，並增訂酒精濃度標準值，以此作爲認定「不能安全駕駛」之判斷標準，避免法院判決歧異而使部分民眾心存僥倖，以有效遏阻酒醉駕車事件發生，充分表明立法者對酒駕「零容忍」的態度，且按第1款只要酒測濃度達標犯罪就成立了，倘若行爲人未接受酒精濃度測試或測試後酒精濃度未達前揭標準，惟有其他客觀情事認爲確實不能安全駕駛動力交通工具時，仍可構成本罪。

由於第2款、第3款有「致不能安全駕駛」之要件，第1款沒有，所以很容易讓人誤以爲第1款是抽象危險犯，第2款、第3款則是具體危險犯，如臺灣屏東地方法院107年度交簡上字第129號刑事判決便認爲「刑法第185條之3第1項第2款、第3款，均有『致不能安全駕駛』於構成要件中規範行爲需具有發生侵害結果之可能性（危險之結果），應屬具體危險犯……該條第1項第2款、第3款之情形，仍須法院以行爲當時之各種具體情況，以及已經判明的因果關係爲根據，用以認定酒後駕車行爲是否具有發生侵害法益的可能性」。

然而，本條第2款可說是立法者針對未接受酒測者或酒測值未達標者，所設置的截堵性條款，只是必須個案認定是否不能安全駕駛；況且從文義觀之，第2款、第3款的「致不能安全駕駛」，未如刑法第175條放火

2 參照最高法院102年度台上字第3977刑事判決。

罪「致生公共危險」一樣將具體危險犯的危險結果要素明定，畢竟一個醉態駕駛行爲是否不能安全駕駛，與這個行爲是否致生公共危險構成要件完全不同，其只要求「不能安全駕駛」，並不要求「致生公共危險」，且從本罪入罪化以來，就不以醉態駕駛的行爲致生公共危險爲必要，所以即使本罪第2款、第3款要求不能安全駕駛，它們依然還是抽象危險犯。

特別是立法者採取抽象危險犯立法例，可以避免實害犯舉證上困難，減輕追訴機關負擔，是非常實用性的構成要件，一旦帶有典型危險犯罪行爲就是不法構成要件要素內涵之一，便可以處罰，如此也可達到一般預防功能[3]。

不過值得注意的是，酒測值未達第1款所定標準值時，需達何標準始構成「相對不能安全駕駛」？本文認爲可參考道路交通管理處罰條例第35條將「酒精濃度超過規定標準」，透過道路交通安全規則第114條第2款規定：「汽車駕駛人有下列情形之一者，不得駕車：……二、飲用酒類或其他類似物後其吐氣所含酒精濃度達每公升零點一五毫克或血液中酒精濃度達百分之零點零三以上。」即一般所稱「酒醉駕車」[4]。如此，吐氣所含酒精濃度達0.15 mg/L以上未滿0.25 mg/L者，即可能構成本條第2款之罪，只是此種情況下之飲酒量，尚未普遍超乎駕駛者生理適應程度，故駕駛者是否致不能安全駕駛之抽象危險，仍須個案判斷之。也就是說，駕駛者是否構成本條第2款之罪，除酒測值介於0.15 mg/L以上未滿0.25 mg/L者外，仍應調查其他客觀事實，如單腳直立、直線步行、接物或畫同心圓等輔助測驗，並作成書面報告附卷等，供法院個案判定。

又在這種「抽象危險犯」的立法例，實務見解有認爲雖抽象危險是立法上推定之危險，但對抽象危險是否存在之判斷仍有必要，即以行爲本身之一般情況或一般之社會生活經驗爲根據，判斷行爲是否存在抽象的危險[5]；但也有認爲只需要行爲符合法律規定的行爲態樣就行，即有立法者

---

3 張麗卿，交通犯罪之法律規範與實證分析，中原財經法學，第28期，2012年6月，頁133。

4 參照劉嘉發，警察取締酒駕案例研析，許福生主編，警察情境實務執法案例研析，五南出版，2021年，頁128。

5 參照最高法院102年度台上字第3977號刑事判決。

擬制之危險，法院毋庸爲實質判斷[6]。

從本案例判決觀之，認定本條是抽象危險犯，且認爲本條第1款仍擬制的不能安全駕駛，如此法院即毋庸爲實質判斷，縱使這樣的看法從法益保護觀點有些可議之處，但基於面對大量化交通處罰事務，擬制之危險確實是可以省卻一些在犯罪判斷的困擾；至於是否構成本條第2款之罪，縱使本案酒測值只達到0.23 mg/L，但佐以警方所製測試觀察紀錄表客觀所載，呈現有酒容、酒氣、神情恍惚、精神不濟之情形，認定成立本條第2款之罪，值得肯定。

二、不宜以公式回溯計算其酒測値

本案當酒測時爲0.23 mg/L，若依據交通部運輸研究所於1988年8月間出版之「駕駛人行爲反應之研究——酒精對駕駛人生理影響之實驗分析」，換算每小時呼氣酒精代謝率爲0.0628 mg/L，而認定被告於開始駕車時之呼氣所含酒精濃度值約爲 0.26 mg/L，推算已達0.25 mg/L以上，實未就受測者之年齡、體重、身高、飲酒習慣、身體疲勞程度、腹中其他食物代謝情形、飲酒之時間爲參酌，且其實驗之對象僅13人，平均年齡僅24歲，均爲男性，研究時間久遠，代表性顯然不足，計算公式參考因素過於粗略，實無法僅以該「平均闕值逕行計算」而倒推出本件被告眞實之酒精呼氣濃度，依罪疑唯輕原則，自難以該酒精測試結果，認定被告騎車時呼氣中所含酒精濃度顯已逾0.25 mg/L之標準，而爲不利於被告之認定[7]。

另有關採用回溯酒精值採計酒精濃度案例，亦有「其實驗對象之人數、平均年齡、身高、體重、是否具酒精反應之異常體質、有無飲酒習慣、是否區別空腹或食後飲酒對酒精代謝之影響，與影響之程度等相關因素，均不見原判決引述，其意見形成過程中所爲採樣及施測方法，以及因此所得之結論，是否得爲該專業領域所普遍接受而無瑕疵可指，原判決復無一語敘及。抑且，上訴人於行爲時，係34歲，其餘生理條件如身高、體重、有無飲酒習慣等，均未經調查，案內亦無相關資料。與上開意見證據

6 參照最高法院105年第18次刑事庭會議決議。

7 參照臺灣高等法院104年度交上易字第360號刑事判決。

即研究報告之實驗對象間之生理條件差距如何，其研究所得是否得不待檢驗即直接比附援引於本件上訴人，亦容非無疑，且能否排除須經具專門學問之人診察或鑑定後始能判斷之需，饒非無研求之餘地」，亦認回溯酒精值採計酒精濃度爲不利被告之認定而發回審理[8]。

再按所謂「罪刑法定主義」觀之，本條第1款既已將酒精濃度標準值「吐氣所含酒精濃度達每公升零點二五毫克以上」制定於法條當中，語意範圍明確，自不能恣意地類推至「每公升零點二五毫克以下」之情形，否則即違反刑法第1條罪刑法定主義之要求。況且2013年本條修法後，立法者明示將酒後駕車之處罰標準值明確化，現若雖未達於上開標準，可依客觀事證證明致不能安全駕駛，仍可適用本條第2款，以作爲本條第1款處罰之補遺規定，否則一概以前開公式回溯計算，即無本條第2款適用餘地，則將使本條第2款規定成爲具文，此絕非立法者制定本條上開兩款不同規範本意。因此，本件被告開車時，以回溯計算之公式，認定其呼氣中所含酒精濃度逾0.25 mg/L之標準，尚無法採爲對於被告已達不能安全駕駛之唯一認定依據[9]。是以本案判決，認爲不宜以公式回溯計算其酒測值而成立本條第1款之罪，相當可採。

伍 取締酒駕實務應行注意事項

鑒於酒後駕車罰則高，民眾申訴者多，員警除熟讀相關法規暨警政署訂頒之「取締酒後駕車作業程序」外，茲臚列當前實務重點如下，以利員警精進執勤作爲。

一、計畫性酒測路檢擺設「酒精檢測」牌面始符正當法令程序

員警於定點攔查「大多數車輛」實施酒測究係依警察職權行使法第6條第1項第6款、第2項及第7條第1項第1款經機關主管長官指定之公共場

8 參照最高法院109年度台上字第450號刑事判決。

9 參照臺灣高等法院暨所屬法院105年法律座談會刑事類提案第21號。

所、路段及管制站規劃之計畫性路檢實施攔車（集體攔停）或係依警察職權行使法第8條第1項已發生危害或依客觀合理判斷易生危害之交通工具予以攔停（隨機攔停）？就「定點式」攔查酒駕流程，實務係參照道路交通管理處罰條例第35條第4項第1款：「汽機車駕駛人有下列各款情形之一者……一、駕駛汽機車行經警察機關設有告示執行第一項測試檢定之處所，不依指示停車接受稽查。」規定，對一般受檢車輛觀察過濾或先以酒精感知器測試，如有酒精反應再引導至檢查區檢測，除有不依指示停車者亦依上開規定逕行舉發，爰「設有酒精檢測牌面」、「對行經路檢點車輛」、「依指示攔停」等三個要件須充分構成並有完整蒐證，惟員警甲於2018年9月5日在臺北市萬華區華中橋機車引道發現原告乙騎乘重型機車行車不穩、眼神恍惚等客觀事實不能安全駕駛情況，經攔查後以酒精檢知器檢測顯示有酒精反應開立罰單，原告以員警對行經車輛實施「無差別攔停」不符法律程序爲由提起救濟，被告警方則以「舉發單位是在做路檢，所以就沒有放告示牌」抗辯，案經法院經當庭勘驗被告提出之採證光碟影片內容：「舉發單位並未設有酒測攔查牌示、對於系爭地點行駛於機車慢車道之機車騎士警方都有攔停動作……舉發單位並未於系爭地點設有告示執行道交處罰條例第35條第1項測試檢定之處所；及舉發單位於系爭地點係實施無差別攔停稽查，並非以原告騎乘系爭機車具有已發生危害，或依客觀合理判斷易生危害之交通工具而爲攔停稽查原告之事實，要可認定。」撤罰本案罰單[10]，是以員警「攔查大多數車輛」實施酒測尙非依警察職權行使法第8條第1項就「已發生危害或依客觀合理判斷易生危害之交通工具」之隨機攔查，就是類在定點攔查多數車輛之檢測，顯應係經機關長官指定之計畫性酒測，依規定布設「酒精檢測」牌面始符程序。

二、追入大樓停車場或社區公共空間非屬道路範圍實施酒測統一做法

員警於道路範圍發現車輛行車不穩、忽快忽慢等符合警察職權行使法

10 參照新北地方法院107年度交字第886號行政判決。

第8條第1項態樣實施追蹤稽查時，常因行為人規避稽查遁入大樓停車場或社區公共空間等非屬道路範圍，員警究能否尾隨進入實施酒精濃度檢測，甚困擾第一線員警，例「員警駕駛巡邏車進入上址地下室停車場內，係跟隨被告之車輛進入，業經其等於原審審理程序中證述明確，顯然其等未經被告或其他有同意權人之同意，即進入被告私人住宅內攔停車輛並對駕駛人實施酒精濃度檢測，核與道路交通管理處罰條例及警察勤務條例規定，實施酒測之場所，限於在公共場所之明文規定有悖。員警在被告未有何『已發生危害』或『依客觀合理判斷易生危害』行為下，即未經同意進入屬被告私人住宅領域之地下室停車場內，對之加以攔查欲實施吐氣酒精濃度測試……，該等行為亦非員警依刑事訴訟法所為之拘提、逮捕或搜索，是其等入內難謂在依法執行職務」[11]，上開判解認進入非道路範圍實施酒精濃度檢測與規定有悖。

惟亦有見解採認並未違法，例「員警發現某甲酒後騎乘機車行跡可疑後，依警職法第8條第1項規定，認依客觀合理判斷有生危險之虞，開啓攔停盤查程序，某甲就員警要求停車置之不理，員警於某甲進入封閉式社區停車時，自仍得要求某甲進行酒測，員警所為係屬上開合法要求某甲接受攔停情狀延續，所為之要求某甲酒測並未違法」[12]，為統一做法，內政部警政署於2022年1月訂頒「取締酒駕追至住家地下停車場之適法性」[13]歸納如下。

11 參照臺灣新竹地方法院106年度交易字第64號刑事判決、臺灣高等法院107年度交上易字第20號刑事判決。

12 參考108年度高等行政法院及地方法院行政訴訟庭業務交流提案第6號文書。

13 參考內政部警政署111年1月主管會報資料。

表28-1　取締酒駕追至住家地下停車場之適法性一覽表

<table>
<tr><th>起點／態樣</th><th>道路範圍</th><th>封閉式社區或與道路相鄰之住家庭院或地下室停車場</th><th>住家（起居室、臥室）</th><th>合法性</th><th>法源依據</th></tr>
<tr><td>1</td><td>目視（全程蒐證）—發動攔停—查獲</td><td></td><td></td><td>合法</td><td rowspan="3">警察職權行使法第8條</td></tr>
<tr><td>2</td><td>目視（全程蒐證）—發動攔停</td><td>查獲（查證身分、檢查引擎車身及要求酒測檢定）</td><td></td><td>合法[14]</td></tr>
<tr><td>3</td><td>目視—未於道路發動攔停</td><td>尾隨至非道路範圍—查獲</td><td></td><td>不合法[15]</td></tr>
<tr><td>4</td><td>目視—員警於道路發動攔停</td><td>行爲人車輛進入非道路範圍—員警尾隨</td><td>行爲人進入家宅始查獲</td><td>不合法</td><td rowspan="2">欲對人、車、住居所、攜帶物等爲檢查搜索，須符合刑事訴訟法</td></tr>
<tr><td>5</td><td>目視—未於道路發動攔停</td><td>警車進入非道路範圍</td><td>行爲人進入家宅始查獲</td><td>不合法</td></tr>
</table>

資料來源：作者自製，參考111年1月警政署主管會報。

表28-1於道路上目視已生危害或屬客觀合理判斷易生危害交通工具經發動攔停至封閉式社區或與道路相鄰之住家庭院或地下室停車場，得依法查證身分、檢查引擎車身及要求酒測檢定之執行分際需有下列條件（同前開會報）：

（一）合理懷疑：駕駛人已有違規，且無視警察攔停而加速駛離，員警因其危險駕駛異常行爲，因而形成合理懷疑其恐有危害行爲。

（二）密切跟隨：指警察於道路即已啓動攔停（鳴笛及開啓警示燈示意停車受檢），因駕駛人無故拒絕逃逸，乃自後緊追，未中斷取締行爲。

---

14 最高法院106年度台上字第1626號刑事判決、108年高等行政法院行政訴訟庭業務交流、臺灣高等法院109年度原交上易字第5號刑事判決。

15 臺灣臺北地方法院110年度交字第195號行政判決。

（三）必要性：指有採行前揭攔停、查證身分、檢查引擎車身號碼其他特徵、要求接受酒測檢定、強制離車或檢查交通工具等措施之必要，以避免危害之持續與擴大。

三、憲法法庭判決汽機車駕駛人肇事拒測或無法測試強制抽血違憲後作為

臺灣花蓮地方法院刑事第五庭松股法官因審理臺灣花蓮地方法院107年度玉原交易字第1號刑事裁定及107年度花原交簡字第403號公共危險案件，認汽車駕駛人肇事拒絕接受或肇事無法實施酒精濃度檢定者，得逕自強制移由相關醫療或檢驗機構並實施血液檢測，毋須事前向法院聲請令狀，亦未定有事後聲請補發令狀機制，違反法治國法官保留、令狀原則及憲法正當法律程序而違憲；此外，其就醫療或檢驗機構及檢測人員等之資格未制定相關專業要件，亦未定有保障被強制檢測者之隱私權規定，已侵害被強制檢測者之憲法第22條資訊隱私權及免於身心受傷害之身體權等基本權，經裁定停止訴訟程序後，於2018年8月20日分別具狀向司法院聲請解釋憲法，案經2022年2月25日憲法法庭公告111年憲判字第1號判決略以[16]：

（一）道路交通管理處罰條例第35條第6項規定：「汽車駕駛人肇事拒絕接受或肇事無法實施第一項測試之檢定者，應由交通勤務警察或依法令執行交通稽查任務人員，將其強制移由受委託醫療或檢驗機構對其實施血液或其他檢體之採樣及測試檢定。」牴觸憲法第8條保障人身自由、第22條保障身體權及資訊隱私權之意旨，應自本判決公告之日起，至遲於屆滿二年時失其效力。

（二）相關機關應自該判決公告之日起二年內，依該判決意旨妥適修法。自該判決公告之日起二年期間屆滿前或完成修法前之過渡階段，交通勤務警察就駕駛人肇事拒絕接受或肇事無法實施吐氣酒測，認有對其實施血液酒精濃度測試，以檢定其體內酒精濃度值之合理性與必要性時，其

16 參照憲法法庭111年憲判字第1號判決。

強制取證程序之實施，應報請檢察官核發鑑定許可書始得爲之。情況急迫時，交通勤務警察得將其先行移由醫療機構實施血液檢測，並應於實施後24小時內陳報該管檢察官許可，檢察官認爲不應准許者，應於三日內撤銷之；受測試檢定者，得於受檢測後十日內，聲請該管法院撤銷之。

因應上開判決，於道路交通管理條例第35條第6項修法完成前，倘肇事駕駛人有飲酒之徵兆（酒味、酒容），且拒絕接受酒測或無法實施吐氣檢測，摘錄處置作爲如下[17]：

（一）駕駛人拒絕接受吐氣檢測者，先依「取締酒後駕車作業程序」流程中「非計畫性勤務全程連續錄影開始」階段開始處理，倘客觀情狀足認不能安全駕駛，涉嫌觸犯刑法第185條之3，再依「取締酒駕拒測處理作業程序」處理。

（二）認有對肇事駕駛人實施血液酒精濃度測，以檢定其體內酒精濃度值之合理性與必要性時，其強制取證程序之實施，應報請檢察官核發鑑定許可書始得爲之。

（三）情況急迫時，員警得將其先行移由醫療機構實施血液酒精濃度檢測，並應於實施後24小時內陳報該管檢察官許可。

上開憲法法庭判決後，即有原告甲於2022年4月13日發生車禍當下，已陷入昏迷狀態，無同意抽血與否之能力，提出行政訴訟認警方縱得認係情況急迫時逕將原告移由醫療機構實施血液檢測，仍應於24小時不變期間內陳報該管檢察官，並於檢方核發鑑定許可書後，將鑑定許可書副本送交被處分人（或以其他方式使被處分人知悉令狀內容）外，且應同時諭知被處分人得於受檢測後十日內，聲請法院撤銷之權利，若不作如此解釋，將無以貫徹被處分人憲法正當法律程序之受告知權及無從保障使不諳法律之被處分人有受法院公平審判之訴訟權。案經法院審理原告於2022年4月13日下午2時許肇事失去意識無法實施吐氣酒測，經舉發機關員警認有對其實施血液酒精濃度測試，以檢定其體內酒精濃度值之合理性與必要性，遂將原告移由嘉義長庚醫院於同日實施血液檢測，並陳報嘉義地檢署檢察官

17 參照內政部警政署111年3月1日警署交字第1110073059號函。

許可，經嘉義地檢署檢察官於同日晚間7時40分許同意核發鑑定許可書；員警於翌（14）日通知原告家屬抽血檢測一事；後原告於2022年5月6日出院，於同年月23日前往舉發機關所屬布袋派出所接受調查時，員警又告知原告抽血實施酒測等情，舉發機關實施酒測之程序核與上開111年憲判字第1號判決意旨相符，原告主張酒測程序違法云云，顯非可採[18]，爰員警就是類疑似因酒駕肇事拒絕或無法呼氣之急迫性案件送請醫療機構抽血檢測時，除報請檢察核發鑑定許可書外，尤應特別踐行告知受檢測人得於受檢測後十日內，聲請該管法院撤銷之救濟程序，以免因程序疏誤遭致爭議。

陸 本案警方處理後應「隨案移送」地檢署複訊

依據法務部2012年2月1日會議決議、警政署2013年8月23日函文及現行「取締酒後駕車作業程序」規定，警方處理「酒駕肇事駕駛人移送法辦原則」如下：1.吐氣所含酒精濃度未達0.15 mg/L（或血液中酒精濃度未達0.03%）者：原則不依刑法第185條之3規定移（函）送檢察機關，但如有其他證據足以證明其確實不能安全駕駛者，有移（函）送檢察機關之必要時，應依「檢察官與司法警察機關執行職務聯繫辦法」第5條規定，向當地管轄地檢署檢察官報告，並依其指示辦理；2.吐氣所含酒精濃度達0.15 mg/L以上（或血液中酒精濃度達0.03%以上）者：檢附「刑法第185條之3案件測試觀察紀錄表」及相關佐證資料移（函）送檢察機關。

本案甲因車禍肇事，經酒測值爲0.23 mg/L，依規定應移（函）送檢察機關，只是應移送或函送？現若佐以「刑法第185條之3案件測試觀察紀錄表」，當客觀判定其確有神情恍惚、精神不濟、有酒容、酒味之情狀時，則應「隨案移送」地檢署複訊；除非當時神情正常、面無酒容、酒味，且經直線測試、單腳站立、畫同心圓等經客觀觀測合格時，警方可依

18 參照臺灣嘉義地方法院111年度交字第77號行政判決。

「檢察官與司法警察機關職務執行聯繫辦法」請示檢察官後，可將「本案函送」地檢署即可，檢方收到函送書後，再由檢方依據其內容進行後續偵辦。惟本案因客觀判定其確有神情恍惚、精神不濟、有酒容、酒味之情狀時，故警方應將甲「隨案移送」地檢署複訊。

爲統一各警察機關做法並爲區分刑法185條之3第1項第3款（服用毒品、麻醉藥品或其他相類之物，致不能安全駕駛）之情形，內政部警政署於2013年8月配合法務部2013年7月10日法檢字第10200140870號函釋將原「刑法第185條之3案件測試觀察紀錄表」修正爲「刑法第185條之3第1項第2款案件測試觀察紀錄表」，將此紀錄表用爲員警執行取締酒駕勤務時，觀察測試駕駛人之行爲狀態，並作成紀錄，作爲駕駛人能否安全駕駛之參考資料，至刑法第185條之3第1項第3款則不適用本表，其中特別需注意的是「有刑法第185條之3第1項第1款之情形者，無需再檢附本表」，及「經員警攔查駕駛人拒絕吐氣酒精濃度測試，且有酒味、車行不穩、蛇行、語無倫次、口齒不清或有其他異常行爲、狀況等客觀情事，足認有不能安全駕駛之情形，於移送法辦時需檢附本表」，爰員警於查獲駕駛人肇事惟酒測值未達本條第1款0.25 mg/L以上者，即應依本表測試觀察並作成紀錄後併卷移送法辦[19]。至此，是類酒駕拒測或肇事惟酒測值未達0.25 mg/L案件已有統一做法，內政部警政署並於2022年12月15日重新函頒「取締酒後駕車作業程序」修正警方處理「酒駕肇事駕駛人移送法辦原則」如下：1.吐氣所含酒精濃度未達0.15 mg/L（或血液中酒精濃度未達0.03%）者：原則上不依刑法第185條之3規定移（函）送檢察機關，但如有其他證據足以證明其確實不能安全駕駛者，應向當地管轄地檢署檢察官報告，並依其指示辦理；2.吐氣所含酒精濃度達0.15 mg/L以上（或血液中酒精濃度達0.03%以上）者：檢附「刑法第185條之3第1項第2款案件測試觀察紀錄表」及相關佐證資料移（函）送檢察機關，作業程序修正後對員警處理是類案件將更爲周延，保障民眾權益。

19 參照內政部警政署102年8月刑法第185條之3第1項第2款案件測試觀察紀錄表。

柒 結語

本案甲雖酒測值0.23 mg/L，不能以酒精代謝速率回推認定甲於駕車時之酒精濃度已逾0.25 mg/L而成立本條第1款之罪；但警方佐以「刑法第185條之3案件測試觀察紀錄表」及相關佐證資料，客觀判定甲面有酒容、酒氣、神情恍惚、精神不濟而不合格時，可成立本條第2款之罪，因而警方依上述客觀狀況判定後，應將甲「隨案移送」地檢署複訊。

最後，酒駕一再重刑化修法脈絡，但刑罰再高，只要酒駕者普遍存在「不被抓到就好」、「不會那麼倒楣撞到人」等僥倖心態，還是會發生。因此，警方需再強化大數據分析，針對易發生時、路段，以優勢警力增長「殘餘威嚇」（residual deterrence）效果，杜絕僥倖心態，並發揮CSI（Crime Scene Investigation）精神，避免事故後喝酒等企圖卸責，伸張正義，確實有必要。

（本文初稿曾發表於警光雜誌，第782期，2021年9月）

取締酒駕拒測處理作業程度

（第一頁，共四頁）

一、依據：

（一）警察職權行使法。

（二）刑法第一百八十五條之三。

（三）道路交通管理處罰條例第三十五條、第八十五條之二。

（四）道路交通安全規則第一百十四條。

（五）刑事訴訟法第八十八條、第九十五條、第二百零四條之一、第二百零五條之一、第二百零五條之二。

（六）取締酒後駕車作業程序。

（七）檢察機關辦理刑事訴訟案件應行注意事項第八十二點。

二、分局及分駐（派出）所流程：

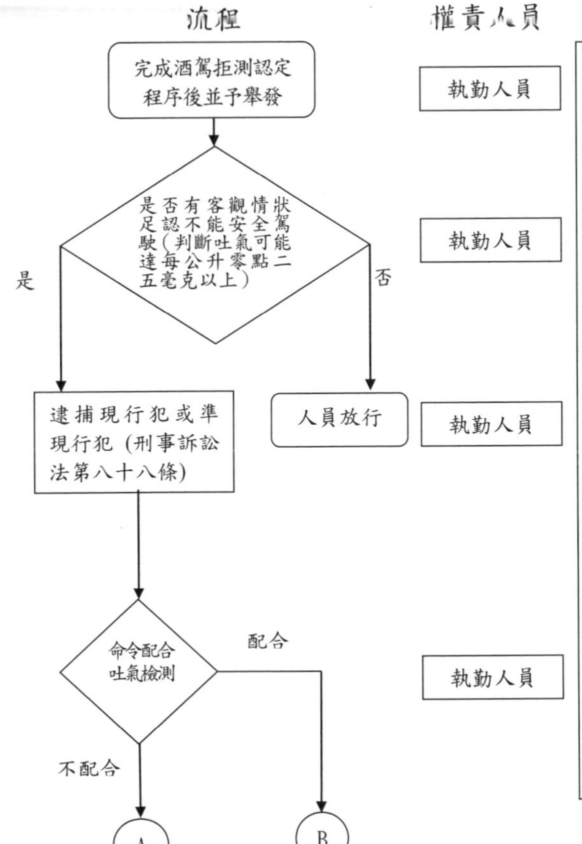

作業內容

一、本作業程序係依「取締酒後駕車作業程序」完成酒駕拒測認定及舉發。

二、執行階段：

（一）客觀情狀足認不能安全駕駛：

依駕駛人有車行不穩、蛇行、語無倫次、口齒不清或有其他異常行為、狀況等客觀情事，判斷足認有不能安全駕駛（駕駛人酒精濃度有達每公升零點二五毫克以上之可能）之情形。

（二）逮捕現行犯或準現行犯：

1. 逮捕時，應先告知其犯罪嫌疑及所犯所有罪名（如涉嫌觸犯刑法第一百八十五條之三）、得保持緘默、得選任辯護人、得請求調查有利證據等事項。
2. 依刑事訴訟法第八十八條規定予以逮捕。

（三）命令其作吐氣檢測：

依刑事訴訟法第二百零五條之二規定。

1. 犯罪嫌疑人配合：

完成吐氣檢測後，依規定製作調查筆錄及刑法第一百八十五條之三第一項第二款案件測試觀察紀錄表及吐氣酒精濃度檢測數值等資料，並隨案移送檢察官偵辦。

（續）取締酒駕拒測處理作業程度

（第二頁，共四頁）

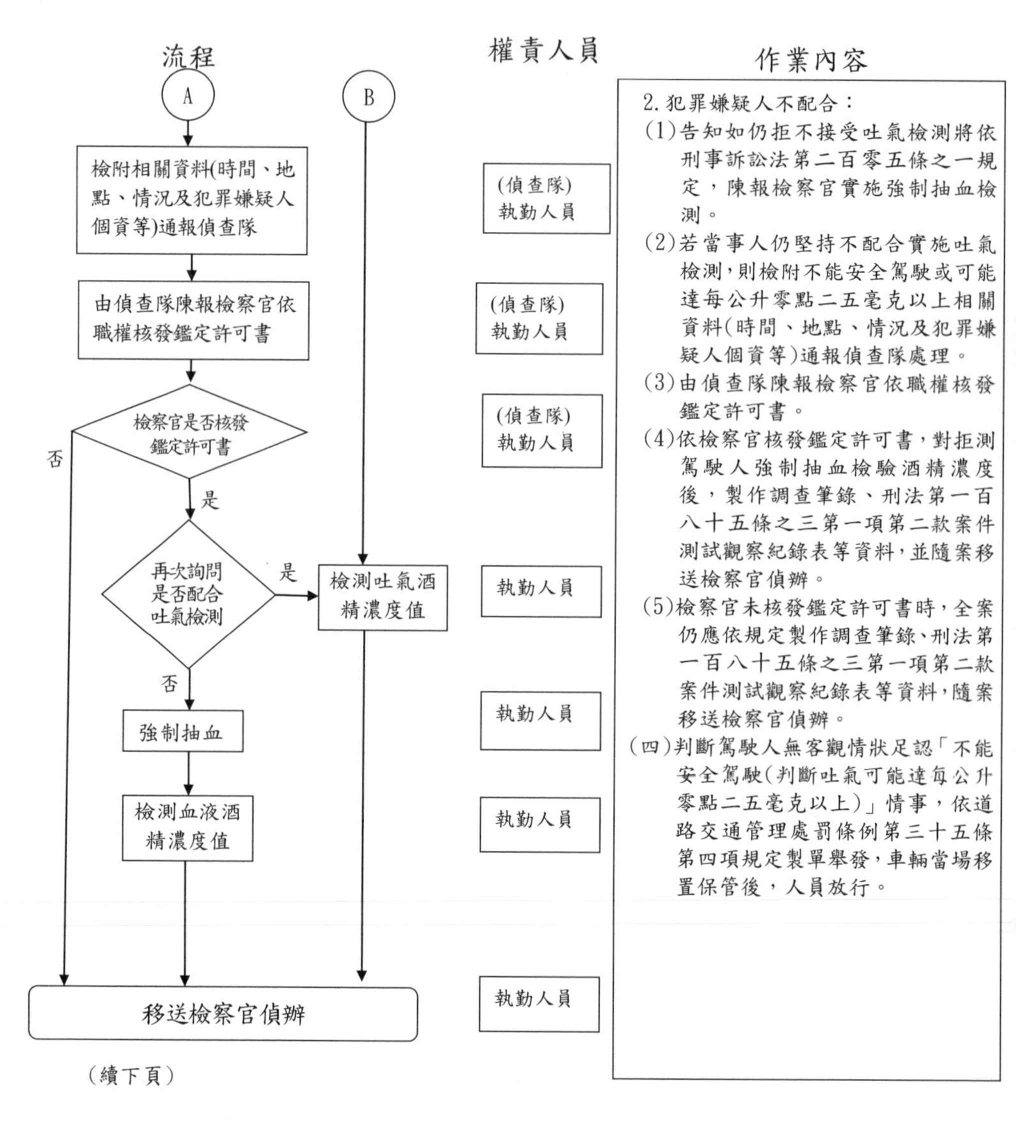

2. 犯罪嫌疑人不配合：

(1)告知如仍拒不接受吐氣檢測將依刑事訴訟法第二百零五條之一規定，陳報檢察官實施強制抽血檢測。

(2)若當事人仍堅持不配合實施吐氣檢測，則檢附不能安全駕駛或可能達每公升零點二五毫克以上相關資料(時間、地點、情況及犯罪嫌疑人個資等)通報偵查隊處理。

(3)由偵查隊陳報檢察官依職權核發鑑定許可書。

(4)依檢察官核發鑑定許可書，對拒測駕駛人強制抽血檢驗酒精濃度後，製作調查筆錄、刑法第一百八十五條之三第一項第二款案件測試觀察紀錄表等資料，並隨案移送檢察官偵辦。

(5)檢察官未核發鑑定許可書時，全案仍應依規定製作調查筆錄、刑法第一百八十五條之三第一項第二款案件測試觀察紀錄表等資料，隨案移送檢察官偵辦。

(四)判斷駕駛人無客觀情狀足認「不能安全駕駛(判斷吐氣可能達每公升零點二五毫克以上)」情事，依道路交通管理處罰條例第三十五條第四項規定製單舉發，車輛當場移置保管後，人員放行。

（續下頁）

（續）取締酒駕拒測處理作業程度

（第三頁，共四頁）

三、使用表單：

（一）工作紀錄簿。

（二）刑案陳報單。

（三）逕行逮捕通知書。

（四）調查筆錄。

（五）刑法第一百八十五條之三第一項第二款案件測試觀察紀錄表。

（六）舉發違反道路交通管理事件通知單。

（七）交通違規勸導單。

（八）受理各類案件紀錄表。

四、注意事項：

（一）為強化證據力，對於酒後駕車當事人拒絕酒測時，應全程錄音、錄影，蒐集相關事證，並佐以駕駛人精神狀態（如胡言亂語、意識不清）等行為，記載於筆錄或刑法第一百八十五條之三第一項第二款案件測試觀察紀錄表，提供司法機關參考。

（二）對於拒絕酒測已逮捕之準現行犯，勤務單位需檢附之相關資料除時間、地點、情況外，應有犯罪嫌疑人之姓名、性別、出生年月日、身分證統一編號、住居所及應鑑定事項等資料通報偵查隊，由偵查隊陳報檢察官依職權核發採取血液鑑定許可書。

（三）檢察官核發鑑定許可書後，由偵查隊將許可書通報勤務單位，勤務單位立即將犯罪嫌疑人帶至指定鑑定機關強制抽血後，依規定製作調查筆錄、刑法第一百八十五條之三第一項第二款案件測試觀察紀錄表等資料，併同鑑定報告書及相關證物，解送至偵查隊辦理移送作業。

（四）如檢察官未核發鑑定許可書時，仍應於調查完畢後檢附相關調查筆錄、刑法第一百八十五條之三第一項第二款案件測試觀察紀錄表、證物等，隨案解送至偵查隊辦理移送事宜。

（五）犯罪嫌疑人移送至偵查隊辦理移送作業前，勤務單位仍應注意本身及人犯安全。

（六）因應嚴重特殊傳染性肺炎（COVID-19）疫情期間，應注意事項：

1. 同仁執行酒測勤務時，應一律佩戴口罩。攔停駕駛人後，應保持一定距離，觀察過濾駕駛人有無飲酒徵兆，有飲酒徵兆者，則指揮車輛靠邊停車熄火，並請駕駛人下車接受酒精濃度檢測，執行檢測時，應一律戴防護手套。
2. 使用酒測器前，酒測器應予適當消毒(以 1：100 比例稀釋過後的漂白水進行外觀擦拭，不可使用酒精擦拭，以避免產生偽陽性結果或酒測器無法歸零校正)。

3. 取出全新未拆封之新吹嘴，並向受測者說明酒測器檢測流程後執行，使用過之吹嘴，應用塑膠袋包覆後卸除，並妥善處理，不可隨便丟棄。
4. 實施檢測後，同仁應以肥皂水、洗潔液或乾洗手液清潔，避免民眾吹氣時，飛濺口沫殘留在手部，造成事後接觸到口鼻傳染，以保護員警自身安全。
5. 執勤人員如有將犯罪嫌疑人帶至指定鑑定機關強制抽血之必要，陪同送醫時務必配戴口罩、防護手套等防護裝備，離開醫療院所返回駐地時，應丟棄口罩、防護手套、換洗衣物、消毒車輛。
6. 駕駛人涉有犯罪嫌疑或違犯社會秩序維護法，為現行犯或準現行犯需予以逮捕時，應參照本署偵處「嚴重特殊傳染性肺炎及紓困振興特別條例」刑責案件應注意事項辦理。
7. 駕駛人為罹患或違反居家隔離、居家檢疫者，應即通報勤務指揮中心調派防護衣到場並通知衛生機關處理；於勤務結束後，應清消應勤裝備，以保持衛生安全。
8. 民眾確有配合返回駐地處理之必要者，進入駐地前一律先測量額溫，額溫超過三十七點五度或不配合測量者，不得進入駐地，應擇駐地外適當地點處理。

修正說明：現行規定四、注意事項(六)「1. 避免民眾及員警遭受感染之風險，暫停使用酒精檢知器進行初篩檢測」，依本署一百十年十一月十九日警署交字第一一〇〇一五九七四七號函規定號函規定各警察機關得視需要運用酒精檢知器進行初篩，爰予刪除，其餘目次配合遞移。

<table>
<tr><th colspan="5">刑法第 185 條之 3 第 1 項第 2 款案件測試觀察紀錄表</th></tr>
<tr><td colspan="2">駕駛人姓名</td><td></td><td>查獲(發生)時間</td><td>年　月　日　時　分</td></tr>
<tr><td colspan="2">身分證字號</td><td></td><td>查獲(發生)地點</td><td></td></tr>
<tr><td colspan="2">查獲原因</td><td colspan="3">□攔檢時發現 □交通事故處理發現 □其他：</td></tr>
<tr><td colspan="2" rowspan="3">酒精測試方式及結果</td><td colspan="3">□以呼氣測試酒精濃度為　　　(mg/L)</td></tr>
<tr><td colspan="3">□抽血檢測酒精濃度　　　(mg/dL)
換算百分比濃度為：　　　%（mg/dL 除以 1,000）</td></tr>
<tr><td colspan="3">□拒絕檢測
□未檢測（原因：　　　）</td></tr>
<tr><td rowspan="2">右列項目，就部分具體情形符合者於□內打 V</td><td>觀察結果</td><td colspan="3">觀察時間：　年　月　日　時　分起至　年　月　日　時　分止
壹、駕駛時之狀態（可複選）：
□夜間駕車，未依規定使用燈光，駕駛行為明顯異常。
□轉彎或變換車道未打方向燈或方向燈錯誤；或有駛入對向車道、單行道等異常駕駛行為。
□對員警指揮及交通號誌無反應或遲緩，駕駛判斷力顯然欠佳。
□駕駛有蛇行，車身搖擺不定，轉彎半徑過大或過小等駕駛操控力欠佳情形。
□車輛行經偏離常軌，時而加速，時而突停，顯無法正常操控。
□駕駛過程，因【　　　】原因，顯然無法正常駕駛。
□查獲後，嫌疑人出入車門困難，顯無法為正常操控駕駛。
□其他：＿＿＿＿＿＿＿＿。
貳、查獲後之狀態（可複選）：
嫌疑人有□語無倫次、含糊不清□語無倫次、含糊不清□意識模糊，注意力無法集中□嘔吐□多語□呆滯木僵□大笑□昏睡叫喚不醒□泥醉□搖晃無法站立□自殘□拉扯□攻擊□大聲咆哮□酒容□酒氣等情事。
參、其他補充說明：</td></tr>
<tr><td>測試結果</td><td colspan="3">壹、命駕駛人做直線測試(以長 10 公尺之直線，令其迴轉走回原地)及平衡動作(雙腳併攏，雙手緊貼大腿，將一腳向前抬高離地 15 公分，並停止不動 30 秒)。
一、測試時間：　年　月　日　時　分起至　年　月　日　時　分止
二、測試地點：
三、測試結果：
1、□步行時左右搖晃，腳步不穩。2、□腳步離開測試的直線。3、□身體前後或左右搖擺不定。4、□手腳部顫抖，身體無法保持平衡。5、□用手臂來保持平衡（可複選）。
□無上述 1 至 5 情形。
□拒絕檢測。
□未檢測。
原因：</td></tr>
</table>

貳、命駕駛人用筆在兩個同心圓之間的0.5公分環狀帶內，畫另一個圓。

一、測試時間：　年　月　日　時　分起至　年　月　日　時　分止

二、測試地點：

三、測試結果：

□拒絕檢測。

□未檢測。

原因：

內圓半徑4公分
外圓半徑4.5公分

0.5cm

備註

一、本表於查獲或發現後即時觀察測試紀錄。

二、表內時間應以24小時制記載（如下午6時，應記載為18時）。

三、直線、平衡及同心圓測試應全程錄影（確認錄影時間無誤），施測地點光線不足時，應使用照明設備，務使影像清晰可辨，並選擇空曠明亮且安全處所施測，以免發生危害。

四、有刑法第185條之3第1項第1款之情形者，無需再檢附本表。

五、經員警攔查駕駛人拒絕吐氣酒精濃度測試，且有酒味、車行不穩、蛇行、語無倫次、口齒不清或有其他異常行為、狀況等客觀情事，足認有不能安全駕駛之情形，於移送法辦時需檢附本表。

此致　　地方法院檢察署

駕駛人簽名：

□拒絕簽名。
□無法簽名。
理由：

觀察紀錄者（2人以上）：

服務單位：

修正說明：

一、刑法第一百八十五條之三案件測試觀察紀錄表係供員警執行取締酒駕勤務時，觀察測試駕駛人之行為狀態，並作成紀錄，作為駕駛人能否安全駕駛之參考資料，考量刑法第 185 條之 3 第 1 項第 3 款（服用毒品、麻醉藥品或其他相類之物，致不能安全駕駛）之情形，本表並不適用，業已移請刑事警察局研議辦理。

二、為與刑法第一百八十五條之三第一項第三款有所區別，本表名稱修正為刑法第 185 條之 3 第 1 項第 2 款案件測試觀察紀錄表，同時於紀錄表觀察結果貳、查獲後之狀態，增訂□酒容□酒氣選項，以符合刑事訴訟法第 88 條準現行犯之要件。

三、配合法務部 102 年 7 月 10 日法檢字第一〇二〇〇一四〇八七〇號函釋於本表備註欄增訂使用時機，以利執行。

四、增訂現場觀察之員警須有 2 人以上之簽名，以提高本表之可信度，供司法機關審酌參考。

第二十九章
不依指示停車接受稽查案例

壹 案例事實與爭點

甲於某日某時，駕駛自小客車（本章稱系爭車輛），行經某路口前設有告示執行酒精濃度測試檢定告示牌之路檢點，經員警攔查請甲配合使用酒精檢知器未果，員警指揮甲靠邊至路旁停車受檢，甲未依指示停車接受稽查並駕車加速逃逸，爲警製開「駕駛汽車行經警察機關設有告示執行酒測稽查之處所，不依指示停車接受稽查」交通違規通知單。甲提出申訴，經舉發單位查復違規屬實，甲不服，舉發向監理所陳述意見，表示有經過二次攔截點，有依指示呼氣二次，並無逃避路檢點攔查意圖後，經監理所以「拒絕接受酒精濃度測試之檢定」掣發裁決書（本章稱前處分），甲不服續提起行政訴訟，經監理所重行審查後撤銷原處分，並以「行經警察機關設有告示執行酒精濃度測試之檢定處所，不依指示停車」掣發裁決書（本章稱原處分），裁處甲罰鍰新臺幣（下同）9萬元，吊銷駕駛執照，並應參加道路交通安全講習。甲不服，提起本件行政訴訟（本章稱本案）。

本案爭點：第一，「集體臨檢」性質與「個別臨檢」性質兩者有何區別？又個別法律依據爲何？第二，甲之行爲是否違反道路交通管理處罰條例（本章稱道交條例）第35條第4項「不依指示停車接受稽查」？又拒絕酒測與不依指示停車接受稽查有何區別？第三，原處分是否違反比例原則以及裁量怠惰情況？

貳 相關法規及實務作爲

一、相關之法令

本案以管制站措施執行酒測勤務，爲警察最常運用之方式，在市區道路經轄區分局長核定某處所爲管制站，通常以縮減車道方式執勤，就行經管制站車輛無差別待遇短暫攔停；在非都市型態地區，不但縮減車道，甚至通過管制站前的500公尺的鄉間小路一併部署警力，讓所有心虛者無所遁形，發揮強大的酒測效能及犯罪預防功能。至於其適用之相關法令主要有警察職權行使法（本章稱警職法）第6條第1項第6款及第2項、道交條例第4條第2項、第7條之2第1項第4款及第4項、第35條第1項及第4項第1款與第2款、違反道路交通管理事件統一裁罰基準及處理細則（本章稱裁罰細則）第19條之1第2項、第19條之2第1項、內政部警政署取締酒後駕車作業程序等規定。

二、計畫性管制站酒測勤務布設及攔查注意事項

警察實務上，每一場以管制站方式實施之擴大臨檢都會有詳實的規劃表簽請分局長核定，執行前再實施勤前教育由相關業務主管說明，勤教的內容則解說警職法相關規定，並依警政署作業程序提醒員警執勤注意事項，著重執勤員警及受檢人的安全。

（一）布設重點

依警政署訂頒之「取締酒後駕車作業程序」[1]設告示牌及警示設施（如警示燈、交通錐），視道路條件、交通量等得以「縮減車道方式」執行，並於稽查地點適當位置設置攝影機全程錄影蒐證外，上開布設重點需注意以下事項：

1.「酒測稽查」告示牌面如設於路檢點交通錐起始處，需於布設完成後先錄片頭，將告示牌面及執勤時間清楚攝錄於攝影機內存檔，避免因牌面僅完成布設但未蒐證於紀錄內，若遇有不依指示停車車輛依法逕行舉發

1 參考內政部警政署111年12月15日警署交字第1110206916號函。

時，駕駛人表示未明確目睹「酒測稽查」告示牌面，無法提出蒐證畫面而撤銷處分；另一布設方式則將告示牌面置於員警稽查點前方1或2公尺處，攝影機可完全涵蓋「員警指揮停車手勢」及「酒測稽查」告示牌面，輔以所有現場執勤員警之密錄器（即微型攝影機），以符合執勤之正當法令程序，完成處罰構成要件。

2. 酒測勤務常於夜間實施，為避免燈光不足無法清楚看到交通錐布設情形，於交通錐加裝爆閃警示，提升員警執勤安全並利駕駛人配合減速受檢。

3. 攝影機布設位置應妥適，涵蓋員警攔查手勢、車輛行經過程及車牌號碼，特別注意機車並無前車牌，需考量機車不依指示停車時如何舉證逕行舉發。

（二）員警攔查注意事項

1. 由於酒測管制站規劃多以警職法第6條第2項相關要件綜合考量周邊發生酒駕機率、因酒駕發生事故、餐廳聚集較多處或轄區重要幹道車流匯集處，規劃時間則以週五至週日民眾較易團聚飲酒時段，為兼顧稽查成效與不因車輛排隊受檢致生民怨，員警常會視現場車流情形視狀況指揮通過放行，故員警「指示暫停受檢」、「指揮前往受檢區」與「指揮通過路檢點」的手勢必須非常明確，以利完整蒐證並免駕駛人抗辯係依員警手勢通過等卸詞。

2. 員警於稽查點前依執勤經驗綜合判斷車輛是否予攔停，如駕駛過程平穩即予指揮迅速通過，惟遇不依指示停車者，因車速會突然加快衝過路檢點，員警應即大喊「停車」、揮舞指揮棒制止及記下該車車號、車種、顏色等相關特徵，並以無線電通報勤務指揮中心發布攔截圍捕並作成紀錄，以利事後舉發，實務上常有車輛不依指示停車衝過路檢點，員警站在原地不知所措或在後跑步大喊「ㄟ、ㄟ」（駕駛車輛，數秒鐘後與管制站之距離已超過30公尺以上，跑步追趕顯然無濟於事），警察在舉發不依指示停車接受稽查之違規負有舉證責任，法院就此部分依警察提出之事證及告訴人抗辯理由審理判斷。因此，在蒐證影像中未能呈現「不依警察指示停車」及即時之後續應處作為，經常遭到法院認定為處罰程序之瑕疵。

三、酒駕駕駛人的態樣

取締酒後駕車爲員警日常勤務之一，員警於巡邏、交通稽查常以攔查違規或客觀易生危害交通工具，觀察民眾有無以下酒容酒氣態樣，作爲實施酒精濃度檢測參據。

（一）夜間駕車，未依規定使用燈光，駕駛行爲明顯異常。

（二）轉彎或變換車道未打方向燈或方向燈錯誤；或有駛入對向車道、單行道等異常駕駛行爲。

（三）對員警指揮靠邊停無反應或遲緩，駕駛判斷力顯然欠佳。

（四）駕駛有蛇行，車身搖擺不定，轉彎半徑過大或過小等駕駛操控力欠佳情形。

（五）車輛行經偏離常軌，時而加速，時而突停，顯無法正常操控。

（六）駕駛人於轉彎或下橋後發現前方設有酒測稽查點時會猛烈煞車、倒退或停在路邊關車窗假寐。

（七）駕駛汽車過程，常會將窗戶搖下，音樂放得很大聽；機車駕駛則會併排騎車，高聲講話。

（八）警方攔查停車後有飲酒駕駛人會有以下徵候：

1. 查獲後出入車門困難，顯無法爲正常操控駕駛。
2. 有語無倫次、說話含糊不清或口吃重複情形。
3. 意識模糊，注意力無法集中。
4. 嘔吐或泥醉。
5. 多語，手足舞蹈且與員警稱兄道弟，故作熟悉狀。
6. 呆滯木僵，眼神呆滯或眼睛張不開。
7. 左右搖晃無法站立，腳步不穩。
8. 與警方拉扯、大聲咆哮等情事。
9. 與員警保持距離，頻說對不起、抱歉、謝謝，顯得特別有禮貌。
10. 臉部、脖子及耳朵呈現明顯紅色。
11. 攔停後會故做鎮定，儘量不開口說話或謊稱從不喝酒，甚至會認為警察在找麻煩或浪費他的時間，有些員警會因此放棄後續的查證。

12. 因心虛會表示車上的家人身體不舒服，要趕快回家吃藥或就醫，儘速離開現場。

參 本案判決

本案因原告甲不服新竹區監理所之交通事件裁決，提起行政訴訟，經臺灣新竹地方法院108年度交字第167號行政判決原告之訴駁回，其重點說明如下。

一、道交條例第35條之立法理由及違規類型

道交條例第35條之立法理由，旨在保障路上過往車輛及行人之法益，而賦予汽車駕駛人有接受酒精濃度測試檢定之義務，以避免汽車駕駛人以拒絕酒測之方式，逃避經測試檢定酒精濃度超過規定標準之處罰，並基於便利測試檢定作業之即時順利實施，取得客觀正確之判測結果，進而防免可能產生之交通事故，是汽車駕駛人遇有警員測試檢定，即應配合受檢，否則即屬違反上開規定，應受裁罰。

又按道交條例第35條第4項規定，其違規類型包括二種：1.駕駛汽車行經警察機關設有告示執行第1項測試檢定之處所，不依指示停車接受稽查；2.駕駛汽車行經警察機關設有告示執行第1項測試檢定之處所，拒絕接受第1項測試之檢定，其中「不依指示停車接受稽查」，僅需汽車駕駛人駕駛汽車行經警察機關設有告示執行第1項測試檢定之處所，不依指示停車接受稽查，即構成該項違規，並不以違規行為人經攔查停車後，經員警懷疑飲酒而表明拒絕接受稽查為必要，亦不以違規行為人有飲酒之事實為必要。

二、本案屬「集體臨檢」性質行經該處即有停車接受稽查義務

本件員警執行酒測之處所係屬於警職法第6條第1項第6款之「管制站」，爲員警依據該法所爲之交通檢查，通常以特定原因如酒測等爲發動要件，並不以具體危害產生爲前提，屬於「集體臨檢」性質，則甲駕車行經該處遭員警攔查，即有停車接受稽查之義務。而交通臨檢不以集體臨檢爲限，依警職法第8條第1項規定，警察對於依客觀合理判斷易生危害之交通工具，得予以攔停，並視受攔停對象有無飲酒徵兆，要求接受酒精濃度測試之檢定，屬於「個別臨檢之性質」，在此範圍內，人民有接受酒測之義務，不得無故拒絕，司法院釋字第699號解釋理由書亦明揭駕駛人有依法配合酒測之義務。

綜上可知，本件舉發事實係甲行經警察機關設有告示執行第1項測試檢定之處所，則甲駕車行經該處遭員警攔查，即有停車接受稽查之義務，與依警職法第8條之個別臨檢不同，員警依警職法第6條管制站行執行酒測勤務，並無須判斷駕駛人駕車於行經檢定處所時是否已發生危害或依客觀合理判斷易生危害。

三、甲有未依員警指示開往旁邊（即檢查區）停靠反而加速駛離事實

觀之新竹市警局函文內容、證人（即員警A）證言與法院當庭勘驗之採證光碟內容大致相符，甲雖一開始有停車進行初步檢測，然於員警B請甲往旁邊停靠以便進行後續之檢測動作時，未依員警指示開往旁邊停靠，反而加速駛離，故甲並未依指示停車且並未「確實完成整個稽查、檢測程序」，其主張「已確實依指示停車接受稽查」、「已配合接受酒精濃度測試之呼器檢定達二次」云云，爲卸責之詞，不足採信。

特別是系爭車輛係由警員B以指揮棒攔停暫停，同一攔查點警員A及B等2人目測駕駛確有酒容酒氣，亦聞到車內飄出酒味，爰由警員A使用酒精檢知器檢知駕駛有無飲酒（目前因應防疫，警政署通令暫停使用檢知器），惟該駕駛消極不配合，警員A遂詢問「喝多少？」該駕駛表示「有喝一點點。」並做出「有喝一點點。」之手勢（行車紀錄器影像），隨後

警員A左手持指揮棒指揮駕駛往稽查點左前方檢查區停車，然系爭車輛不依指示停車接受稽查，並往前高速逃逸，逃逸時B員左手指揮棒明顯置於系爭車輛前方擋風玻璃欲阻止其逃逸。

又經勘驗員警執勤過程影像，系爭車輛經攔停後，員警A觀測並以酒精檢知器請其檢測未果致停留時間較長，員警並指揮駕駛人將車輛靠向另一車道檢查區，明顯可知員警之盤查程序尚未結束，系爭車輛逃逸時員警B甚至以指揮棒阻擋於擋風玻璃前；同組員警C亦即大喊跑掉了並通報攔截圍捕，與其他正常受檢暫停後駛離車輛顯有不同，過程均可顯示系爭車輛有行經警察機關設有告示執行酒測勤務之處所，不依指示停車接受稽查之違規行爲。

四、原處分並未違反比例原則以及裁量怠惰情況

依道交條例第35條第4項及第67條第2項前段之規定可知，「汽車駕駛人，駕駛汽車行經警察機關設有告示執行第一項測試檢定之處所，不依指示停車接受稽查」即應處9萬元罰緩、吊銷汽車駕駛執照、參加道路交通安全講習，以及吊銷駕駛執照之日起三年內不得重新考領駕駛執照。此係立法者賦予行政機關對汽車駕駛人，違反行政罰之處罰，並未給予行政機關任何裁量權限。是立法者既明定罰則，行政機關即無裁量之空間，被告辯稱原處分違反比例原則及裁量怠惰，尚無可採。

肆 本案評析

一、不依指示停車接受稽查與拒絕酒測裁處之要件不同

酒後駕車嚴重影響人民生命財產安全，惟警察執行酒測勤務屢有酒後駕車之駕駛人拒絕停車接受稽查之情形，故於2013年1月30日修正道交條例第35條第4項，並配合第1項將第4項修正爲「汽車駕駛人，駕駛汽車行經警察機關設有告示執行第一項測試檢定之處所，不依指示停車接受稽查，或拒絕接受第一項測試之檢定者」（2019年3月26日修正再加重罰

則），而其違規類型包括不依指示停車接受稽查與拒絕酒測二種。

其中「不依指示停車接受稽查」依警職法第6條第1項管制站之方式執行，僅需汽車駕駛人駕駛汽車行經警察機關設有告示執行第1項測試檢定之處所，不依指示停車接受稽查，即構成該項違規，並不以違規人經攔查停車後，經懷疑飲酒而表明拒絕接受稽查爲必要，亦不必查證違規人是否有飲酒之事實[2]。亦即警察對於行經指定「公共場所」、「路段」及「管制站」之駕駛人，無須合理懷疑即得查證其身分，並對人及交通工具爲「集體攔停」，惟該指定之地點形式上須經警察機關主管長官指定，實體上亦須符合「防止犯罪」或「處理重大公共安全或社會秩序事件」而有必要之情形，否則該地點之設置仍屬違法，員警不得對行經違法設置處所之駕駛人集體攔停[3]。準此，警察機關依法在所謂「易酒駕路段」，以抽象性時間、地點標準，於道路上設置路障，經員警觀察過濾後要求該時段經過該特定道路之交通工具，行經警察機關設有告示執行酒測檢定之處所，如不依指示停車接受稽查，即已直接違反道交條例第35條第4項規定而得予處罰[4]。

至於「拒絕接受酒測」類型之行政裁罰條款，依司法院釋字第535號解釋意旨及警職法第8條規定，在適用上警察機關只有針對「已發生危害或依客觀合理判斷易生危害之交通工具」之要件情事具備下，亦即「個案具體實際情狀受攔停取締之交通工具是否確有已發生危害之情形，如已駕車肇事；或有依客觀合理判斷易生危害之情形，如車輛蛇行、猛然煞車、車速異常等」，方得對交通工具駕駛人要求接受酒測。換言之，無論「已發生危害」或者「依客觀合理判斷易生危害」，皆必須具有「相當事由」或「合理事由」，可資建立駕駛人有酒駕之合理可疑性，始能就個別單一之駕駛人「拒絕接受酒測」違規類型加以舉發。

因此，駕駛汽車行經警察機關設有告示執行酒測之處所，不依指示停車接受稽查，與駕駛汽車拒絕接受酒測，二者規範目的、審查要件、構

2 參照臺北高等行政法院108年度交上字第148號判決。

3 參照臺灣臺北地方法院110年度交字第243號行政判決。

4 參照臺北高等行政法院110年度交上字第164號判決。

成要件均有所不同。故本案甲駕駛車輛行經舉發單位員警設有告示執行酒測之處所，不依指示停車接受稽查，即構成本件違規，不以駕駛車輛必須具備已發生危害或依客觀合理判斷易生危害之舉發要件，行爲人於抗辯時援引警職法第8條規定而爲主張，係屬違法性認知錯誤。倘若員警以檢知器初步判斷是否有酒味，尚未進入以合格酒測器施測取得酒精濃度數值程序，並非甲所辯「已連續呼氣兩次完畢，警方所爲之酒測取證應已完備」，復因加速駕車離去亦非屬拒絕酒測之違規態樣，員警依「不依指示停車接受稽查」舉發無誤。

二、本案執勤過程符合警政署訂頒作業程序

依警政署函頒「取締酒後駕車作業程序」流程圖表及作業內容欄之記載，其通常針對易發生酒後駕車或酒後肇事之地區、路段與時段規劃部署勤務、設置酒測站。如此員警執行計畫性勤務（即集體攔停）時，行經酒測攔檢站之車輛，在符合比例原則之要求下，由稽查員警進行過濾及攔停車輛，如駕駛人未依指示停車接受稽查，即得依法予以舉發，防杜駕駛人拒絕停車接受稽查，強行闖越危及執法人員安全。

現若檢視本案該（稽查）日攔查點依計畫表配置警員A、B（汽車道）及C（機車道）共3人，依當日勤務蒐證錄影過程顯示，自員警部署相關告示及縮減車道開始攔查爲同日23時19分，截至攔停原告甲所駕駛系爭車輛止，共計攔停20輛自小客車，其中7輛自小客車依員警執勤經驗綜合判斷指揮迅速通過，其餘13輛自小客車因有急煞、或未放下車窗以利觀察等疑似有酒後駕車情事攔停並觀察，攔停觀察時間均僅數秒鐘，且經警員A、B依綜合經驗觀察無疑似酒駕之情事，旋即指揮迅速通過，員警並未無差別待遇攔停每一部行經稽查點車輛，且過程中有多部重機車通過，因可由外觀明顯辨別並無酒容酒氣亦由警員C指揮迅速通過，由此可知本案執勤過程符合警政署訂頒取締酒後駕車作業程序，符合比例原則。

三、必先合法實施酒測才有拒絕酒測處罰可言

依湯德宗大法官於釋字第699號解釋的意見書所言「必先合法實施酒測，才有『拒絕酒測』的處罰可言」，管制站之依法指定，事關後續執行

酒測勤務舉發違規後，爲民眾申訴或行政訴訟是否撤銷原處分關鍵。因此，實務上依管制站方式執行舉發「不依指示停車接受稽查」之違規類型，必須注意下列事項：

（一）執行酒測之專案勤務規劃表，可以執行道交條例第35條所有酒駕違規類型，但酒測專案勤務以外之其他交通專案勤務，規劃之交通稽查都有其目的性，以執行防制危險駕車及噪音專案勤務爲例，係以稽查點或某個路段範圍方式執行，未將以管制站措施執行酒測納入，自不得舉發「不依指示停車接受稽查」之交通違規類型[5]，其他尚有執行大型車輛違規、整頓占用騎樓等專案，但若執行之交通稽查發現違規人有酒氣酒味，可以適用警職法第6條第1項第6款以外之條款及同法第8條、道交條例第35條第1項第4項執行酒測[6]。

（二）分駐派出所所長通常會依治安及交通事故之狀況，在勤務表上駐明勤務時間及項目，例如「17人勤務分配表」，警員黃○○（勤務人員代號：15）、林○○（勤務人員代號：16），於14時至16時所執行之「勤務項目」爲「守望」、「取締違規」，並未表列「臨檢」、「取締酒駕」，且未記載「路檢點」，則不論該勤務分配表是否已先行送請分局長予以核定，均難認勤務員警於特定時、地所設置之「酒測路段」或「酒測管制站」已符合警職法第6條第1項第6款之規定者，警員既非依法得對行經該處之汽車予以「集體攔停」者，員警對行經該處之車輛實施無差別攔停實施酒測，即非適法[7]。

（三）其他如未依警察機關長官指定之地點設置管制站，即執行地點錯誤，更有員警執行之管制站地點查無警察長官核定之資料，或者外籍人士看不懂「停車受檢」之意涵，駕駛人即無依指示停車接受稽查之義務[8]。

5 參照臺灣新北地方法院110年度交字第893號行政判決。
6 參照臺中高等行政法院108年度交上字第75號判決。
7 參照臺灣新北地方法院110年度交字第527、893號行政判決。
8 參照臺北高等行政法院110年度交上字第320號判決。

四、以侵害最小方法實施集體臨檢符合比例原則

駕駛汽車行經警察機關依警職法第6條設置設有告示執行酒測之管制站，係所有車輛不論有無合理懷疑一律攔停車受檢，看似員警得全面性就行經管制站之車輛逐一攔查，惟執勤員警於系爭酒測攔檢處所，僅靠短暫之攔阻，請汽車駕駛人放下車窗依目視其體外表徵，辨明有無飲酒徵兆，以及交通工具外顯之危害程度，再決定是否進一步攔停盤檢、查證汽車駕駛人身分與進行酒精測試，並未對於行經該處之汽車進行全面攔檢、查證汽車駕駛人身分與進行酒精測試之行。

「以J女士質疑警察在臺北市信義聯絡道象山入口執行酒測管制站爲例，其不依指示停車接受稽查逕行駕車揚長而去之違規明確，卻主張設置管制站、任意攔檢違憲，必須符合警職法第8條要件始能執行酒測、對酒精過敏不能飲酒等事由提起行政訴訟，一審行政訴訟庭亦支持J女主張撤銷原處分，本案經臺北高等行政法院發回一審更審後，駁回原告之訴，原告不服上訴，最後臺北高等行政法院駁回上訴確定。本案行政訴訟過程之攻防認定系爭酒測攔檢處所之管制站設置與員警執勤方式，係以對人民侵害最小之方法實施集體臨檢，以達成防制酒後駕車所造成重大危害之公益目的，無論其目的之正當性、手段之必要性及限制之妥當性，均符合憲法第23條要求，與比例原則並無違背[9]」。另外，員警若判斷宜採取追車查緝措施，應依「執行路檢攔檢追緝車輛作業程序」之規定辦理。

故本案例員警在依法設置之「管制站」動態執法過程中，依據專業經驗在各車輛行經過程極短時間判斷，直接指揮通過或有急煞、車速異常、燈光不亮等過濾篩檢，完整蒐錄攔查過程，符合上開司法審判實務之判斷，雖駕駛人對全面攔查有所質疑，並不影響員警執行酒測勤務之適法性。

五、執行不依指示停車接受稽查應全程連續錄影

實務上時常發生酒測進行程序爭執，爲免執行酒測程序上爭議，因而

[9] 參照臺北高等行政法院108年度交上字第148號判決。

取締酒後駕車作業程序及裁罰細則第19條之2明文規定，於取締酒後駕車時應全程錄影蒐證，作爲保障駕駛人同時兼顧道路交通安全公益目的，杜絕受測人對執勤員警實施酒測爭議。因此，執勤員警在執行酒精濃度檢測前，應全程連續錄影之程序要求，乃屬正當法律程序，倘如執勤員警未遵守此程序規定，即難謂已踐行正當法律程序。另錄音錄影爲裁罰細則課予員警舉證「不依指示停車接受稽查」之重要行政程序，司法實務在審理此類行政訴訟，就執勤之攝影機及密錄器影像都採當庭勘驗方式處理，無法提出錄影之歷史光碟影像，都將被判斷爲「並未踐行正當法律程序」而撤銷原處分[10]。

另外所謂全程錄音錄影，係指執行管制站之集體攔檢時，應預先勘察架設好攝影機，就整體的執勤過程不間斷錄影，而非僅就個案實施酒測時開始錄影。舉例來說，員警係預先站在臺北市華中橋下萬大路引道與華中橋機車匝道口中間，對所有來往車輛集體攔停，則依當時員警所站位置、攔停情形，員警並非不得事先架設錄影設備或開啓密錄器，攝錄攔停車輛之全部過程，員警僅攝錄原告後續酒測過程，是否有意使法院無從以客觀錄影畫面判斷攔停之合法性，實非無疑[11]。

以本案而言，警員A、B於執勤前疏未能妥善檢視裝備，致原告辯護人於行政訴訟程序中質疑「爲何沒有當時執勤員警的密錄器畫面？」不過本案舉發單位面對訴訟能審愼蒐集事證應對，雖警員A、B執勤密錄器未開啓攝錄，仍能依警員C密錄影像、警車行車紀錄器及規劃所架設之攝影機蒐錄資料，呈現執法過程獲得法官心證維持原處分。

六、就易爭訟案應於第一時間記錄過程並保存影像

由於類此行經酒測稽查點不依指示停車罰則非常高且又無裁量空間，駕駛人就員警執勤布設位置、攔查過程常會提出陳述意見及行政訴訟，又因員警執勤至裁決機關、司法機關函文要求提供答辯資料、蒞庭作證時間，短則月餘，常則超過一年比比皆是，故員警能於執勤完畢後仔細

10 參照臺北高等行政法院105年度交上字第99號判決。
11 參照臺灣臺北地方法院108年度交字第271號行政判決。

檢視卷資、詳實記錄攔查現場細節暨周延保存影像，才能在面對司法審查時有信心地呈現眞相。以本案爲例，執勤員警A於第一時間開立舉發通知單時，能再就現場執法細節、現場環境、逃逸過程、複查車型車號確認及告知救濟程序作成書面資料併同舉發通知單寄送車主，且於裁決機關來文、地方法院作證時統一說詞，距離年餘後作證過程仍毫無違誤說明第一時間執法細節，獲得法官肯認，此亦本案成功關鍵。

另實務上民眾常於違規現場，向員警求情是否得予勸導或舉發罰則較輕的條款，尤其是非都會區講究人情鄉間，對於非屬得勸導條款之違規，如未戴安全帽、無照駕駛等，員警依法舉發常引發「不通人情」民怨，勸導後放行則極有可能遭一旁觀望民眾蒐證檢舉員警圖利、接受關說，堪爲兩難。爲避免此兩難困境，可援引裁罰細則第11條第2項「交通勤務警察或依法令執行交通稽查任務人員依前項規定舉發時，應告知駕駛人或行爲人之違規行爲及違反之法規。對於依規定須責令改正、禁止通行、禁止其行駛、禁止其駕駛者、補換牌照、駕照等事項，應當場告知該駕駛人或同車之汽車所有人，並於通知單記明其事項或事件情節及處理意見，供裁決參考」規定意旨，對於非屬得勸導違規項目，向民眾說明執法立場並表示將會於舉發單空白處詳實記明民眾意見，如經濟拮据、因特殊狀況違規停車等，以利裁決單位參考改以勸導或減低裁罰金額等處分，兼顧「依法行政」與「社會觀感」執法周延性。

伍 結語

由於行經設有酒測告示牌不依指示停車接受稽查是項違規罰甚重，違規人常以「沒看到員警攔查手勢」、「員警無差別待遇攔查不符立法意旨」、「行車過程未有客觀易生危害情事」、「已經接受酒精檢知器（非酒測器）檢驗並無拒測情事」、「酒測稽查點設置不當」等理由申訴或行政訴訟，又因員警於接獲申訴或訴訟答辯時，已與執勤時間相隔甚久，導致舉證之困難。故對於類此易遭違規人提出救濟的案件，實務上宜在執勤完畢就執過程細節（可資辨明資料）先行記明，併同舉發通知單寄送車主，以減少違規人申訴或續提行政訴訟。

特別是在日趨講求「法規」、「程序」、「事實」、「證據」的司法審查實務，作爲第一線執法的警察，當以務實態度努力研究執法細節，畢竟沒有法律爲後盾的執法、沒有詳實地蒐證過程，再辛勞的執法終將歸零，成爲執法者，打磨專業，讓判決書而非新聞報導證明員警的專業，是一條漫長但有意義的路。

（本文初稿曾發表於警光雜誌，第794期，2022年9月）

交通違規不服稽查取締執行法作業程序

（第一頁，共二頁）

一、依據：

（一）道路交通管理處罰條例（以下簡稱處罰條例）。

（二）警察職權行使法。

（三）道路交通安全規則。

（四）違反道路交通管理事件統一裁罰基準及處理細則。

二、分局及分駐（派出）所流程：

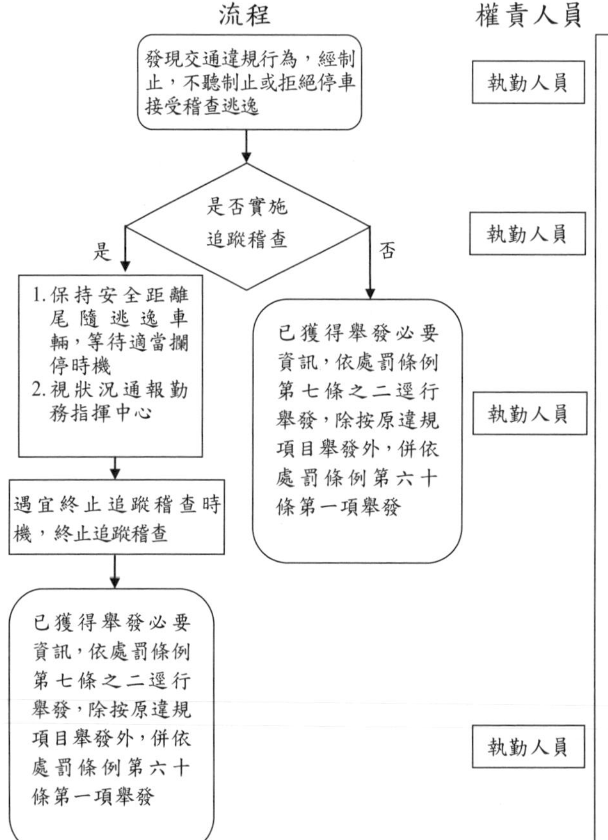

作業內容

一、準備階段：

（一）執行勤務時，應服裝整齊，儀容端正，攜帶必要之應勤裝備。

（二）裝備（視需要增減）：警笛、防彈衣、無線電、反光背心、槍械彈藥、手銬、舉發違反道路交通管理事件通知單、警用行動載具、手電筒、指揮棒、照相機、錄音機、攝影機、微型攝影機、行車影像記錄器等。

二、執行階段：

（一）員警現場執勤發現交通違規之處理，以當場舉發為原則，逕行舉發為例外。其目的係即時制止或排除違規狀態，以回復交通秩序或避免擴大危險或實害，並得藉由執勤人員與行為人之對話溝通，即時釐清違規事實之有無。

（二）現場執勤時發現交通違規行為，經制止，不聽制止或拒絕停車接受稽查逃逸時，員警應本於經驗與專業判斷當時現場狀況（如天候狀況、是否為人、車潮繁忙路段以及自身駕駛能力……等主客觀因素），決定是否實施追蹤稽查。

（三）經綜合現場狀況決定實施追蹤稽查時，得開啟警示燈（必要時並開啟警鳴器或喊話器）保持安全距離尾隨逃逸車輛，並視狀況將發生地點、逃逸方向等資料通報該管勤務指揮中心。

（續下頁）

（續）交通違規不服稽查取締執行法作業程序

（第二頁，共二頁）

流程	權責人員	作業內容
		（四）實施追蹤稽查之過程如遇宜終止追蹤稽查時機時，終止追蹤稽查。若已獲得舉發必要資訊，依處罰條例第七條之二第一項第四款逕行舉發，除按原違規項目舉發外，併依處罰條例第六十條第一項舉發，必要時調閱微型攝影機、行車影像記錄器畫面資料查證，並將過程詳載於工作紀錄簿。

三、使用表單：

（一）舉發違反道路交通管理事件通知單。

（二）工作紀錄簿。

四、注意事項：

（一）追蹤稽查之目的係為完成交通違規稽查，是追蹤時應考量所採取之方法：需有助於該目的之達成、須為對人民權利損害最小之方法、不得逾越所欲達成執行目的之必要限度。故實施追蹤稽查時應與逃逸車輛保持適當安全距離。

（二）宜終止追蹤稽查時機：

1、交通違規稽查目的已達成時。

2、經該管勤務指揮中心、長官命令終止或接獲其他任務時。

3、依客觀合理判斷，繼續實施追蹤稽查顯有危及自身或其他用路人之安全時。

4、騎乘普通重型以下機車實施追蹤稽查，遇逃逸車輛進入高速公路、快速公路或快速道路時，或騎乘大型重型機車，遇逃逸車輛進入高速公路時。上述無法續行追蹤之狀況，必要時得通報勤指中心轉知本署國道公路警察局或鄰近勤務單位。

5、逃逸車輛速度過快、無法掌握逃逸車輛去向，或其他依當時情形認為目的無法達成，經員警判斷以停止實施為適當者。

（三）追蹤之過程如發現逃逸之人、車另涉刑事罪嫌或有其他警察職權行使法所定得予攔停查證之事由部分，則依刑事訴訟法及警察職權行使法等相關規定辦理。

第三十章
追緝車輛案例

壹 案例事實與爭點

員警甲、乙、丙、丁執行巡邏勤務，由甲駕駛巡邏車，發現民眾A所騎乘普通重機車並搭載B，有超越紅綠燈停止線之交通違規情形，遂鳴放警笛示意A接受盤查，詎A竟搭載B闖紅燈逃逸，員警甲見狀隨即駕巡邏車在後追躡，在逃逸過程中B先拋甩白色不明物，又脫下安全帽往背後砸巡邏車，A在產業道路蛇行自撞路旁水泥墩護欄，後車尾又緊接遭巡邏車之左前車門擦撞而倒地，導致B傷重死亡，A骨折及頭部受傷。

本案爭點：第一，員警追蹤稽查之適法性爲何？第二，員警追緝車輛正當性之界限爲何？第三，員警執勤追緝車輛管理政策爲何？

貳 相關法令規範

依警察職權行使法（本章稱警職法）第2條第2項規定及警察勤務條例第11條第2款、第3款規定，巡邏、臨檢、路檢、檢查、盤查、查證身分等爲警察職權及基本勤務。又依據警職法第6條、第7條、第8條之規定，警察執行勤務，合理懷疑有犯罪嫌疑或犯罪之虞者，得採取查證身分、攔停交通工具等必要職權措施。另依刑事訴訟法第88條及第231條規定，執行交通稽查或臨檢路檢盤查勤務，發現現行犯，員警應即開始調查，依法運用適當方式追緝逮捕，當然追車亦爲其考量方式之一，但應符合比例原則，並視情形通報勤指中心，實施攔截圍捕。

次按道路交通管理處罰條例（本章稱處罰條例）第7條第1項規定：

「道路交通管理之稽查，違規紀錄，由交通勤務警察，或依法令執行交通稽查任務人員執行之。」第7條之2第4款規定：「汽車駕駛人之行為有下列情形之一，當場不能或不宜攔截製單舉發者，得逕行舉發：不服指揮稽查而逃逸，或聞消防車、救護車、警備車、工程救險車、毒性化學物質災害事故應變車之警號不立即避讓。」

又根據資料統計，因不服取締拒檢逃逸之案件，其數據始終居高不下，讓基層員警遇加速逃逸駕駛者須追車之危險事件層出不窮，讓警察執勤時曝露於高風險狀態中並加重其精神壓力，為保障執行員警之人身安全，降低追緝拒測逃逸之駕駛而衍生傷亡事件，有效遏止不當行為屢次發生，造成危及員警之生命安全，更傷及一般民眾，以達成「維護交通秩序，確保交通安全」之目的，2019年5月23日乃修正公布處罰條例第60條第1項規定：「汽車駕駛人，駕駛汽車有違反本條例之行為，經交通勤務警察或依法令執行交通稽查任務人員制止時，不聽制止或拒絕停車接受稽查而逃逸者，除按各該條規定處罰外，處新臺幣一萬元以上三萬元以下罰鍰，並吊扣其駕駛執照六個月；汽車駕駛人於五年內違反本項規定二次以上者，處新臺幣三萬元罰鍰，並吊扣其駕駛執照一年。」再者，違反道路交通管理事件統一裁罰基準及處理細則（本章稱裁罰細則）第10條規定：「交通勤務警察或依法令執行交通稽查任務人員，對於違反道路交通管理事件之稽查，應認眞執行；其有不服稽查而逃逸之人、車，得追蹤稽查之。」

此外，依據警政署106年5月24日警署交字第1060096402號函「員警執勤追緝車輛相關規定」：員警執勤追緝車輛狀況示意圖（如圖30-1）。

一、執行勤務遭遇犯罪嫌疑人駕（乘）車逃逸：1.符合追緝車輛要件：考量現場人車、路段及交通狀況能否執行追車並視情形通報勤務指揮中心實施攔截圍捕，拘提逮捕犯罪嫌疑人到案，依法調查移送；2.不符合追緝車輛要件：事後調查移送。

二、已發生危害之交通工具、客觀合理判斷易生危害之交通工具、合理懷疑有犯罪嫌疑或犯罪之虞者、闖越管制站或攔檢點：以口頭、手勢、哨音或開啓警鳴器方式攔阻，1.車輛拒絕攔停時：(1)追蹤稽查，同時通報

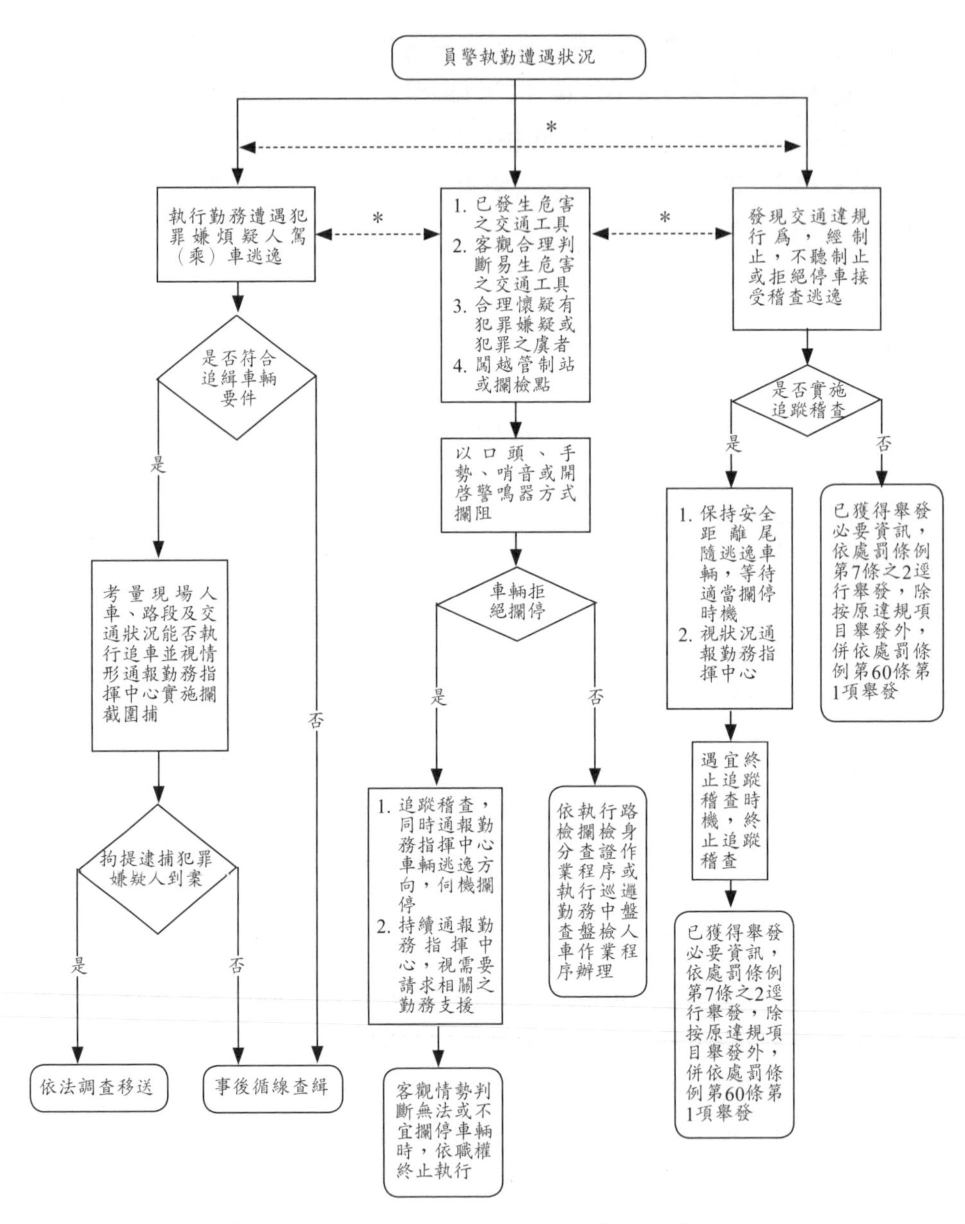

*執勤之過程，如發現逃逸之人車另涉其他程序者（如交通違規逃逸人車另涉刑事罪嫌、或有其他警察職權行使法所定得予攔停查證之事由；客觀合理判斷易生危害之交通工具另涉交通違規或刑事罪嫌；犯罪嫌疑人駕（乘）車逃逸另涉交通違規等），併依各該相關程序辦理。

圖30-1　員警執勤追緝車輛狀況示意圖

資料來源：內政部警政署。

勤務指揮中心車輛逃逸方向，伺機攔停；(2)持續通報勤務指揮中心，視需要請求相關之勤務支援；(3)客觀情勢判斷無法或不宜攔停車輛時，依職權終止執行；2.車輛未拒絕攔停時：依「執行路檢攔查身分查證作業程序或巡邏勤務中盤查盤檢人車作業程序」辦理。

三、發現交通違規行為，經制止，不聽制止或拒絕停車接受稽查逃逸，依警政署106年5月25日警署交字第1060097038號函「交通違規不服稽查取締執法作業程序」辦理。

四、執勤之過程，如發現逃逸之人車另涉其他程序者（如交通違規逃逸人車另涉刑事罪嫌、或有其他警察職權行使法所定得予攔停查證之事由；客觀合理判斷易生危害之交通工具另涉交通違規或刑事罪嫌；犯罪嫌疑人駕（乘）車逃逸另涉交通違規等），併依各該相關程序辦理。

另外，警政署亦訂定「交通違規不服稽查取締執法作業程序」、「執行路檢攔檢追緝車輛作業程序」、「執行追緝刑案車輛作業程序」等規範，以提升執法品質，並維護員警執勤安全。

參 交通追蹤稽查實務做法

警察兼具行政及司法警察身分，員警分別有來自刑事訴訟法之發現犯罪嫌疑調查、警職法合理懷疑犯罪之虞、已生危害或客觀易生危害交通工具之攔檢，以及交通法規之交通稽查，其實務做法歸納如下：

一、判斷是否發動追蹤稽查

警政署訂定之相關作業程序，已納入員警執勤追緝車輛相關法令規定，各警察機關應透過在職學科訓練或各項勤教讓員警熟悉，實際執勤時再彼此經驗傳承相互依當下的狀況判斷，符合追蹤稽查要件再行發動，並由勤務分配表律定之「該管公務員」或勤務番號在前帶班員警下令發動，未明確律定帶班者，則由駕駛或資深員警判斷是否發動。

二、喊話表明身分及對方特徵命令停車

員警發動追蹤稽查常遇有駕駛人抗辯路上車輛很多或在車內聽音樂且車窗隔音效果好，只聽到警號聲音在後，根本不知道是什麼車，也不知道警察是否要攔車。況且依道路交通安全規則第101條第3項：「汽車聞有消防車、救護車、警備車、工程救險車、毒性化學物質災害事故應變車等執行緊急任務車輛之警號時，應依下列規定避讓行駛……。」規定，駕駛人聞警號依法係有「避讓行駛」義務，惟並無「停車受檢」義務，再參酌臺灣高等法院100年度交抗字第167號刑事裁定略以：「道路交通管理處罰條例第60條第1項規定，駕駛汽車有違反本條例之行為，經交通勤務警察或依法令執行交通稽查任務人員制止時，拒絕停車接受稽查而逃逸，解釋上應包括停車受檢後，消極不配合出示證件，或不提供可查知行為人確實身分之文件或資料而離去現場，以符合避免衍生大於用路人本身違規事項之交通危險，並避免徒增無謂成本等立法意旨。」員警於追蹤稽查過程中除開啓警示燈、警報器外，「命令駕駛人停車或制止其繼續逃逸」使駕駛人知悉，方符明確性原則。故判斷實施追蹤稽查後，使用巡邏車上擴音器喊話命令停車並個化攔查車輛特徵：如車號、顏色、車型，或駕駛人穿著衣服或所戴安全帽顏色、背包或鞋子種類等，提醒其他車輛避讓、減慢速度靠兩側行駛，此舉亦能突顯警方追蹤尾隨車輛未減速且反而加速逃逸事證；另使用擴音器一邊命令停車、一邊將目睹違規過程完整記錄，後續逕行舉發將更便捷明確。

三、確保行車紀錄器及個人密錄器連續開啓中

「證據」是訴訟的必要條件，不管是攔停查獲或事後調查、逕行舉發交通違規，端賴執勤過程中連續完整行車紀錄器及員警密錄器蒐證，行車紀錄器常會於跳動路面中脫落致證據力不完整，員警密錄器於稽查過程中電力耗盡或存檔空間不足，需輔以公私設監視器及過往車輛行車紀錄器，減少蒐證瑕疵，故執行追蹤稽查、追車勤務，應確保多重蒐證始能還原事件眞相，未來遭遇訴訟時舉證之證據力更加完整，員警供述呈現眞實一致。

四、通報線上警網攔截圍捕

追蹤稽查過程中，駕駛人常會心虛躲避或高速行駛，爲利員警查緝並避免單獨執勤，應以無線電通報同時段線上警力就近攔截圍捕，或於可能行經路口適時調整交通號誌迫其陷入車陣而減速停車，亦係多種方法選擇適當方法之展現。此外，既決定追蹤稽查或追車，執勤風險即已提升，切忌單警實施或分開包抄，以自身安全爲優先考量。

五、比例原則應用

警察行使職權使用警械或交通稽查、犯罪追緝之追車，往往與人民生命財產相關，必須使用達成交通稽查及刑案追緝目的侵害最小之方式爲之。因此，警察行使職權考量依當時情形，認爲目的無法達成時，「應」依職權謙抑終止追車之執行，並注意下列事項：

（一）稽查保持適當煞停距離及車速，避免駕駛人惡意突然煞車造成員警追撞或翻車，衍生更大危害。

（二）不由後方或側邊碰撞駕駛人，以免駕駛人失控衝到對向車道或翻車，甚至駕駛人緊張由側邊側撞員警導致事故。

（三）追蹤過程中邊觀察沿途人車多寡情形，以不致造成路人或駕駛人失控撞及第三人、自撞或更大危害爲原則。因此，單純交通違規若有其他更適當之方法，宜避免追蹤稽查

（四）對「移動行駛中車輛」開槍射擊車輛葉子板（輪弧）、水箱、引擎蓋、後行李廂蓋、前擋玻璃、後擋玻璃車窗等車輛各部位，都無法消滅「汽車的動能」，讓車輛立即停止移動，一如輪胎突然爆胎或插入尖物也不會立刻停下來，所以開槍迫使欲稽查車輛停車恐難達成目的，而且即使擊中車輛駕駛人，無論受傷或死亡，也不能保證車輛會立即停止移動，但稽查手段已然過當。

（五）判斷稽查目的無法達成依法停止職權行使，本於過去執勤經驗與專業判斷及當時現場狀況決定是否持續追蹤尾隨，例如當天天候狀況不佳或天色昏暗、追蹤至他轄路況不熟或道路條件不佳、道路有缺陷或障礙物、遇車潮繁忙路段或人潮較多街道、自身駕駛能力不足沒有自信、所

配掛的密錄器電力或空間不足無法繼續蒐證、通報後線上沒有其他支援警力加入圍捕、追緝對象已距離過遠或繼續追緝恐衍生其他危害等主客觀因素，無法達成稽查目的時，依職權停止尾隨。

六、取得車籍等可資辨明資料逕行舉發

員警於追蹤過程中能清楚喊話個化駕駛人車號車型等特徵，並能於目睹違規態樣時即口述記錄於密錄器內，將能於返回勤務駐地後依處罰條例第7條之2逕行舉發且對多項違規事實分別舉發，以事後制裁方式促使駕駛人遵行法規，並對日後員警稽查時配合停車受檢。

是類逕行舉發案件因處罰金額高或附帶吊扣、吊銷駕照處分，駕駛人申訴或提起行政訴訟甚常見，爲免爭訟過程冗長，還原當時記憶不易，得參照裁罰細則第10條第2項後段意旨，於舉發通知單空白處或另以空白文件記明稽查過程情節及救濟程序附於舉發通知書寄送車主，相關稽查補充意見附記於工作紀錄簿，以利日後行爲人提救濟程序時，快速還原過程並提供裁決參考。

七、稽查過程之配套措施

員警常以交通違規或發現易生客觀危害交通工具發動追蹤稽查，惟部分駕駛人持有毒品或其他違禁品擔心遭查獲，甚至於逃逸過程邊丟棄違禁品或以障礙物製造往來公共危險，或於警車接近欲攔查時假意配合減速卻又高速竄逃，致撞及他車、路人或警車急煞翻車等事故，故員警於稽查過程遇駕駛人由單純不服交通稽查轉換爲過失傷害、肇事逃逸、公共危險或妨害公務等刑事現行犯時，要能即時描述所見情狀況記錄於行車紀錄器或密錄器內。另爲避免發生意外，轉換以適當方式追緝犯嫌，例如多輛警備車前後包抄，惟如衡量現場客觀環境仍無法達成拘捕目的，亦宜依職權停止追蹤並即刻調閱沿途監視器、訪查現場證人、找尋駕駛人沿途丟棄違禁品或危險物品，事後依法偵查，併依處罰條例逕行舉發違規。

八、其他觀念

（一）警車追蹤稽查多採高速行駛，會產生「坑道視覺效應」，當車

速愈快時，周邊視界角度會愈來愈小，例如車輛時速約30公里時，視野角度約為100度至110度；時速60公里時，視野角度約為70度至80度；時速高達100公里時，視野角度則僅35度至40度，當周邊視野角度小於40度時，稱為「坑道視覺」，前方已幾乎什麼都看不到，容易擦（追）撞，此時宜依職權終止追車。

（二）員警追蹤稽查負有注意義務，高速行駛易波及本身、駕駛人及第三人安全或其他車輛，發生死傷案件，亦將遭受調查，面臨刑事、民事或國家賠償之訴訟問題，因此，警察機關必須反覆訓練，讓員警了解上開相關追蹤稽查及追車相關法令，以利臨場判斷應變。

（三）員警不能用平時開車的感覺在設想追蹤稽查，因為心理壓力完全不一樣，將會影響駕駛習慣。

（四）國內外道路設計不盡相同，國外攔停方式（如雞爪釘、攔截網、前擋布幕、直升機等）案例僅能作為參考，國情不同自需因地制宜採取適當做法。

肆 本案判決

本案一審[1]認為員警甲於巡邏過程中，遇有交通違規而不服稽查逕自逃逸之人，縱合理懷疑有犯罪之嫌疑，為追蹤稽查欲攔停車輛時，仍應遵守比例原則，注意當時路況、車況，採取危險最小之追蹤方式為之，然經勘驗此產業道路後，其寬度本不足供警車從旁輕易超越而至前方攔停逃逸之人車，且員警臆測A最後會自動停下來，沒有通報勤務指揮中心請求支援，才貼近雙方車輛距離，導致車禍發生，縱使A亦有過失，然員警本身未注意採取必要安全措施之追捕行為也有過失，才導致併合發生危害，兩者過失行為導致傷亡結果具有相當因果關係，最後依業務過失致人於死罪判處員警甲有罪。

1 參照臺灣桃園地方法院103年度交易字第61號刑事判決。

但本案經員警甲上訴後，臺灣高等法院判決無罪[2]，判決認定結果與一審不同，雖經檢察官不服上訴，最高法院判決上訴駁回維持無罪定讞[3]。本文針對二審判決之重點說明如下：

一、初始因交通違規而啓動追蹤稽查並無違法不當之處

本案A騎乘機車後載B，初始有停等紅燈超越紅綠燈停止線之違規，經甲及車上員警示意停車受檢稽查，A不服指揮稽查而闖紅燈逃逸，A上開交通違規行爲，既須以有「固定式科學儀器」採證取得證據資料證明行爲違規，始能逕行舉發，不能以「非固定式科學儀器」例如設立稽查點架設攝影機之採證方式逕行舉發，然甲及警備車上員警既未能採取逕行舉發之方式取締A違規，則渠等採取攔停當場製單舉發之方式取締A違規，核無違法及不當之處。

二、個案交通違規是否當街追蹤須依比例原則考量

依警政署函示，警察對於刑事案犯應依職權追緝，惟仍須衡酌個案當時狀況，評估手段、程度是否符合比例原則及有無其他合宜執勤作爲等，避免傷及無辜民眾。可見單純交通違規攔檢不停之車輛，若有乘載重要案犯、顯有犯罪嫌疑或爲贓車者等刑事案件情形，應依職權追緝，惟應符合比例原則。甲本於刑事犯罪之偵查追緝、現行犯之逮捕，駕駛警備車在A機車後方跟追，A可自主決定是停車受檢亦或繼續逃逸，A選擇繼續逃逸並故意選擇產業道路行進以便甩掉警察跟追，甲駕駛警備車採取以40至50公里車速在後跟追，與A機車保持3至4公尺之車距，並鳴放警笛、多次叫A停車，並無故意碰撞機車、超越機車或把機車逼向路旁之撞車、超車、逼車等妨害A安全駕駛之動作。A以上開方式騎乘機車自行招致危險，終致機車失控前車頭自行撞擊水泥墩護欄，造成B、A隨即往前被拋甩出去而死亡、受傷，並非甲駕駛警備車撞擊機車所致，甲之追緝行爲及過程並未違反比例原則。

2 參照臺灣高等法院105年度交上訴字第91號刑事判決。

3 參照最高法院107年度台上字第51號刑事判決。

三、本案已從初始交通違規追蹤稽查轉換提升至刑事犯罪偵查

甲駕駛警備車在A機車後方跟追，初始雖係基於A騎乘機車超越紅線燈停止線、不服指揮稽查逃逸及闖紅燈等事由，所爲之交通違規追蹤稽查，惟嗣因B丟棄一包海洛因，涉有違反毒品危害防制條例之犯罪嫌疑，及因B朝甲駕駛之警備車丟擲全罩式安全帽，涉有妨害公務之犯罪嫌疑，甲及車上員警本於刑事犯罪偵查而在後追緝，是於產業道路發生本案車禍時，甲駕駛警備車在後跟追，已從初始之交通違規追蹤稽查，轉換提升至刑事犯罪之偵查追緝、現行犯之逮捕而爲。是以，依刑事訴訟法第88條第1項及警職法第6條、第7條規定，警察本於偵查刑事犯罪、維護治安之職責，自得對該人加以追緝、攔停、查證。

依員警等豐富執勤經驗及專業敏銳度，單純的交通違規不會因爲警察的攔檢而逃逸，認A、B可能並非只有一般交通違規，爲持有毒品及妨害公務之現行犯，且事後驗證A、B確有施用及持有第一級毒品海洛因，足證員警當時之合理懷疑及判斷並無錯誤，從而渠等本諸前揭法律規定，繼續在後跟追，核無違法及不當之處。

四、A、B死傷結果與員警駕駛警備車發生擦撞行為並無因果關係

依經驗法則，綜合車禍當時所存在之一切事實，爲客觀之事後審查，認爲在一般情形下，A於轉彎處過失超速蛇行撞擊水泥墩護欄，均會發生B、A被往前拋甩出去之同一結果，則A騎乘機車過失撞擊水泥墩護欄即爲發生B死亡、A受傷結果之相當條件，A之過失行爲與B死亡、A受傷結果間具有相當因果關係無訛。又按僅被害人之過失爲發生危害之獨立原因者，則行爲人縱有過失，與該項危害發生之因果關係，已失其聯絡，自難令負刑法上過失之責，核與嗣後甲駕駛警備車與機車發生擦撞並無因果關係。

伍 本案評析

一、交通違規啓動追蹤稽查與執行路檢攔檢追緝車輛之界限

警察執行路檢、交通稽查等勤務，發現可疑車輛、交通違規等情形，當然得執行攔檢勤務。倘若民眾不服警察盤查，而有逃逸情形，依據裁罰細則第10條規定，得對違規人、車追蹤稽查之。依據警政署頒布「交通違規不服稽查取締執法作業程序」規定，員警現場執勤發現交通違規之處理，以當場舉發爲原則，逕行舉發爲例外。其目的係即時制止或排除違規狀態，以回復交通秩序或避免擴大危險或實害，並得藉由執勤人員與行爲人之對話溝通，即時釐清違規事實之有無。現場執勤時發現交通違規行爲，經制止，不聽制止或拒絕停車接受稽查逃逸時，員警應本於經驗與專業判斷當時現場狀況（如天候狀況、是否爲人、車潮繁忙路段以及自身駕駛能力等主客觀因素），決定是否實施追蹤稽查。經綜合現場狀況決定實施追蹤稽查時，得開啓警示燈（必要時並開啓警鳴器或喊話器）保持安全距離尾隨逃逸車輛，並視狀況將發生地點、逃逸方向等資料通報該管勤務指揮中心。實施追蹤稽查之過程如遇宜終止追蹤稽查時機時，終止追蹤稽查。若已獲得舉發必要資訊，依處罰條例第7條之2第1項第4款逕行舉發，除按原違規項目舉發外，併依處罰條例第60條第1項舉發。倘若追蹤之過程如發現逃逸之人、車另涉刑事罪嫌或有其他警察職權行使法所定得予攔停查證之事由部分，則依刑事訴訟法及警察職權行使法等相關規定辦理。

又依據警政署頒布「執行路檢攔檢追緝車輛作業程序」規定，警察執行路檢勤務時，對於已發生危害之交通工具、客觀合理判斷易生危害之交通工具、合理懷疑有犯罪嫌疑或犯罪之虞者或闖越管制站或攔檢點，得執行攔檢；倘若經員警以口頭、手勢、哨音或開啓警鳴器方式攔阻，仍未停車者，得以追蹤稽查方式同時通報勤務指揮中心車輛逃逸方向，伺機攔停，並持續通報勤務指揮中心，視需要請求於追查路線上相關之勤務支援（例如交通疏導及管制）。若客觀情勢判斷無法或不宜攔停車輛時，依警職法第3條第2項，終止執行。

是以，依據裁罰細則追蹤稽查規定，對於交通違規不服稽查取締者，警察僅能保持安全距離尾隨逃逸車輛，當調查得知違規者的車籍資料後，即應停止追蹤稽查，不得作爲警察追車法律依據。換言之，員警執行交通稽查巡邏勤務，目的在於維護交通秩序，確保交通安全，達成行政目的，對於交通違規者攔查不停而逃逸者，僅能依法律授與權力達成行政任務，追蹤稽查僅授與警察尾隨得知違規者的車籍資料，並未授與使用強制力的手段追車，因此對於交通違規者，警察不能追車，如因追車造成傷亡有因果關係時，仍應負過失責任[4]。然而，本案已從初始交通違規追蹤稽查轉換提升至刑事犯罪偵查，故應依刑事訴訟法及警察職權行使法等相關規定辦理之。

二、執行追緝刑案車輛之界限

依據警政署「執行追緝刑案車輛作業程序」規定，執行職務遭遇刑案犯罪嫌疑人駕（乘）車逃逸，經判斷爲現行犯、準現行犯、通緝犯或有事實足認涉有犯罪嫌疑時，即得由執勤員警決定發動追緝車輛，並視情形通報勤務指揮中心。未達危急程度或依現場情狀，無實施追車之必要者，員警應以事後循線查緝方式爲之。經判斷有追車必要，惟考量現場人車、路段及交通狀況不適宜執行時，依執行圍捕作業程序應通報勤務指揮中心實施攔截圍捕。對於不服攔查而逃逸之車輛實施追車查緝後，員警依客觀情勢判斷無法或不宜繼續追緝車輛，或經該管勤務指揮中心、長官命令中止時，亦以事後循線查緝方式爲之。但造成用路人傷亡時，應立即通報救護傷患。

就以本案爲例，初始雖係基於A騎乘機車超越紅綠燈停止線、不服指揮稽查逃逸及闖紅燈等事由，所爲之交通違規追蹤稽查，惟嗣因B丟棄疑似違禁物及以全罩式安全帽攻擊員警犯罪嫌疑，已從初始交通違規追蹤稽查轉換提升至刑事犯罪嫌犯之偵查追緝，依刑事訴訟法第88條及第231條規定，認定2人已係持有毒品及妨害公務之現行犯，基於偵查犯罪、逮捕

4 方文宗，警察追車正當性界限之探討，高大法學論叢，第15卷第2期，2020年3月，頁178。

現行犯、維護治安之警察職責，繼續在後跟追，不管後續結果是否涉有不法，員警當下判斷決定追車，並無違法不當之處。只是在追捕過程中，不得逾必要程度與範圍，仍應遵守比例原則，況且應考量現場人車、路段及交通狀況等專業判斷能否執行追車，並視情形通報勤務指揮中心，實施攔截圍捕。

個案是否符合比例原則，在判斷上往往由法官事後依情節綜合各項證據審理後認定，就以本案而言，一、二審看法便不同。然本案二審判決認爲：甲駕駛警備車採取以40至50公里車速在後跟追，與民眾之A機車保持3至4公尺之車距，並鳴放警笛、多次叫A停車，並無故意碰撞機車、超越機車或把機車逼向路旁之撞車、超車、逼車等妨害A安全駕駛之動作。最後，A騎乘機車自行招致危險，終致機車失控，前車頭自行撞擊水泥墩護欄，造成B、A隨即往前被拋甩出去而死亡、受傷，並非甲駕駛警備車撞擊機車所致，甲之追緝行爲及過程並未違反比例原則。

三、實施追蹤稽查仍應遵行一般法規及注意義務

員警執行緝捕現行犯或逃犯之緊急任務時，警察人員駕車考核實施要點有明定得啓用警示燈及警鳴器，又道路交通安全規則第93條第2項規定警備車於開啓警示燈及警鳴器「執行緊急任務」時，得不受標誌、標線及號誌指示之限制，故員警實施追蹤稽查過程具高度危險性，隨時有可能從單純交通違規轉換爲刑事犯罪追捕，自屬執行緊急任務所需。又依交通部65年8月5日交路字第07021號函以：行駛中之消防車、救護車、工程救險車、警備車，如欲他車避讓，應鳴警號並使用車頂閃光燈，否則應依照一般行車規定行駛意旨，未使用警鳴器時，他車本無避讓義務，警備車則應依一般行車規定按標誌、標線及號誌行止。

縱使如此，「道安優先權」不等同於「刑事免責權」，若「執行緊急任務」途中發生事故，仍需依相關法令釐清責任歸屬。如同臺灣高等法院110年度交上易字第334號刑事判決便指出：警員雖因執行追緝勤務而開啓警示燈及警鳴器而取得路權，非謂即得不盡道安規則所規定之注意義務，仍需顧及車前一切綠燈通行車輛之動態，卻疏未充分注意車前狀況，隨時

採取必要之安全措施，終致二車發生碰撞，堪認被告及被害人就本案車禍事故之發生，均應負過失之責。

又參照臺灣橋頭地方法院108年度交簡字第398號刑事判決暨同法院108年度國字第8號民事判決略以：「被告（警員）……在未啓動警示燈、警鳴器之情況下，右轉彎時未顯示方向燈，復未禮讓直行車即貿然右轉，致與告訴人2人發生碰撞……益見被告就本件車禍之發生有過失甚明……與告訴人2人之受傷結果間，具有相當因果關係至明。」被告警員因而負業務過失傷害罪，處拘役並負擔民事損害賠償責任。故警車追逐過程時，仍「應」遵行道路交通安全規則，並全程開啓警示燈及警鳴器，無注意義務，方符合正當化事由。

四、發現違規經攔查不服稽查取締而逃逸即得逕行舉發

本案A上開交通違規行爲，須以有「固定式科學儀器」採證取得證據資料證明行爲違規，始能逕行舉發，不能以「非固定式科學儀器」方式逕行舉發。然而，本案違規現場有無「固定式科學儀器」可供採證證明A行爲違規，非甲及車上員警當時所知悉；且縱認得以「非固定式科學儀器」採證取締違規，亦來不及設立稽查點架設攝影機攝錄取證A之違規行爲。是以，甲採取攔停當場製單舉發之方式取締A違規，並無違法及不當之處。

況且本案發生時警備車上並無照相機與攝影機設備，警察局亦函文法院證稱該警備車未有裝設行車紀錄器等語，惟依處罰條例第7條之2文義內容觀之，只要先有交通違規事證（本案係爲停車超越紅綠燈停止線），經警察制止不服指揮稽查而逃逸，即得就原違規及依處罰條例第60條第1項合併逕行舉發，與該車停車超越停止線交通違規，是否須有固定式及非固定式科學採證儀器無關。

陸 員警執勤追緝車輛管理模式

一、警車追逐過程風險評估

警車追逐過程的風險評估，可分啓動階段、行動階段、處置階段等三種情況（如圖30-2）所示。啓動階段可從逃逸者違法態樣判斷是否有立即逮捕的需要、警察攔獲到案的能力以及執法安全性，加以評估值不值得追。行動追逐過程中，一方面要通報追車訊息、一方面要控制自己的駕車行爲，避免有逼車、妨害駕駛或衝撞行爲，同時也必須不斷地反問是否有必要繼續追車，若已經越轄、對道路狀況陌生、無線電難以聯繫、逃逸者的瘋狂程度已帶來更大風險、路段進入人潮擁擠與交通流量大的道路等，就應該選擇停止追逐。若警車追逐發生事故，其處置應即停下來以救護傷患爲先[5]。

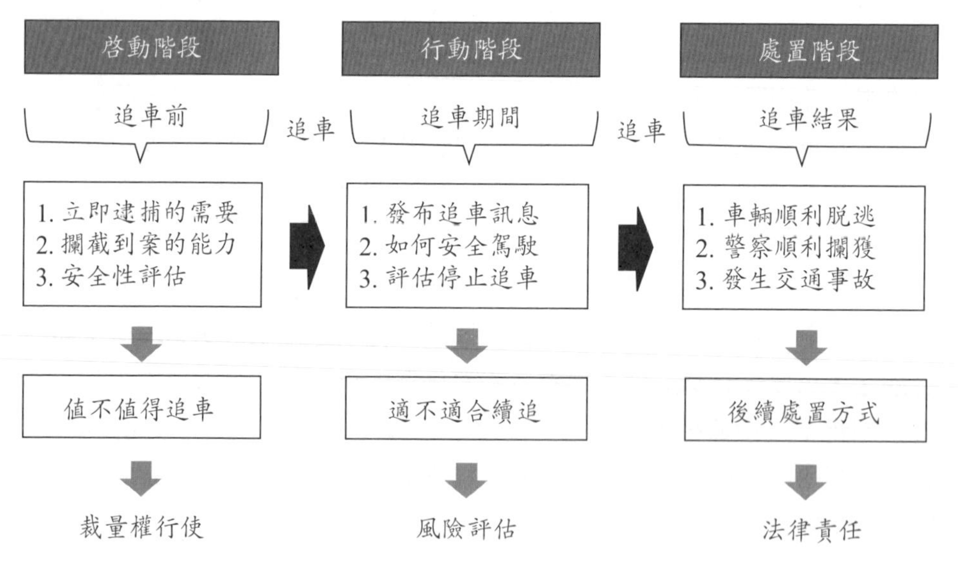

圖30-2 警車追逐過程的警察行為

資料來源：張宗揚、吳麗珍、蔡宗昌、江建忠，警察追車攔檢之法實例研究，內政部警政署秘書室研究報告，2016年8月，頁15

5 張宗揚、吳麗珍、蔡宗昌、江建忠，警察追車攔檢之法實例研究，內政部警政署秘書室研究報告，2016年8月，頁15-20。

二、警車追逐管理政策模式

當前國際文獻上，就警車追逐管理政策模式可歸納爲判斷模式（judgmental）、限制模式（restrictive）、禁止或不鼓勵模式（discouragement）等三種模式[6]。

（一）判斷模式

對於警車追逐的發動、策略的運用和停止的時機，給予警察最大的裁量。此模式運作的警察部門僅提供員警原則性指示，包括告知警察人員在發動警車追逐前應衡量各種情境因素，考慮自身及其他用路人安全，並在追逐的危險性增大時應中止警車追逐行爲。

（二）限制模式

對於警察實施警車追逐行爲判斷和決定，做了某些限制。此種模式運作的警察部門，會制定一些規制，盡可能除去某些需要警察個人辨識的機會，藉以約制員警個人裁量行爲，降低警車追逐危害性，如限制員警追逐青少年、交通違規者等；並對警車實施追逐中的速度、距離及追逐時間加以規範，甚至限制某種類型的駕駛行爲，如駛進單行道、闖進私有土地範圍、攔檢緝捕到案的可能性已明顯降低或肇事危險增加時，應立即停止警車追逐行爲。

（三）禁止或不鼓勵模式

此模式嚴格的限制警車追逐行爲，員警除了在非常特殊的狀況下，才允許警車追逐。採取此種模式的警察部門，對員警警車追逐行爲採取非常嚴格的限制，幾乎不允許員警有自己判斷的空間，除了在某些明定的情況下（如確知嫌犯有謀殺或強暴等重大犯罪），才允許員警實施警車追逐行爲。

至於我國員警執勤追緝車輛管理模式其變遷，依據張宗揚等之研究，1999年精省以前是採「判斷模式」，2000年至2009年是採「限制模

6 張宗揚、吳麗珍、蔡宗昌、江建忠，同註5，頁11-12；黃苗捷，警車追逐之司法實務與管理政策之研究，中央警察大學法律學系研究所碩士論文，2021年5月，頁147-149。

式」，2010年至2013年是採「禁止模式」，2013年9月後係採「不反對但應儘量避免態度」[7]。

此次，依據黃苗捷氏研究指出，從我國警車追逐管理政策模式沿革以及法律賦予警車追逐的權限可知，我國警車追逐政策應歸屬限制模式，亦即對於員警實施警車追逐行爲判斷和決定做了某些限制，藉以除去某些需要依賴警察個人辨識的機會，除約制個人裁量行爲，同時降低事故率；惟近年來內政部警政署有鑒於屢有警察人員警車追逐發生交通事故傷亡事件，爰多次以函文規定，除了在某些特定的情況下（乘載重要案犯、顯有犯罪嫌疑或爲贓車）才允許員警實施警車追逐行爲，政策有朝向禁止模式趨勢[8]。

由於員警執勤追緝車輛風險是很高的，員警及犯嫌都可能因而發生事故，甚至傷及第三人，因而衡諸我國警車追逐政策變遷與法律規定等因素，以採取「限制模式」爲宜。況且，依據目前內政部警政署109年9月24日警署行字第1090136318號函所顯示之「追緝車輛執行原則」如下之說明，確實也較傾向「限制模式」。

1. 交通違規：交通違規攔查不停，屬一般行政罰，原則不追車，採事後舉發方式查辦。

2. 一般盤查：(1)無異狀，不追車；(2)發現可疑或受挑釁，但無犯罪事實或違禁品，無立即危險，原則不追車；(3)發現犯罪事實、違禁品，或發現危害情況、民眾呼救情形，即可發動追車。

3. 刑案追緝：(1)經攔停後發現有犯罪事實，而駕駛人駕車逃逸時，即可發動追車，惟須注意追車技巧及安全距離，不得逾越必要之程度；(2)所犯顯係爲最重本刑一年以下有期徒刑之罪，此時以選擇不追車爲宜；(3)發現通緝犯、現行犯或脫逃人犯，以及接獲通報攔截圍捕，如有駕車逃逸之情形，依刑事訴訟法，即可發動追車。

4. 警備車開啓警示燈及警鳴器執行緊急任務，雖可主張道路優先權，但非絕對路權，仍應注意周遭環境交通狀況，以免發生危害。

---

7 張宗揚、吳麗珍、蔡宗昌、江建忠，同註5，頁12-14。

8 黃苗捷，同註6，頁157。

柒 結語

員警執勤追緝車輛風險是很高的，員警及犯嫌都可能因而發生事故，甚至傷及第三人；但基於警察職責，倘若案情已從初始交通違規追蹤稽查、合理懷疑犯罪之人或已生易生危害交通工具轉換提升至刑事犯罪偵查，該積極追緝時還是會追緝的，畢竟有責任感的警察，仍會把正義放在第一順位。不過，一旦決定要追蹤稽查時，便不能忘了安全觀念及比例原則的適用，通報請求支援、保持適當距離、喝令停車、鳴笛，不斷評估情勢等待最佳時機，而非緊追在後強行攔查。本案因發動攔查有據且保持車距，並無意碰撞稽查車輛或其他超車逼車等妨害A安全駕駛之動作，又多次鳴放警笛、多次叫A停車，縱使機車駕駛人及其友人在逃逸中自撞導致一死一傷情況，最終法院認爲員警之追緝行爲及過程並未違反比例原則。

因此，警察決定要追車的剎那間，安全觀念、程序合法暨踐行比例原則便爲最高指導原則，支持警察精緻執法，但也要平安回家，才是員警及全民之福，並確實依照警署行字第1090136318號函所顯示「限制模式」之「追緝車輛執行原則」辦理。

（本文初稿曾發表於警光雜誌，第795期，2022年10月）

執行路檢攔檢追緝車輛作業程序

（第一頁，共二頁）

一、依據：

（一）警察職權行使法第三條、第四條及第六條至第八條。

（二）司法院釋字第五三五號解釋。

（三）內政部警政署使用國民身分證相片影像資料管理要點。

二、分駐（派出）所流程：

流程　　權責人員　　作業內容

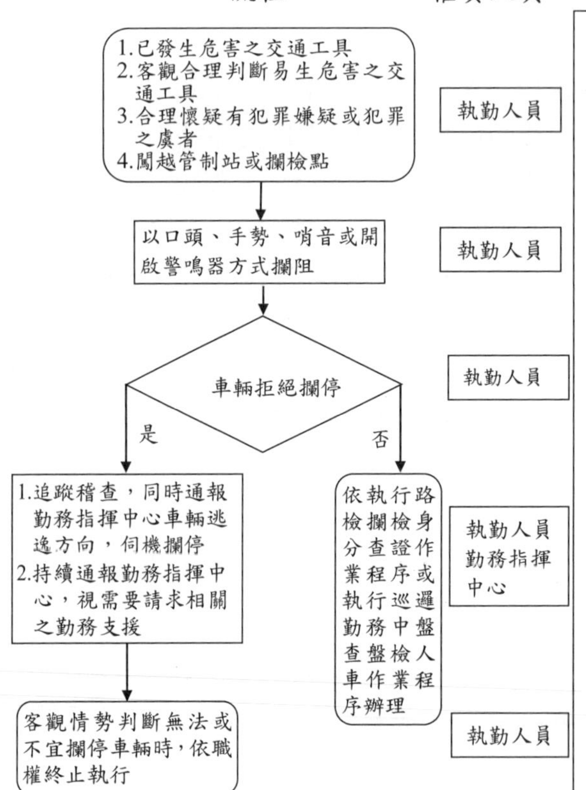

一、準備階段：

（一）路檢或攔檢勤務，除勤務中發現符合路檢及攔檢或身分查證要件對象外，應由警察機關（構）之主官或主管親自規劃，並依警察職權行使法規定程序辦理。

（二）裝備（視勤務需要增減）：警棍、警笛、防彈衣、頭盔、無線電、手槍、長槍、警用行動電腦、雨具、錄音機、錄影機、照相機、照明設備、防護型噴霧器、指揮棒、反光背心、酒精檢測器、警示牌、警示燈、交通舉發單及民眾異議紀錄表等。

二、執行階段：

（一）經員警以口頭、手勢、哨音或開啟警鳴器方式攔阻，仍未停車者，得以追蹤稽查方式同時通報勤務指揮中心車輛逃逸方向，伺機攔停，並持續通報勤務指揮中心，視需要請求於追查路線上相關之勤務支援（例如：交通疏導及管制）。

（二）客觀情勢判斷無法或不宜攔停車輛時，依警察職權行使法第三條第二項終止執行。

（續下頁）

（續）執行路檢攔檢追緝車輛作業程序

（第二頁，共二頁）

（三）已攔停車輛，後續依執行路檢攔檢身分查證作業程序或執行巡邏勤務中盤查盤檢人車作業程序辦理。

（四）無從確定受檢人身分時，得使用 M-Police 查詢國民身分證相片影像資料予以查證。

三、使用表單：無。

四、注意事項：

（一）應勤裝備攜帶規定:

1.械彈攜行：依勤務類別，攜帶應勤械彈，並符合械彈領用規定。

2.依本署一百零三年三月二十五日警署行字第一〇三〇〇七四〇七八號函頒警察人員執行勤務著防彈衣及戴防彈頭盔規定第三點規定：

(1)汽車巡邏：車內及車外執勤人員均著防彈衣；防彈頭盔置於隨手可取之處，下車執勤時，由帶班人員視治安狀況決定戴防彈頭盔或勤務帽。

(2)機車巡邏：

a.防彈頭盔部分：戴安全帽，不戴防彈頭盔；如執行特殊勤務時，由分局長視治安狀況決定。

b.防彈衣部分：日間（八時至十八時）由分局長視天候及治安狀況決定；夜間應著防彈衣。

（二）依據本署一百十年七月二日警署資字第一一〇〇一〇六九六四號函規定，使用 M-Police 查詢國民身分證相片影像資料，應注意下列事項：

1.限於警察機關所屬人員為執行勤務或維護治安之目的內，得使用M-Police查證人民身分。

2.M-Police相片比對功能係輔助驗證身分之最後手段，蒐集當事人影像以使用M-Police相片比對系統前，須告知當事人事由，並經當事人同意。但為執行法定職務之必要範圍者，不在此限。

執行追緝刑案車輛作業程度

（第一頁，共二頁）

一、依據：

(一)刑事訴訟法第八十八條至第九十條、第二百二十八條至第二百三十一條。

(二)執行圍捕作業程序。

二、分駐(派出)所流程：

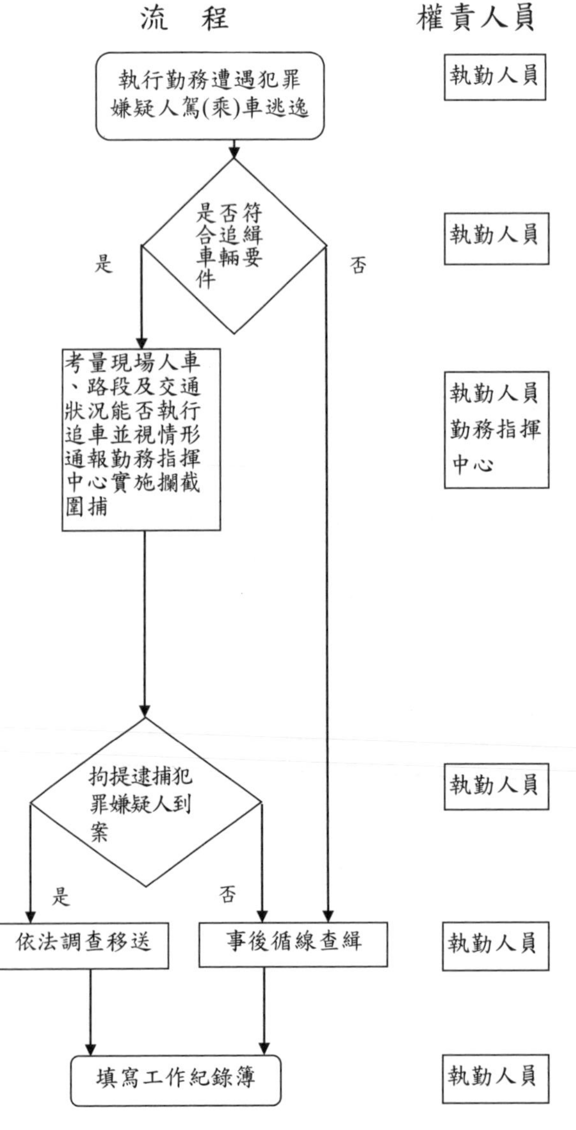

作 業 內 容

一、執行職務遭遇刑案犯罪嫌疑人駕(乘)車逃逸，經判斷為現行犯、準現行犯、通緝犯或有事實足認涉有犯罪嫌疑時，即得發動追緝車輛，並視情形通報勤務指揮中心。

二、未達危急程度或依現場情狀，無實施追車之必要者，應以事後循線查緝方式為之。

三、經判斷有追車必要，惟考量現場人車、路段及交通狀況不適宜執行時，得依執行圍捕作業程序通報勤務指揮中心實施攔截圍捕。

四、對於不服攔查而逃逸之車輛實施追車查緝後，依客觀情勢判斷無法或不宜繼續追緝車輛，或經該管勤務指揮中心、長官命令中止時，應改以事後循線查緝方式為之；如造成用路人傷亡時，應立即通報救護傷患。

五、對於員警因追車而受司法機關偵查或審判之個案，媒體有不當評論時，應適時澄清，並依警察人員因公涉訟審議委員會設置要點等規定，協助員警進行司法程序以保障其權益。

（續下頁）

（續）執行追緝刑案車輛作業程序

（第二頁，共二頁）

三、注意事項：

（一）有關「追緝刑案車輛」之適用範圍，係指針對人、車涉及刑責之追車案件。

（二）刑事訴訟法第八十八條規定，現行犯，不問何人得逕行逮捕之。犯罪在實施中或實施後即時發覺者，為現行犯。有左列情形之一者，以現行犯論：一、被追呼為犯罪人者。二、因持有兇器、贓物或其他物件、或於身體、衣服等處露有犯罪痕跡，顯可疑為犯罪人者。

（三）刑事訴訟法第八十八條之一第一項規定，檢察官、司法警察官或司法警察偵查犯罪，有左列情形之一而情況急迫者，得逕行拘提之：一、因現行犯之供述，且有事實足認為共犯嫌疑重大者。二、在執行或在押中之脫逃者。三、有事實足認為犯罪嫌疑重大，經被盤查而逃逸者。但所犯顯係最重本刑為一年以下有期徒刑、拘役或專科罰金之罪者，不在此限。四、所犯為死刑、無期徒刑或最輕本刑為五年以上有期徒刑之罪，嫌疑重大，有事實足認為有逃亡之虞者。

（四）刑事訴訟法第八十九條規定，執行拘提或逮捕，應注意被告之身體及名譽。

（五）刑事訴訟法第九十條規定，被告抗拒拘提、逮捕或脫逃者，得用強制力拘提或逮捕之。但不得逾必要之程度。

國家圖書館出版品預行編目資料

警察情境實務案例研究／許福生，蕭惠珠著.
－－初版.－－臺北市：五南圖書出版股份
有限公司，2023.09
面； 公分
ISBN 978-626-366-485-2（平裝）

1.CST：警察勤務制度 2.CST：情境教育

575.86 112013319

1RD5

警察情境實務案例研究

作 者— 許福生（234.8）、蕭惠珠
發 行 人— 楊榮川
總 經 理— 楊士清
總 編 輯— 楊秀麗
副總編輯— 劉靜芬
責任編輯— 林佳瑩
封面設計— 姚孝慈
出 版 者— 五南圖書出版股份有限公司
地 址：106台北市大安區和平東路二段339號4樓
電 話：(02)2705-5066 傳 真：(02)2706-6100
網 址：https://www.wunan.com.tw
電子郵件：wunan@wunan.com.tw
劃撥帳號：01068953
戶 名：五南圖書出版股份有限公司
法律顧問 林勝安律師
出版日期 2023年9月初版一刷
2024年4月初版二刷
定 價 新臺幣580元